राजी सेठ

राजी सेठ का जन्म सन् 1935 में नौशेहरा छावनी, पाकिस्तान (अविभाजित भारत) में हुआ। उन्होंने अंग्रेजी साहित्य में एम.ए. और 'तुलनात्मक धर्म और भारतीय दर्शन' विषय पर विशेष अध्ययन किया। 1974-75 से लेखन की शुरुआत की। उपन्यास, कहानी, कविता, निबन्ध आदि सभी विधाओं में लिखा। अनुवाद कार्य भी किए।

उनकी प्रमुख कृतियाँ हैं—तत्-सम (उपन्यास); निष्कवच (दो उपन्यासिकाएँ); अन्धे मोड़ से आगे, तीसरी हथेली, यात्रा-मुक्त, दूसरे देशकाल में, सदियों से, यह कहानी नहीं, किसका इतिहास, गमे हयात ने मारा, ख़ाली लिफ़ाफ़ा, मार्था का देश, बाहरी लोग (कहानी-संग्रह); पगडंडियों पर पाँव (साक्षात्कार); जहाँ से उजास (संस्मरण)।

अंग्रेज़ी और विभिन्न भारतीय भाषाओं में उनकी पुस्तकों के अनुवाद हुए हैं। उन्होंने जर्मन कवि रिल्के के 100 पत्रों का अनुवाद किया है। ऑक्टावियो पाज़, दायसाकू इकेदा, लक्ष्मी कण्णन आदि लेखकों की रचनाओं के भी अनुवाद किए हैं।

उन्हें 'हिन्दी अकादमी सम्मान', 'भारतीय भाषा परिषद पुरस्कार', 'अनन्त गोपाल शेवड़े पुरस्कार', 'वाग्मणि सम्मान', 'संसद साहित्य परिषद सम्मान', 'जनपद अलंकरण', 'टैगोर लिटरेचर अवार्ड', 'शिरोमणि सम्मान' समेत कई पुरस्कारों से पुरस्कृत किया गया है।

ई-मेल : rajeeseth22@gmail.com

तत-सम

राजी सेठ

राजकमल पेपरबैक्स

पहला पुस्तकालय संस्करण
राजकमल प्रकाशन प्राइवेट लिमिटेड द्वारा
1983 में प्रकाशित

राजकमल पेपरबैक्स में
पहला संस्करण : 1998
चौथा संस्करण : 2025

राजकमल पेपरबैक्स : उत्कृष्ट साहित्य के जनसुलभ संस्करण

राजकमल प्रकाशन प्रा. लि.
1-बी, नेताजी सुभाष मार्ग, दरियागंज
नई दिल्ली-110 002
द्वारा प्रकाशित
शाखाएँ : अशोक राजपथ, साइंस कॉलेज के सामने, पटना-800 006
पहली मंजिल, दरबारी बिल्डिंग, महात्मा गांधी मार्ग, प्रयागराज-211 001
1, अनमोल सोराबजी संतुक लेन, धोबी तलाव, मरीन लाइंस, मुम्बई-400 002
वेबसाइट : www.rajkamalprakashan.com
ई-मेल : info@rajkamalprakashan.com

बी.के. ऑफसेट
नवीन शाहदरा, दिल्ली-110 032
द्वारा मुद्रित

मूल्य : ₹350

TAT-SAM
Novel by Rajee Seth

ISBN : 978-81-267-0302-9

उनको
जिनके रास्तों की यह सारी बात है।

दीखी, मुझे
सागर के रेतीले सिरहाने पर
खड़े पैरों की आवेग-भीत कातरता

दीखा–
बालू की बेईमान अस्थिरता में
पंजे अड़ाकर
लहरों के विजयदर्प को झुठला पाने का
आदीप्त हठ, भी तो।

भूमिका

लम्बे अन्तराल के बाद 'तत्-सम' का सजिल्द संस्करण छप रहा है। इस निर्णय के पीछे प्रकाशक के जो भी कारण रहे हों। मेरे लिए यह सुखद है कि 'तत्-सम' का पुनर्प्रकाशन राजकमल प्रकाशन के 61वें वर्ष के उपलक्ष्य में हो रहा है। जिसके तहत किन्हीं चुनिन्दा पुस्तकों के पुनर्प्रकाशन के अलावा और कई संकल्प जुड़े हुए हैं।

इस अन्तराल में यदि मेरी ओर से 'तत्-सम' जैसी पुस्तक के उपलब्ध न रहने की कमी को महसूस नहीं किया तो उसका कारण इस पुस्तक के पेपरबैक संस्करण का उपलब्ध होते रहना था। सन्ताप का कारण यह जरूर रहा कि वह संस्करण अनगिनत त्रुटियों और कई प्रकार की भूलों और चूकों से भरा रहा जिसके चलते पाठकों और विशेषतौर पर शोधार्थियों के सामने क्षमायाचक होना पड़ता रहा, पर प्रकाशक का अपना समय, अपना विधान है। इस सर्वविदित मुद्दे पर अलग से टिप्पणी करने की मेरी कोई मंशा नहीं है।

यह कहना जरूरी लग रहा है कि पुस्तक के नए सजिल्द संस्करण में संशोधन-संवर्धन की स्थिति उपस्थित होने पर भी टेक्स्ट की नोक पलक देखने के सिवा मैंने उसमें कोई बृहद या मौलिक परिवर्तन नहीं किया। ऐसा करना–अंग्रेज़ी सहित अन्य कई भारतीय भाषाओं में अनूदित–इस कृति के अनुवादकों और शोधार्थियों के साथ दगाबाजी जैसी होती। चाहे किन्हीं स्थलों और खंडों में से गुजरते भाषा और अभिव्यक्ति के स्तर पर परिवर्तन की इच्छा का दबाव मुझे लगातार मथता रहा। कृति पर अपने पूरे अधिकार के बावजूद यह भूलना सम्भव नहीं रहा कि इस समय मैं इस कृति को एक लेखक की तरह नहीं, बल्कि एक पाठक की तरह देख रही हूँ। उस दूरी से देखते मुझे इसके गुण-दोष ज्यादा चटक होकर दीख रहे हैं। वास्तविकता तो यह है कि कृति का यह स्वरूप मेरे अधिकार क्षेत्र से परे है। वस्तुतः अपने समय

से भिड़ता लेखक सदा परिवर्तनशील, प्रतिकारी और गतिशील बना रहता है जबकि कृति अपने समय में स्थित हो जाती है, फ्रीज़ हो जाती है। उसमें चित्रित घटनाक्रम में तात्कालिक समस्याओं के प्रस्थानबिन्दु भी छिपे होते हैं, जिन्हें दरगुज़र करना ऐतिहासिक परिप्रेक्ष्य को अपदस्थ करने जैसा है।

यूँ पलटकर देखते यह सुख, सन्तोष मेरे लिए किसी उत्सव से कम नहीं कि 'तत्-सम' की मूल मंशा या केन्द्रीय अन्तर्वस्तु को लेकर मेरे मनोभाव में कोई परिवर्तन नहीं हुआ है। उसमें निहित बीजाशय जस के तस हैं। आज के इस परिवर्तनकामी समय में भी मैं उन्हें उतना ही ज्वलन्त, विचारणीय या सा-अर्थ पाती हूँ। आशा है आत्म-स्वातन्त्र्य की अवधारणाओं से निर्मित और स्थित मेरे इस मनोभाव को पाठक जरूर देख सकेंगे।

—राजी सेठ

वह
अपना ही चैतन्य था
जिसने चौंकाया!

भीड़ इतनी है परिचय एक भी नहीं।

समारोह का उद्घाटन दोपहर के खाने के बाद तीन बजे होगा। सुबह एकदम खाली–लटकी हुई। अकेलापन फट गये पल्लू की तरह पीछे लिथड़ता हुआ।

डॉ. ललितचन्द्र अपने किसी सम्बन्धी के यहाँ खाली सुबह भुनाने डिफेंस कॉलोनी चले गये हैं। लड़कियाँ मग्न हैं अपने में। रिहर्सल के दौरान इतनी पारस्परिक आत्मीयता अर्जित ज़रूर हो गयी है कि अपरिचय के मरु में वह उस टोली में निःशंक बैठ सके, पर वे सब उखड़ी रहती हैं उसके बीच में बैठे होने से। परदा चाहे झीना है पर स्वच्छन्दता उस भाव–मैडम के बीच में बैठे होने पर–मिलती भी हो तो अखरती तो ज़रूर है।

समझते हुए नासमझी का प्रदर्शन और भी फूहड़ लगता है।

हर किसी की आँख में खोज है जैसे कुछ भी खोया हुआ इस मेले में मिल जाने को है। नये परिचयों की उछाह। पुराने परिचयों की टटोल। यहाँ-वहाँ बिखरे हुए झुंड। उठते और डूबते ठहाके।

अच्छा ही हुआ उसे बत्रा मिल गया–किशोर बत्रा। अपना सहपाठी। तोंदल हो गया है। पूरी तरह गृहस्थ। पहिचानने में ज़रा-सी देर तो लगती यदि कान के नीचे वह बड़ा काला निशान देखने में न आ जाता।

"अरे...मिस आनन्द। क्या कहकर बुलाऊँ तुम्हें? अब क्यों रही होगी आनन्द। तुमने कार्ड तो भेजा नहीं था। कहाँ हो आजकल?" ऐसी अकृत्रिम उत्फुल्लता जाने कितने दिनों बाद देखी है।

"लखनऊ में।"

"किस कॉलेज में?"

"नहीं। यूनिवर्सिटी में।"

"ठाठ हैं। कब से हो वहाँ?"

"चार साल होने आये।"

"तुमने तो शायद रजिस्ट्रेशन कराया था न रिसर्च के लिए...नहीं?"

"हाँऽऽ...! तब?" जैसे वह किसी दूसरे के जीवन खंड का कोई टुकड़ा हो और काटकर सामने रख दिया गया हो। "तब इरादा किया था फिर छोड़ दिया।"

"क्यों? शादी हो गयी? टिपिकल। सत्तर फीसदी औरतों का यही कहना होता है। जैसे ज़िन्दगी का असली काम पूरा..."

"अब रिसर्च कर रही हूँ, पूरी होने आयी।"

"अच्छा! क्यों? घर-गृहस्थी से जी ऊब गया?" वह खुलकर हँसने लगा।

"न ऽ हीं!"

"और सुनाओ!"

"बस! ठीक है सब...!"

"ओ ऽऽ हो! तुम्हारी वही 'बस'। तुम तो ज़रा भी नहीं बदलीं। एस. के. की याद है? कहा करता था तुम्हारे मुँह में चम्मच डालकर निकलवाने पड़ते हैं शब्द।"

भीतर कुछ तप गया। एस.के. का स्मरण—दीक्षान्त समारोह का दिन। वह उसके हाथ की मुड़ी-तुड़ी नीले काग़ज़ की गीली चिट्ठी। चेहरे पर आते और जाते रंग। उससे तो यह भी पूछा नहीं जा सका कि वह इतना काँप क्यों रहा है?

काँपता कौन था उन दिनों इस तरह। सब अकड़ते थे। फब्तियाँ कसते थे। झाड़ियों से लगकर सिगरेट फूँकते खड़े रहते थे। और जान-बूझकर रास्ता काटते अपने को जता जाया करते थे। क्लास शुरू होने से पहले उनकी बेंचों पर डटे मिलते थे। उस सारे हुल्लड़ के रहते क्लास में पहले जाकर बैठने का भी संकट। सब लड़कियाँ दरवाज़े के पास खड़ी रहती थीं—एकजुट। प्रोफेसर के कक्षा में घुसने के साथ अन्दर घुसती थीं।

एस. के. ने चिट्ठी में अपना पता लिखा था। सम्पर्क करने की याचना की थी। गम्भीरता से सोचने के लिए कहा था। वह उन लोगों में से नहीं था जो लकड़ी के डंडे पर प्रेम की पताका बनाकर सामनेवाले के दरवाज़े पर गाड़ आयें। उससे तो कभी कुछ कहा तक नहीं गया था। वह सिर्फ प्रतीक्षा करता रहा था। आजमाता रहा था कि क्या यह सच है कि प्रेम एकांगी नहीं होता। एक के मन में ऐसी ठाठें मारता है तो दूसरे को भी कभी-न-कभी तो ज़रूर भिगोयेगा। अब...आखिर वह कितनी प्रतीक्षा करे। कहाँ तक आजमाये। यूनिवर्सिटी छोड़ने का समय आ गया। वह चली जायेगी। वह भी पता नहीं कहाँ जायेगा...क्या करेगा। फिलहाल आई. ए. एस. में बैठने की तैयारी करना है। और किसी से तो नहीं, उससे तो वह ज़रूर कह सकता

है कि अपने सफल हो सकने का उसे पूरा विश्वास है। वह उसके साथ सुखी रह सकेगी क्योंकि वह उसे सुखी रखना चाहता है। पूरे संकल्प और इच्छा से कोई कुछ करना चाहता है तो ज़रूर कर लेता है।

''सुना था, वह आई. एफ. एस. में आ गया है।'' बत्रा ने उस मुद्रा को भंग किया।

''ज़रूर आ गया होगा।'' जाने कैसे खोये-खोये ही उसने उत्तर दिया।

उसके अपने विवाह के बाद भी कितने दिनों तक उसके और निखिल के बीच आमोद-प्रमोद का विषय बनी रही थी एस. के. की बात!

''फिर क्या हुआ?'' उसकी दोनों बाँहों से घिरे घुटनों की चौकी पर अपनी ठोड़ी रखकर निखिल अपने मुँह को उसके सीने के ऊपरी भाग के आमने-सामने कर लेता था। बिलकुल सामने। बिलकुल पास। इतना कि त्वचा का वह छोटा-सा दहकता हुआ घेरा सारी देह से अलग धड़कने-दहकने लगता था।

''होना क्या था...ऐसे कुछ होता है क्या?''

''यानी तुमने उस बेचारे की बात पर एक बार भी गौर नहीं किया?''

''गौर क्या करना था...कोई सिर-पैर भी तो हो।''

''बस! यही तो लड़कियों की बात है। शादी के नाम पर बकरी बन जाती हैं... बैठी हूँ सिर झुकाये! आओ! मुझे हलाल करो।''

''बकरी नहीं, बकरा हलाल किया जाता है। एक तुम्हीं हो जो बकरी हलाल करते हो।''

आगे फिर वही...तन-मन की फड़फड़ाती कगारों पर आग लग जाया करती थी।

''आजकल तो विदेश में होगा। सुना था किसी लखपति की लड़की से शादी हो गयी है उसकी। हम सबको पूरा विश्वास था कि वह तुम्हें ज़रूर प्रपोज़ करेगा।''

मन हुआ कि कह दे वह बत्रा से सारी-की-सारी बात। समय की जेब में पड़े आलतू-फालतू काग़ज़ की तरह अब कहीं भी फेंकी जा सकती थी वह बात, पर बत्रा का व्यक्तित्व?...पता नहीं क्यों कोई आत्मीयता नहीं उपजती थी। कॉलेज के दिनों से ही नहीं। यह बात अलग है कि अपरिचय के इस अथाह में वही सबसे ज़रूरी लग रहा था, इस समय।

''और सुनाओ...क्या करते हैं तुम्हारे हज़रत?''

जान रही थी भीतर-ही-भीतर यह प्रश्न आने को है। चलकर आता हुआ दीख जाता है पहले से। किसी भी दिशा से चलना शुरू करे, बात वहीं पर आकर ठहरती है। आदत पड़ गयी है, पड़ जायेगी। उस निरासक्त भाव की भी जिसमें उत्तर देना एकदम आसान हो जाता है।

''नहीं हैं!'' उसने धीरे से कहा। कहते हुए अपना ही स्वर उसे उस समय निरावेग ठंडा लगा।

"ओऽह!...आयम सॉरी...!" कुछ गड़बड़ा गया जैसे हमेशा गड़बड़ा जाता है। इस सिरे से उस सिरे के बीच में बहती सहजता सहमकर चुप हो जाया करती है। अखरता है सदा–ऐसा ही होना। बार-बार, जगह-जगह पर उसी-उसी दृश्य की आवृत्ति होना। सामनेवाले का पहले स्तब्ध होना फिर दया, करुणा, बेचारगी की टोकरी को उसके सिर पर औंधा कर देना।

"क्या हो गया था?" बहुत संजीदा हो गया बत्रा।

"ऐक्सीडेंट। साथ में जो दोस्त था, वह बच गया...कोई ऐसी गहरी चोट तक नहीं आयी।"

आवाज़ अपनी ही ऐसी लगी जैसे वह उस दोस्त के बच गये होने का दुख प्रकट कर रही है।–"अच्छा है, बच गया। उसके तो दो छोटे-छोटे बच्चे भी हैं।" जल्दी से बोली।

भारी-सी हो गयी बीच की हवा।

"मैं...यों ही...इतनी देर से बक-बक करता जा रहा था...माफ करना।" बत्रा ने दूसरी तरफ़ देखते हुए कहा।

"न ऽ हीं!...कोई बात नहीं!" हमेशा की तरह उसने यह भी कह दिया। पर खुल गयी है भीतर। खुल जाना बहुत छोटे बच्चे की उघड़ जानेवाली आँख की तरह होता है–एकाएक। पड़ी हुई पपड़ियों पर दरकी हुई रक्त की लकीर का आक्रोश दीख जाता है–एकदम साफ़! अपने को ही।

"तुम कहाँ हो आजकल?" अपनी अभद्रता स्मरण हो आयी। विनिमय के एक ही सिरे पर इस तरह बेध्यान खड़े रहना। विनिमय चाहे औपचारिकता का ही क्यों न हो।

"सागर में। जब से यूनिवर्सिटी छोड़ी है, तब से वहीं पर हूँ। अब तो वहीं मकान भी बनवा रहा हूँ।...हो गया फैसला।"

"किस बात का?"

"टिकने का।"

इतना आसान होता होगा–टिकना! कितना लम्बा, कितना छोटा होता है अक्सर एक ही रास्ता।

सरिता दौड़ी-दौड़ी आयी। कास्ट्यूमवाले सन्दूक की चाबी माँगने लगी।

"मैं आऊँ?"

"नहीं मैडम, हम लोग ठीक कर लेंगे।"

"चलो न, कैंटीन में चलकर बैठते हैं।" बत्रा की आवाज़ में जमी हुई संजीदगी है जो पहलेवाले बत्रा की छवि की तुलना में उसे कुछ अच्छी-सी लग रही है।

"नहीं! फिर कभी...अभी तो यहीं हैं न पाँच-छह दिन।"

"कोई खास काम करना है क्या?"

काम? यह घर है क्या जहाँ किसी को काम की, पढ़ाई की, नींद की, थकान की, आड़ मिल जाये। इतने बड़े समारोह के बीच का अकेलापन उघड़ा हुआ है एकदम। असुरक्षित। घर का-सा मैत्रीभाव उसमें अनुपस्थित है। यहाँ का चलन कुछ दूसरा है। कुछ और तरह की बुलाहट है माहौल में—भीतर से बाहर आ जाने की। समूह में समूह का भाग बन जाने की। यह बात अलग है यह बुलाहट उसे नहीं छूती। रोओं की नोंकों पर पसरती आगे निकल जाती है चुपचाप।

"नहीं! कोई काम नहीं...चलते हैं।"

यह भूलना सम्भव नहीं कि बत्रा कहीं और निकल गया तो भीड़ के अथाह में इस अकेले अपरिचयपन का वह करेगी भी क्या...यहाँ दिल्ली में। इस कैम्प में!

चौंध चुभ रही है यहाँ।

अँधेरे की अभ्यस्त आँखों को चुभ रहा है धूप धुला आकाश। विपुल प्रकाश। ऐसे आहत हो रही है जैसे किसी ने सिनेमाघर के ठंडे आत्मतुष्ट अँधेरे में बेहद सच होते संसार की अटूट विश्वसनीयता में से खींचकर उसे दोपहर की धूप की बेदर्दी के हवाले कर दिया हो।

कैसे भूल गयी थी जीवन का कोई दूसरा चेहरा भी है। उष्णाया हुआ। आत्मीय! आमन्त्रक। अपने सुख-दुख से आगे भी हस्ती है इस संसार की। खुलकर साँस लेती हुई, खिलखिलाती हुई।

चलना बत्रा के साथ हो रहा है तालकटोरा उद्यान के विराट प्रांगण को तिरछे शार्टकट में काटते हुए। तम्बुओं के अनगिनत जमघट को पीछे छोड़ते हुए। लाल मिट्टी बिछे रास्तों पर चलते हुए। प्रवेशद्वार से प्रांगण के रास्ते के दोनों ओर फहराती रंग-बिरंगी पताकाएँ, जिन पर अलग-अलग विश्वविद्यालयों के प्रतीक-चिह्न छपे हैं, दायीं ओर छूट गयी हैं; और पूरे विस्तार में दूर-सुदूर तक चले गये आलोक-स्तम्भों की कतारें बायीं ओर।

अद्भुत है इस अन्तर्विश्वविद्यालीय युवा समारोह का जुटाव। चहल-पहल का हिलता-डुलता अथाह। उत्साह। उमंग। गति। शोर! सिमट गयी लगती हैं शिष्यों और शिक्षकों के बीच की दूरियाँ। चूर-चूर हो गयी लगती है एकरसता। लगता है एक बड़ा सा परिवार हँसने-खेलने के लिए यहाँ आ जुटा है।

किसी दूसरी तरह की लय में सधा है माहौल। हवा में एक आमन्त्रण है, एक माँग—आत्म-विसर्जन की। अपने भीतर का सबकुछ दे डालने की। भीतर से बाहर लौट पड़ने की। अपने आपको खाली कर देने की।

बत्रा चुप है। बेहद सावधान चुप्पी। कुछ देर पहले की सूचनाओं की संजीदगी में लथपथ। संवाद के लिए अपनी ओर से अप्रस्तुत। सोच रहा होगा जिस विषय को वह चुनेगी, वही इस समय उन दोनों के बीच उपयुक्त विषय होगा।

कहीं छुटकारा नहीं। हर जगह इसी प्रतिबन्धित सावधानी के पथरीले हाथ। हर घड़ी इसी तरह सामने खड़ी मिलती है हड़बड़ायी हुई सहजता।

माँ निस्संकोच बरसा करती थीं पहले। अब चुप बनी रहती हैं, चाहे घंटों कुढ़ती रहें। भाभी ठिठोली करती थीं हर समय, अब गुम हुई रहती हैं...नहीं तो चौकन्नी।

शरत भैया पहले खुले रहते थे, अब पूरी तरह से बन्द। कहाँ से आ जाती है उनमें उसे देखते ही वैसी गुट्ठल गुरुता—सँभलकर बोलना। ठिठककर उसके कमरे में घुसना। बाहर से अधिक उसके भीतर को सूँघते रहना। उनके रहते पोर-पोर में गुझे हुए शैथिल्य को धकियाते रहना पड़ता है सतत।...और तो और चिन्तू पेट पर लदेगा तो 'चल चिन्तू! बुआ को तंग न कर' की पुकार झपटकर ले जायेगी उसकी खिलन्दड़ी सहजता। कौन झपट कर ले गया है आसपास का हलका-फुलका समां...किस अदृश्य हाथ ने बदल दिये हैं अटूट सम्बन्धों के भी ताने-बाने?

क्या उन्हें पता है दुखते स्थलों पर ही दबाव देती है उन सबकी इतनी सावधान उँगलियाँ? घूम-फिरकर जताया जाता है—अब तक तो सब ठीक था। वह सामान्य थी—जीवन की धूप, ताप, दाह सब सह सकती थी। अब दग्ध है—लुटी हुई। पिटी हुई। दया से, करुणा से, अतिरिक्त सहानुभूति से उसे बचा-सँभालकर रखा जाये। बीच सड़क चलने की सामान्यता के अधिकार से बरखास्त करके फुटपाथ पर खड़ा कर दिया जाये।

क्या उन्हें पता है यह बचाव-सँभाल, यह क्षमाभाव की फुहार, किसी-न-किसी प्रकार के अतिरिक्त से लचकी हुई आत्मीयता फेंक देती है कितना पीछे। झोंक देती हैं वहीं जहाँ से बचने और बचाये जाने की इतनी बेचैनी है।

"इधर न बैठें?" बत्रा कुर्सियों-मेज़ों की कतारों को लाँघकर पीछे को जाने को है, शायद शान्ति-भरे कोने की तलाश में। पर वह वहीं बैठ गयी। क्यारी से लगी ईंटों की कतार के पास दीखती पहली ही कुर्सी पर। चारों छोरों से बहती उन्मुक्त हवा के उछाह से आतंकित।...

क्या यह वही काल है...वही शताब्दी...उसी जीवन-प्रवाह के सामने का दूसरा छोर?

सहमी हुई ठहरी-ठिठकी देखी है उसने तो अपने आसपास की हवा। चिन्तित प्रतिबन्धित हुए घर के सब लोग—माँ, शरत भैया, भाभी। चिन्तू, दीपू भी अबोध न रहे होते तो क्या बच पाते। कौशल की बात दूसरी है। वह होस्टल में रहता है। यों भी किसी का सुख-दुख उसे आसानी से नहीं व्यापता, जिन्हें व्यापता है, वे सब ठिठके-

सहमे बैठे हैं। समय की लगाम खींचकर अपनी चाल को भी धीमा कर लिया है उन लोगों ने उसके साथ-साथ।

किसलिए उसके साथ उन सबकी भी गड्डमड्ड हो गयी है ज़िन्दगी। कितनी हिचक के साथ, उसका मुख देखते हुए, उसे भाँपते हुए, इच्छा और अनिश्चय में डोलते हुए स्वीकारे जाते हैं शादी-ब्याह के निमन्त्रण। डिनर पार्टियों के बुलावे। क्यों निधड़क होकर अब कोई कुछ भी नहीं करता। हास-परिहास, आमोद-प्रमोद, चहक-चुहल को हाथ लगाते हुए सहमते हैं सब लोग।

वही न! वही तो है इस विषाद का मूल। उसी ने तानकर रखे हैं हर तरफ़ अपने अवसाद के तम्बू, जो सबके सिर पर की धूप को खा गया है एकाएक। क्यों उसे अब तक यह सब नहीं दीखा। अपने छोर पर खड़ी अपने ही पीड़न की दारुणता से घायल होती रही है वह हर क्षण।

"तुम्हारा कप ठंडा हो रहा है।...लगता है, तुम्हें चाय अच्छी नहीं लगती...कॉफी पियोगी?"

बत्रा को क्या पता कितना कठिन हो रहा है अपनी ही मनहूसियत के इस तरह एकाएक उघाड़ दिये जाने को सह पाना। इस सारे वैपरीत्य को झेलना। नदी के इस छोर पर खड़े सामने दीखते उस छोर के दृश्य को अनदेखा कर पाना। उस आधे-अधूरे ध्यान को वह झकझोरना चाहता होगा। क्यों न हो, कोई किसी को इसलिए तो साथ लेकर नहीं बैठता।

"नहीं!...ठीक है। मैं ठंडी करके ही पीती हूँ चाय।"

उघड़ी हुई काठ की लम्बी टेबल पर दो कप रखकर अगल-बगल बैठे हैं वे दोनों—सामने का दृश्य देखते।

"तुम्हारा मूड मैंने खराब कर दिया।"

"नहीं!...ऐसी कोई बात नहीं है।"

जानती है धधकती हुई अग्निरेखा के बाहर हिचकता हुआ खड़ा रह जाता है सामनेवाला और वह बौखलाई-सी छूट जाती है पता नहीं कौन-सी छायाओं के चंगुल में।

"एक आदमी के उखड़ने से कितना कुछ उखड़ जाता है. न आसपास!" कह देने को मन में आया पर कहा नहीं। बत्रा क्या समझेगा...कैसे समझेगा इस अनमनी चुप्पी में से चुटकी भरकर उठा लिया गया कोई सन्दर्भ।

"अपने ही सुख-दुख में कितना अन्धा हुआ रहता है न इनसान!"

"हंऽऽ!" बत्रा के असमंजस को झकझोरते हुए भी झकझोर नहीं पाया यह कथन!

"क्या मतलब?...क्यों कह रही हो ऐसा?"

"यों ही!...देखो न तुम खासे बोर हो रहे हो और मैं यहाँ बैठे भी इसे समझ नहीं रही।"

"नहीं! नहीं...ऐसी कोई बात नहीं है।" बत्रा का चेहरा कोमल हो आया। मैं बिलकुल बोर नहीं हो रहा। समझ सकता हूँ मैं तुम्हारा...।

"मेरा ख्याल है चलें...फिर कभी बैठेंगे।" प्रगल्भ हो जाने को प्रस्तुत हो गये उसके सयानेपन से घबरा गयी वह। भीतर सब गड्डमड्ड हुआ पड़ा है। जमे-जमाये आसन हिल रहे हैं।

"जैसी तुम्हारी मरजी!" जाहिर है कि वह चुप्पी थी जो उसे अखर रही थी, नहीं तो वह अभी बैठे रहने को उत्सुक ही था।

उठ जाना ही अच्छा है। बत्रा भी क्यों बन्धक बना रहे वैसा ही। क्यों सहमा बैठा रहे बगल में। अनदेखे रहे आये हैं उससे दूसरों के तनाव। अपने को ही वंचित-पीड़ित समझती आयी है अब तक समझे बिना कि विकार बढ़ता है तो आसपास की जमीन को भी अछूता नहीं छोड़ता।

किसे दोष दें? अपनी धुरी से छिटकना परिधि पर पड़ी हर चीज़ के परिप्रेक्ष्य को बदल देता है कितना। वह तो समझी थी अपने में सिमट गये होना आसपास की हर चीज़ को पड़ा रहने देगा जहाँ-का-तहाँ। समस्या उसे अपनी लगी थी। केवल अपनी। अपने उखड़ गये होने की। लगा था वह आत्मतोष में स्थित हुई रहेगी तो सबकुछ यथास्थान टिका रहेगा। बिना जाने कि आसपास सबकुछ यथास्थान रह भी गया तो भी बहुत कुछ होगा जो अपने को ही झकझोरता ठकठोरता रहेगा। आहटें पीछा करेंगी। मन की चौखटों पर अड़े मिलेंगे चेहरे। कौंचते हुए बेचैन करते।

"ज़िन्दगी के पैने दाँत जब त्वचा पर गड़ते हों तो क्या रह जाता है तुम्हारा आत्मतोष...दैट इंसिपिड कंटेंटमेंट। मैं इसे एस्केप कहूँगी या इनेक्शन...।"

यह रूथ हुआ करती थी। एम. ए. के दिनों में होस्टल में उसकी रूममेट। अपनी थीसिस के सिलसिले में भारत आयी हुई थी। वह अनाथ ज़रूर थी मिशनरियों में पाली-पोसी गयी, पर व्यक्तित्व था कि दुर्भाग्य की दीनता-दयनीयता से पूरी तरह अछूता। स्वभाव में अपनी धारणाओं की जकड़ ही नहीं, स्वीकार करा सकने की हठधर्मी भी अचूक। आक्रामकता को उस हद तक तानकर ले जाती थी जहाँ सामनेवाला भी तनतनाकर एकाएक खड़ा हो जाने को विवश हो जाये।

पता नहीं क्यों और कैसे पैदा हो जाती थी उससे लोहा लेने की ललक। बचाव में उठ खड़े होने की उतनी ही पैनी बेचैनी। कुछ वैसी ही आक्रामकता। चाहे तब वह सब एक शुगल ही था। होस्टल के किसी कमरे में बैठकर खोला गया किसी विषय के विवाद का चिट्ठा। अपने से बाहर छलका करता था हर चीज़ को अपने हक में कर सकने का उत्साह। हर बात के अपने हक में तय हो चुके होने का आंतरिक

आश्वासन, बिना जाने जो तय हो चुका है, वह किसी भी कोर से अपने हक में नहीं। उसके भाग्य की तख्ती तो कब की लिखी जा चुकी और एक कोने में पलटकर रख दी गयी। वर्तमान को तो अब निधड़क होकर तख्ती को उसके दरवाज़े पर टाँग जाने के लिए ही अवतरित होना है।

''बुरी-से-बुरी परिस्थिति का भी हम लोगों के जीवन पर उतना बुरा प्रभाव नहीं पड़ता...यू इंडियन्स ग्लोरीफाई पेन एंड सीम टू एंज्वाय इट।'' रूथ का मुख्य आरोप था।

'यू इंडियन्स,' कहते उसके नथुने तनिक फूल जाते थे और किसी चीज़ को आमूल निरस्त कर देने की बेचैनी में उसकी नीली आँखों के भीतरी कोर माथे की सिकुड़न में एकरूप हो जाना चाहते थे। भूरे दागों से डबडब लाल त्वचावाला उसका चेहरा हरदम तमतमाया-सा लगता था। वितृष्णा से भरा। वार करने को सतत प्रस्तुत।

''जानती हो बड़े-से-बड़े दुख से निकलने का रास्ता हमारी कल्चर में है...तुम लोग लेकर बैठ जाते हो...डोंट लेट गो एनी चांस ऑफ मारटरडम। सारी हिम्मत सहने के लिए क्यों, जीने के लिए क्यों नहीं? वह भी क्या कोई छोटा चैलेंज है? ज़रा सोचकर देखो एडवर्सिटी से निकलने के लिए कहीं ज़्यादा हिम्मत चाहिए होती है। वन् नीड्स मोर रिज़िस्टेंस...मोर लाइफ़ फोर्स। बैठे रहने या समझौता कर लेने में कौन बड़ा चैलेंज है।''

नया-नया लगता था वह सब सुनना, जानना। दीवार के दूसरी तरफ़ के दृश्य को देख पाना। तब किसी चीज़ से सीधी मुठभेड़ नहीं हुई थी। हाथ संस्कारों की पिटारी में थे। दिमाग़ किताबों के उजले चमकीले कथनों में। त्याग के ताप को झेल पाना। तृष्णा को जीतना। लोभ-लालसा की धज्जियाँ उड़ाना। इच्छा का निग्रह करना। कितना गहरा रोमांच पैदा करते थे यह सारे वृत्त। कितनी सराहना उगती थी मन में।

कोई एक नातेदार थे। उन्हें दादा की तरह जाना था। सोलह वर्ष की अवस्था में उन्होंने अपनी बाईस वर्षीया मरणासन्न भौजी को वचन दिया था कि वह उनके बच्चों का पालन-पोषण अपने बच्चों की तरह करेंगे और उस उत्साह में आजन्म अविवाहित रहे थे—पूरे सदाचारी। बाबूजी जब उनका किस्सा कहते थे तो जन्म बेकार गया लगता था। उन्हें न देखा तो क्या देखा। एक कोई ताई थी जिन्हें पति की चिता से खींचकर लाना पड़ा था और महीनों कमरे में बन्द करना पड़ा था। बहुत दूर के रिश्ते में एक मौसी थी, वैधव्य में संन्यासिनी होकर स्वर्गाश्रम में रह रही थी। एक माँ की सहेली थी, उन्होंने पिछले पच्चीस वर्ष से नमक नहीं खाया था। अपने पति

की मृत्यु के बाद! और माँ! बहुत करीब की चीज़ों पर शायद व्यक्ति का ध्यान ही नहीं जाता।

ऐसे नक्षत्र देखने का शौक और रोमांच। कुछ कर गुजरने का हौसला। ऐसी आत्मरहित करुणा। शिक्षाओं-कथाओं से मन को सींच-सींचकर रखने का चाव। वह मिट्टी ही कुछ दूसरी थी...

अपनी ही मिट्टी के विरुद्ध जाना, अपनी गढ़न के भी आगे निकलना, कैसे कर सकता है कोई। निर्मम लगा करती थीं रूथ की बातें। निष्ठा से रहित। वह चाहे अपने को जीवन के प्रति कितना भी निष्ठावान या अपने रवैये को कितना भी रेशनल समझे।

सहन नहीं होता था उसका दुस्साहस। इसी देश में, इसी देश के अन्न-पानी पर रहते हुए यहीं की मान्यताओं की ऐसी-तैसी करने में लगे रहना। तन-बदन फुँकने लगता था।

"—जीवन में दुख किसी-न-किसी कारण से बना तो रहता है, यह तो मानोगी, फिर इसे स्वीकार भाव से क्यों न लिया जाये। दुख ज़रूरी है तो दुख को सह सकने की दीक्षा भी ज़रूरी। यह क्यों न माना जाये कि तुम लोगों की जीवन-पद्धति में दीक्षा का कोई स्थान ही नहीं, न ही ज़रूरी चीज़ों के प्रति तैयारी की कोई चेतना।"

ऐसे किसी आरोप को बरदाश्त करने को तैयार नहीं थी रूथ।—"और कैसी होती है तैयारी? सिवाय इसके कि दुख की अनिवार्यता को मानकर चला जाये, यानी कभी भी कुछ भी हो सकता है—एक्सीडेंट, मिसफारचून, डिप्राइवेशन। तुम चाहो या न चाहो, एक फन्दा लटकता रहता है, कभी भी गले में पड़ सकता है। इससे बड़ी दुख की एक्सेप्टेंस या तैयारी और क्या होगी?"

"मैं दुख के आ पड़ने की तैयारी की बात नहीं कर रही, दुख के सह सकने की तैयारी की बात कर रही हूँ। दीक्षा का सवाल तो वहीं उठता है। यानी जिस रंग-रूप में भी जीवन हाथ लगे उसके प्रति स्वीकार भाव! उसके साथ जी सकने का परितोष...कंटेंटमेंट।"

"ह्वाट कंटेंटमेंट," वह तमतमा जाती थी। "कहाँ से आयेगा परितोष? ऊपर से टपकेगा? उसे भी कमाना पड़ता है, जुटाना पड़ता है। कंटेंटमेंट इज समथिंग पॉज़िटिव। उसके लिए कोशिश करनी पड़ती है, तुम उसे स्वीकार भाव से आइडेंटिफाई क्यों कर रही हो यानी जो मिल गया वही ठीक है। यह तो मजबूरी हुई न कि..."

"तुम्हें कैसे समझाया जाये कि हर चीज़ का एक दार्शनिक मेरा मतलब है कि फिलॉसफ़िक आस्पेक्ट भी होता है और उतना बाहरी भी वह नहीं होता क्योंकि हमारे ही मील्यू में से पनपता है। ऐसी ज़रूरतों में वही इनसान को अन्दर से साधकर रखता है। सस्टेन करता है।"

"ज़िन्दगी के दाँत जब मांस पर गड़ते हों तो कुछ नहीं रह जाता यह तुम्हारा फिलॉसफ़िक आस्पेक्ट...सोकॉल्ड कंटेंटमेंट...दर्द से छुटकारा पाना ज़रूरी हो जाता है। एट् एनी कॉस्ट। चाहे तोड़-फोड़कर ही क्यों न हो...कंटेंटमेंट क्या है इसमें? वाय नॉट कॉल इट विदड्राल, एस्केप आर एट द बेस्ट मडल्ड थिंकिंग।"

प्रसंग अक्सर तलाक और पुनर्विवाह का ही होता था। उसकी थीसिस का विषय था–'एटिट्यूड्स रिगार्डिंग री-मैरिज इन इंडियन सोसायटी'। तिस पर बेतरह उकसाया करता था उसे पाँच नं. के कमरे में रहनेवाली शालिनी का जीवन। होस्टल में हुए एक सांस्कृतिक समारोह में शालिनी ने नव-विवाहिता की भूमिका खेलने से इनकार कर दिया था। तभी पहली बार पता लगा था, शालिनी की खामोश अन्तर्मुखता के पीछे वैधव्य का इतिहास है।

रूथ उत्तेजित हो गयी थी। खाने के बाद अपनी धारदार जिज्ञासाओं का टोकरा उठाये उसके कमरे में जा धमकना चाहती थी परन्तु शालिनी वीक एंड के लिए लोकल गार्जियन के यहाँ चली गयी थी। रूथ के रवैये को देखकर तब बहुत अचम्भा नहीं होता था। लगता था इस प्रकार के प्रसंगों को तूल देकर वह अपनी थीसिस के लिए सामग्री जुटा रही है।

घुन लगा रहता था रूथ के दिमाग़ में। अगले दिन शालिनी को खाने के कमरे में पाकर उसके कन्धे झकझोरती हुई बोली थी, "कुछ करो ज़िन्दगी का...।"

"कर नहीं रही क्या?" उपेक्षा से भरा शालिनी का स्वर और ठंडा निर्विकार चेहरा। किसी ने कभी नहीं देखी थी उस चेहरे पर उत्फुल्लता।

"क्या कर रही हो...पढ़ना? ठीक है दैट इज़ वन ऑफ़ द वेज़, पर इससे भूख-प्यास सारी मिट जायेगी? वाय नॉट लिव ए मोर नेचुरल लाइफ़!"

शालिनी का ठंडा साँवला चेहरा एकाएक घायल हो जाया करता था। मुख पर झट लिख जाता था एक मर्माहत उलाहना। क्यों? किसलिए? किस अधिकार से किसी के संयम की सामर्थ्य को इस तरह खुल्लमखुल्ला चुनौती देना पर किसी दूसरी दिशा से आती थी रूथ की बेचैनी। उसी निर्द्वन्द्व भाव से पूछती, "मौका आ पड़े तो शादी करोगी?"

"नहीं!" शालिनी का चेहरा तप जाता जैसे भीतर के बन्द ढक्कन खुल गये हों। भाप की परछाइयाँ उसके चेहरे पर काँपने लगतीं।

असमंजस में पड़ जाती थी रूथ। समझ में नहीं आता था उसे वह आहत भाव। पल भर में ही ढहने, किरकिराने लगने की मानसिकता। क्या कह दिया है उसने कि बात चुभ गयी। संवाद ही थम गया।

अबूझ बेचैनी में उसका इधर-उधर देखना और अपनी बात का किसी भी दिशा से समर्थन चाहना, पर भारतीय लड़कियों के समूह में उसकी एक अकेली जिज्ञासा

टक्करें मारकर लौट जाया करती थी, क्षोभ के पूरे इजहार के साथ।

"इस जगह पर आकर बात बन्द क्यों हो जाती है? क्यों रुक जाता है डायलाग? इससे आगे यहाँ कोई कुछ भी सोचने को तैयार क्यों नहीं होता? क्यों नहीं? मुझे यह भी अपनी थीसिस में लिखना पड़ेगा—यह भारतीय 'इथोस' का रिफ्लेक्शन।"

तब ये सब बातें ही बातें थीं। बहसें। बौद्धिक शक्तियों के इजहार की अखाड़ेबाज़ी । हर बात को बहस बना देने का प्रतियोगितानुसार उत्तेजक रवैया। यों भी सवाल रूथ उठाती थी और रूथ से लड़ाई-सी ठनी रहती थी मन में। उसके रवैये से। उसकी आक्रामकता से। सारी संस्कृति, सारे चिन्तन को इस तरह खुल्लमखुल्ला चुनौती दे देने का हक हासिल कर लेने से। उसकी बात पर विचार करने का मन नहीं होता था। हिंसा मन में उठती थी उसे हराने की! उसके तर्क के हर वार को नाकाम कर देने की।

"इतना पर्सनल, इतने टची क्यों हो जाते हो तुम लोग? मैं कोई आलोचना तो नहीं कर रही, एग्ज़ामिन कर रही हूँ।"

आहत हो जाने की उस सीमा तक खींचे बिना रूथ को छोड़ा नहीं जाता था। किसे पता था आगे चलकर एक-एक शब्द का, एक-एक कथन का परीक्षण होगा और वह भी अपने जीवन पर। ज़िन्दगी के पैने दाँत अपनी ही त्वचा पर गड़ेंगे—इतने गहरे। दीक्षा से, संस्कार से पाये परितोष और रास्ते की चुनौतियों के बीच लड़ाई छिड़ेगी इस तरह।

रूथ पता नहीं कहाँ होगी। कब की रौचेस्टर वापिस चली गयी होगी। होती तो हर समय शरत भैय्या की तरह उसका पीछा करती। शालिनी के कन्धों की तरह उसके कन्धे झकझोर-झकझोरकर पूछती—क्या कर रही हो ज़िन्दगी का?

करना क्या है। करने को रह क्या जाता है सिवाय मान लेने के कि पटाक्षेप हो गया। अभिनेता बने बैठे रहे, बत्ती गुल हो गयी। मान लेना कि अँधेरा ही सच है। अकेले हो गये होने की नियति ही सच। स्वीकार लेना कि रोशनी देनेवाले सूरज को सदा के लिए ग्रहण लग गया। त्वचा मोटी पड़ गयी। हृदय मांस का निर्जीव पिंड! संवेदनाओं के सारे स्रोत पूरी तरह कुंठित। रंग मात्र एक ही है—वर्णविहीन। शुभ्र। सूने सपाट माथे को सौन्दर्यदीप्त कर सकनेवाले टीके का और कोई अर्थ नहीं। न ही नीरव एकान्त को चूड़ियों की घरेलू खनक से हर लेने की अपनी कोई महत्ता। वह सबकुछ तो एक प्रतीक मात्र था। एक परायी मिल्कियत। मालिक के चल बसने पर लबादे की तरह उतार फेंकी गयी। अपनी 'कुछ नहीं' हैसियत को और नंगा कर दिया गया।

अपनी नाव को बहाव से खींचकर थुलथुल रेत में लगा दिया था उसने—खुद ही। और तटस्थ भाव से सामने बहते जीवन-प्रवाह के किनारे बैठ गयी थी। लहरें पीछे से दौड़ती हुई आतीं, उसके पैरों के पास थमकर अपनी गठरी उसी किनारे पर खोल जातीं। कितना अजीब खेल है यह भी—खेल में होना, नहीं भी होना। प्रवाह में होना नहीं भी होना। लौट-लौटकर मन की खिड़कियों पर खड़े अपने आपको किन्हीं भूले-बिसरे क्षणों में हँसते-रोते देखना।

यह स्वीकार है या समझौता। दीक्षा है या रूथ कथित 'लाइफ़ फोर्स' का अभाव। कुछ भी नहीं पता। कौन-सी हद कहाँ से शुरू होती है कहाँ खत्म, यह भी नहीं पता। विवाद छिड़ते हैं तो किनारे खड़े कुछ भी नाम रख दिया जाता है परिस्थितियों का। नहीं तो बने-बनाये साँचे हैं...बनी-बनायी अपेक्षाएँ। अपने को सौंप दो। उन साँचों के हवाले कर दो। पत्ता नहीं हिलेगा। कोई शोर नहीं होगा। आसपास किसी को कुछ भी बेचैन नहीं करेगा। अपने को शान्ति—चाहे ठंडी। सन्तोष—चाहे फीका, मिल जायेगा।

उसे भी अनुकूल पड़ता है यही रास्ता। कम-से-कम क्षोभ का रास्ता। कम-से-कम श्रम का रास्ता। वैसी बेचैनी अब उसे नहीं है, जैसी शरत भैया को है। वह तो जड़ हुई पड़ी है। अपनी भँवर में थिर। शरत भैया के शब्दों में तो 'विवेकहीन' भी। उनके अनुसार—इतना विवेक तो पक्षियों में भी होता है कि एक जगह घोंसला तोड़ दो तो दूसरी जगह बनाने बैठ जाते हैं।

कैसे पलटकर पूछ सकती है किसलिए चाहिए अपना विवेक...किस आवश्यकता के लिए? किस अनुकूलता के निमित्त। कौन-सा युद्ध है सामने जो कोई इतना सन्नद्ध होकर बैठे और अपने नीतिज्ञ विवेक का आह्वान करे। गाज जहाँ से गिरी है शत्रु कोई नहीं है वहाँ। किस बात को लेकर किससे लड़े? सहयात्रा के सुख के छिन गये होने की कड़ुवाहट किस पर प्रकट करे...है कोई वहाँ जिसे उलाहना दे या जिससे फरियाद करे?

यह स्वीकार, यह तटस्थ भाव किसी को भी सह्य है, शरत भैया को नहीं।

"जूता टूट गया दूसरा ले आओ। घड़ी बिगड़ गयी दूसरी खरीद लो। कपड़ा फट गया, दूसरा सिलवा लो और यह जीती-जागती ज़िन्दगी? अरे! सारे कायदे-कानून, सारी रोक-टोक ज़िन्दगी को डुबोने के ही लिए है...एक उसे ही नाकाम कर देने के लिए।"

उनके स्वभाव के मीठे ठहराव को बेचैन किये रहती है कोई आन्तरिक उत्तेजना। सामना होते ही विद्युत सम्पर्क की तरह निमिष में ही खुल जाता है वही प्रसंग।

आजकल रिहर्सल के कारण कुछ देर से लौटना होता है। आते तक तो सब-के-सब दालान में बैठे मिलते हैं। खाने की प्रत्याशा में एकत्रित। बिन बुलाये चले आते हैं प्रसंग और उसे गूँगा कर देते हैं। कब से चलती चली आ रही है यह घेराघारी।

"ऐसी बातों में खामोशी को मैं बेवकूफी समझता हूँ। वह जमाने लद गये, जब लोग बिना सलाह-मशविरे के कर लिया करते थे सारे काम। पढ़े-लिखे इनसान से इतनी उम्मीद तो होती है कि वह सवालों का जवाब दे..."

क्या जवाब दे? क्या कहे? यह ज़िन्दगी है या काठ का कोई शहतीर, जब जहाँ से चाहा काट दिया गया। एक टुकड़ा चिता के साथ धधकने के लिए छोड़ दिया गया, दूसरा नयी इमारत की पहली चौखट में जड़ देने के लिए रख लिया गया। ऐसा साफ़-सपाट दो-टूक हिसाब...कहाँ होता है...कैसे हो सकता है?

पर यह सब कैसे कहे। एक अजीब तरह की छोटाई-बड़ाई उसके और शरत भैया के बीच में है। छोटाई-बड़ाई से ज़्यादा छोटाई-बड़ाई का परदे से भरा एहसास। जैसे शरत भैया भाई न होकर बाबूजी हों। मन के किसी कोने में बैठे धूमिल बाबूजी। उस धूमिल छाया में से जो गतिवान छवि उभरती है, वह बाबूजी की नहीं, शरत भैया की होती है। बरसों से उनके अडोल रुतबे की तुला पर टिका है सारा घर। उनके वर्चस्व का समुचित उत्तर देना पड़ता है हर किसी को फिर उसकी तो हैसियत ही क्या है...

"क्या कहती हो?" शरत भैया धीरजविहीन उत्कंठा में उसका चेहरा ताक रहे हैं। भूल गयी थी अपने भीतर इतनी दूर तक चले जाने की छूट उनके रहते उसे नहीं मिल सकती। वह हर बात का तुरन्त उत्तर चाहते हैं। योग्यता और शिक्षा, विशिष्टता और व्यक्तित्व के हवाले दे-देकर उठ खड़े होने की दुहाई दिया करते हैं बिना जाने कि खड़े होना पैरों से होता है और पैर यदि सुन्न पड़े हों तो?

पहले की तरह उसका भाभी की ओर कातर हो-होकर देखते होना अब उन्हें रास नहीं आता। झटक देना चाहते हैं वह भाभी को बीच में रखकर बात कर सकने की आड़। फाड़ देना चाहते हैं चारुता-औपचारिकता के परदे। चाहते हैं पूरे होश-हवास में, पथरीली-कँकरीली जमीन के एहसास के साथ, भविष्य की विषमताओं-सम्भावनाओं को समझते हुए वह पूरी तरह उनकी तरफ़ उन्मुख हो। उनके प्रस्तावों में बाधक होकर नहीं, सहायक होकर उन्हें अपने सामने खड़ी मिले। पसन्द नहीं है उन्हें आज के हालात को अन्तिम हालात मानकर बैठ जाना। उसके अनुसार समझदार की दृष्टि आगे तक जाती है, और खुलासा यह कि "समझ अपने पास न हो तो अपने हितैषियों की समझ से काम ले लिया जाये।"

अपने हितैषी? कैसे हैं अपने हितैषी? किस तरह की है इनकी हित-चिन्ता? माथे पर पड़े सिन्दूर की तरह ही पोंछ डालना चाहते हैं निखिल के साथ जुड़ा जीवनखंड।

जैसे पेंसिल से लिखी गयी थी वह सारी इबारत। रबर लिया और मिटा दिया गया।

उन्हें क्या पता कितनी छोटी-छोटी बातों पर बन्धक पड़ी है ज़िन्दगी। निखिल को आम खाने का शौक था तो आम देखने तक की इच्छा नहीं होती। मीठे चावलों पर लट्टू था तो उसे निषिद्ध कर गया है कोई। आलू का भुरता...आँवले की चटनी। पुल के नीचे का निर्जन रास्ता...पन्नालाल घोष का बाँसुरीवादन...युद्धों के कथानक पर बने चलचित्र...झुटपुटे की बेकली...भूरे-चिकने कम्बल की गरमाई...कौन है जो इन सबको छूने जाती उँगलियों की पोरों को सुन्न कर देता है एकाएक। कोई तो है भीतर...कोई तो?

स्वतन्त्रता उसे नहीं है...अपने आपसे नहीं...अपने भीतर से नहीं।

आज सुबह से एक अजीब-सा तनाव घर में है। ऐसी सुबहों से डरती है वह। कमरे में घुसी रहती है—पर आज कोई चारा नहीं। दीपू रात-भर तेज़ बुखार में तपता रहा है। भाभी अभी तक उसके सिरहाने बैठी हैं। सुबह का काम उसके जिम्मे है। पिछली रात का बेचैन हाथ सुबह का मुँह पोत गया है। तिस पर शरत भैया को आज रात दौरे पर जाना है। बाहर जाने से पहले किन्हीं कामों को निपटाकर जाने का उनके मन में उद्वेग है। इस उद्वेग को तनाव की उस पराकाष्ठा तक ले जाने में उसकी...उससे लगकर उपजी चिन्ताओं की भूमिका मुख्य है। यह लज्जा भी क्या कम है?

"—जो सवाल करता है, वह जवाब भी माँगता है। मैं कोई जानवर नहीं कि भौंकता रहूँ और तुम भी कोई गठरी नहीं जिसे एक जगह से उठाकर दूसरी जगह रख दिया जाये।"

जानती है यह भाषा शरत भैया की भाषा नहीं, उनकी बेचैनी है। उसकी ढीठ खामोशियों को भर्त्सना-भरी झिड़की। इतने दिनों का दबा-ढँका उनका धीरज अब बदजुबान हो जाना चाहता है।

क्या कहे...क्या उत्तर दे कि कुछ भी नहीं होता भीतर। कुछ भी नहीं हिलता। उनके निर्मम कथनों के हाथ मन की झील के ठहरे पानी को उलटे अस्त-व्यस्त ही करते हैं।

बाहर...रसोईघर से बाहर उनके चहलकदमी करते पैरों की बेचैन आहट है। उधर से इधर। इधर से उधर। टहल रहे हैं शरत भैया! भाभी का इस समय वहाँ न होना अखर रहा है उसे। वह होती हैं तो उनकी उत्तेजना उनके माध्यम से आती तनिक झीनी तो ज़रूर हो जाती है।

"उत्तर नहीं दिया जायेगा तो मैं जो ठीक समझूँगा, करूँगा।" उन्होंने आखिरी

हथियार फेंका है और खाने की मेज़ पर आकर बैठ गये हैं।

दूध गिलास में डाला जा चुका है। टोस्टर में सिंके हुए टोस्टों के सिर झाँक रहे हैं, और वह रसोई में खड़ी है वैसी-की-वैसी। नाश्ता देने जाते उनका सामना करना होगा और सामना?

कब तक टालती रहेगी। क्यों न कह दे कि यह तैयारी उसके भीतर नहीं है। नहीं है उन सब बातों का स्वागत। ज़िन्दगी की अगुआनी के नाम पर भी नहीं। भीतर ठहर गया है सबकुछ। वे क्षण...वे बातें...वे रास्ते...वे चौखटें...पता नहीं किस बात ने जीवन-सत्त्व की तरलता को सोख लिया है पूरे का षूरा। मन में बदलाव की न चेष्टा है न इच्छा।

पर कुछ भी कहना नहीं हो पाता, नहीं हो पायेगा। पैर जैसे धरती से चिपके पड़े हैं।

"लाओ भई...नाश्ता! रोज़ देर हो जाती है।" उनकी खीझ अब दूसरे रास्तों की घात में है। उसके हाथों ने जल्दी-जल्दी टोस्ट पर मक्खन पसारना शुरू कर दिया है।

भाभी झल्लाहट सुनकर लपकती चली आयी हैं। भाभी के आते ही भैया का उत्साह फिर से रवाँ हो गया है।

"मैं तो सालों साथ बीती ज़िन्दगी को भी इन हालात में रिऑर्गनाइज़ करने के हक में हूँ और उसने तो अभी देखा ही क्या है...जाना ही क्या है अभी।" वह अब पहले की तरह भाभी को उन्मुख हैं।

"लाओ, मुझे दे दो।" काँप गये उसके हाथों से छुरी ले ली गयी है और खुद मक्खन लगाने लग गयी हैं भाभी। एकाएक खाली हो जाना उसे अटपटा लगा है ऐसे में।

शरत भैया बाहर न बैठे होते तो अपने कमरे में निकल गयी होती। उनकी उपस्थिति में घुड़सवार की तरह तने रहना पड़ता है।

"शाम तक फाइनल करवा लेना। भेज दूँगा। रात को मुझे जाना है। आते तक छप भी जायेगा।" वह आदेश दे रहे हैं भाभी को। "वह बेवकूफ है तो तुम सब तो अपने होश-हवास ठिकाने रखो।"

वह वहीं रसोई में खड़ी प्रतीक्षा कर रही है उनके ऑफिस जाने की। तब तक पानी का जंगाल इधर से उधर...वाशबेसिन के नीचे काई की घिसाई...पुड़ियों में कई दिन के पड़े धनिए और काली मिर्च की सँभाल। जाने कहाँ से काम-ही-काम निकलते चले आते हैं।

"लो, तुम भी खा लो।" भाभी शरत भैया को भेजकर आयी हैं। "इस वक्त यह सारा बखेड़ा क्या कर रही हो? यूनिवर्सिटी नहीं जाना?"

"जाना है।" उन्हें क्या पता शरत भैया रहते हैं तो बचते रहना पड़ता है।

"जाओ फिर...नाश्ता कर लो।" टेबल पर आयी है तो एक काग़ज़ उसकी प्लेट के सामने नाश्ते की तरह पसरा पड़ा है।

'वांटेड एन अनआर्थोडॉक्स वैलसेटल्ड पर्सन बिटवीन थर्टीफाइव टू फोर्टी फॉर एन एजूकेटेड हाइली एकम्पलिश्ड यंग विडो नियरिंग थर्टी। नो बार्स!'

"ठीक है?" भाभी उसे पढ़ता हुआ देखकर सन्तुष्ट हैं। वह पता नहीं कब उसकी कुर्सी के पीछे आकर खड़ी हो गयी हैं।

"तुम लोगों के लिए तो मरते ही दूसरे के अन्दर से भी मर जाता है इनसान।" तनतनाहट सिर के पिछले भाग से उठती हुई उसकी सारी देह को अस्थिर कर गयी है।

जानती है जिस झल्लाहट, जिस उद्धत भाव से वह उठी है उसने भाभी को आहत किया होगा। वह मुँह बाये उसी तरह, उसी जगह खड़ी रही होंगी। मर्माहत। क्या करे वह?...ज़िन्दगी है या धक्के दे-देकर खींची गयी कोई गाड़ी पर कब तक?

आँगन में से होकर जाते पूजा के कमरे से अम्माँ आती मिली हैं। मुँह और भी कसैला हो गया है। अब युद्ध का दूसरा अध्याय शुरू होगा। योद्धा बदल गये। तीर-तरकश उतने ही तने हुए।

शरत भैया के जाते ही आपसी लिहाज़ का पेपरवेट एक तरफ़ लुढ़क जाता है। फड़फड़ाने लगते हैं, उन दोनों की आत्मप्रभुता के अकड़े हुए पन्ने। अहम्मन्यता दोनों की चमककर खड़ी हो जाती है अपने पंजों पर...

"मैं सुन रही थी सबकुछ।" जानती है अच्छी तरह। अम्माँ की प्रगल्भता पहल करने से नहीं चूकेगी। वह अपने तेवर में आ जायेंगी झटपट।

"अरे जो हो गया, सो हो गया। भगवान की मरजी में किसका दखल है।...सुख किस्मत में लिखा होता तो ऐसा होता ही क्यों?"

"भगवान की मर्जी में अपनी मर्जी जोड़कर तुम उसकी ज़िन्दगी को क्यों हराम कर रही हो अम्माँ...ज़रा सोचकर तो देखो, किसी की औरत मर जाये तो मसान में ही रिश्ते आने लग जाते हैं मरदों के, और औरतें?"

भाभी की आवाज़ में ललकार है—घर में अपनी पुख़्ता हो गयी हैसियत की ललकार। इन दिनों वह भी शरत भैया की भाषा बोलने लगी हैं। अच्छा लगता है, उन्हें नयी-नयी जमीन पर आत्म-मुग्ध होकर पैर रखना। 'नया मुसलमान प्याज़-ही-प्याज़ चिल्लाये' के उग्र उत्साह में आस्तीनें चढ़ाकर अम्माँ के युगों पुराने गढ़ों पर टूट पड़ना।

अम्माँ के संस्कारों को इन पैंतरों को सहने की आदत नहीं। वह तिलमिलाती

हुई भीतर का तेज़ाब भाभी के मुँह पर फेंक देना चाहती हैं।

"बस-बस, बहू! तुम्हारी जुबान ज़्यादा चलने लग गयी है। औरतों को कोठे पर बिठाना बाकी रह गया है।"

अपने तरकश का तेज़-से-तेज़ तीर चुन लेना चाहती हैं अम्माँ! बिना जाने कि कोई भी तीर भाभी को नहीं, उसे लगता है। कन्धे उसके छलनी होते हैं। उन दोनों के बीच बैठी है वह—निरस्त्र, निरावृत। दोनों मोर्चाबन्दियों के बीचोबीच। उन दोनों के खिलवाड़ में धज्जी-धज्जी हो जाती है उसकी आत्म-प्रतिष्ठा।

बस चलता तो जहाँ बैठी है, वहीं गड़ जाती। बुरी तरह संकुचित करती है उसे इस तरह की श्रीहीन लड़ाई...यह बेहूदा खींचतान...जैसे वह कोई व्यक्ति न होकर इधर से उधर उछाली गयी गेंद हो। तिस पर किसी प्रकार की दलील दे सकने की दोनों तरफ़ एक-सी मजबूरी। कोई भी दलील अपने पक्ष में नहीं दी जा सकती, दलीलों की ज़मीन को ही खंडित किया जा सकता है बस।

एक दिन घबराकर कह दिया था—"अम्माँ ठीक कहती हैं।" तो भाभी भड़क उठी थीं अम्माँ के फैसलानुमा हस्तक्षेप पर ज़्यादा।

"क्या ठीक कहती हैं अम्माँ? उनके ज़माने लद गये जब चूल्हा झोंकते कट जाती थी सारी ज़िन्दगी। आजकल की तरह मरदों की दुनिया में रहना पड़ता तो पता लगता कि भेड़ियों के बीच रहना कैसा होता है। हर वक्त नोचने को तैयार बैठे रहते हैं। कहाँ तक अपने को बचाते फिरो। फिर इसका भी क्या भरोसा कि अपना ही पैर... ।"

लपककर उठ गयी थी। जानती थी वह आगे क्या कहेंगी, इधर-उधर पैर पड़ने की सम्भावना को तेरह वर्ष की आयु में विधवा हो जानेवाली ताई का हवाला दे-देकर बयान करेंगी। बचाव की आड़ में और अधिक कोंचेंगी।

सिर सतत ढँका हुआ। बिना ब्लाउज के मटमैली सफेद मलमल की धोती लिपटी हुई। दहकते हुए चूल्हे के सामने गर्मी-सर्दी में बैठी हुई ताई। मन मलिन हो भी तो चेहरे के तेज़ को कोई हरा नहीं सकता था। पता नहीं कैसे मर गयी थीं अचानक। काँसीवाड़ा से लगी धोबियों की बस्ती के पीछे का सूखा निर्वासित कुआँ। टाँगों के बीच नाला-सा चू रहा था। खून-खून लाश देखी थी उसने। सब बहिन-भाइयों को उस दिन कमरे में बन्द कर दिया गया था।

कमान खिंच जाया करती है भीतर। वह ताई हैं क्या? उसकी अपनी अनिच्छा... अपनी अचेष्टा...अपना लोभ-लालसा से खाली मन...अपने में विश्वास...युद्ध से बाहर...प्रवाह की बुलाहटों से दूर...वह ताई कैसे हो सकती है?

"शरत कहे तो कहे...तुम क्यों मर्दों से होड़ लेने में लगी हो...तुम तो औरत हो...तुम तो...!" अम्माँ के दाँत सही-साबुत होते तो बजने लगते। सामनेवाले को वह दाँत पीसती दीखतीं।

पर भाभी पर उस दाँत पीसते आक्रोश का कोई प्रभाव नहीं।–''औरत हूँ तभी तो...ज़रा न्याय देखो अपने भगवान का। भकुआ आदमी अकेला रह जाये तो तूफान खड़ा हो जाये और औरत के लिए पत्ता भी न हिले जबकि वह हर तरह से ज़्यादा मजबूर है। तुम्हें बुरा लगता है तो लगे। मैं तो कहूँगी, तुम्हारे भगवान की दुनिया में इनसान नहीं है कोई।...दो जातियाँ हैं...और दोनों के लिए अलग-अलग तरह के नियम।''

शब्द हैं कि हथौड़े की तरह कनपटियों पर बजते हैं। इनसान नहीं है कोई... स्त्रियाँ हैं या पुरुष...दो जातियाँ हैं...दो विधाता हैं...दो तरह के विधान।

ऐसी बातों से कितनी ही बातें शुरू हो जाती हैं भीतर...कितने वर्तुल...वृत्तों के भीतर से निकलते नये वृत्त।

यही नियति किसी पुरुष की होती है तब?...एक के लिए मात्र एक निजी घटना। पानी के पूरे प्रवाह में एक छोटी-सी लहर की उत्ताल हलचल पर दूसरे के लिए स्याही-सोख़्ता पर उलट गयी पूरी दवात की नृशंसता। आखिरी कोर तक स्याह कर देती है जीवन का। दुख एक-सा। दुख की छाया कितनी अलग-अलग...क्यों?

''हद हो गयी...हद हो गयी बहू।'' अम्माँ की गुड़ी-मुड़ी बैठी निरीहता पर किसी ने तेज़ाब छिड़क दिया है–''अब तुम भगवान को भी ललकारोगी?''

''भगवान को नहीं ललकार रही। मैं तो तुम्हारी दुनिया की बात कर रही हूँ, बल्कि तुम्हारी। औरों को तो छोड़ो। तुम भी तो दुश्मन हो रही हो अपनी लड़की की...।''

''मैं? और दुश्मन?'' अम्माँ के होंठ फड़फड़ाने लगे हैं। ''मैं दुश्मन हूँ उसकी?'' आहत तिलमिलाहट उनके चेहरे पर लिख गयी है।

''और नहीं तो! दोस्ती-दुश्मनी रिश्तों से थोड़ेई तय होती है...नीयत से, कर्मों से...।''

''रहने दे...रहने दे कर्मों-रिश्तों की बातें...दुख-सुख हर किसी पर पड़ता है। सब्र करना पड़ता है। दुनिया में रहकर दुनिया के दस्तूर से चलना पड़ता है।''

''दस्तूर?...काहे का दस्तूर?''

भाभी बीच में से ही बात को झपट लेती हैं।

इस स्थल पर आकर सारा आसपास बन्द हो जाता है उसके लिए। दस्तूरों का हवाला उखाड़ देता है पूरी तरह। अन्तःप्रदेश की ठंडी-ठिठुरी दीवारों पर एकाएक आग लग जाती है। उस दाह में फिर सबकुछ गड्डमड्ड हो जाता है। सब चेहरे मिसेज़ टंडन के चेहरे हो जाते हैं,...माँ का भी।

पोस्टमार्टम के बाद घर लायी गयी निखिल की लाश बाँधी जा रही थी बाहर।

मिसेज़ टंडन ने ही कहा था। हाँ!...उन्होंने ही आदेश दिया था कि चूड़ियाँ

उतारकर रख दी जायें निखिल की अर्थी पर। अभी, उसी क्षण।

क्या हुआ था उसे आज तक भी ठीक से नहीं जानती। क्यों ऐसी दहशत-भरी चीख निकली थी? क्यों उसके हाथों ने अपनी ही कलाई को अचानक इस तरह ढक लिया था? अपनी बाँहों को अपने ही घुटनों के बीच ले लिया था...।

उन्हीं के—हाँ, उन्हीं के सख़्त वज़नी हाथ उसकी कलाइयों को ढूँढ़ लाये थे! स्वर ऐसा निकला था जैसे लोहा गरम पिघला हुआ—"यह सारा साज-सिंगार अब किसके लिए है?"

इसका उसके पास कोई उत्तर नहीं था। दहशत थरथरा रही थी भीतर—यह अब किस तरह का जीवन शुरू होगा? किस तरह सबके बीच बिठाकर निरावृत्त किया जायेगा—"तुम्हारा होना मेरे लिए हर तरह से ज़रूरी था निखिल। तुम मेरा समाज भी थे, शील भी, मेरा आवरण भी।"

वह निश्चय ही इस तरह बींधती दृष्टियों के केन्द्र में अकेली, अनावृत्त छोड़ दिये जाने के भय से चीखी होगी। कितनी गुंजलकों में एक साथ उलझ गये होने की डरावनी प्रतीति थी वह!

"यह सबकुछ इसी समय कर डालना क्यों ज़रूरी है मौसी?" कातर थरथरा रही थीं भाभी।

"आऽय हाय! हर बात का कोई दस्तूर होता है।" फैसला दे दिया था उन्होंने। सिर का पल्ला ठीक करते हुए निवृत्त भाव से अपने बैठने का पैंतरा बदला था। अधपके बालों के नीचे दहकता हुआ बड़ा-सा लाल टीका। इसका कोई मलाल तो नहीं...ज़रा भी नहीं। वह तो देख रही थी लाड़-प्यार, माया-ममता के गीले लेप का इस तरह इतनी जल्दी सूखना। नियमों-दस्तूरों को लेकर अन्धी अमानवीय आस्था।

वह उनका, अनुभवी-सा लगता कठोर चेहरा। बिलकुल बेपहचाना। यह दिन न आया होता तो कभी न देख पाती दस्तूरों के नाम पर उघड़ते रिश्तों के बुनियादी रंग। जब पड़ोस में रहने आयी थीं तो आत्मीयता इतनी छलकी पड़ रही थी कि पड़ोसी होने का यथार्थ भी उन्हें औपचारिकता-भरा लगा था। 'मिसेज़ टंडन' कहकर बुलाने पर बेतरह भड़की थीं।

"यह क्या होता है अंग्रेज़ी रवैया।...छोटा-बड़ा कोई होता ही नहीं। मान लो मौसी लगती हूँ मैं तुम्हारी...।" और अपने-आप ओढ़ ली थी उन्होंने मौसी के पद की प्रगल्भ प्रभुता।

अपनी कलाइयाँ उसने स्वयं ही बढ़ा दी थीं। उसके बाद उसकी कोई चीख़ नहीं निकली थी। बाहर कुछ भी अस्त-व्यस्त नहीं हुआ था। भीतर अपना होता है। सहस्रों किरचों के बजते होने पर भी देह की थैली में सब सिमटा पड़ा रहता है।

आस-पड़ोसवालों के उद्वेग जल्दी ही बासी हो गये थे। एक रेले की तेज़ी से जिस

तरह वह उसके घर में घुसे थे उसी तेज़ी से उन्होंने उसे खाली भी कर दिया था। उनका रोमांच, उनकी उत्सुकता, घटना के आसपास हिरते-फिरते होने की उत्कंठा समाप्त हो गयी थी। उनके दरवाज़े अब जल्दी भिड़ने लगे थे।

तब उसकी साँस में साँस आयी थी, नहीं तो लगा करता था उससे कोई अक्षम्य अपराध हो गया है उन सबके प्रति। उसकी नियति उन सबके नियमों की मोहताज हो गयी है। जीवन अपना है। दुख अपने। आचारशास्त्र उन सबका चुना हुआ।

अब बात बूँद से शुरू होती है बूँद नहीं रहती। तेल की बूँद बनकर सारे पानी की सतह पर तिरमिराती बनी रहती है।

घर में शरत भैया के घुसते ही पता लग गया था वह बेहद नाराज़ हैं। उसका लाया हुआ पानी का गिलास उन्होंने थाम तो लिया था पर पिया नहीं। टेबल पर रखी जानेवाली खट् इतनी तेज़ थी कि पानी की तरह उनके क्षोभ को भी अपने से बाहर छलका गयी।

वह अब कुछ भी उतनी आसानी से नहीं भूलते। उनमें न अब वैसा क्षमाभाव दीखता है, न उतनी छलकती करुणा, न बचाव-सँभाल की वैसी अतिरिक्त सावधानी। कुछ हो जाता है तो कई-कई दिन तक गुम हुए रहते हैं। निर्मम। पूरी तरह बन्द। भेदना मुश्किल पड़ता है। तब अपने को अपने उलाहनों से ही छलनी करने का जी होता है।

ऑफिस जाते समय कहकर गये थे कि वे दोनों सीधी चोपड़ा भाई के यहाँ पहुँचें। बल्कि शादी-ब्याह के काम में तो और जल्दी पहुँचना चाहिए था। वह ऑफिस से ही उधर निकल जायेंगे, पर पहुँची थीं भाभी--अकेली। बच्चों के साथ। चोपड़ा परिवार से, परिवार की बरसों पुरानी आत्मीयता है। सुख-दुख बाँटने के एहसास के प्रदर्शन के साथ। यह बड़बोलापन उसे आजकल अखरता है। अखरता है हर घड़ी भीतर-बाहर बाँट के तनाव में खंडित हुए रहना। भीतर से घुटे-घुटे रहना, बाहर हँसने-मुस्कराने की विवशताओं में टँगे रहना। उससे कहीं अच्छा है अपना सन्नाटा सूँघता एकान्त।

''इतनी व्यस्तता में भी कल तीसरी बार आयीं मिसेज़ चोपड़ा और तुम लोगों के नखरे ही नहीं मिलते...।'' शरत भैय्या आये तो तने हुए थे, बात के अनुपात से अधिक तने।

जानती है यह 'तुम लोग' और कोई नहीं है। 'तुम लोगों' के वजन के बराबर उन पर दबाव देती वह है--केवल बस वह। उनके मन में चोपड़ा भाई से सपरिवार वफ़ादारी न निभा सकने का न उतना क्लेश है न अपने आदेश को न मनवा सकने का उतना क्षोभ। उन्हें तो अक्षम्य लगता है अस्वस्थता की अलामतों के बीच इस

तरह ढीठ बनकर बैठे रहने का हठ। ''कह दो उससे,'' उन्होंने भाभी से कहा था–''सोचना-समझना ही नहीं सीखा तो पढ़ाई-लिखाई के आडम्बर बेकार हैं।''

वह तमतमाये हुए हैं। एक स्तर पर अच्छा लगता है उनका निखालिस, अपने आप में होना। किसी-न-किसी प्रकार के अतिरिक्त के उलार से मुक्त दिखना। पर यह निखालिसपन इस तमतमाहट में उस अतिरिक्त को नोंच-नोंचकर फेंक देने की बेध्यानी में से जन्मा है। साथ ही जन्मी है चोट करने की बदहवास इच्छा। इस समय वह मात्र चोट करना चाहते हैं। चोट करते हैं, ताकि सामनेवाला तिलमिलाये और उस तिलमिलाने में उसकी आरोपित मुद्राएँ झड़ जायें।

''रात हो जाती है तो हर कोई मान लेता है चुपचाप, पर उन मूर्खों का क्या इलाज है जो दरवाज़े-खिड़कियाँ बन्द करके रात को पकड़कर अन्दर बैठे रहते हैं।''

रात के तर्क पर ही जाओ तो रात नहीं हो गयी क्या, पर इस तरह का उत्तर देना आसान नहीं है। उत्तर की अपेक्षा उनके मन में है भी नहीं। वह तो चाहते हैं उनके तर्क का सिरा पकड़ लिया जाये और बिना सोचे-विचारे ज़िन्दगी का ताना-बाना बुनना शुरू कर दिया जाये।

ठीक है, सोच और निर्णय के सिरे उनके हाथ में हैं, उन्हीं के हाथ में रहेंगे। इस घर में और सबके न्याय की तरह उसका न्याय भी वह ही करेंगे, परन्तु यह गुमसुम चुप्पा-चुप्पी। उन्होंने तो सोचा तक नहीं होगा कि उसे कल रात दिल्ली जाना है और इस तरह घर से बाहर जाना...इतने असहज होकर...।

यूथ फेस्टीवल में छात्रों की इंचार्ज बनकर जाने की बात पर उसकी उदासीनता उन्हें कितनी अखरी थी। कितना उत्साहित प्रेरित किया था–'ताज़ी हवा की कमी और भी बीमार कर देती है आदमी को...सबसे मिलना-जुलना चाहिए।' और अब?... जाते समय?

रात-भर सो नहीं सकी। पता होता बात इतनी बढ़ेगी तो चली गयी होती चोपड़ा के यहाँ। सौ काम अनिच्छा से होते हैं, एक इस पर ही क्या अड़ना। शरत भैया की अप्रसन्नता का बोझ...धूप की चिलचिलाहट में सिर पर छतरी की अपरिहार्यता का ज़्यादा गहरा एहसास हो रहा है।

''तुम रात को कैसे जाओगी?'' उन्होंने सुबह उठते ही पूछा था। चेहरा एकदम सामान्य-सहज। उसने दुबारा पलटकर देखा था।

''इस वक्त का सारा काम डॉ. ललितचन्द्र के जिम्मे है, मुझे तो उन सबसे सीधे स्टेशन पर मिलना है।''

''तुम जल्दी मत करना। मैं तुम्हें पहुँचा दूँगा, हालाँकि आज मीटिंग की वजह से देर होने की सम्भावना है।''

अकेले जाने में दिक्कत नहीं है। कह सकती है, पर कहना नहीं चाहती। क्रुद्ध

तनाव की दरकती दीवार। भला लग रहा है उसे इसके सहारे खामोश खड़े रहना। जानती है अब रिक्शा लेने शरत भैया खुद जायेंगे। उसका सामान खुद उठायेंगे। रात-भर के सफर में भी दौड़-दौड़कर उसके लिए नाश्ता जुटाते फिरेंगे। आसपास के यात्रियों का अच्छी तरह मुआइना करेंगे। हलके मन से जाने और सबसे मेल-जोल बढ़ाने की बार-बार ताकीद करेंगे। (जैसे वह सालों के लिए जा रही है)। चलते-चलते उसके सिर पर हौले से हाथ फिरायेंगे।

तब उनका चेहरा उसे एकदम पिघला-पिघला और आँखें कोहरा छनी लगेंगी।

उद्घाटन समारोह समाप्त हुआ।

आमन्त्रित अतिथि, परीक्षक, प्रेक्षक सब जा चुके। एक घरेलू-सी उष्णता कैम्प में बचे समूह में बच गयी।

जाड़े की साँझ अँधेरे को जल्दी टेर लेती है। इतने बड़े प्रांगण में, आँखों के सामने अँधेरे का इस तरह दबे पाँव उतरना जाने कहाँ फेंक देता है।

निखिल में शाम को लेकर एक अजीब आवेश था। शाम का रात में घुलमिलकर खो जाना वह देखना चाहता था—ठीक अपने सामने। सड़क पर निकलकर। बगीची में बैठकर। खिड़की से लगकर, जैसे बच्चे डोर के साथ कटी पतंग का पीछा करने को आतुर होते हैं। अजीब तड़फड़ाहट उसके भीतर उठती थी जो अँधेरा हो जाने पर बैठ जाती थी।

वह उस आवेश को तो नहीं, उदासी के चाकू की उस ठंडी चमकीली धार को जानती है जो साँवले धुँधलके के बीचोबीच उस घड़ी कुछ समय के लिए थिर हो जाती है, चीरकर पार नहीं निकलती। उसके लिए वह समय कमरे में घुसकर किताबों और डायरियों में खो जाने का होता है।

अभी तो...अभी तो न उसे निखिल के आवेश की आदत पड़ी थी, न निखिल को उसकी उदासी के अचूक एहसास की।

भोजन समाप्त हो गया है। अपने-अपने तम्बू में जाने को कोई उत्सुक नहीं दीखता। साँझ के धुँधलके में रोती-सी उजास फेंकते लैम्पपोस्टों की पीली रोशनी कुछ चेतन हो चली है।

प्रांगण के दायीं ओर का भाग जहाँ प्रेक्षागृह है, इस समय उपेक्षित पड़ा है—कटा हुआ। सुनसान। उद्यान की बायीं भुजा पर रोशनी जाग रही है, तम्बुओं की दूर-दूर तक चलती कतारों के बीचोबीच। बीच के बड़े विस्तृत भूखंड में पर्वाग्नि के लिए अतिरिक्त उत्साह हिलोरें ले रहा है।

आमन्त्रण स्वरूप किसी ने अभी से लकड़ियों के दूह में आग दे दी है। धुएँ के

गुबार में से एक झिझकती पीली-पतली लौ झाँक रही है।

ज़रा ही देर में यह लौ लपट हो जायेगी। आकाश से बातें करेगी।...प्रकाश फैलेगा...लोग यहाँ जुटेंगे...ऊष्मा से गरमा जायेंगे...गायेंगे...तन्मय होकर नाचेंगे... सुध-बुध खोयेंगे।

इस सुध-बुध खो देने से वह बचना चाहती है सदा। कौन रोक देता है बीच में? आत्म-विस्मृति के तट पर खड़े पाँवों की तत्परता को कौन सुन्न कर देता है?

खाने के मंडप से निकलकर झाड़ियों के किनारे-किनारे चलती वह अपने टेंट में जाने लगी।

"क्यों?...रुकेंगी नहीं?" डॉ. ललितचन्द्र ने टोक दिया। उनका उत्सुक चेहरा देखकर उसे अचम्भा हुआ।

"असल में अभी कल की थकान नहीं उतरी।"

"रुकिए न...थकान उतर जायेगी।"

"थोड़ी देर में आती हूँ।" आग्रह के दबाव से बचने का और कोई रास्ता नहीं है।

जनविहीन तम्बू का अन्तरंग इस समय दूसरा-सा लगा। लगभग अजाना। अँधेरा क्या सब वस्तुओं के रंग-रूप को इतना बदल देता है? जड़ वस्तुएँ भी दूसरी वस्तुएँ हो जाती हैं।

बचपन में कभी माँ और बाबूजी के साथ कश्मीर गयी थी। हरे-भूरे पर्वतों की पीठ से रपटकर नीचे नदी किनारे बैठी हुई घाटियाँ। स्लेटी नीले पत्थरों की देह पर उमंगता छलछलाता जल।...जल के प्रवाह के साथ दौड़ती ध्वनियाँ। पेड़ों के नीचे की धरती पर सुस्ताने बैठी टुकड़े-टुकड़े धूप। खेती की छोटी-छोटी बाड़ियाँ...छिटपुट मकान। कहीं-कहीं तो...दृश्य की मनोरमता से स्तब्ध हो जाना उसे याद है। याद है उसके साथ ही उठती एक बेचैन जिज्ञासा।

इस दृश्य का रात के अँधेरे में क्या होता होगा? कैसा लगता होगा यह सब?... जैसा है, वैसा तो बिलकुल ही नहीं। जाने कैसी आतुर उत्कंठा थी वह। जो है सो तो है। जो नहीं है, वह भी अभी हो जाये। अभी का अभी उसे दीख जाये—इसी समय, इसी क्षण।

"हम एक जगह होते हैं तो दूसरी जगह कैसे हो सकते हैं अप्पू?"

"अब कौन-सा फितूर है यह।" बाबूजी का स्वर लाड़-सना था। माँ की गर्दन और भी तन गयी थी। उनके अनुसार चूल्हे-चौके, सिलाई-बुनाई के अलावा कोई भी फ़ितूर ले डूबनेवाला था लड़कियों को।

बाबूजी ने उत्तर नहीं दिया था। "यह सब, यह सारा कुछ...रात को कैसा लगता होगा, बताइये न?" उसने फिर पूछा था।

"जैसा है, वैसा ही...इन्हें कोई उठाता-धरता थोड़ेई है।"

उसे लगा था, बाबूजी ने उसकी बात ध्यान से नहीं सुनी। सुनी भी तो नहीं समझी, यों ही उत्तर दे दिया था जैसा वह हमेशा किया करते थे।

"रात को कभी हम यहाँ आ सकते हैं अप्पू?" वह बेचैन थी। बाबूजी की उदासीनता पर और भी।

"नहीं आ सकते।" टैक्सी उसी तरह दौड़ती रही थी। वह आँखें बन्द करके अपनी कल्पना के विधान में उस दृश्य की निजी सृष्टि के बीचोबीच अकेली स्तम्भित खड़ी हो गयी थी।

रात के समय, इस जनविहीन तम्बू का अनात्मीय अन्तरंग पता नहीं क्यों उसे अनायास उन्हीं घाटियों के खामोश अँधेरे के बीचोबीच ले गया। यह यायावर मन कब कहाँ चल निकलता है। बिना तैयारी के किस-किस पिटारी में हाथ डाल बैठता है। यह पिटारियाँ भी पता नहीं कहाँ से आती हैं?

खाटों पर छात्राओं के कपड़े अस्त-व्यस्त पड़े हैं। कम्बल देह की लम्बाई में लेटे से। तकिया पायताने पर। स्वेटर की एक बाँह खाट से लटकी हुई। सलवार के पाँयचे अपने पहनेपन में उसी तरह गोल-गोल पड़े हुए।

घर होता तो इस अस्त-व्यस्तता से वह ज़रूर बेचैन हुई होती। इसे सँवारे बिना उसे अपना साफ़-सुथरा पलँग भी अस्त-व्यस्त लगता पर वैसी बेचैनी से मन खाली है। यहाँ...कैम्प में उसका अधिकार अपनी खाट-भर का है।

कपड़े बदले बिना वह बिस्तर में लुढ़क ली। नींद की इच्छा भुलावा थी। भीतर कोई और मन की दीवारें खुरचता चलता जान पड़ता है। पपड़ियाँ नये सिरे से क्यों तड़क रही हैं यहाँ। शायद नयी जगह पर नयी चीज़ की नयी जगह बनानी पड़ती है—अपने अभाव की भी। परिचित स्थलों पर आदतन हो जाता है सबकुछ।

पहली, भारी-सी थाप का स्वर उसके ध्यान को साथ लपेटता चला गया। यह धमक, कितनी तेज़ी से रास्ता चीरती हुई सन्नाटे में कितनी साफ़, उस तक पहुँची थी।...उसके बाद तो उद्दाम आवेग में प्रकम्पित आवाज़ों की एक नदी—थिरकती हुई, बहती ही रही। ताल-त्वरित गीत ठुनकने लगे। माउथ आर्गन की नशीली धुनें...घड़ों पर पड़ती थापें...भंगड़े की वजनदार पगध्वनियाँ...चीखें...छलकते हास...तालियाँ... ठहाके...। लग रहा है इस बड़े उद्यान का सबकुछ, सब कहीं से उठकर आ गया है—वहीं। एकजुट हो गया है। वे सब लोग उस विशाल भूमिखंड में अपनी-अपनी जगह पर टिकी चीज़ों को बटोरकर उस दहकते अलाव के पास समेटकर ले आने के षड्यन्त्र में सफल हो गये हैं।

वह यदि वहाँ होती तो इस गुट्ट को ज़रूर खोल देती। चीज़ों को यथास्थान जाने देती। अँधेरे को, सन्नाटे को उसी जगह ठहरा रहने देती और देखती जो उसने चाहा था देखना। और जिसे माँ के कारण, बाबूजी के कारण नहीं देख पायी थी।

यह कोलाहल इतना पास भी नहीं कि ले डूबे, इतना दूर भी नहीं कि रास्ता छोड़ दे। इसे कानों की राह सुनती तो वह और भी अकेली हो आयी। सो नहीं सकी।

पता नहीं कब, कितने घंटों बाद चरम पर पहुँचकर नाद का जादू अचानक टूट गया। झन्नाता हुआ चुप हो गया। आवाज़ें बिखर गयीं, भिन्न-भिन्न दिशाओं में... दूर-पास...आगे-पीछे...।

पदचापें इधर मुड़ीं तो उसने तम्बू की दीवार की तरफ़ करवट ले ली।

"शी ऽ ऽ ऽ! मैडम सो रही हैं।" आवाज़ कुमुदिनी की थी। शायद वही सबसे पहले अन्दर घुसी है।

एक सप्रयास चुप्पी तम्बू में ठहर गयी। धीमी फुसफुसाहटें!...कपड़ों की सरसराहटें। सर्दी के सीत्कार। तेज़ घूमते हुए पहिये की गति को अवरोध के बनैले पंजे ने दबोच लिया हो जैसे एकाएक।

"बड़ी उदास रहती हैं...।" किसी ने कहा था।

"शी शुड समहाउ गेट मैरिड।" कोई फुसफुसाया था।

छात्राओं के इस तरह के फैसले पर उसे अपना एकान्त भी लज्जित कर देनेवाला लगा। मन हुआ एकदम से उठकर बैठ जाये...आवाज़ों के इस जुलूस में शामिल हो जाये। आत्म-विसर्जन के चषक से पिये गये आनन्द की छलकन को इस तरह घुट जाने की विवशता से मुक्ति दे दे।

पर यह भी उससे किया नहीं गया। सोते हुए होने को इस चैतन्य में खोल देने की आकस्मिकता उसे स्वयं बड़बोली-सी लगी। वह उसी तरह लेटी रही अडोल...।

लड़कियाँ शायद थकी थीं, जल्दी सो गयीं। उनकी बात का चिथड़ा देह फटकारता, फड़फड़ाता रहा। गड़ती रही सम्बन्ध, अनुभव और उम्र में अपने से छोटी लड़कियों की टीका-टिप्पणी।

एक व्यक्ति क्या गया, अपराधी के जीवन के ब्यौरों की तरह उघड़ गयी ज़िन्दगी। हक मिल गया हर किसी को, चादर में पड़े छेद को, इस अटपटे ढंग से उघाड़ देने का।

'कुछ' था जो नहीं रहा तो कुछ नहीं रह गयी वह। 'कुछ' था तो सबकुछ थी वह। सार्थकता—अपनी भी—इतनी बेगानी है क्या? मात्र ओढ़ी हुई। एक दोशाला थी मानो। किसी और की थी। किसी और की देह पर थी। साथ चलते ओढ़ा दी गयी। राह खत्म हो गयी—कैसे भी। उतार ली गयी। नंगा कर दिया गया।

यात्रा हर किसी की, अपने ही देह-मन, अपने ही नियति-परिस्थिति से बँधी नहीं होती क्या?

किसी एक के रहने न रहने का, किसी एक तरह से जीने न जीने के हक को खो देने का आतंक उसे उस क्षण असह्य लगा। वह उठकर बैठ गयी–अँधेरे को घूरती।

बड़ा ही बदरंग, बड़ा अनात्मीय लगा इस स्थल पर पहुँचना। अपने मनुष्य हुए होने की प्रतिष्ठा से खाली हो चुके होने का सामना करना।

'सार्थकता' और 'पुरुष'–यह दोनों एक ही चीज़ के नाम क्यों हैं स्त्री के जीवन में? इतनी बड़ी जगह क्यों घेर ली है इस सम्बन्ध ने कि हर चीज़ की व्याख्या इस बिन्दु से ही होने लगे?

"क्रैश होता है तो बड़ा ट्रेजिक होता है।" कुछ झूठ नहीं कहती थी रूथ। उसको इसका कारण भी साफ़ नज़र आया करता था।

सोच का पानी खदबदाकर चढ़ता है तो रूथ की बातें पानी पर पड़ी तेल की बूँदों की तरह तैरती हैं। न घुलती हैं, न उतनी तपी हुई सतह से भाप बनकर उड़ती हैं।

"लुक एट द वे मैरेजेज़ आर सेलीब्रेटेड। आय मीन रिलेशनशिप्स ऐम्फ़ेसाइज़्ड... कितने हाई पिच पर...। इसीलिए कभी क्रैश होता है तो बड़ा ट्रेजिक होता है। दुर्घटना का जितना असर पड़ना चाहिए उससे ज़्यादा पड़ता है।"

उस समय उसके विचार पूर्वाग्रहों से भरे लगते थे। उसे झिड़कना ज़रूरी लगता था।

"क्रैश जहाँ भी हो ऐसा ही होता है–तुम्हारे यहाँ हो या हमारे यहाँ। यहाँ-वहाँ से क्या फ़र्क़ पड़ता है?"

"क्यों! शालिनी को देखो न," उसकी अपनी जिद्द थी।–"कितनी कंडीशन्ड हुई रहती है। सारी ज़िन्दगी को उसी एक जगह पर खड़ी होकर इंटरप्रेट करती है...उसी एक नुक्ते से। सोचकर देखो कितना स्टेटिक स्टैंड है यह।"

यह बात भड़का देनेवाली लगी थी उसे। "कितनी बड़ी जगह घेरती है ऐसी कोई दुर्घटना, कभी सोचा है तुमने?...तुम्हारी कल्चरल कॉन्शेंस ह्यूमन ऐंगल का तो विचार ही नहीं करती। मरने के साथ ही सबकुछ खत्म हुआ मान लेती है। जबकि ऐसा कभी नहीं होता।...मैं तो कहूँगी युअर्स इज़ ए हार्टलेस स्टैंड...।"

"तुम ग़लत समझती हो मुझे...मैं एटीट्यूड की बात करती हूँ। चलते होनेवाले आदमी का रवैया चलते आदमी की तरह का होना चाहिए, ओपन टू पॉसिबिल्टीज़ ऑफ़ लाइफ...।"

...सम्भावनाएँ। कैसी सम्भावनाएँ? सम्भावनाओं के रंग-रूप तो और अधिक वितृष्णा से भरे। चारों ओर चिन्ताओं के गीले बोझल कम्बल। घोंटते हुए। गले में सेकंड-हैंड की तख्ती। किसी भी तरह किसी के भी द्वारा उद्धार कर दिये जाने की

याचक अपेक्षाएँ। केन्द्र में बैठी हुई है वह। आधुनिकता उदारता की शाबाशी लूटते वे सब। आज सुबह ही देसाई अंकल आये थे, "तुमने बहुत अच्छा किया शरत। वसुधा के लिए विज्ञापन दे दिया। तुम्हारे खुले विचारों की दाद देता हूँ।" बिरजो मौसी ने भी पीठ ठोंकी थी चाहे झिझकते-झिझकते। केशो मामा ने लिखा था—यह तुम्हारी दूरदर्शिता है शरत। लोग तो अभी भी उन्हीं संकीर्णताओं में पड़े सड़ रहे हैं।

शरत भैया का सिर बित्ता भर ऊँचा उठ गया था। भाभी को भी उस सिर ऊँचे की छूत। किसी-न-किसी कोने में माँ का बेरिस सन्तोष । भौंचक्का बौराया कोई है तो वह।...शरत भैया के टेरे हुए प्रत्याशी। उसकी तो ऐसी नाप-जोख, जाँच-पड़ताल। अपने लिए मर्द बच्चा होने का 'अबव एवरीथिंग' का असंदिग्ध पट्टा। आते हैं तो कितने नेक, कितने बेचारे से लगते हैं पर पता नहीं कहाँ झड़ जाते हैं इतनी जल्दी मुखौटे। आसपास बच रहती है आत्ममुग्ध श्रेष्ठभाव की ख़ास मर्दानी गन्ध। उद्धार करने की जोश-ख़रोश भरी आर्यसमाजी शिद्दत और सेकंड-हैंड दीखती चीज़ों पर हाथ साफ़ करने की बेधड़क बेशर्मी।

अजीब तरह से पराधीन हो गया है जीवन, दूसरों के दिए आधे-अधूरे समाधान समझौते के लिए अभिशप्त।

किन सम्भावनाओं की बात करती थी रूथ?...पसीना-पसीना घबराहट भीतर से उठती है और उसे बिस्तर से उतारकर नीचे खड़ा कर देती है।

टेंट का पलड़ा उसने उठाया और बाहर निकल गयी। हालाँकि हवा सर्द थी—मन के अनुकूल, देह के प्रतिकूल पर चलते जाना अच्छा लगा।

बाहर एकदम सन्नाटा है।

उस सारे शोर के एकाएक थम जाने के बाद और भी मुखर। चुभता हुआ।

चारों ओर गीला धुँधलाया-सा अँधेरा। रात और दिन के आभास के बीच टँगा हुआ।

कितने बजे होंगे जिज्ञासा है, पर शाल से हाथ निकालकर देखने की इच्छा नहीं। लैम्पपोस्ट के नीचे आ जाने पर भी नहीं। समय से क्या फ़र्क पड़ता है...मन की यह ऊब-डूब समय के किस बिन्दु पर सहनीय-असहनीय हो जाती है इसे जानने का लाभ?

मूँगफली के छिलके। पॉपकॉर्न। सिगरेट के टुकड़े...काग़ज़ों की धज्जियाँ देखकर लगता है कि लोग अभी-अभी उठकर गये हैं। अलाव को अपनी ही दाह के साथ अकेला छोड़ गये हैं।

अलाव ठंडा पड़ता जा रहा है। चट्-चिट-चटाक् की नन्हीं-नन्हीं ध्वनियाँ एक

छोटे-से घेरे में गूँजकर वहीं-की-वहीं डूबती जा रही हैं। घेरे की बाहरी कोर के अंगारों पर एक सुरमई-सी परत बैठती भी उसने लक्ष्य की।

न जाने क्यों कुछ दूरी पर पड़ी एक लकड़ी उठाकर उसने सारे अलाव को छेड़ दिया। अधजली लकड़ियाँ एकदम से जल उठीं। उस दहकी हुई उजास में उसे अपना चेहरा तप गया लगा। इतनी भली-सी लगी उष्णता कि पास रखी दो ईंटें जोड़कर वह उस पर बैठ गयी। दोनों घुटनों को बाँहों में बाँधकर।

बुझता अलाव। आधी रात के बाद का प्रगाढ़ सन्नाटा। पता नहीं कैसे हाथ लगा था वह निवृत्ति भाव—इधर वर्षों से अलभ्य। अकेलेपन की दहशत से मुक्त महसूस हुआ उसे, अपना इतने बड़े आकाश के तले का एकान्त। लगा, जैसे ठंडी ठिठुरी हथेलियों को गुनगुने तारल्य से धो गया हो कोई एकाएक।

विस्मित कर देनेवाली थी जनविहीन सान्निध्य के ताप की मीठी आँच। देह के रोओं के रास्ते बोलता रोमांच।

किसी के चलते होने की पगध्वनि उसने सुनी। पीठ के पीछे से चलकर पार्श्व में आती। इससे पहले कि आकृति आगे बढ़े...

"कौन?...प्रो. विवेक?" इस डीलडौल से यह पहिचान एकदम उसके दिमाग़ में चटकी।

समारोह के उद्घाटन के समय उसने विवेक को बहुत दूर से देखा था। बीच में भीड़ की अपाट दूरी तो थी ही...साथ में अपनी ही चोर-मुट्ठी में भिंचा रह गया किसी भागते हुए स्वप्न का स्मरण!

मिलने की इच्छा-आकांक्षा को उसने उसी समय मन से बुहारकर बाहर फेंक दिया था। फेंकती न तो और क्या करती। उस आमने-सामने से बचना चाहने की इच्छा ही उसके मन में पहले उभरी। चाहे वह अपनी ही अपेक्षाओं के प्रतिबिम्ब थे जो अपने को दोहरे होकर चुभे थे। लखनऊ में इन्हीं गर्मियों में हुआ था वह सामना। हुई थी एक बार का आगमन-भर भेंट। अभी तक किरच-किरच चुभती थी कहीं भीतर।

कुछ बातें गोटे के रुपहले फूलों से टँकी चुँदरी की तरह एक बार ओढ़कर सन्दूक के तले में तहाकर रख दी जाती हैं पर आँख से ओझल हो जाने के बाद भी कोई उन्हें नहीं भूलता।

अपने पूरे माहौल के साथ मन में बने रहते हैं कुछ दिन। चेतना के पटल पर टिकी रहती है किन्हीं छवियों की छाप, उसके बाद जो कुछ होता है उसके पहले या पीछे हुए होने की तरह होता है।

धूल गुबार-भरे गर्मियों के दिन। न अन्दर चैन पड़ती है न बाहर। अजीब उखड़ापन है चारों तरफ़। परीक्षाएँ पास हैं। लेक्चर्स की दिनचर्या टूट गयी है।

घर में सोने के सिवा कोई रास्ता नहीं। अटपटा लगता है सबके बीच जाकर

बैठना। वही बातें...उसे लेकर भाभी और अम्माँ के बीच की रस्साकशी। शरत भैया की उत्तेजित चिन्ताएँ। प्रत्याशियों के उत्तर-प्रत्युत्तर हर समय धधकाये रहते हैं वही संवाद।

दोपहरी की नींद।...सोकर उठने पर लगता है बीच की नींद के चाकू से दो टुकड़े हो गया है दिन। अब शाम से नये सिरे से तालमेल बिठाना होगा।

उसी तरह पसरी पड़ी है।

"लो।" काँच के गिलास में चम्मच चलाते हुए भाभी अन्दर घुसी हैं—"उठना नहीं है?"

लपककर बैठ गयी। जागते हुए भी इस तरह पसरे रहना, हाथ बँटाने के दायित्व से बच जाना, संकुचित कर गया है।

भाभी पलँग की पाटी पर बैठ गयी हैं उसी तरह। कमरे में ठंडा अँधेरा है। उनकी आकृति उसे साफ़ नहीं दीख रही फिर भी कितनी प्रगल्भ है उनकी मुद्रा। कितनी परिचित।

मुट्ठी में भींचकर काग़ज़ के बेकार टुकड़े की तरह मरोड़ दी है किसी ने उसकी राहत। जानने लग गयी है अब क्या कहा जायेगा। क्या चाहा जायेगा। दबी जबान सजने-धजने के लिए उकसाया ही नहीं जायेगा बल्कि इस—बार-बार परोसे जाने की लाचारी—को गोल-मोल घुमाकर उसके भविष्य का नाम भी दिया जायेगा। उन्हें क्या पता कि वे सब तो इस बात को कल तक भूल भी जायेंगे। केवल वह ही सामनेवाले की आँख में लपलपाते प्रलोभन की लिसलिसाहट से मुक्ति पाने की बेचैनी में कई दिनों तक थरथराती रहेगी। इतना निकट से स्पर्श करते प्रसंगों के प्रति कोई बेध्यान हो भी कैसे सकता है?

कोई तो ऐसा लगे जिसे देखकर जीने की उत्कंठा की कोर को मुट्ठी में भींच लेने की इच्छा का अवतरण हो।

भीतर कुछ तपने लग गया है। क्यों? पर क्यों? किसलिए ज़रूरी है किसी-न-किसी के गले में बाँध देना। बैल के गले में पड़े लक्कड़ के लटकेपन को सार्थकता समझने की हठ करना...क्या वही एक समाधान है? कहीं जाते होने के लिए मात्र वही एक पगडंडी? एक वही उद्देश्य है अन्तिम?

एतराज करो तो सैकड़ों दलीलें हैं—माँ-बाप, भाई-बहिन बने नहीं रहते। रास्ता रपटीला है। उम्र दहकी हुई। भूमि सींची नहीं जाती है तो तड़क जाती है। अकेले रास्ता दुगना हो जाता है। यह दुनिया भूखे भेड़ियों से भरी है। अकेला देखते ही झपट पड़ते हैं। बोटी-बोटी नोंच भी लेते हैं और डकार भी नहीं लेते।

उनके कहने से तो लगता है यह संसार या तो कोई जंगल है यां फिर एक युद्ध-क्षेत्र। ज़िन्दगी एक भयानक मुठभेड़ है। जिस युद्ध की चर्चा है वह कभी-न-कभी

तो होकर ही रहेगा और वह है कि बेबस निहत्थी है। रक्षा हथियारों से रीती।

"मैं कह रही थी शरबत पी लो और नहा-धोकर कपड़े बदलो।" लापरवाही का नाटक ज़रूर कर रहे हैं भाभी के कथन, पर भीतर की चौकसी साफ़ है।

"क्यों! कोई आनेवाला है फिर?" अपनी आवाज़ उसे स्वयं ही तलख लगी है।

"हाँ ऽ ऽ आँ...।...नहीं ऽ ऽ! कल राजीव के घर गये थे तुम्हारे भैया। उसका कोई परिचित दिल्ली से आया हुआ है। इतना अच्छा लगा कि घर बुला आये हैं।" अपने जोश को उन्होंने खुद ही दबाने की कोशिश की। "वैसा नहीं है...मेरा मतलब है अख़बारवाला।" जल्दी से जोड़ा।

वह वैसी ही लेटी सुनती रही।

"उठो फिर," उसका वैसे ही अडोल बैठे रहना अखर गया उन्हें।

उठने की प्रेरणा नहीं। उन सबकी आज्ञा मानने के लिए भी नहीं। जमीन का बित्ता-भर टुकड़ा भी पैरों के नीचे नहीं, जिस पर खड़ी होकर इस इच्छा-आकांक्षा की अगवानी करे।

हथियार खाली जा रहे हैं भाभी को लगा होगा।

"उठो, ज़रा मेरी मदद करो।...पूरा खाना बनाना बाकी है, सफाई अलग..."

जानती है यह आखिरी हथियार है। कर्तव्य की दुहाई देकर किसी से कुछ भी करवाया जा सकता है। उसे सुन लेने के बाद इस तरह अकेले में ढीठ बनकर बैठे रहना नहीं हो सकता। नहीं हो सका।

उसके उठ जाने से भाभी के हाथों में फुर्ती आ गयी है। लगभग सारा खाना वह बना चुकी हैं फिर भी अपने साथ काम के निमित्त खड़ा करके कहने-सुनने का विधान जुटा लिया है उन्होंने।

कितने हौले से, बातों-बातों में भाभी द्वारा सरकायी गयी है सारी सूचना। भूमिका बनाते हुए, समझाते हुए कि वह—"वह जो रात के खाने पर आनेवाला है, राजीव का परिचित, वह दिल्ली विश्वविद्यालय में है। अंग्रेजी का प्रोफेसर और बेचुलर भी।—चाहे बहुत छोटी उम्र का न भी हो...। यों देखो तो मर्दों की उम्र कौन देखता है। उनका तो..."

टोक सकती होती तो ज़रूर कहती उसे न किसी के आने में रुचि है, न किसी की उम्र से निस्बत। जो कुछ कहा जा रहा है, वह एकदम बेमतलब है। यह उम्र की अवहेलना करने की सीख...उसे तो यह समझाने में भी दिक्कत पड़ती है कि अखरती नहीं है उसे वयस्कता। अखरता है वयस्कता की चौखट पर खड़े लड़कपन का फूहड़ दिखावा। भरी-पूरी ज़िन्दगी जी लेने के बाद भी लार टपकाती तृष्णा। बच्चों की

ज़रूरत की आड़ में देह की हवस को आजमा लेने की भूख। अपने से बाहर इस बेहूदा तरीके से छलकते जाने की कोशिश।

बेध्यान बेचैन होती दीखी है तो भाभी ने पैंतरा बदला है।–"पहले से अच्छा-बुरा सोचने की क्या ज़रूरत है? अपने दिमाग़ को खुला रखना चाहिए। दिमाग़ बन्द कर लेने से तो..."

जानती है यह शब्द भाभी के नहीं शरत भैया के हैं। भाभी जब सुबह सोकर उठती हैं तो शरत भैया की भाषा बोलती होती हैं। दोपहर तक अम्माँ के साथ अखाड़े में छूटते-छूटते खिलौने में भरी चाबी ख़त्म हो चुकी होती है।

अनिच्छा मुश्किल से घिसटकर उत्सुकता तक आ पायी है। वितृष्णा वहीं-की-वहीं है मन में। फुलफुलाहट भरे भाभी के उत्साह में कोई साझेदारी नहीं। साड़ी जो भाभी ने, वह भी अपनी, वह भी पीली धारियों के पट पर चौड़े नीले बार्डरवाली निकालकर रखी है उसने अनदेखी कर दी।

अपनी ही साड़ी--सफ़ेद, जैसी कॉलेज जाते समय हुआ करती है पहनी। बाँहें सूनी डॉक्टरनियों जैसी। नीली आभा देनेवाले मोतियों के नन्हें कर्णफूल, जिसे वह रोज़मर्रा में पहने रहती है।

तैयार होकर आयी है तो सहम गयी हैं भाभी–"क्यों? जब हम लोग इन बातों पर एतराज नहीं करते तो तुम...।"

"रहने दे न बहू...ऐसे ही ठीक है।" अम्माँ का हाथ माला के मनकों पर ज़रूर है पर वह उसे नीचे से ऊपर तक जाँचती हुई भभकी हैं।

उसने किसी को कोई उत्तर नहीं दिया। चुपचाप अलमारी से प्लेटें निकालने लग गयी है। जैसी है, वह वैसी ही रहेगी। अपने को सजा-सजाकर परोसे जाने की लज्जा को कब तक सहती रहेगी।

अतिथि का आना ऐसे हुआ जैसे कुछ भी नहीं हुआ। न कोई उद्वेग, न कोलाहल। लगा परिवार का ही कोई सदस्य था जितनी जगह खाली कर गया था, उतनी आकर भर दी है। सभ्य-सी मृदुलता स्वभाव में। कुछ अतिरिक्त सजगता। किसी एक पर नहीं सब पर ध्यान है। समूह में बैठे समूह के बीच होने का भान। सहज अन्तरंग उपस्थिति का भला-सा एहसास।

किसी ने कहा था...शायद भाभी ने,"संगीत चलेगा?"

"ग़ज़लों का संग्रह बेजोड़ है शरत के पास।" राजीव ने जोड़ा था।

"क्या आपको शौक है ग़ज़लों का?" प्रश्न उससे किया गया था।

उसका ध्यान नहीं था वहाँ। कुछ कहती इससे पहले ही–"इसे हर तरह के संगीत का शौक है।" भाभी के अतिरिक्त उत्साह ने झूठ की उड़ान ले ली थी।

शरत भैया की भृकुटि चढ़ गयी थी। बात काटकर बीच में "आप अपनी पसन्द

बताइये...सुनना चाहेंगे कुछ?''

''नहीं! रिकॉर्ड तो सब जगह मिल जाते हैं। घर में अकेले बैठे भी सुने जा सकते हैं। अभी तो सब हैं...सब हैं न अभी।'' एक घुमक्कड़ दृष्टि से सब तरफ़ देख लिया गया। उसे भी। मुद्रा में न कोई उत्तेजना है, न हाथों-पैरों में बेवजह हरकत।

अम्माँ हैं कि ऐसे मौकों पर भुनभुनाती हुई आँगन में बाहर बैठी रहती हैं। भीतर बैठक में नहीं आतीं।

इस समय हड़बड़ाती हुई अन्दर आयी हैं—''ये देख...ये देख तो सही...डाकिया बाहर खड़ा है...।''

तार देखकर घबरा गयी हैं अम्माँ! शरत भैया उठकर हस्ताक्षर करने गये हैं। सब लोग एक क्षण के लिए ठिठक गये हैं।

कौशल कल सुबह आने को था—नहीं आयेगा...परसों सुबह पहुँचेगा। सन्देश आया है।

प्रच्छन्न जितना कुछ भी है मुख पर, अम्माँ के आने से उजागर हो गया था एकाएक। खिल गया है चेहरा। स्वागत भाव के आग्रह से चमक गयी आँखें।

''आइये न...आइये...बैठिये...।''

अम्माँ को अजीब लगा...एकदम अटपटा। उमगाई-बौखलाई-सी हो गयी एक साथ।

''आओ न अम्माँ!'' शरत भैया उस बौखलाहट को ढाँप देना चाहते हैं। फौरन सोफ़े से सरककर थोड़ी जगह खाली छोड़ देते हैं।

''नहीं।...यहाँ आइये...इधर...मेरे पास''...अपने पास की ज़्यादा-सी जगह छोड़ दी गयी है...''अम्माँवाला घर अच्छा लगता है मुझे।''

''और अपने बच्चों की अम्माँवाला घर?'' राजीव ने ठहाका लगाया है।

अनदेखी कर दी गयी राजीव की बात। ठहाका अकेला खाली-सा खड़खड़ाता रह गया। परिहास रिसीव किया जाता तभी तो कोई हँसने बैठता।

जूस के गिलास अभी हाथ में हैं कि सुझाव आया कि बाहर बगीचे में क्यों न बैठा जाये। पंखा गरम हवा छोड़ रहा है। दीवारें तपिश उगल रही हैं।

दीवारें आग उग़लती होतीं तो भी भाभी-भैया बाहर बैठने को न कहते। अँधेरे में एक दूसरे को देखादेखी का बनाव कैसे बनता।

''आपको अच्छा लगे तो चलिये।'' शरत भैया प्रसन्न करने की चेष्टा में हैं।

''यह रईसी अब कहाँ हासिल है। जिनके पास लॉन है, वह क्यों सड़ते बैठे रहें अन्दर।'' एक मुक्त स्मित से भरी टिप्पणी।

लॉन से बात निकली तो बम्बई के महानगर में जा बैठी।—किस क़दर बेहूदा शहर है...खाली-खुली जगहें नहीं हैं कहीं।...तिलचट्टों से भरे फ्लैट्स हैं...उठान आकाश

की ओर है। देखना भी चाहो तो टोपी भी गँवाओं। हवा इतनी नमकीन है कि लोहे के सींखचों तक का धर्म-ईमान कायम नहीं रहने देती।

उसके मन में एकजुट हो आये थे बम्बई प्रवास के स्मरण...एक-पर-एक लदते चले गये। सेंध-सी लगती रही ध्यान में।

बाहर बगीचे में जाकर बैठ जाने से छिप जाता है सबकुछ—धीरज के अथाह में ठहरी हुई निश्छल आँखें। कुछ है जो उन आँखों को पूरे चेहरे से अलगा देता है। कहीं-कहीं पके बालों की दो नन्हीं-नन्हीं हथेलियों-सी कनपटियाँ। रंग तनिक साँवला-सा, चेहरा आत्मीयता के स्थायी भाव में ठहरा हुआ।

चेहरा छिप जाता है तो आवाज़ के पथ पर चलना पड़ता है। आँखें बन्द हो जाती हैं, कान गुनते हैं। आवाज़ की राह चलकर हर चीज़ को पहिचानने का खेल बड़ा रोमांचक लगता है।

कभी-कभी अचानक ही दीख जाता है चेहरा। बँगले के कोने पर के तिरछे मोड़ पर कोई गाड़ी मुड़ती है तो प्रकाश की त्वरा को लॉन के उस हिस्से में फेंकती जाती है। चेहरों की पूर्णता को चीर जाती है यह दौड़ती हुई रोशनी।

खाना खूब देर से खाया गया। जल्दी किसी को नहीं...किसी को भी नहीं। राजीव बहस में हैं। शरत भैया बातों में तल्लीन। भाभी किसी अनकहे स्वाद में उमगाई बैठी हैं, माँ शान्त है, बच्चे सोये हुए और वह खुद?...वह खुद...?

यह बात फिलहाल उठाकर ताक में रख दी है। कोई अन्त नहीं बातों का—हाउस कॉर्पोरेशन का ऋण। नौकरियों के मामले में यू. पी. एस. सी. की मध्यस्थता। छात्रों के रवैये। मकानों की दिक्कत। राजनीति के कलुष में गड्डमड्ड हो गयी हर स्तर की मूल्य संहिता। उसका कॉलेज। उसका विषय।...एक अटूट सिलसिला।

भली लगी थी यह सहजता। एकदम घरेलू सामान्यता। कोई हड़बड़ी नहीं। उछाल-उबाल नहीं। कोई अभद्र जिज्ञासा नहीं। कोई बहुत निजी बात नहीं। एकान्त का कोई आग्रह नहीं। प्रश्नों की कुल्हाड़ी हाथ में नहीं।

रात आकर लेटी तो अपने को अपने ही सामने खड़ा हुआ पाया। क्यों लग रहा है कि सारा अंधड़ थम जाने को है। धूल यथास्थान बैठेगी। भँवर में घूमती लावारिस चीज़ें रास्ता छोड़ जायेंगी अपने आप। सुबह उठते ही आकाश साफ़ दीखेगा...बिलकुल निराच्छन्न।

ऐसा कैसे हुआ कि रेत में बँधी नाव के कोने काँपने लगे एकाएक। प्रवाह की बुलाहटों का स्वर कब कितने योजन पार कर यहाँ आ पहुँचा।

यह चाह!

यह चेष्टा!

यह प्रत्याशा...यह तैयारी कब हुई थी मन में। कब बीज पड़े थे इन चढ़ती लतरों

के? लम्बी सुरंग का अँधेरा प्रकाश के वृत्त में खुल पड़ने को प्रस्तुत हो गया था कैसे?...कब?

सुबह अपने कमरे से बाहर आने में झिझक-सी हुई है। ज़रूर पकड़ ली जायेगी। और कोई समझे या न समझे, भाभी समझ जायेंगी। पूछेंगी। खोदेंगी।

कहती चली आयी है कब से–खाली है मन। इच्छा से रहित। चेष्टा से परे। उदासीनता स्थायी भाव है।

कहेंगी–यह सब कहना झूठ था क्या...किसको छल रही थी अब तक?

मन अभेद्य है। अपने को अपने सामने भी नहीं खोलता। सच क्या है वह स्वयं नहीं जानती।

किस रास्ते से आया है यह सब उसे नहीं ज्ञात। कठिन-कठोर घाटियों में नरम बादलों के फाहे कब और कैसे घुसे, उसे नहीं पता।

उसे कुछ भी तो नहीं पता।

कोई उत्तर नहीं। उद्वेग जमकर बैठा है देहरी-दरवाज़ों पर। प्रतीक्षा लगी है। सब अपनी-अपनी तरह से अपने-अपने अन्दर जागे बैठे हैं। अम्माँ तो विशेष। क्या अम्माँ के अहं को फूँक दिये जाने पर कोई भी फैसला बदलवाया जा सकता है? वह अचम्भे से देखती है अम्माँ को। क्या यह उनकी ज़िन्दगी के फ़र्श पर बरसों की चिपकी खिसियाहट है कि फ़र्श के रंग को देखने भी नहीं देती।

"लगता है तुम्हें भी भा गया है," शरत भैया मृदुल-सा ठहाका लगाते हैं। अम्माँ झेंप जाती हैं पूरी तरह। पर अपना रुख बरकरार रखना चाहती हैं–"अच्छा आदमी हर किसी को अच्छा लगता है।"

शरत भैया बात को और नहीं कुरेदते। एक निरायास उदारता उनमें है, अप्रतिम क्षमाभाव। कौशल कितना भिन्न है उनसे। दोनों भाई-जैसे ही नहीं लगते। कौशल माँ पर गया है। शरत भैया बाबूजी पर...।

पंजों पर खड़ी अपेक्षा दौड़ पड़ने को तत्पर बैठी दीखती है, पर अपेक्षा का सिरा है कहाँ?

क्या कोई ऐसी बात थी जो पूछी गयी थी कि उत्तर आता?...कुछ कहा गया था जो प्रतिध्वनित होता?

शंकाएँ उठने लग गयी हैं। शरत भैया बेचैन। राजीव ही है जो स्थिति को कुछ साफ़ कर सकेगा। पर राजीव को भी विवेक के बारे में बहुत कुछ पता नहीं। बुलाया गया था, लेता आया। उतनी अन्तरंगता भी नहीं कि सबकुछ जानता ही हो। यह मालूम है, अभी तक अविवाहित है। साथ पढ़े ज़रूर हैं पर उससे ज़्यादा कुछ नहीं।

कई बरस पहले दिल्ली की किसी प्रदर्शनी में पते-ठिकाने का विनिमय हुआ था। इस बार अपने विभागाध्यक्ष के किसी काम से आना हुआ तो उसके पास टिकना हुआ।

ताकीद की गयी राजीव को कि वह फौरन लिखकर पूछे—कैसी लगी है वसुधा? स्वभाव में और अपने इतिहास के साथ।

ऐसी चाहत भरी अपेक्षा, जैसी इस बार शरत भैया के मन में है, पहले कभी नहीं रही—''ऐसा कभी नहीं हो सकता कि वसु को मिलकर उसके जैसे आदमी का इरादा न बदले।''

''उस दिन तो ऐसा लग रहा था कि...भई! पता नहीं लगता लोगों का...अन्दर से कुछ और बाहर से कुछ और।'' भाभी ने शंका प्रकट की।

वह है कि दम साधे बैठी है। दिन-प्रतिदिन फैलने को हठीली होती जाती अपेक्षाओं को प्रतिबन्धित कर देने को व्याकुल। अपेक्षाएँ बढ़ेंगी तो अपने को ही आहत करेंगी, नहीं तो क्या था वह उस दिन का अनायास मुक्तभाव। वह स्पर्श के परे का स्पर्श...।

कुछ-न-कुछ पत्रोत्तर आ गया है यह उसे बगीचे में शरत भैया और भाभी के बीच पड़ी टेबल पर होती छोटी-सी हलचल से ज्ञात है। जान-बूझकर वह वहाँ नहीं गयी, अपना कप लेकर अपने कमरे में आ गयी है।

लम्बा—बड़ा बरांडानुमा कमरा है उसका। शादी से पहले भी वह इसी कमरे में रहा करती थी। यहीं पढ़ा करती थी। एक खाट, एक मेज़, मज़े में पड़ सकती है यहाँ। साथ ही आसानी से अट सकती है, एक घर से सिकुड़कर कमरा भर रह गयी उसकी हैसियत।

दायीं ओर की दीवार पर की एक अकेली खिड़की बाहर की तरफ़ खुलती है, बिलकुल बाहर की तरफ़। इस खिड़की से उसका खास लगाव है। उसके साथ आ लगने से कभी भी बाहर पहुँचा जा सकता है। सड़क के बीचोबीच। दौड़ती-भागती दुनिया के बीच। सड़क पार के मकान। उससे परे के मकान! उससे भी परे की नोकें व छतें! पेड़ों के सिर! टुकड़ा-सा आकाश। दिन और रात का रंग और मूड। कितना कुछ दीख जाता है एक साथ। यह दुनिया कितनी बड़ी लगने लगती है—अछोर।

आज यह खिड़की उसे बाहर नहीं पहुँचाती। मन उलझा पड़ा है...लॉन में पड़ी छोटी टेबल के आसपास पालतू कुत्ते की तरह, दुम हिलाता मँडरा रहा है। कमरे में घुसते ही पहले भाभी का चेहरा पढ़ना चाहा है।

पत्र पढ़ लेना भी चाहती है नहीं भी चाहती। सामना करना भी चाहती है, करते हुए, हारते हुए दीखना भी नहीं चाहती।

एक कोने से पकड़ा है उसने पत्र। उसी निरासक्त भाव से पढ़ा भी है और चुपचाप लौटा भी दिया है।

"पड़ा रहने दो।" भाभी ने उसी की कार्निस पर रख दिया है पत्र और खुद खड़ी हैं उसी तरह। उसी अटपटे तरीके से चेहरा ताकती।

"ठीक है।...तुम्हीं लोग जिस किसी के पीछे पड़ जाते हो।" इस कहने में जो बचाव है वह तो जानती ही है। भाभी भी जानती ही होंगी। हर जगह—भीतर के हर कोने-अंतरे में साथ खड़ी मिला करती हैं वह उसे।

रंग-रूप सिरा सम्बोधन सब मिट गया है मन से। पत्र है कि ध्वनियों-प्रतिध्वनियों का एक तरल तरंगित दरिया। छोटे-छोटे हिम के खंड ठहर गये हैं जहाँ-तहाँ। चुभते हुए। कोंचते हुए। इबारत पलटती लौटती हुई।

"नहीं! ऐसा तो नहीं कह सकता। वसुधा बहुत ही अच्छी लगी। गम्भीर, प्रतिभावान है! समझदार भी। सैटल हो जाना सोच पा रही है यह अच्छी बात है...। उन्हें पानेवाला भाग्यशाली होगा...सच में ईर्ष्या के लायक! मुझे लेकर पता नहीं उन लोगों के मन में ऐसा विचार क्यों आया। मेरे अपने लिए यह सवाल बेमानी है।...तुम्हें मालूम नहीं होगा कि ऐसे किसी निर्णय के लिए...मेरे द्वार बन्द हैं हमेशा के लिए...यह कैद मेरी अपनी चुनी हुई है।...मुक्ति मैं नहीं चाहता किसी परिस्थिति में भी नहीं। जिस दिन चाहूँगा अपने आपको ही क्षमा नहीं करूँगा...उन सब लोगों से मिलकर बड़ी खुशी हुई! ऐसी अकृत्रिम खुशी कभी-कभी मिलती है।...उन लोगों को मेरा स्मरण देना। वसुधा को इच्छित भविष्य की शुभकामनाएँ...यूथ फैस्टीवल यदि देहली में होना तय हुआ तब तो यहीं रहना होगा...नहीं तो अक्तूबर-नवम्बर में श्रीनगर काश्मीर जाऊँगा...तुम्हें आना ही हो तो उससे पहले या बाद में आना।"

हिम के टुकड़े कभी चल पड़ते हैं, कभी ठहर जाते हैं।...यहाँ-वहाँ आ लगते हैं। हिम ठंडी होती है। कितनी गरम भी। भाप का-सा धुआँ उस ठंडे कलेजे में कैसे बन पाता होगा...।

"और देखेंगे वसु...कोई वह ही तो अकेला नहीं है न इस दुनिया में...," आवाज़ ऐंठी हुई है भाभी की।...कब कहीं से भी पकड़ लिया करती हैं उसे। कितना सावधान रह सकता है कोई।

"तुम्हें कैसे लगा, मैं उसके बारे में ही सोचती रहती हूँ।"अपनी आवाज़ उसे खुद तीखी लगी है, लगभग उद्धत। जिन चीज़ों को वह छूना भी नहीं चाहती, क्यों उन्हें ही आमने-सामने परोसकर रख दिया जाता है इस तरह...

"नहीं, ऐसा तो नहीं सोचती... ।" उनकी आवाज़ थी कि खुलकर आ भी नहीं रही थी। कहीं, किसी दूसरे आवृत में फँस गयी लगती थी।—"मैं तो अपनी कह रही हूँ...हो जाता तो अच्छा था...कम-से-कम वह तेरे मन का तो था"...

कुछ तो बोलना चाहती ही है वह। चुप रहकर आहत लज्जा में लिथड़ते दीखना नहीं चाहती पर होंठ हैं कि थरथराकर रह जाते हैं—बस!

''कौन?...प्रो. विवेक?'' इस डीलडौल से यह पहिचान एकाएक उसके दिमाग़ में चटकी। समारोह के उद्घाटन के समय उसने विवेक को बहुत दूर से देखा था। जानती थी पूर्वज्ञान की प्रतिच्छाया है यह। अनायास नहीं है यों पुकार लेना।

''कौन? अरे आप?'' चलती हुई आकृति ठिठक गयी।—''इस समय? यहाँ...?''

''आप भी तो?'' सामने आ खड़े हुए अप्रत्याशित संकोच से उबरने का और कोई रास्ता भी तो नहीं है।

''ओह!...मैं?'' विवेक खूब खुलकर हँसे—''मुझे तो आदत है, रात को उठ-उठकर घूमने की। मेरे लिए यह कोई नयी बात नहीं है।''

'निशाचरों की कौन-सी श्रेणी को बिलांग करते हैं आप?' परिहास उसके मुख में आया तो सही पर कहा नहीं गया। अतीत की संजीदगी के स्मरण ने उसे बीच रास्ते में ही झपट लिया।

''मुझे यहाँ रोक लिया और खुद सो रहा है बदमाश।''

''कौन?''

''अशोक...अशोक रायज़ादा। बम्बई से अपने छात्रों को लेकर आया है। हम दोनों एम. ए. तक साथ पढ़े हैं। जिगरी है अपना।'' आवाज़ छलक-सी आयी।—''रात बड़ी रौनक थी यहाँ...उस समय तो नहीं थीं आप यहाँ?''

''अन्दर थी। सोना चाह रही थी हालाँकि शोर इतना था।...मन हो तो बैठिए...।''

एक ईंट विवेक ने पैर से सरकायी पर ओवरकोट की कोरों को समेटकर इस तरह बैठने की असुविधा...वह खुद ही जल्दी से साथ खड़ी हो ली।

''आप इस समय बाहर कैसे आयीं?'' प्रश्न एकदम सहज। अकुंठ। न पिछला कोई आभास, न आभास की कोई प्रतिच्छाया।

''यों ही।...इट वॉज़ इंटालरेबल इनसाइड।'' पता नहीं कैसे उसके मुँह से निकल गया।

पलटकर, ठहरकर, घूरकर देखा गया है, यह भी उसने देख लिया।

''इनसाइड तो हमेशा इंटालरेबल होता है, पर हर समय साथ ही चलता है।...उससे कैसे बच सकता है कोई।'' कदमों में पता नहीं क्यों तेज़ी आ गयी, जैसे साथ चलते हुए भी साथ के एहसास की आखिरी कगार पर पहुँच गया हो कोई।

''बैठियेगा यहाँ?'' उसी ने विवेक की उस मुद्रा को तोड़ा, पास पड़ी मटमैले सफेद पत्थर की बेंच को लक्ष्य करके।

बेंच लैम्पपोस्ट के नीचे थी, ओस से भीगी...लोहे की छुअन की तरह ठंडी।

''रहने दीजिये...आपको ज़्यादा ठंडी लगेगी। मेरा तो यह लबादा...विवेक ने जेब में पड़े दोनों हाथों से ओवरकोट की निचली कोरों को किसी हाथी के कानों की तरह

हिला दिया। आप चाहें तो...''अपना रूमाल विवेक ने उसकी ओर बढ़ा दिया।

''ठीक है।'' कहकर वह एकदम बैठ गयी। चाहने-न-चाहने को इस तरह तय करने के संकट से बचती।

''कैसा लग रहा है यहाँ?''

''ठीक है।''अपनी आवाज़ अनमनी-सी लगी उसे—''शोर-शराबे की भी तो एक आदत होती है न...नहीं?''

''हाँ! वह तो है...कभी शोर अच्छा भी लगता है। भीतर का शोर दब जाता है।''

पूछना चाहती है...चाहती रही है...चाहती रहेगी भीतर शोर क्यों है...क्यों भीतर को रोशनी की इज़ाजत नहीं, पर पूछने और चाहने के बीच का फासला—अमाप।

''मैं तो इसी चक्कर में बड़ा बातूनी हो गया हूँ। घर में इतनी चुप्पी रहती है कि बाहर आते ही मेरे गले की डाट खुल जाती है।''

''क्यों चुप्पी रहती है घर में?'' अपनी जिज्ञासा का सिरा पड़ा मिल गया था सामने, तो उठाने का लोभ संवरण न हो सका।

''तो आपका भी वही सवाल है?'' क्षण-भर पहले का स्मित गायब हो गया।—''इस सवाल का जवाब दिये बिना जैसे गाड़ी आगे ही नहीं बढ़ती...पूछ सकता हूँ, यह उत्सुकता ही है मेरे बारे में या किसी चटपटे किस्से को जानने का चाव?''

चोट अचूक थी। निर्मम भी। अशिष्ट भी। घायल करती चली गयी। ''किस्सों में जीनेवालों को ज़रूर होता होगा ऐसा चाव...असली ज़िन्दगी में तो अलाव ही जलते देखे हैं...वह भी पता नहीं कितने...कितना अन्दर...।'' आवाज़ थरथरा गयी पूरी तरह। आहत भाव छील गया था, पता नहीं कितनी परतें...।

''आपको कैसे मालूम?'' वह धार पर चमचमाती, बचाव भरी तेज़ी बुझ-सी गयी। ''कैसे मालूम, अलाव भीतर जलते हैं?''

''खूब मालूम है...इससे क्या फ़र्क पड़ता है कि उसमें खपच्चियाँ आम की हों या अरहर की...किस तरह का दर्द किसी के लिए समिधा बने...।''

''हूँ ऽ ऽ!'' हुंकार लम्बी और गहरी भी। अचेत भाव से बेंच से उठाकर अपने पैरों पर खड़ा कर देनेवाली। बेतुकी-सी हो गयी स्थिति। एक के खड़े, दूसरे के बैठे होने की स्थिति वह भी संवाद के बीचोबीच। वह भी उठ खड़ी हुई। साथ आ खड़े होने से चलना होने लगा अपने आप। धीरे-धीरे।

यह चलना है या अपने-अपने अतलांतों को लौटना। मुखर मौन अपने-अपने भीतर घुलता हुआ। काले डैनों-सी धीरे-धीरे पीछे छूटती तम्बुओं की काली-भुतैली चोटियाँ...हवा की छुअन गीली। ठंडी। पैरों के नीचे दबते पत्तों की हलकी-हलकी कसमसाहट।

''उस घटना को कितने साल हो गये?''

वह चौंकी। यह प्रश्न जहाँ से आया है, क्या सचमुच वहीं पर थे अब तक विवेक?

''मार्च में छह हो जायेंगे।'' 'कौन-सी घटना' उसे पूछना ज़रूरी नहीं लगा।

''पता लगा था..सो वैरी सेड...एक व्यक्ति के होने-न-होने से कितना फ़र्क पड़ता है न?'' एक घुटती-सी उसाँस उसने पता नहीं कहाँ से आती देखी। आवाज़ को भी छू सकता है सन्नाटा--उसे जैसे पहली बार पता लगा।

उसाँस की राह से भीतर पहुँचने के लिए वह किस दिशा से चलना शुरू करे यह जैसे फिर भी समझ में नहीं आया।

''आपके घरवाले आपको सैटल करने के बारे में काफी चिन्तित रहते हैं।...नहीं?'' संजीदा-सा प्रश्न।

अस्थिर हो गयी वह। हर तरह से असुविधाजनक था उस प्रसंग में से गुजरना। उस सन्दर्भ को लौटा देने की चिन्ता से ही झट बोली, ''और आप उस चिन्ता से अपने को परे रखना चाहते हैं...क्यों?''

''जानता था, यही पूछेंगी आप।''

''पूछे जाने के प्रति बड़े टची लगते हैं आप। एकदम से चौकन्ने हो जाते हैं।''

''मुमकिन है।'' आवाज़ फिर भीतर की राह पर मुड़ गयी। सन्नाटा और यह शुद्ध साक्षात् द्वयता। आमने-सामने खड़े उद्गारों को कितना साफ़ देख लेने दे रही है।

''शायद हर किसी के पूछते रहने से ही इतना 'टची' हो गया हूँ। जो साफ़ नहीं पूछते, चेहरे पर सवाल चिपकाये घूमते हैं।...चिढ़ चढ़ती है मुझे...यों इतना एक्स्ट्रोवर्ट भी नहीं हूँ मैं...''

''समझती हूँ। इच्छा न हो तो रहने दीजिये।'' अपना स्वर स्वयं ही निरुद्वेग लगा उसे।

''ओह नो! नॉट यू...नॉट यू।...आपको देखकर यह नहीं लगता कुछ छीन रही हैं आप...स्ट्रेंज।...नो?''

एक चुप्पी-सी टँग गयी। खामोश कमरे में घड़ी की टिक्-टिक् की तरह सस्वर बजती। उत्कंठित कानों को हर अगला निमिष असह्य लगा।

''आय लव्ड हर...शी वाज़ ए पार्ट ऑफ मी...नाऊ शी इज़ नो मोर...।'' आवाज़ पता नहीं कितनी घाटियों को पार करके आ रही थी। चाल एकदम धीमी हो गयी।...जेबों में धसके हुए हाथ निकालकर विवेक ने शून्य में एक अर्द्धवृत्त-सा बनाया और बाँहों को सीने के आर-पार बाँध लिया।—''समझ लीजिए मेरा भी वही डेड-एंड है।''

चुप रही; चाहे चुप नहीं थी—उत्कंठित प्रकम्पन जाग रहा था भीतर। यों कही

गयी बात उतनी ही थी जितनी उसके अपने जीवन-वृत्त की–शी लव्ड हिम...ही वाज ए पार्ट ऑफ हर...नाऊ ही इज नो मोर...

"डेड-एंड कहाँ होता है जीते जी?"

"होता है वन् एग्ज़िस्टस बट सीज़िस टू लिव–" बात से अधिक आवाज़ की उदासी छू गयी।

"कितने साल हो गये?"

"सात हो चले हैं...पर वह बात मेरे लिए कभी पुरानी नहीं पड़ती...नहीं पड़ेगी। हालाँकि जानता हूँ...यह कहते हुए ज़रूर बड़ा भावुक लगूँगा मैं आपको...।"

"मेरे लगने न लगने को क्यों महत्त्व दिया जाय...?"

"आप यानी कोई भी...लगता ही है सबको, और अपनी-अपनी तरह से जता भी देते हैं! खैर, मुझे इसकी चिन्ता नहीं है। वे वक्त की ताकत को आखिरी ताकत मानते हैं, मैं नहीं मानता। मेरी उसी से लड़ाई है...आय टेल यू आय हेट दैट घोस्ट... मुट्ठियों में मिट्टी भरी रहती है उसके। हकलाया रहता है किसके सिर पर औंधा करे। मुझे नहीं हरा सकता वह...मैं...मैं वह नहीं हूँ...।"

ऐसी आकस्मिक उत्तेजना उस निविड़ उदासी में से पता नहीं कैसे जन्मी। उसके आने का रास्ता भी उसे नहीं दीखा।...अब तक तो देख रही थी किसी दबे हुए दर्द की हर दिशा से प्रतिध्वनित होती हुई पीड़ित कराह।

"–मैं कहता हूँ, मैं वह नहीं हूँ शिरीन को उसके हवाले कर देनेवाला। आप ही बताइए...मिट्टी में गाड़ देने से सब मिट्टी हो जाता है क्या? शरीर ही सबकुछ होता है?...मन कुछ नहीं होता?"

उत्तर नहीं चाहिए बात का वह यह भी जानती है। जैसी टँगी हुई चुप्पी बीच में है, उसी को ही बीच में होना था।

आशा नहीं थी इस बेध्यान चलने के बीच भी वह देख लेगा, रास्ते के ज़रा से बायीं तरफ़ आ गया झाड़-झंखाड़ का ढूह। शायद जलाने के लिए बटोरकर रखा गया होगा। उजाले की कतार का आखिरी लैम्पपोस्ट था वहाँ। दायीं ओर एक जगह से फटा पाइप पूरे बेग से पानी उछाल-उछालकर धरती भिगो रहा था।

"चार बज गये? पानी यहाँ चार बजे आता है। और तरफ़ नल बन्द होंगे तो यहाँ..." कहते-कहते विवेक पंजों के बल बैठकर पाइप का जोड़ बिठाने लगे। फिर पास रखी ईंट का चौकोर टुकड़ा उस जोड़ पर रख दिया। बहुत फ़र्क तो नहीं पड़ा। धार की उछाल दब ज़रूर गयी पर पानी रिसता रहा उसी तरह। इसी यत्न में फुहार ओवरकोट का आगेवाला भाग भिगो भी गयी।

वहीं से लौट पड़ना हुआ। रास्ता एक तरह से नहीं था आगे। ऊबड़-खाबड़ झाड़ियाँ थीं। विवेक उसी तरफ़ वापिस चलने लगे जिधर से आये थे। इस विक्षेप से

उत्तेजना ठंडी ज़रूर पड़ गयी पर सन्दर्भ वहीं-का-वहीं लटका रहा, काते जाते सूत के तार की तरह जो सिरा टूटने के बाद भी रुई की पोनी के भीतर से ही निकल आता है।

"आपको पता है, वह हिन्दू नहीं थी...।"

"तो?"

"क्रिश्चियन। पिता ईसाई थे माँ हिन्दू। बड़ी अजीब तरह से भेंट हुई थी हमारी...पंजाब मेल में। आगे जाती मालगाड़ी के दो डिब्बे पटरी से उतर गये थे। लाइन क्लियर नहीं थी, इसलिए हमारी गाड़ी छह घंटे हरदोई के स्टेशन पर अटकी रही।...बड़ा छोटा-सा स्टेशन है।" फिर अपने में ले डूबती छोटी-सी चुप्पी।

"छह में से पाँच घंटे तो ज़रूर उससे बातें हुई होंगी। मैं तब उसको लेकर ज़रा भी गम्भीर नहीं था। मेरा स्वभाव कह लीजिए या पूर्वाग्रह।"

"किस बात का पूर्वाग्रह?"

"यही। जाति-वाति को लेकर तब दिमाग़ उतना साफ़ नहीं था...फिर ज्यों-ज्यों उसे जानता गया, अपने से खाली होता गया। अकसर किसी एक चीज़ से लगाव दूसरी कितनी चीज़ों से, कितनी जल्दी अलग कर देता है न। अपने आप से भी। पर सोचिए ज़रा, दुर्भाग्य से वह चीज़ ही न रहे तो...।" ध्यान पता नहीं कहाँ चला गया था।—"गम्भीरता उसी के कारण आयी, वह मेरे स्वभाव में कभी थी ही नहीं—उच्छृंखल ही था मैं...।"

"क्या हुआ था उन्हें?"

"शी हैड कंसीव्ड।...मैं तब पी-एच. डी. कर रहा था। शादी उसी समय कर डालने का प्रस्ताव मैंने रखा था पर वह ही नहीं मानी। जिद्द करती रही—'तुम पहले अपनी पढ़ाई पूरी कर लो। बाद में ऐसी रचनाएँ बहुतेरी होंगी। अभी तुम्हारे डैडी ख़ासा तूफान उठायेंगे।...आर्थिक संघर्ष सामने आयेंगे। बेवक्त टूट जाओगे। मैं अपना प्रबन्ध खुद कर लूँगी।' "

"उफ़्! सोचकर देखिए, मैंने मान लिया था यह सुझाव—अनलाइक ए मैन। एक बुजदिल की तरह जो समझ ही नहीं पाता कि सहारे की असली ज़रूरत किसे है और दूसरों की बहादुरी की बेवजह आड़ लेता है।" वह वहीं पासवाले पेड़ के पास टिककर खड़े हो गये।

"अपनी एक सहेली के पास कानपुर चली गयी वह। मुझे समझा-बुझाकर, पता-ठिकाना बताकर। उस सहेली की बहन किसी अस्पताल में नयी नर्स भरती हुई थी। एक सप्ताह तक कोई समाचार नहीं। फिर तार मिला—'कंडीशन सीरियस।' मुझे और उसके माता-पिता को एक साथ।

"मैं कानपुर पहुँचा तो वह अस्पताल में थी। पेरीटोनाइटिस के मारक चंगुल में

छटपटाती। नर्स अनाड़ी थी। अवैज्ञानिक हस्तक्षेप से पेट की झिल्ली में चोट आ गयी थी और इन्फेक्शन हो गया था। जब मैंने उसे देखा तो उसकी साँसें क्षण-क्षण फूलते पेट का वजन साधने में असमर्थ होती जा रही थीं।"

आवाज़ की एक नदी जैसे अपने उद्गम से चल निकली हो।...अपनी इच्छा से रुकती, लाँघती, रास्ता तय करती...किनारा किसका है; वहाँ कौन खड़ा है...उसे इसका भी कहाँ पता।

"वह उसका चेहरा...देखते ही पगला गया मैं। ऐसी आँखें...फटी-फटी, डूबी हुई...गीली। कातर। याचक। आँखों के कोए इतने सफ़ेद कि मरे कबूतरों की याद दिलाते थे। डॉक्टरों से क्या-क्या याचनाएँ नहीं की मैंने...दोज़ हार्टलेस ब्रूट्स...। वह मेरी पीठ थपथपाते रहे और पलँग से उठ जाने का इशारा करते रहे।...

"उसके पिता का, माँ का, सहेली का—किस-किस का सामना करता मैं। उन सबने तो मुझे यह भी नहीं बताया कि वह बस थोड़े ही क्षणों की मेहमान है।

"मैं डरा हुआ दरवाज़े के पास खड़ा था।...'नाउ प्रे फॉर हर,' डॉक्टर ने कमरे से बाहर निकलते मेरी पीठ थपथपायी थी।—लुक एट मी—मैं उसी क्षण बात को पूरी तरह समझ पाया था।

"मैंने तभी गौर किया, उसके पिता बेचैन टहल रहे थे इधर-उधर, उसकी माँ आँखें बन्द किये प्रार्थना कर रही थीं...चेहरा तरबतर। उसकी सहेली मुँह में कपड़ा ठूँसकर जार-जार रो रही थी।..."

विवेक के ठीक सामने खड़ी है पर आँख उठाकर देखने का साहस नहीं। आवाज़ थरथरा रही है। चित्र खिंचता चला जा रहा है और उसे भी उस दृश्यपटल में भोक्ता की तरह अवस्थित करता जा रहा है। काँपती-कराहती आवाज़ जगाती चली जा रही है उसकी शिराओं में भी अपना इतिहास...धधकता हुआ। धड़कता हुआ इतिहास। जितनी बार कहा जाता है उतनी बार जी जाता है इतिहास और जीने की तरह भोगना भी पड़ता है।

"पता नहीं कहाँ-कहाँ दर्द हो रहा था उसे। बेहोश हो जाती तो कुछ तो राहत मिलती। ऐसी यातना...साँस लेने में ऐसी बेतरह दिक्कत। ऐंठते-छटपटाते हाथ...आँखें खुली...होंठ बुदबुदाते हुए...चेहरा राख की तरह बुझा हुआ, पसीजता। मैंने शरम छोड़कर उसके माथे पर हाथ रख दिया एंड आयी किस्ड हर...।

"एक हलका-सा कम्पन उसकी देह में थरथराया था। जाने कैसी खाली-सी आँखों से उसने मुझे देखा था कि मैं फूट पड़ा। वहाँ से हटकर खिड़की से जा लगा। उसने अन्तिम साँस कब ली, यह भी मुझे पता न लगा।...इसका बहुत-बहुत कष्ट है...बहुत...इस धरती पर उसकी आखिरी साँस भी मुझसे अनदेखी रह गयी...उसे... उसे यों..."

आवाज़ नहीं थी वह साक्षात् पीड़ा थी। अलाव-सी खुली। बाँटना नहीं था, ढह जाना था। कच्ची भित्ति थी कोई भीतर...किरकिरा रही थी। बेआवाज़...।

अब एकाएक पेड़ के तने से लगकर खड़े हो गये विवेक। मुख आकाशोन्मुख। आँखें झिलमिलाती हुईं। लैम्पपोस्ट की अधजगी रोशनी में वह उसे पेड़ से लगी किसी प्रस्तर-प्रतिमा के से लगे।

इस तरह पेड़ से पीठ लगाकर खड़े हो जाने से वह सामने पड़ गयी। ठीक सामने। गड्डमड्ड-सा क्षण था वह—पिघला हुआ पर अस्पृश्य! छूता हुआ पर छू सकने के अधिकार से खाली। निस्संग! निस्साहस।

"जिसे समेटकर रखने का इतना हौसला था, वही मिट गया। कोई चील की तरह झपटकर ले गया उसे एक क्रूर झटके में। और वह भी ऐसी गयी-बीती बात पर...सिर्फ वक्त की ही तो बात थी न?...मुझे उसकी रक्षा करनी चाहिए थी...शी नीडेड प्रोटेक्शन।...बड़प्पन उसमें था...उसी में रहा...उसी के साथ चला भी गया। मैं तो बस ठूँठ...खाली।"

"प्लीज़! इस तरह अपने को कोसने से क्या बनेगा। कुछ भी तो नहीं हो सकता अब!" इस किरकिराते होने पर कातर हो आयी वह।

"जो हो सकता है, हो रहा है वसुधा...तुम देख रही हो, यह अलाव मेरे भीतर जल रहा है—ऐवरी मिनट, एवरी लिविंग मोमेंट...। यह ऐसा अंगारा है जिस पर कभी राख नहीं जमती।"

"मैंने अच्छा नहीं किया आपको कुरेद दिया...। आयम सो सॉरी।" जिज्ञासा इतनी महँगी है पता था क्या!

"इस क्षण सॉरी न कहो...किसी बात के लिए भी नहीं। मैं किसी को माफी नहीं दे सकता...आयम मायसेल्फ़ इटरनली कंडेम्ड।" एकाएक और भी कातर हो आये विवेक।

वह जिस पेड़ के सहारे खड़े थे, उसी के सहारे जमीन पर बैठ गये और अपना चेहरा दोनों हाथों से छिपा लिया। शरीर हिल रहा था...काँप रहा था धीरे-धीरे...।

उसके हाथ पहले तो जड़ हुए रहे, फिर बढ़े भी और लौट भी आये। क्यों नहीं छू सकी वह? न सान्त्वना ही दे सकी।

उस यातना बिंधे स्मरण की लक्ष्मणरेखाएँ एक परिधि-सी रच गयीं और उसको उस परिधि के बाहर खड़ा भी कर गयीं। उस घेरे में थी—विशुद्ध यातना...यातना के झरते अकेलेपन में भीगती खड़ी शुद्ध शाश्वत स्मृति। कोई भी...कुछ भी नहीं था वहाँ। न ही हो सकता था। न रहस्यों को सुनता हुआ रास्ता! न पेड़, न कोहरा, न विवेक का अपना जाना-पहिचाना रातों का आकाश...न दूसरेपन का कोई भी एहसास।

ऐसा ही होता है वहाँ व्यक्ति—निस्संग। स्पर्शबोध से परे...अपनी ही यातना में

स्थित, सुरक्षित। सान्त्वना दूसरों की होती है, दूसरों से आती है, अपने को बहिर्मुख कर जाती है।

बहिर्मुख हो जाना क्या विवेक स्वयं ही चाहेंगे? सान्त्वना में दूसरे तक पहुँचते हुए हाथ ही तो नहीं होते। हाथों को कहीं तक ले जानेवाली इच्छा?...और प्रेरणा?...और अभीप्सा?

हस्तक्षेप का यह दुस्साहस उसे लगा उसमें नहीं है। इस समय तो और भी नहीं...। जबकि वह केन्द्र को, केन्द्र में बिंधे हुए दर्द को जान गई है। परिधि को, परिधि और केन्द्र के बीच के बड़े-छोटे वर्तुलों के स्वभाव को जान चुकी है।

सिर झुकाये उसी तरह बैठी रही निश्चल। परिधि की बाहरी कगार पर—प्रतीक्षित।

"एक बात मानोगी?"

"कहिए!" भीतर तक सिहर जाना हुआ।

"तुम जाकर सो जाओ। मुझे यहाँ अकेला छोड़ दो।"

वह एक प्रार्थना थी...मात्र एक प्रार्थना। हाथ फैलाये सामने खड़ी भिक्षुणी याचना। जो माँगती है, कुछ लौटाती नहीं। मन बुझ-सा गया।

"अन्दर चलना आपके लिए भी ठीक न होगा। ठंड काफी बढ़ गयी है।"

"मुझे फ़र्क नहीं पड़ता। आकाश के नीचे बैठना मुझे अच्छा लगता है। रात और प्रभात के हर मूड से मेरी पहिचान है।"

वह सब सुन लिए होने के बाद वहाँ बने रहने का औचित्य? पर एकदम से उठकर चल पड़ने की प्रेरणा...वह भी कहाँ से आयेगी। पैर सुन्न हुए पड़े हैं। वैसी-की-वैसी बैठी रही।

"अच्छा चलो। मैं ही तुम्हें तुम्हारे टेंट तक पहुँचा दूँ।" फैसला अपने आप हो गया।

'तुम' और 'आप'...सम्बोधन के दो सिरों के बीच इस तरह बेध्यान झूलना। यह बेध्यानी इस समय विवेक के लिए सम्भव है पर क्या विदित है?

उधर से चलने लगने पर पुरुषों के आवास के तम्बू पहले पड़ते हैं। कह सकती है कि उसे पहुँचाने जाना ज़रूरी नहीं है, पर चुप रही।

"मैं भी अब घर ही चला जाऊँगा।" तम्बुओं का वह जमघट पीछे छूट गया।

"इस वक्त?"

"हाँ। इसी वक्त...वक्त से क्या फ़र्क पड़ता है।" जानती है यह सच है। इसका सच में उत्तर नहीं है कोई। यह प्रश्न अपने सामने होता है तो भी उत्तर नहीं बन पड़ता।

"अपने व्यवहार के लिए आप से क्या कहूँ।" उस गुबार के बाद यह झरती

उदासी उसे बड़ी दयनीय लगी।–"आपकी क्या पूछता अपनी कहने लग गया था।" उतनी धीमी चाल भी और धीमी हो गयी थी।

"वही ठीक था। जिन दुखों के चेहरे नहीं होते वही जानलेवा भी होते हैं। चेहरेवाले दुखों में तो सबकी सहानुभूति मिल जाती है। चाहे फिर वह अपने को अच्छी लगे या न लगे।"

विवेक का अचानक ठिठक जाना उसने देखा। इस तरह भेदना भी। सिर से पाँव तक दूसरेपन के एहसास को समूचा तौलते हुए।

इस होते होने ने उसे खूब संकुचित किया। खूब।

"अरे! अन्दर जाइये। आपने बहुत कम ओढ़ रखा है। मैंने अभी ध्यान दिया।"

"मैं तो यूँ ही चली आयी थी बाहर..."

"और आते ही पकड़ी गयीं।" वह धीमी खिलखिलाहट भी इस सन्नाटे में उसे तीव्र लगी–लगभग अप्रत्याशित।

एक छोटी-सी अनिश्चित पर बोलती हुई चुप्पी।

"चलूँ अब?" कहा तो सही पर चलने की तैयारी उस क्षण, उस मुद्रा में उसे कहीं नहीं दीखी।

तम्बू के ठीक बाहर इस तरह आ खड़े होने पर एक कुंठा-सी उसे दुचित्ता कर गयी, जैसे अभी तक वह संसार के बाहर थी। अब संसार के बीच आ खड़ी हुई है– संसार के नियमों के बीच। अभी कोई तम्बू से बाहर आयेगा और वह चोर की तरह पकड़ ली जायेगी।

इस दुविधा में विवेक की साझेदारी नहीं कोई। वह अपने में खोये लगे।

"एक बात कहूँ।"

"कहिए।"

"आप भी दुख को जानती हैं...उतना ही। चेहरेवाले दुख के कारण से ही नहीं पर जैसे..." शब्दों को टटोलती बेचैनी साफ़ दीख रही थी। "...जैसे आप और बहुत कुछ जानती हैं।"

आँखें भेद रही थीं विवेक की। पर भेदना मर्म के स्पर्श तक पहुँचना तो नहीं होता।

वह गर्मियों का प्रभात होता तो उजास का रंग अब तक आकाश में घुल-मिल चुका होता, पर अभी तो धुँधलाये हुए अँधेरे का अथाह ही है सब तरफ़। रात खड़ी है–निस्तब्ध। सन्नाटे में वैसी-की-वैसी ठहरी हुई।

तम्बू में लड़कियाँ पूरी तरह बेसुध सोयी पड़ी हैं। बाहर से आने पर कितना

गन्धाया-सा लग रहा है तम्बू का अन्तरंग—उमसाया हुआ। वैसी झरती हुई नम स्वच्छता यहाँ नहीं है। यह वैपरीत्य उसे खलता है हमेशा।

स्वच्छता निर्मलता की अपनी गन्ध—एकदम अचूक! नासापुटों से दबे पाँव आना और दिमाग़ की बन्द खिड़कियों को एकाएक खोल देना। गर्मियों की एक साँझ स्विमिंग पुल के किनारे, गीले पत्थरों पर बैठे, पानी की शुचिता की उस गन्ध को पहिचान लिए होने की छोटी-सी ख़ुशी उसे अभी तक याद है।

"तू ज़रूर दुख पायेगी...ज़रा जमीन पर रहा कर।" शरत भैया ने भर्त्सना की थी—ममता भरी भर्त्सना। तुमने क्यों ऐसा कहा था शरत भैया। क्या तुम्हें पता था तुम्हारी ममता और भर्त्सना दोनों ही उसकी नियति की खिड़कियाँ बनेंगी। और वह जमीन पर रहना तो क्या जमीन के भीतर धँसती चली जायेगी।

"देखो इनमें धूप की गन्ध है कि नहीं।" बाहर आँगन से सूखे कपड़े उठाकर वह निखिल की नाक के पास लगा दिया करती थी।

"तुम ज़रूर पागल हो।" उसका उत्तर रहता था।

"बरसात में कपड़े बुस जाते हैं तो कितनी जल्दी तुम्हारी नाक बोलने लगती है। लगता है तुम्हें दुर्गन्ध की ज़्यादा पहिचान है।"

उसमें कुछ अटपटा ज़रूर है जो गन्धों और ध्वनियों को उड़ती तितली के पंखों की तरह छू लेने को बेचैन हुई रहती हैं। अम्माँ को कितनी तरह से असह्य लगा करती हैं उसकी बातें।

बदन में एक तीखी झुरझुरी है...शायद खुले में इतनी देर तक बैठे रहने के कारण। थोड़ी देर रजाई में लेटना अच्छा लगेगा यद्यपि यह लोभ भी मन में कम नहीं है कि प्रातः के उगने को देखना आज स्वतः हो जायेगा। घर में शायद ही कभी ऐसी स्थिति बन पाती हो। पौ फटने से पहले उठना ही नहीं हो पाता। निखिल तो सुबह की उस नींद को 'अंगूरी झोंका' कहा करता था। न उठता था, न उठने की स्वतन्त्रता ही देता था।

लेट जाने पर फिर उठने का उद्यम न रहा। तम्बू की खिड़कियाँ एक क्रास में कटी अँधेरे की चौखटें लगती रहीं। वह भी खाटों की सतह से काफी ऊँची। वह भी ठीक सामने नहीं—दायीं और बायीं तरफ़। यों भी कोई खिड़की उसके अपने कमरे की खिड़की जैसी नहीं हो सकती, जिससे लगकर देह टिकी-की-टिकी रह जाये। मन दृश्यों की गति और गति के पार भी भागता फिरे।

गहरी विश्रान्ति। लेटने के पहले के महसूस होते चैतन्य के एकदम विपरीत। अप्रत्याशित। जैसे कसा हुआ सवार अपना ताम-झाम उतार देने के बाद अपनी देह के सुख-दुख के पूरे चेत में आ जाये।

इधर वर्षों से अनजानी है यह राहत। पता नहीं कहाँ से कैसे चलती हुई आयी

है। उस चलते आये होने की राह को देख पाना एकदम दुर्गम है। कुछ भी मुट्ठियों में नहीं। किसी बात का आश्वासन नहीं। बन्द दरवाज़े हैं सामने। अनधिकृत भूमि का बीहड़ है आसपास—पीड़ित परायी प्रतिध्वनियों से भरा।

हाथ खाली हैं पूरी तरह। न कुछ है न कुछ मिल पाने का कोई दिलासा। मन में ठहरा-सा—किसी चित्र के फलक में स्तब्ध हो गया विद्युत रेख-सा विस्मय।...इस मन से उस मन के बीच निरायास दौड़ सकी होनेवाली लहरों के आघात की छोटी-सी पुलक...किसी दीर्घ प्रगीत की अनुगूँज के बचे-खुचे टुकड़े।

कुछ और आगे जाने पर हाथ लगती है एक अनिजी-सी आत्मीयता और प्रश्नचिह्न-सी मुड़ी-तुड़ी जिज्ञासा—किसी और से, इतने सहज भाव से...इतना कुछ... इतना अकेले में क्या कभी कह सके होंगे विवेक? इस हुए होने की सम्भावना को कैसे जाना जा सकता है...यह हुआ होना उसके होने के कारण ही हुआ या ऐसा होता है...अपना ही सन्ताप लबालब भर जाता है तो किसी भी जगह ढुलकने लग जाता है।

प्रश्नों के पाँव कितनी भी दूर तक ले जायें कहीं नहीं पहुँचाते...कोई रास्ता नहीं खुलता। 'वक्त से लड़ाई है' कहते हैं विवेक और वक्त व्यक्ति नहीं बहती हुई धारा है। धारा तो रुकती नहीं...लड़ाई के लिए भी नहीं। उसके किनारे बैठे व्यक्ति को ही अपना बोरिया-बिस्तर बाँधकर कूच करना होगा। वक्त तो न भाव में है, न अभाव में। न राग में साथी, न अराग में दुश्मन। लड़ाई ठने भी तो बराबरवालों में तो ठने। यहाँ न बराबरी है, न लड़ाई का कोई आदि न अन्त। हार साफ़ है। ठीक सामने खड़ी है। फिर भी संकल्प डटे रहने का है। अपने को उस झूठ में, उस अवास्तविकता में, उस नहींपन में स्थिर कर लेने का। दुख से ऊबेगा व्यक्ति तभी न सुख की कामना करेगा!

फिर स्मृतियाँ तीर्थ हो जायेंगी तो कौन गज़नवी होना चाहेगा।

सो जाना निश्चय ही बहुत कम समय के लिए हो पाया होगा, क्योंकि पलकें बुरी तरह बोझिल हैं। कनपटियों पर बेतरह दबाव पड़ रहा है। तम्बू में जल्दी ही खटपट शुरू हो जाने से नींद हवा हो गयी। ऐसे स्थलों पर एक-दूसरे से पहले निवृत्त हो जाने की आपाधापी अपनी-अपनी तरह से सबको चिन्तित रखती है।

तम्बू की खिड़कियाँ चाहे रोशनी के दरिया में खुल गयीं, तम्बू में अभी भी बल्ब जला हुआ है। भीतर खासा अँधेरा है। आने-जाने से हट जानेवाला तम्बू का पल्ला एक चौड़ी उजास की कतरन के साथ-ही-साथ एक सर्द झोंके को भी अन्दर फेंक जाता है, जो सिर को बेतरह निर्मम लगता है।

सिर खूब भारी है और चाय मिल पाने का अपना समय है। कोई चारा नहीं... तैयार हो लिया जाये और स्वयं चाय तक पहुँच लिया जाये।

दस बजे के लगभग तैयार होकर बाहर निकली। उसे कहाँ पता था—बाहर निकलते ही ऐसा कुछ होगा। ऐसा व्यस्त भाव पवन के ममत्व की तरह उसे लपेटता चला जायेगा। दृष्टि भागने लगेगी—उन्हीं पेड़ों को, पत्तों को, बिछे हुए रास्ते को, बेंचों को, तम्बुओं की चोटियों को, लैम्पपोस्टों को छू लेना चाहेगी। पा लेना चाहेगी—पहिचान का स्पर्श। अनजानी प्रत्याशा के सम्पीड़न में बिंध कर इतनी आतुर हो जायेगी एकाएक।

क्यों लग रहा है सुरक्षित रह पाती होंगी ध्वनियाँ। कहे-सुने गये होने की काँपती-झिझकती आत्मीयता।...वह अपने को भूल गये होने की तन्मयता का स्मरण...संचित है सबकुछ यहीं कहीं...उन्हीं स्थलों पर। जब चाहा जायेगा, वापिस पा लिया जायेगा।

पर रास्ता चुप नहीं, चलता हुआ था। सवेरे...शायद मुँह-अँधेरे अलाव की सारी राख बटोर दी गयी थी। एक बहुत बड़ा काला-सा निशान रास्ते में अड़ा रह गया था। पत्ते भी बटोर दिये गये थे, जिनके गर्भ से उपजी हर ध्वनि रात को इतनी अर्थवान लग रही थी।

अधमैले परिधान में तम्बुओं की कतारें पूरी उठान में सिर ताने खड़ी थीं! रात लैम्पपोस्ट की उजास में इनके दो खंड हो गये लगते थे। नीचे का भाग उजला, ऊपर का कोहरे और अँधेरे में घुला-मिला। लैम्पपोस्ट अभी भी जल रहे थे। कौन भूल गया था इन्हें बुझाना। कितना दयनीय लग रहा था इन्हें इस तरह अनास्तित्व का दर्पण दिखा दिया जाना।

पेड़ वही नहीं थे—रात की नमी में भीगते-सिहरते। सन्नाटे में उठी हर ध्वनि को सुनते-समझते। हवा भी नहीं थी वह—स्वच्छ। शीतल। आत्मतृप्त।

कातर हो आयी वह। कितनी अटपटी अनुभूति है यह...विच्छृंखल। बेगानी। माहौल के प्रति किसी भी प्रकार की अन्तरंगता से खाली। लगा—यह धुला, नहाया, निखरा हुआ माहौल उसका अपरिचित है—एकदम अनात्मीय।

आत्मीय तो वही थी—वह चारों दिशाओं की चुप्पी और चुप्पी में बजता हुआ संवाद। वह कोहरा-लदी उजास...झरता हुआ एकालाप...उत्कंठित कान...।

आत्मीयता था अँधेरा...और अँधेरे में अपने को और अधिक महसूस कर पाये होने की अनुभूति। अदेखे को और अधिक देखने...अनकहे को और अधिक सुन पाने का सुख।

इस समय नहीं था वह सबकुछ...न चुप्पी, न अँधेरा, न उतना देखना, न वैसा सुन पाना। यह खुला धूप धुला माहौल अनात्मीय था उसका! पूरी तरह अपरिचित। काया वहीं-की-वहीं खड़ी थी सब चीज़ों की। मन बदल गये थे। धूप के प्रपात में

धो-पोंछकर चमकाकर रख दिये गये थे।

मुक्ति-सी मिल गयी। तादात्म्य के किसी बिन्दु को छू पाने की इच्छा से मुक्ति। माहौल के प्रति किसी भी तरह के लगाव की कारा से मुक्ति। निरावेग कर गया उसे यह एहसास। एक नयी-सी स्फूर्ति पैरों को दिशा दे गयी।

लपकती हुई वह खाने के मंडप की ओर चली आयी।

खाने का शामियाना उस मेले की चहल-पहल के चरम को जोहते होने की सुविधा का एक और खंड है। हिलता-डुलता। शोर की लहरों को इधर से उधर स्थानान्तरित करता। दृष्टि-विस्तार तक लोग-ही-लोग—आते-जाते, जूझते-परोसते, खाते-गिराते लोग। बेंचें जिस तेज़ी से खाली होती हैं, उतनी तेज़ी से भर भी जाती हैं।

बैठ पाने के किसी रिक्त स्थान की खोज हो ही रही है कि डॉ. ललितचन्द्र को अपनी ओर आते देखा।

"लीजिए।" उन्होंने अपने बायें हाथ में पकड़ी पकौड़ियों से भरी प्लेट उसकी ओर बढ़ा दी। "एकदम गरम हैं...सीधी टोकरे में से उठाकर लाया हूँ। आप आती हुई दीख गयी थीं सामने!"

पकौड़ियों की मात्रा देखकर उसे हँसी आ गयी। पकौड़ियों की छोटी-सी ढेरी के नीचे दो कटलेट दबे हुए थे। "कहीं आपने अपनी प्लेट तो मुझे नहीं थमा दी?"

"नहीं, मैं तो दो बार डकार चुका हूँ। अभी भी इतनी बची हैं..." उन्होंने अपनी प्लेट सामने कर दी और हँसने लगे। एक उजली मुक्त हँसी।

क्या देख रही है? आश्चर्य हुआ उसे—बेहद। कितना अपरिचित-सा है उसके लिए उनका यह आत्मीयभाव। यहाँ वह बिलकुल दूसरी तरह के लग रहे हैं—मुखर। खुल सकने की इच्छा-आकांक्षा को पूरी तरह उन्मुख। कल रात भी पर्वाग्नि के जुटाव के समय रुकने का आग्रह कर रहे थे। क्या वह सच में उतने ही नहीं जितने दीखते आ रहे हैं अब तक?

उनसे सम्पर्क इन कार्यक्रमों की रिहर्सल के दौरान ही हुआ पर जहाँ से शुरू हुआ, उतना ही रहा। उन दो महीने के संसर्ग में भी वह सदा मिले—भीतर से पूरी तरह सावधान! बन्द! हाथ में पकड़े पहियोंवाले खिलौने की तरह परिचय की परिधि पर टिके रहने के लिए बज़िद। उन्हें तो पता भी नहीं होगा कि किसी भी निजी प्रसंग से बच निकलने की उनकी चौकन्नी अस्वाभाविकता सामनेवाले को और भी सचेत कर जाया करती है। साफ़ दीख जाता है मैत्रीभाव की बुलाहट से परे खड़े रहने का उनका सजग प्रयास।

खासा तक़लीफ़देह था उनका साहचर्य। रिहर्सल के दौरान एक ही हॉल में

साथ-साथ की कुर्सियों पर महीनों की बैठक। शुरू के कुछ दिन तो नाटक को लेकर आदेश-निर्देश में बीते थे पर बाद में सबकुछ थम गया था आसपास। तब कुछ गिनी-चुनी इधर-उधर की बातें—मौसम और जुकाम, अनुशासन और राजनीति, अपने-अपने विभाग और सहकर्मी, विभागाध्यक्ष और छात्र; पर विश्वविद्यालय की दीवारों के बीच की ज़िन्दगी को कहाँ तक दुहा जा सकता है। उलझनभरी चुप्पी और भिनकता खालीपन। अनुत्सुक निरुछाह होती थी उनसे अगले दिन मिलने की सम्भावना। हालाँकि मनहूसियत के शिकवे का क्षोभ एकतरफ़ा नहीं होगा, उसे कई बार अपने को भी समझाना पड़ा था। मुमकिन है उसके बारे में वह भी कुछ ऐसा ही सोचते रहे हों। पारस्परिक सौहार्द किसी एक का दायित्व तो नहीं होता।

अनात्मीयता, अमित्रता, अनिजता कुछ भी सही पर नाटक की रिहर्सल के प्रति भी वही अलिप्तता। उस बेपरवाही को, वह किस खाते में रखे। अखरती थी उनकी 'सबकुछ ठीक है' की सदा हाशिये पर खड़ी निर्लिप्तता। किसलिए ऐसा कोई दायित्व उन्हें दिया गया है जिसमें उनका कोई रुझान ही नहीं है। दूसरे कितने ही होंगे जो इस समारोह में जाने को लालायित बैठे होंगे।

अपनी उलझन डॉ. अस्थाना के सामने रखी थी। जिन्होंने समारोह का संयोजन, संगठन और चुनाव किया था। "कुछ ग़लती हो गयी नहीं लगती चुनाव में?"

"डॉ. राव एक साल की छुट्टी पर हैं, आप तो जानती हैं।"

"जानती तो हूँ पर...।" उसे सच में इन दोनों बातों में कोई सम्बन्ध नजर नहीं आया था।

"वह होते तो वही जाते। दोनों तरह से उपयुक्त हैं। आपको ताज्जुब होगा जानकर कि छात्राओं के पेरेन्ट्स द्वारा कितनी गहरी जाँच-पड़ताल की जा रही है कि कौन-कौन जा रहा है...कौन-से विद्यार्थी, कौन-से प्राध्यापक साथ होंगे। इस लिहाज से डॉ. ललितचन्द्र एकदम उपयुक्त व्यक्ति हैं। ऐसे मौकों पर जो चिन्ताएँ होती हैं वह तो आप जानती हैं।"

जानती है हमारे चिन्तन का हिस्सा हो गयी हैं इस प्रकार की चिन्ताएँ। इज्जत-अस्मत के सम्भावित खतरों के विरुद्ध हर समय की चौकसी। पता नहीं क्यों हर समय संदिग्ध मानी जाती है स्थिति स्त्री की। वर्जित हुआ रहता है उसे अभय। किसी-न-किसी भय की तलवार तले काँपा करता है जीवन। किसी-न-किसी आक्रमण के खौफ़ में ठिठुरा आत्मविश्वास! यह कभी मन में स्पष्ट ही नहीं होने पाता कि क्या मुख्य है क्या गौण। आत्मरक्षा बड़ी है या आत्मविश्वास। सारा यत्न सम्भावित खतरों से बच पाने का है कुछ अर्जित कर सकने का नहीं। आत्मबल पा लिया जाये तो अपनी रक्षा अपने आप नहीं हो सकती क्या?

छात्राओं के माता-पिता डॉ. ललितचन्द्र की उपस्थिति को सुरक्षा की छाँह मानते

हैं...अच्छा है। पर कोई मनचाही करना ही चाहेगा तो इस छाँह के छाते को कहाँ-कहाँ लिए दौड़ेंगे ललितचन्द्र।

"कैसा लग रहा है यहाँ?" भरसक यत्न किया कि वह आश्चर्य, वह यहाँ-वहाँ भटक गये ध्यान की छाया उसके मुख पर न झलके।

"अपने लोगों के लिए तो अच्छा अनुभव है, बट ऐ ग्रेट मैनेजमेंट ऑरडियल फार दैम।"

"पहले रहे हैं कभी आप कैम्प में?"

"रहा तो हूँ...पर इतने बड़े पैमाने पर नहीं। अब तो उस बात को भी कई साल गुजरे। आपने एक बात पर गौर किया है?" उनका चेहरा एक अकृत्रिम उष्णता से दीप्त हो आया।

"यहाँ पर अपना-पराया लगने का बिलकुल दूसरा हिसाब है। दूसरी यूनिवर्सिटीज़ के लोग यहाँ बेगाने लगते हैं...परिप्रेक्ष्य कितना बदल जाता है न। लखनऊ लौटने पर सब वैसे-के-वैसे हो जायेंगे। इन्हीं अपनों में से फिर अपने-बेगाने बँट जायेंगे।" वह कुछ बेध्यान हो गये।

"अपने साथ के भी कई लोग आपको मिले होंगे?"

"हाँ, हाँ! कई एक!...संयोग से बड़ा पॉपुलर-सा स्टूडेंट था मैं। बड़ी फूँक देकर रखते थे आसपास के लोग...।" वह जैसे स्मरण की कई देहरियाँ एक साथ लाँघ गये। सकुचाई हुई नरमी चेहरे को छू गयी।

फिर वही अचम्भा! उन पर से छिलके से उतर रहे थे एक के बाद एक। परायेपन में वापिस लौटने की मजबूरी की महीन किरच! पीछे की देहरियों पर खिलखिलाते स्मरण...गरम नाश्ता परोसने की शुभेच्छा...पर्वाग्नि के समय ठहर जाने का आग्रह... निष्कलुष मैत्री-भाव का उष्ण हाथ...क्या यह वही डॉ. ललितचन्द्र हैं?

कितना आतंकित, कितना प्रतिबन्धित कर सकती है किसी भी पुरुष को कोई स्त्री। कोई अनुपस्थित उपस्थिति!

उसकी सहकर्मिणी मिसेज तलवार ने, जो कि डॉ. ललितचन्द्र की कॉलोनी में रहती हैं—बताया था, उनके विष-धुले दाम्पत्य का हाल। उनकी बेहद ईर्ष्यालु पत्नी छोटे-छोटे प्रसंगों का महाभारत बनाकर कॉलोनी को गुंजायमान रखती है। उनके नीचे रिसर्च करनेवाली छात्राएँ त्रस्त रहती हैं। वह उन्हें अपमानित करती हैं। पति के सब पत्र सेंसर करती हैं। उन्हें समर्पित पुस्तकें रातोरात गायब कर देती हैं। आने-जानेवालों का पूरा हिसाब माँगती हैं।

"रिएक्ट नहीं करते?" उसने जिज्ञासा की थी।

"कुछ नहीं कहते तब तो यह हाल है...असल में डरते हैं। पढ़ने-लिखनेवाले जीव हैं...शान्ति चाहते हैं।"

पुरुष पर स्त्री का अत्याचार भी क्या कुछ कम क्रूर होता है। पुरुष के प्रहार की तरह अकाम भी वह नहीं होता, न उतना निरायास। अधिकार की हिंसा में से घुमड़ता बिलबिलाता हुआ उठता है और हथौड़े के वार की तरह अप्रस्तुत पौरुष के सिर पर पड़ता है। संकल्पित। सायास। सोच नहीं पाती क्यों आयु के इस चरण पर एकाएक शेर हो जाती है स्त्रियों की निरीहता। क्यों आक्रोश का पंजा बन जाती है उनकी प्रौढ़ता।

सौम्य भाव से बात करते डॉ. ललितचन्द्र के चेहरे के नीचे एक दूसरा चेहरा दीखने लग गया उसे।

समझौते करना क्या केवल स्त्री की ही नियति है?

''अटेंशन प्लीज़...लखनऊ यूनिवर्सिटी प्लीज़ कॉन्टेक्ट। लख...।''

लाउडस्पीकर सुबह-सुबह चीखने लगा।

चौकन्नी हो गयी। घड़ी देखी। अभी तो साढ़े आठ ही बजे हैं। प्रोग्राम साढ़े दस बजे प्रारम्भ होने को है। वह भी उनके विश्वविद्यालय के किसी कार्यक्रम से नहीं। फिर यह उद्घोषणा क्यों?

नहाना अभी नहीं हो पाया। उसकी चिन्ता किये बिना ही जल्दी से कपड़े बदले और ऑफिस पहुँचने के लिए बाहर निकली। आखिरी तम्बू तक पहुँचते ही डॉ. ललितचन्द्र को भी सामने से लपकते हुए आते देखा।

ऑफिस पहुँचने पर पता चला कि कार्यक्रम में कुछ हेर-फेर है। बम्बई विश्वविद्यालय के नाटक के मंचन का आयोजन आज सुबह की पारी में रखा गया था परन्तु वह लोग इस समय मंचन से इनकार कर रहे हैं। उनके नाटक का दृश्यबन्ध तूफानी रात में समुद्र के किनारे स्थित एक मछुए की झोंपड़ी के भीतर का है। साँझ का समय ही नाटक के लिए उपयुक्त है। इसके अतिरिक्त समुद्र की उपस्थिति का संयोजन ध्वनि के माध्यम से होने को है। वास्तविकता का भ्रम अँधेरे में ही उत्पन्न किया जा सकता है, पूरे प्रभाव के साथ।

वे लोग खासे क्षुब्ध हैं। उन्होंने नाटक के इस प्रकार की सुविधा में संयोजित किये जाने की सूचना समारोह की प्रबन्ध समिति को दे दी थी। वह पत्र जैसे भी लापता हुआ हो, ऐसी किसी व्यवस्था की ज़रूरत कहीं दर्ज नहीं की गयी थी।

उनके नाटक के मंचन को तो स्थगित कर दिया गया। समस्या थी रिक्त-पूर्ति की। निर्णायक आ जाने को हैं। दूसरे विश्वविद्यालयों से सम्पर्क साधने का यत्न किया जा रहा है। जिन नाटकों के सेट संक्षिप्त और पात्र प्रस्तुत हैं, उनसे ही सम्पर्क किया जा रहा है।

इस दृष्टिकोण से यही दो विश्वविद्यालय विचारणीय हैं—लखनऊ और नागपुर।

निर्णय इन दोनों पर नहीं, छात्रों पर है। उनकी सहमति लेनी होगी। छात्र इस प्रस्ताव पर अप्रसन्न नहीं हैं। काम निपट जाने के बाद की स्वतन्त्रता...उन्हें इसका ज़्यादा लोभ है। जिनके नाटक निपट गये हैं, वह पक्षियों की तरह विचरण कर रहे हैं।

लोभ कितना भी हो, सुबह की पारी में मंचन के लिए वे लोग प्रस्तुत नहीं। कुछ भी हो, प्रतिस्पर्धा है यहाँ...खुल्लमखुल्ला मुकाबला। एकाध रिहर्सल का समय भी मिल सकना चाहिए। कल देर साँझ स्टेज के खाली हो जाने के बाद एक रिहर्सल की गयी थी, पर उससे क्या होता है...पार्ट भूल भी तो सकता है। नाटक का मंचन लंच के बाद होगा तो लंच के पहले का समय रिहर्सल के लिए मिल जायेगा। पूरे का पूरा।

सुबह की समस्या नागपुर विश्वविद्यालय ने सुलझायी। लम्बी-चौड़ी मंच-सज्जा उनके नाटक की है ही नहीं। उनके नाटक का कथ्य है—यूथ फैस्टीवल के लिए नाटक के चुनाव की हड़बड़ी। नाम था रिहर्सल। नतीजा था खेद—खेद से भरी सूचना कि समय निकल गया कुछ भी तय नहीं हो पाया। घटना से रहित है सारी घटना। नाटकीयता के बिना का नाटक। पर उस कार्यक्रम में बने रहने योग्य निवृत्ति मन में नहीं है।

तम्बू में रिहर्सल चल रही है। परिधान देखने हैं। सेट्स लगवाने हैं। छात्रों का मनोबल भी इस परिस्थिति में अवहेलनीय नहीं। यही तो कहा था डॉ. अस्थाना ने उसके प्रतिवाद करने पर...।

''आप क्या समझती हैं केवल उन लोगों की देख-रेख का सवाल है। इस पैमाने पर तो उनके लिए हार-जीत भी अर्थ रखती है। उनका आप पर भरोसा है। आप से रैपर्ट है...सहचरता है।''

उस सहचरता को चरितार्थ कर सकने का चरम है आज। अपने यहाँ होने की सार्थकता का भी।

बँधी रही पहले तम्बू में—रिहर्सल के कारण। बाद में मंच पर। पल-पल व्यस्त। बिंधी हुई। तनाव के तम्बू मुश्किल से खुल पाये शाम तक।

उष्णा देनेवाली थी डॉ. ललितचन्द्र की तत्परता।...हाथों-हाथ दायित्व को सँभालने का अचूक सहयोग...निर्दोष मैत्रीभाव। ध्यान में कौंधती रही उनकी वही बात...वह अपने-पराये का नये सिरे से अर्जित किया हुआ हिसाब। कितना सच है उनका निरीक्षण। वह ही हैं जो निरीक्षण के लिए खुले हैं—स्वतन्त्र। वह स्वयं तो जब से आयी है पता नहीं क्यों और कैसे बिंधी है। भीतर-बाहर से व्यस्त। कहे-सुने की अनुगूँजों-आहटों में ध्यानस्थ।

आज भी...इतनी हड़बड़ी-गड़बड़ी के बीच भी मुक्ति कहाँ। ध्यान का चोर भटक

लेता रहा। खोजता रहा कोने। सिरों की भीड़ के बीच अटक-अटक जाती रही दृष्टि। खाली से लगते पार्श्वों की हदें। प्रांगण की सड़कों पर चलते अकेले इकट्ठे लोग। खाने का मंडप। पुरुषों के आवास के बाहर का फैलाव। प्रेक्षागृह से गेट के रास्ते के बीच का विस्तार...यह तो दृष्टि है। भागती हुई। पैरों की सामर्थ्य से भी तेज़... अपनी त्वरा में अदृश्य के ध्यान को भी छू लेने को भी तत्पर।...

प्रतीक्षा है कि फलती नहीं...खिंचती चली जाती है डोर की मानिन्द। सुबह नहीं तो दोपहर। दोपहर नहीं तो साँझ। साँझ नहीं तो फिर रात। रात पटाक्षेप नहीं है...अन्त नहीं है इस प्रकरण का। निशाचरों की किसी-न-किसी श्रेणी को बिलांग करते हैं इस संसार के कुछ लोग। उन्हें रातों को घूमना अच्छा लगता है। वह आकाश में स्थित अदृश्य के ध्यान को अर्पित हैं। समयातीत है उनकी मानसिकता। रात के वितान में हैं कई द्वार। बहुत-सी खिड़कियाँ...बहुत से रास्ते...बहुत से शब्द! फुसफुसाते हुए रहस्य। एक लहर के आघात से दूसरी लहर को सौंपा जाता आप्लावित जल।

पर्वाग्नि के लिए उत्साह आज भी उतना ही। उतना ही जुटाव। वही घुले-मिले शोर की बुनी जाती रस्सी। आवाज़ की वही उद्दाम नदी। तालियों के बीच चूर-चूर होते जाते गीतों के बोल। पर आज कुछ भी नया नहीं लग रहा। अपनी खाट पर निश्चेष्ट पड़ी वह सुन रही है...सुन रही है, नहीं भी सुन रही।

कब आँख लगी पता कहाँ चला। लड़कियाँ कब लौटीं, यह भी नहीं पता। कितने बजे हैं...यह भी नहीं पता।

क्या था वह?...स्फूरणा?...प्रत्याशा? कुछ तो था जिसने अचानक उठाकर बिठा दिया है, जैसे घर में सो रही हो। आँख लग गयी हो अचानक। किसी शुरू किये हुए काम का सिरा हाथ में थमा रह गया हो उसी तरह...।

व्यस्त भाव से पाँव खाट के नीचे लटकाये। चप्पल नहीं है वहाँ। किसी ने पहन ली होगी। लड़कियाँ अधिक छूट लेने लगी हैं यहाँ। यहाँ आने का यह मतलब तो नहीं...। टटोलकर उसने टॉर्च निकाली। चप्पल के अपने जोड़े को पहचानती सारा तम्बू घूम आयी।

बैग में दूसरी जोड़ी सैंडल थी, उसे ही फीते से खींच लिया। बाहर चली आयी।

तीन बजने को हैं। उसी तरह दहक रहा है अलाव। उसी तरह बिखरे पड़े मूँगफली के छिलके! पॉपकॉर्न, छिटपुट ईंटें। वैसी ही प्रलोभक अलाव की उष्णता।

दायें-बायें देखा अच्छी तरह। एकदम अटूट चुप्पी। तम्बुओं की चोटियाँ चुप खड़ी हैं, ओस में भीगतीं। ध्वनियाँ कहीं हैं भी तो सोयी हुई हैं। चुपचाप। धरती पर झरती लैम्पपोस्ट की रोशनी। हवा में स्पर्श है, एहसास नहीं। रात ठंडी। माहौल चुप्पी में ठिठुरा हुआ। पुरुषों के तम्बुओं के आगे से होते-होते वह बहुत दूर तक टहल आयी।

सबकुछ वहीं-का-वहीं है, फिर भी नहीं है।

उसे क्यों पता नहीं कि वैसा होना बार-बार नहीं होता। गहरी आत्मचेतना से अनुप्राणित होता है जो कुछ, उसका पुनरावर्तन नहीं होता। कभी-कभी ही ध्यानस्थ हो पाती है ऐसी लय, जिसमें बाहर का सबकुछ स्थगित हो जाता है। सात्विक सम्पीड़न का उद्रेक जागता रह जाता है भीतर।

चरम एक ही होता है सारी चढ़ाई का।

जान-बूझकर उसने ऐसा ही किया। जमकर कोई स्थान नहीं लिया। प्रेक्षकों की कुर्सियों के केन्द्रीय जमघट के दोनों ओर के विस्तृत पाश्वों में चलती-फिरती रही।

दायीं ओर का पार्श्व पहले पड़ता है। प्रांगण से प्रेक्षागृह में प्रवेश करते समय पहले। वहीं खड़ी रही।

"हैलो वसुधाजी!" कान के पास पीछे से चौंकाता हुआ स्वर। अभी नाटक शुरू हुआ ही है दोपहर के बाद...।

एकदम अस्त-व्यस्त हो आयी। अपेक्षा आज विवेक के होने की थी भी तो यहाँ—प्रेक्षकों के बीच नहीं। नाटक आज दिल्ली विश्वविद्यालय का है।

"आप?...यहाँ कैसे दीख रहे हैं?"

"मैं तो रिहर्सल अटेंड करते-करते इतना उकता चुका हूँ कि..."

"मैं तो समझी थी उकताहट आपको जल्दी नहीं होती।"

"क्यों? क्या इतना इंसेंसिटिव लगा हूँ मैं आपको?"

"इंसेंसिटिव क्यों...ज़्यादा सेंसिटिविटी में भी तो ऐसा होता है। उन्हीं-उन्हीं चीज़ों से जुड़ा रहता है व्यक्ति देर तक...दूर तक।"

"जुड़ना मेरी इच्छा का भाग है, स्वभाव का नहीं।"

"अब तो स्वभाव का भी है।"

"हाँ, बड़ा अचम्भा होता है कभी-कभी। मुड़कर देखने पर सारे मोड़ अपनी ही आँख को एक साथ दीख जाते हैं जबकि ज़िन्दगी कोई ऐसी सीधी सड़क की-सी तो नहीं होती... ।—देखिए! देखिए!..." बात बीच में ही कट गयी। "यह जो अभी स्टेज पर आयी है, यह पीली ड्रेसवाली...यह करुणा है, आलराउंडर। पढ़ने में अच्छी, संगीत-नृत्य, साहित्य का शौक। खासा लिख भी लेती है और डॉक्टर बनने की आकांक्षा भी है।"

गर्दन घुमाकर ध्यान से देखा—उत्कंठा से दिपा हुआ विवेक का चेहरा। "जमेगा...खूब जमेगा। आपका क्या ख्याल है?" ध्यान पूरी तरह स्टेज पर है।

उस दृष्टि का अनुसरण करना ज़रूरी नहीं हो गया क्या?...पर ध्यान है कि

अपनी जटाएँ खोलकर बैठ गया है। क्या बन पायेगा उस बात का उत्तर जो पूछा गया है?

नाटक दूर है—उसके हिसाब से तो कोसों दूर और मन है कि उद्विग्न...प्रतिक्षण और अधिक उद्विग्न। अपने पास की उपस्थिति से पूरी तरह अवगत। संवाद हैं कि सिर पर से तैरते चले जा रहे हैं। कड़ियाँ खड़खड़ाती हुई, विच्छिन्न। घबराकर बोली—"आपको चाय चाहिए?"

"आय डोंट माइंड...पर यह नाटक फिर आप नहीं देख पायेंगी।"

"असल में आय हैव क्रेकिंग हैडेक। कठिन था एकाग्रता की बेईमानी को ईमानदारी से स्वीकार कर लेना!...शायद चाय पीकर ठीक हो जाये...आप रुकिये...मैं अभी आती हूँ।"

"चलिये, मैं भी चलता हूँ।"

टहलते हुए उस खुले थियेटर से बाहर आ जाना हुआ।

स्टॉलवाला चाय का एक दौर हो चुकने के बाद ठंडी अँगीठी को चेतन कर रहा था—"आप बैठिये साहब...अभी सुलगी जाती है...असल में अभी कोयले डाले हैं... शाम के खाने का काम शुरू करना है।" वह मैले अँगोछे से हाथ पोंछता हुआ बोला।

"इतनी बड़ी भट्ठी कब सुलगेगी भई...जाने दो..."

"आइये वसुधाजी!" स्टॉलवाले की अवहेलना की सो तो की पर स्टॉल से मेन गेट तक ऐसी बदहवास-सी दौड़। बड़ा अभद्र लगा इस तरह रास्ता फलाँगना और चप्पलें फटकारते हुए अपना पीछे-पीछे भागना। रास्ता लम्बा है तो भी इतना लम्बा तो नहीं कि दौड़ लगायी जाये। शायद उसी ने चाय की इतनी उग्र ज़रूरत बताकर यह बदहवासी पैदा कर दी है।

"रुकिये, मैं गाड़ी लाता हूँ।" पार्किंग प्लेस की तरफ़ लपककर जाना हुआ। समझ गयी वाहन सुलभ है इसीलिए बाहर जाकर चाय पी लेने की बात सोच ली गयी है।

कार में बैठकर भी उस व्यस्त भाव से मुक्ति नहीं...वैसी ही हड़बड़ी।—"यूँ जल्दी पहुँच जायेंगे...न हो तब तक एनालजिन ले लीजिए। रास्ते में कहीं से ले लेते हैं।"

अब तो सन्देह ही नहीं रहा। 'क्रेकिंग हैडेक' का कथन इंजन बन गया है और सबकुछ तो उसके पीछे चलता चला आ रहा है अपने आप।

"नहीं। ऐसी ज़रूरत नहीं...चाय पीने से ठीक हो जायेगा...हो जाता है अक्सर... देर-सवेर होने से दिक्कत पड़ती है।"

"क्या चाय नहीं पी थी अब तक?"

"पी थी।" कितनी तूल दी जायेगी इस कांड को—दर्देसर के लिए चन्दन घिस लाने की अपेक्षा चन्दन का पेड़ काट लाने की बेसब्री को!..."आप कल क्यों नहीं

आये?" ज़रूरी लगा बात को बदल देना।

"यों ही!...इच्छा ही नहीं हुई। फिर हमारे हेड आजकल ब्रिटेन गये हुए हैं। सारा काम मुझ पर छोड़ गये हैं।"

"विभाग में ख़ासी पूछ है आपकी...।"

"पूछ क्या है...खासा नोटोरियस माना जाता हूँ। दूसरी जिम्मेवारियों से खाली हूँ तो लोग समझते हैं आइडियल गधा बनाया जा सकता हूँ।" हँसी है कि धूप के स्वभाव की तरह खुलकर चमकी।

कार 'वोल्गा' के सामने रुकी।

अन्दर पहुँचकर चाय का ऑर्डर देकर ही विवेक चैन से बैठे।

टेबल पर पड़ी छुरी को उलटते-पलटते मुँह में आया हुआ वाक्य वह निगल रही है एकदम ताड़ लिया गया—"क्या कहने जा रही थीं।"

"कुछ खास नहीं।"

"फिर भी कुछ तो।...जब पकड़ी ही गयी हैं तो कह ही डालिये...हाजमा खराब हो जायेगा।" हँसी का उन्मुक्त फव्वारा आमोद की आभा से रँग गया।

"यही कि आपके साथ रहनेवाला खूब सुख पाये...खूब चिन्ता कर लेते हैं आप दूसरों की!...अपने दर्द के बावजूद...।"

"दूसरा साथ होता तो यह दर्द ही क्यों होता।" घिर गया चेहरा। साँवली-सी बदली स्वच्छाकाश को क्षण-भर में ही मलिन कर गयी।

उसने तो पीठ ठोंकी थी, चित्त हो जाने के लिए तो नहीं कहा था। छू देना...कहीं से भी छू देना दर्द दे देने के गुनाह के बराबर हो जाता है।

"सॉरी, याद दिलाने की नीयत नहीं थी।"

"जानता हूँ।" उदासी का अथाह और कितनी जल्दी डूबते दीख रहे हैं सारे छोर...।

"...।"

"इसमें किसी दूसरे का दोष नहीं, अपने को ही कोसता हूँ कि कितनी जल्दी अपने पर लौटकर आ जाता हूँ...सच कहता हूँ सेल्फ-सेंटर्ड घोस्ट हो गया हूँ मैं... चलिये, छोड़िये।" आपका मुख्य काम तो खत्म हो गया। कल आपके नाटक के होने का पता रहा होता तो ज़रूर आता।

"मुझे भी कहाँ पता था? शेड्यूल अचानक ही बदल गया।"

"कैसा रहा?"

"जितनी उम्मीद थी, उतना तो रिस्पांस नहीं मिला। असल में यूटोपियन क़िस्म के नाटकों के साथ यही दिक्कत है। कल्पना को विज़न की हद तक ले जाना पड़ता है। मौजूदा सामाजिक-सांस्कृतिक सन्दर्भों से अलग करके, जबकि उन खूँटों से हमारा जजमेंट पूरी तरह बँधा होता है। एक्शन के भीतरी-बाहरी माहौल को विश्वास में

स्थित कर सकने की इंटेंसिटी पकड़ी गयी तो गयी, नहीं तो चित्त। ऐन वक्त की रिहर्सल भी कम हो पायी।''

''शायद 'नया नगर' नाम था न आपके नाटक का?''

''हाँ।''

''स्क्रिप्ट किसकी थी?''

''हमारे यहाँ ही इतिहास विभाग के कोई हैं।''

''अपना नाटक देखने भी नहीं आये?''

''आने न आने के पीछे तो और भी कई बातें होती हैं। वैसे पूछा गया था, खुद ही मना कर दिया। किसी दूसरे नाटक पर काम कर रहे हैं।''

''आप तो ग्रुप के साथ ही वापिस जायेंगी?''

''हाँ!...''

''पहले कभी दिल्ली आना हुआ क्या?''

''नहीं। निखिल के मन में दिल्ली की ललक ज़रूर थी...''

''तब भी क्या आप नौकरी करती थीं?''

''नहीं! सोच ज़रूर रही थी पर...।''

अपना चेहरा अपने को दीखता होता तो पता लगता सोच पीछे की सीढ़ियों से भाग रही है। पता तो तभी चला जब छुरी को उलट-पलट रहे होनेवाले हाथ से छुरी लेकर छोटी-सी आवाज़ के साथ एक किनारे रख दी गयी। जान-बूझकर किया गया होगा यह अनबोला हस्तक्षेप।

''तब कुछ और चीज़ें प्रमुख थीं। बाद में तो सबकुछ उलट-पलट गया।...नौकरी ही प्रमुख रह गयी...''

''कितने समय का साथ रहा?''

''लगभग ढाई साल...उससे भी थोड़ा कम...। तीन दिन बाद उसका जन्मदिन था--तीसवाँ...।''

''वेरी वेरी सेड...।''

दो घड़ी एक चुप्पी-सी ठहरी रही। सजग पर ढकी हुई।

''बाद में भैया के कारण लखनऊ रहना तय किया होगा?''

''बिलकुल इसी कारण से तो नहीं।...क्या कहा जाए...कारणों का हिसाब तो बड़ी अनजानी जगहों पर पहुँचकर तय होता है।...सोचकर देखिए। तैयारी नार्मल जीवन की होती है मन में, वैसी कल्पना भी होती है, पर हाथ लगता है कुछ और... पता ही कहाँ होता है जो कुछ अपने सामने आयेगा उसके लिए वह तैयारी कुछ काम नहीं आयेगी...हर चीज़ से नये सिरे से जोड़ बिठाना पड़ेगा। जो प्रमुख होगा, वही पीछे रह जायेगा...।''

“मतलब?”

“मतलब रिश्ते पीछे रह जायेंगे...रुपया-पैसा प्रमुख हो जायेगा।”

“किसकी बात कर रही हैं?”

“ससुरालवालों की। चोट मारनेवाले बज़िद हों तो अपना ही सिर बचाना पड़ता है। मैं तो सोच भी नहीं सकती थी, यह शेड्स भी हो सकते हैं समस्याओं के...पर्सनल ट्रेजेडी जैसी कोई चीज़...”

“मैं दबाव तो नहीं डाल रहा?”

“नहीं। नहीं...।” यह कहा न होता तो समझ ही न पायी होती कि वह इस बीच कहीं डूबी रही होगी।—“दबाव सबसे पहले तो अपने पर ही होता है। दूसरा कोई होगा तो कुछ कम ही करेगा...हालाँकि...”

यह ‘हालाँकि’ सामनेवाले चेहरे को पता नहीं क्यों एक बुझेपन की मुखरता में टाँग गयी तो बात को जल्दी साफ़ करने की बाध्यता एकदम महसूस हुई।

“शुरू में वहाँ रहने की इच्छा इसीलिए थी। लगा सबका दुख है। बँट जायेगा पर वहाँ चिन्ताएँ दूसरी थीं। प्राविडेंट फंड, इंश्योरेंस, बैंक बैलेंस, इन सब चीज़ों की कानूनी हकदार मैं थी, और यह बात उन्हें कष्ट देती थी। बुरी तरह। उनके रुख से तो ऐसा लगा करता था जैसे निखिल से रिश्ता तो बस मेरा ही था...और वह अभाव भी अब मेरा ही है—एकदम निजी! अजीब लगेगा आपको ऐसा सुनना।”

“हाँ! अजीब तो है!”

“वैसे तो कौन बड़ी उम्र थी उसकी कि लाखों छोड़ जाता...। बेवक्त चला न गया होता तो इतने का भी सवाल क्यों उठता। मुझे लगा करता था क्या खोकर क्या मिला है, उन्हें लगता था वह सब अधिकार उनके हो सकते थे जो मुझे मिल गये हैं, उस ढाई साल के पैबन्द के कारण। वह सब इसे हमेशा ‘फैमिली मनी’ कहा करते थे...खैर...मैं उन्हें दोष नहीं देती...”

“यह आपका बड़प्पन है।”

“बड़प्पन क्या है...। मेरे लिए तो वह निखिल का ही परिवार था—किसी-न-किसी रूप में उसका ही एक्सटेंशन।...पर उनके लिए मैं ट्रेसपासर थी...एक चुक गये सम्बन्ध की हिलती-जुलती पूँछ। उनके लिए तो बेटा भी गया और पैसा भी...।”

“क्या वे सब निखिलजी पर आश्रित थे?”

“नहीं। दो भाई और हैं। पिताजी तो खैर थे ही नहीं...पर पैसा...पैसे की नैतिकता ही कुछ दूसरी है...। सुना है अब केस करने के चक्कर में हैं।”

“केस का आधार?”

“यही कि वह पैसा निखिल का था ही नहीं...परिवार की पूँजी थी। वह इतने के योग्य था ही कब। मरने के बाद अयोग्यता सिद्ध की जा रही है उसकी...ईवन

नाउ दे डोंट लेट हिम बी इन पीस।...वहाँ रहते'' उस ठंडी होती चाय का घूँट भर लिया और उसके साथ ही उतर गयी गले में आ धँसी गिलगिली-सी कोई गाँठ...।

''हो सकता है उनके मन में मेरे लिए ममता ही जन्म ले पायी हो या लगता हो मैं अपना पेट पालने में समर्थ हूँ।''

''हो सकता है!''

''ग़लती मेरी थी। मैं ही उनसे कुछ ज़्यादा माँग रही थी। सहारा तो नहीं कह सकती...शायद जुड़ाव जैसी कोई चीज़। दुख में बाँध लेनेवाला लगाव। हाथ क्या लगता...वह मुझसे कुछ और माँग रहे थे, मैं उनसे कुछ और चाह रही थी...पता नहीं कितना एहसास है आपको इस बात का कि कोई निर्ममता पर उतर ही आये तो कितनी तरह से दी जा सकती है यातना...।''

थरथरा गयी आवाज़। चाय का एक और ठंडा घूँट...ज़रूरी है, बेहद ज़रूरी...नहीं तो गूँगा कर देगी उस दहशत के स्मरण की आवृत्ति। कितना पास आकर खड़ी हो गयी लग रही है उस शाप-सने जीवन-खंड की काली काया। फूत्कारों का विष घोंट देने को है गले की शिराएँ...।

''वहाँ तक भी सब ठीक है...पच जाता है धीरे-धीरे सबकुछ...पर उसके आगे...? पहले तो अपना जीवन बचाना और फिर इस बचाये हुए जीवन को सहना।...बचाने की कोशिश कितना धधका देती है जीने को, जबकि जीने का जज़्बा अन्दर तक कहीं होता ही नहीं...। अपने से अपना ही युद्ध छिड़ा रहता है हर वक़्त...।''

एक और घूँट।...''नहीं। इसे मत पीजिए...बैरा...''

''सोचने बैठती हूँ तो अपने को खुद ही बेवकूफ लगती हूँ...''

''ऐसा क्यों कह रही हैं?''

''क्योंकि ऐसा खुद ही तो करते हैं हम । दूसरों की दया-करुणा पर छोड़ देते हैं अपने को घायल होने के लिए। कभी ध्यान दिया है आपने...अपनों के सामने कितनी खुली हुई, कितनी असावधान होती है हर किसी की ज़िन्दगी...चोट कितनी ज़्यादा और कितनी जल्दी लगती है...बार-बार अपने को समेटने पर ही ध्यान जाता है...यह बात अलग है, समेटना और भी महँगा हो जाता हो...''

''क्यों?''

''यह समेटना या अपने को बचाना आत्मकेन्द्रित भी तो करता है उतना ही। अपने को ही खाता रहता है हर समय आदमी...पता ही नहीं लग पाता क्या ठीक है, क्या ग़लत! मुझे तो कुछ...''

चाय आ गयी...बैरा ट्रे से चीज़ें निकालकर रख रहा है।

''ठहरना! कुछ खायेंगी?''

''नहीं...कुछ भी नहीं।'' कोहनी के सहारे टेबल पर टिकी बायीं हाथ की अपने

ही माथे पर फैली हथेली वहीं रखी रही। हाथ हिलाने की इच्छा नहीं हुई। चाय विवेक ने बनायी। ''लखनऊ में कुछ ठीक लगता होगा?''

''ठीक-बेठीक क्या...इस बारे में कभी सोचा ही नहीं। कहीं तो रहना ही है। यूनिवर्सिटी में होने को ही अर्थवान मान लेती हूँ।...यूँ तो एक बार अपनी धुरी से छिटक जाने पर...''

अचानक घूमने लगा हाथ चम्मच के सहारे गोल-गोल, बिना जाने कि चाय चलाकर दी गयी है।

''यहाँ रहने से कुछ चेंज होता हो तो थोड़े दिन और रुक जाइये।''

दूर-दराज की कन्दराओं में भटकते होने का दुचित्तापन एकाएक टूट गया।

कहाँ से आयी है इस सुझाव की प्रेरणा?...कौन-सा उद्गम है?...इच्छा?...करुणा?...चौंककर उसने मुँह उठाया।

उस सामने बैठे चेहरे को पढ़ पाना?...कठिन ही था। अपने दर्द की निविड़ता में घायल उस रात जैसा चेहरा वह नहीं था। निश्चय ही नहीं। धूप के प्रपात में काँच की तरह धुला हुआ भी नहीं। ताप था भी तो पारदर्शी नहीं। वहाँ टिकी हुई-सी मिली अनचीन्हीं आँच की कच्ची निर्दोष दीप्ति। ध्यानमग्न। संयत।

इस समय तो जाना ही होगा...फिर कभी देखा जायेगा...''विल डिपेंड ऑन...।''

अनकहे में एकाएक ठहर गये होने की हड़बड़ी। चाय के दो गरम-गरम घूँट...इस तरह जल्दी-जल्दी उन्हें भीतर उतार लिए होने की उतावली। असुविधा जो हुई सो तो हुई, विवेक द्वारा देख लिए जाने का संकोच...वह भी क्या कुछ कम है?

यह सब यों ही हुआ है या जान-बूझकर धुएँ के छल्लों की एक पर्त बीच में तैयार कर ली गयी है।

लौटकर आने तक तो कितना कुछ तितर-बितर हो गया। विद्यार्थियों की मंडलियाँ प्रांगण में इधर-उधर घूम रही हैं। बहुत से लोग तो आते समय उन्हें बाहर जाते हुए भी मिले।

कार्यक्रम शायद अपने अन्तिम चरण में होगा। लौटते समय जिस बात का एहसास नहीं था वह सामने आ गया—''अब कहाँ?''

थियेटर के पिछले भाग से जहाँ से मंच एकदम सामने पड़ता है, खड़े होकर देखा—दिल्ली विश्वविद्यालय के नाटक का मंचन समाप्त हो चुका है और एक समूह-नृत्य का आर्केस्ट्रा शुरू हुआ है।

''बैठना चाहेंगी?''

''व्यर्थ वापिस आये।'' उसके मुँह से निकल ही गया।

"तो फिर से वापिस चली चलिये। आज शाम तो कुछ खास काम भी नहीं होगा आपको इधर।"

"काम क्या है यहाँ!...आज आप यहाँ ही ठहरेंगे या घर जायेंगे?" जानना यह भी तो है कि अगर जायेगी तो पहुँचाने आना होगा और फिर लौटकर जाना होगा।

"घर ही जाऊँगा।...उस दिन पता नहीं कैसे...बाद में सबकुछ कह डालने का पछतावा बना रहा।...पता नहीं क्या हो गया था मुझे... ।...शिरीन के दर्द के साथ अचानक अकेला रह गया था मैं...आपकी मौजूदगी के बावजूद।"

"कुछ बोझ हलका हो गया नहीं लगता?"

"आप मुझे नहीं जानतीं। किसी दूसरी जाति का जानवर हूँ मैं...कह-सुनकर खाली हो जाना मैं नहीं चाहता।...मेरे अन्दर इतनी जल्दी छिड़ जाता है सब...किसी बड़ी बात की ज़रूरत नहीं होती।...मुझे लगता है मैं जाने कब से किसी अंडरवर्ल्ड में रह रहा हूँ—इटरनली कंडेम्ड... ।"

"यह हर पल अपने को कोसना...छोटा करते रहना।...क्या आपको पता है, आप अभी तक शिरीन को भरपूर दे रहे हैं...मेरा मतलब है उसका डियू। यू ऑर स्टिल एट द गिविंग एंड हालाँकि..."

"ओह नो! उसे कुछ नहीं पहुँचता। मेरी पहुँच के बाहर है वह!...पुनर्जन्म को मैं नहीं मानता पर कभी-कभी विश्वास कर लेने का मन करता है। पर जब सोचता हूँ, मान लो वह मिल भी गयी, शिरीन न होकर कुछ और हुई तो मेरे लिए तो वैसे भी कुछ नहीं रहेगी... ।"

फिर वैसी ही उदासी का हाथ बढ़ाता हुआ पंजा... । वही भीतर को लौटती पगडंडियाँ। वही परिधि और परिधि के परे खड़े हो जाने की लाचारी का एहसास— "कहीं बैठेंगे?..."

"नहीं, मैं अब चलूँगा...बाय!" कहकर झट आगे बढ़ लेना हुआ।

भौंचक्की-सी वहीं-की-वहीं खड़ी है कि उन्हें लौटकर आते देखा।

"अरे, कहीं चलने की बात हो रही थी न?...आयम वैरी सॉरी।"

"कोई ज़रूरी नहीं है जाना।...मैंने तो यों ही कह दिया था... ।"

"तो यों ही चली चलिये... ।"

चल पाने का उत्साह अब कहाँ है। खड़ी रही—जैसे अनिश्चय में।

"सोच क्या रही हैं। आइये! मैं आपको गेट पर मिलता हूँ।"

वहाँ पहुँचने पर गेट के दायीं ओर गाड़ी खड़ी मिली। विवेक स्टियरिंग पर। विचारमग्न सिगरेट पीते हुए।

कुछ क्षण खड़े रहने पर भी देखा नहीं गया तो उसने शीशे पर हलकी-सी दस्तक दी।

"ओह!" सकपकाती-सी सकुचाहट।

बैठते ही लगा कार का केबिन खाली नहीं है। भीतर कोई बैठा है, विवेक से सटकर...एहसास के सब सिरों को समेटे।

"मैं बार-बार कारण बन जाती हूँ आपको दुख देने का।"

"ओह नो! प्लीज ऐसा मत कहिये। मैं ही कल्प्रिट होता हूँ हमेशा...केवल मैं। इसमें किसी का दोष नहीं। अच्छा छोड़िये...पिक्चर चलेंगी? अभी अधिक देर नहीं हुई है।" आवाज़ में प्रश्न कम आग्रह अधिक है।

"इच्छा हो तो चलिये।"

गाड़ी कनॉट प्लेस की तरफ़ मुड़ गयी। प्लाजा में 'समर ऑफ फ़ोर्टी टू' चल रही थी।

पिक्चर में उखाड़ देनेवाले सारे प्रसंग मौजूद थे...अतीत में लौटा ले जानेवाली भी। नायिका—एक सैनिक की पत्नी। आजकल अकेली है। निर्जन सागर के तट पर का आवास। पति की मृत्यु का समाचार। आकस्मिकता और उस आवास के भीतर-बाहर का अटूट अकेलापन...भयावना...दहशत-भरा। फिर पता नहीं कैसे हो गया था वह किरकिराना...ढहना...पौरुष के मुखवाली तरुणाई की उस उद्दाम हौंस को इस तरह सौंप दिया जाना। अभी तक तो यही होता रहा था—वह तरुण उस युवती की उग्र चाहना करता रहा था और युवती एक वत्सल भाव से उसे तटस्थ देखती रही थी।

उखड़ गयी, पर नहीं! वह ऐसा नहीं करेगी...अस्त-व्यस्त नहीं होगी...नहीं उखड़ेगी। यत्न से, इच्छा से अपने पैरों पर कायम रहेगी। कितना असुविधाजनक होता है उखड़ना। सामने खड़े व्यक्ति का इस उखड़ने को सहना। बार-बार इस असुविधा का सामना करना पड़ता रहा है।

"पिक्चर का चुनाव ठीक नहीं रहा।" अचानक विवेक ने कहा। "यदि पहले जानता होता तो...।" आवाज़ संजीदा, सहलाते से स्पर्श की जैसी।

"अपने से जुड़ी होने के कारण ही तो कोई चीज़ खराब नहीं हो जाती। अच्छी चीज़ हर हालात में अच्छी रहती है। पिक्चर तो अच्छी ही थी।"

"आप रेशनलाइज़ कर लेती हैं बहुत जल्दी।"

"मैं?" एक दीर्घ-सी चुप्पी!..."आपके सामने रेशनलाइज़ करने में अजीब-सा लगता है, यों चाहे ज़िन्दगी में रेशनलाइज़ करने की ज़रूरत ज़रूरी लगती हो।"

वैसी लदी हुई, पगी हुई बात ने उसे लगा विवेक को चौंकाया—"मैं कोई अच्छा उदाहरण तो नहीं...आप ही हैं जो हर तरह से संयत हैं।"

अप्रत्याशित लगा कथन! सकुचा देनेवाला।

"क्या खाना पसन्द करेंगी? वहाँ तो मेस बन्द होनेवाला होगा?"

"आप क्या खायेंगे?"

"मेरी समस्या कहाँ है? मेरा मेस तो रात भर चलता है।"

"मेरी इच्छा नहीं है, सच मानिये।" इस अनुनय पर तौलना खासा गहरा हुआ।

"यह पाप भी मेरे सिर पर होगा...चलिये 'क्वालिटी' पास है।"

"नहीं। यहीं से कुछ ले लेते हैं। रेस्तराँ वैन सामने खड़ी है।" पलटकर फिर से देखने का उत्तर भी दे दिया--"असल में भीड़-भाड़ में बैठने की बिलकुल भी इच्छा नहीं है।"

वहीं खड़े-खड़े खाया गया और वार्तालाप अशोक के बारे में हुआ। उस वार्तालाप ने सहज भी कर दिया।

मन खिन्न है।

एक नयी चिन्ता सामने खड़ी है। अर्चना को हैजा हो गया है। ख़ैरियत कि नाटक पहले निपट गया। वह तो नायिका ही थी नाटक की। निढाल पड़ी है। चिन्तातुर है मन--परदेस, जिम्मेवारी, कई रातों का जागरण।

ऐसे में भरती कर देना अच्छा है, कैम्प के डॉक्टर का कहना है। कैम्प में सेलाइन चढ़ाया नहीं जा सकेगा और वह ज़रूरी है। निहायत ज़रूरी। डिहाइड्रेशन का खतरा पूरा है। विलिंग्डन अस्पताल से एम्बुलेंस बुलायी गयी है।

अस्पताल के लम्बे अँधियारे गलियारे।...ईथर की नशीली बू, बन्द धुँधले शीशों के पार की दहशत।

उस दुर्घटना के बाद वह पहली बार किसी अस्पताल में घुसी है। बचती रहती है सदा। कल्पना के ऑपरेशन के समय उसने भाभी से कह दिया था, घर वह सँभाल लेगी, अस्पताल का काम वह खुद देख लें। क्या होगा इस बचना चाहने से? छाले पानी से भरे रहेंगे तो नीचे की त्वचा लिसलिसाती रहेगी। कब सूख पायेगी पर...

आधे दरवाज़े को बीच की दरार से चीरता-हाँफता छोड़ देता है डॉक्टर और बाहर गलियारे में आ जाता है। बेंच पर उसके पास बैठा बुड्ढा भागता है पीछे और उन पैंटधारी टाँगों से जा लिपटता है। "बचा लो...डॉक्टर साब...उसे बचा लो।" आँसू नहीं हैं पर झुर्रियों पर बिछी एक उत्तेजित कातरता है।

डॉक्टर आसपास देखता है पहले, फिर पैर के पास दोहरी होती जाती उस देह की गठरी को, फिर अपनी किसी बेजुबान बेबसी को...

"अभी देखते हैं...कुछ सब्र करो भाई।" बेसब्री के अन्दाज में कहता है डॉक्टर और कसमसाकर पैर छुड़ाने के लिए दो कदम पीछे हटता है।

बूढ़ा झपटकर उस सफेद कोट की कोर को अपनी काली मैल भरी मुट्ठियों में भींच लेता है।

भृकुटि चढ़ जाती है डॉक्टर की। चेहरे पर आती-जाती पक्केपन की सख़्ती। इधर-उधर देखते हुए उन हड़ियल हाथों की जकड़न से अपने को खींचकर विलगा लेता है डॉक्टर। उस विलगा पाने के पीछे जैसा क्रुद्ध बल है वह भी...और जकड़े रहने में जैसा असहाय बल, उसकी भी छाप सफेद कोट की कोर पर छूटे काले दाग़ में साफ़ है। सबकुछ साफ़—माँगनेवाले की दयनीयता और दे पानेवाले की असमर्थता भी। एक हद आ जाती है अपने आप। न देनेवाला कुछ कर सकता है न माँगनेवाला। बिलबिलाती रह जाती हैं असफल आशाएँ।

बूढ़ा ज़मीन से उठकर गलियारे में पड़ी बेंच पर आया तो वह खिसक ली। ढेर-सी जगह उसको बाँट दी। उसकी अपनी बारी भुगत गयी, अब वह खड़ी-खड़ी देखती है दूसरों की बारी का भुगतान।

"कौन है आपका?"

"बेटा है...मेरा बेटा!" बुड्ढा अपनी छाती पर दोहत्थड़ मारकर कहता है।

"आइये!" कैम्प का डॉक्टर लपककर आया है। "आपकी स्टूडेंट को एडमिट कर लिया है...सेलाइन चढ़ा दिया जायेगा...कल तक जा भी सकेगी वापिस।"

सीवनें उधड़ गयी हैं सारी...झाँकने लगी है रक्त की लाली। लाल से नीले, नीले से काले होते हुए खून के थक्के। वह गठरी भर मांस...वह निखिल...वह लाश...उन काले गलियारों में स्ट्रेचर पर गुजरती हर देह उसे लाश की-सी लगती है।

"उस पेशेंट को नहीं दिया जा सकता यह बेड, डॉक्टर? उसका केस शायद ज़्यादा सीरियस है।"

"आपका पेशेंट तो फीमेल वार्ड का है। फिर यह तो अस्पताल है... !" डॉक्टर ने उसकी बदहवासी को शिक्षा देने का यत्न किया है।

अर्चना के पलँग के पास वह स्टूल पर निस्पन्द बैठी है। भीतर से पूरी तरह गुम। समय पालतू बिल्ली की तरह हिरता-फिरता है आसपास। लम्बी ट्यूब के बीचोबीच के छोटे काँच के बल्ब में टिप-टिप टपकती है एक-एक बूँद।

"थक गयी होंगी मैडम।" उस पस्त हालत में भी अर्चना का चिन्तित सादर भाव उसे पता नहीं कहाँ से छू देता है।

"नहीं, ठीक है...कोई बात नहीं।" हाथ स्वतः अर्चना के माथे पर जा पड़ता है। "ठीक लग रहा है?"

"जीऽऽ! कोई और भी रह सकता है यहाँ...आप चली जाइये। कुमुद को या प्रतिमा को भेज दीजिये।"

यह विकल्प। क्यों नहीं सोचा था उसने...शायद अर्चना को भी उसके होने से अधिक सुविधा हो।

अस्पताल में आ जाने पर कैम्प का आवास घर जैसा लगता है...फिर भी जैसे

लौटने की इच्छा नहीं है। प्राणों की स्फूर्ति को किसी मुर्दाघर में से उठाकर लायी गयी सिरिंज से खींचकर ले गया है कोई।

तकिये पर पड़े सिर की आँखें बींध रही हैं उसे। कब से, उसे खुद भी नहीं पता। खाटों की लम्बी कतारों के बीच यही दोनों आँखें सर्चलाइट हैं जो मात्र उसे ही देखती हैं और वह है कि ओट हो जाना चाहती है।

एकाएक उठ खड़ी होती है। वार्ड के पास की दीवार पर लम्बी खिड़कियाँ हैं। खिड़कियाँ गलियारों में खुलती हैं। गलियारे मुर्दाघरों तक जाते हैं। मुर्दाघरों में लाशें संचित रहती हैं। दुर्घटनाओं में कुचली जानेवाली लाशें...।

जाने कैसी बेकली है...जिक्र तो नहीं था ऐसा, पर डॉ. ललितचन्द्र कुमुद को लेकर स्वयं ही आ गये हैं। कुमुद अर्चना की विशेष मित्र है।

"सोचा, आपको लिवा ले आऊँगा, इसे छोड़ जाऊँगा।" कुमुद रात को यहीं रहने के लिए कहती है।

उनके एक हाथ में फलों का और दूसरे हाथ में चिकनाई से लिसा कोई दूसरा पैकेट है।

"कुछ खाया नहीं होगा न...लीजिये...।"

पैकेट में जो कुछ भी है, गरम है। पैकेट से मिलते ताप से उसे ज्ञात हो गया है। दूसरे पैकेट से सन्तरे निकालकर वह कुमुद को देने को हुई।

"उनके अलग हैं...कुमुद को दे दिये हैं।" डॉ. ललितचन्द्र ने कहा।

मन जाने कैसा हो गया है। कृतज्ञता पता नहीं उस निर्दोष आत्मीय भाव के कारण है या उन काले अँधियारे गलियारों की दहशत से निकाल दिये होने के कारण!

छात्र क्षुब्ध होते हैं तो मक्खियों की तरह भिनभिनाते हैं आसपास, नहीं तो उन्हें अपनी भी सुध कहाँ!

अभी-अभी लताड़ खायी है बिरजू महाराज से। निर्णायकों की मंडली में वह भी आये हुए हैं। दूसरे विश्वविद्यालयों के छात्रों को अँगूठा दिखाते, पूरे आदर आडम्बर के साथ उन्हें लिवाकर अपने तम्बू में लाये थे सब छात्र। कोई मज़ाक तो नहीं, शहरदारी बनती है उनसे...

तिस पर समूहगान की प्रस्तुति विशिष्ट रही। अनुगूँजें ठहरी हुई हैं हवा में। अभी भी सबके मन में बज रहे हैं उस कृषक गीत के बोल—'अबकी गेहुँवा बेच सजनवा, मो का ला दे चुँदरी' का रसीला ठुनकता हुआ आग्रह और 'तो का ला दई चुँदरी' का झेलता हुआ आश्वासन और उस आश्वासन के सेंक में खरी कर ली जानेवाली

कितनी, कितनी मीठी बतियाँ। गान लयबन्ध में अप्रतिम। खनकता हुआ। मधुर। खुली उन्मुक्त हदों को आनन्द की अवश भागीदारी में बाँध देनेवाला।

छात्र निहाल हैं। पीठ पर प्रेक्षकों की शाबाशी का लरजता हुआ ताप। गान में इतने सारे पैरों की थापों के साथ-साथ सिरों के भी झूमते होने को देखने का नशा।

उन्हें तो इस बात का भी ध्यान नहीं कि यह आइटम लखनऊ में महिलाओं के एक अन्तर्युक्त कॉलेज की उपलब्धि है, विश्वविद्यालय की नहीं। यहाँ किसी बात में भेद नहीं। जो कुछ है विश्वविद्यालय है। सब उपलब्धियाँ विश्वविद्यालय की उपलब्धियाँ हैं। इसी झोंक में बिरजू महाराज को भी आमन्त्रित कर लिया गया यह मानते हुए कि उनकी थाप धरती से दो पग ऊँचा उठा देनेवाली थाप होगी।

और बिरजू महाराज थे कि छोटी-मोटी बात पर क्या दाद देते। एक बेध्यान-सी शाबाशी दी थी आज के समूह गीत पर। उन्हें तो खटक रहा था कल का नृत्य। लगे हाथ लपेट लिया–"सख़्तजान होना पड़ता है हर बड़े काम के लिए और वह नहीं हो तुम सब लोग...प्रतिभा परिश्रम से इस तरह घबराये तो चौपट ही तो होगी। आगे क्या बढ़ेगी...ऐसे कहीं साधना होती है...?"

पाला पड़ गया। तिस पर पारितोषिक न पहला मिला, न दूसरा, न ही तीसरा। आशा इतनी थी, हताशा भी उतनी ही हुई। औंधे गिर गये होने की लथपथ हताशा।

"हार-जीत तो चलती है।" कहने की कोशिश की पर कोई फल नहीं। छात्रों का क्षोभ हर पल सीढ़ी के अगले डंडे पर पैर रख लेता है। सुनवायी होनी चाहिए। पर सुनवायी किससे। निर्णायकों का फैसला अन्तिम है। कुछ भी कहने का तुक क्या बनता है।

"प्रेक्षकों की प्रतिक्रिया का भी ध्यान नहीं रखा गया। मुट्ठी-भर लोगों की धाँधली का नतीजा है यह।" भूषण बड़बड़ा रहा है लगातार।

आई.टी. कॉलेज की लड़कियाँ उसी तरह चेहरा रँगे सकुचायी खड़ी हैं। उनकी प्राध्यापिकाएँ साथ होतीं तो वह भी इस क्षोभ में घी की आहुति दे रही होतीं।

यह तो अच्छा ही हुआ कि जल्दी पता लग गया कि सारा आइटम तकनीकी कारणों से निरस्त किया गया है। कृषक गीत में आई.टी. कॉलेज की युवतियों ने ही किसान युवकों का स्वाँग रचा था (क्योंकि वह महिला कॉलेज था) और यह युवा समारोह के पारिभाषिक विधान के प्रतिकूल माना गया। युवा समारोह में युवाओं का काम युवकों द्वारा ही किया जाना चाहिए था, युवतियों का युवतियों के द्वारा...

दूध का चढ़ता हुआ उबाल बैठ गया चुपचाप। शाम ढलते-ढलते छात्र वह सारा क्षोभ भूलकर आगे देखने लग गये।

पर्वाग्नि का उत्साह सारे कैम्प को एक ही आवेग में बाँध जाता है। रात एकाएक आत्मीय हो उठती है। इस नाच-गाने का जुटाव ऐसे प्रतीक्षित रहता है जैसे किसी

बड़े परिवार के बीच की कोई केन्द्रीय घटना। इस आसन्न प्रफुल्लता की चाह-सी बनी रहती है हर किसी के मन में।

इस उत्साह के सामने सुबह का सांस्कृतिक समारोह एक शिष्ट औपचारिक सम्मेलन का-सा लगता है जिसके नियम क्रूर हैं और स्वरूप पारिभाषिक। उस अनुशासन को सह चुके होने के बाद स्वतः अर्जित हो जाती है आत्म-विसर्जन में चूर-चूर हो गये होने की छूट।

अर्चना को अस्पताल से लिवाने डॉ. ललितचन्द्र जायेंगे, यह तय-सा है।

"आप चलना ही चाहें तो बात दूसरी है।" एक बेहद उत्सुक उत्कंठा उनके चेहरे पर चमक रही है।

कुछ क्षण चुप बनी रही तो वह स्वयं ही बोले—"नही ठीक है...मैं होकर आता हूँ।"

मन में कहीं यह भी है कि कोई भी कार्यक्रम दत्तचित्त होकर ठीक से नहीं देखा। पता नहीं कहाँ और कैसे व्यस्त रही है इतना। यह चार-पाँच दिन का समय फलाँगता चला गया है। अस्पताल जाने की स्थिति न हो तो पटना विश्वविद्यालय का नाटक जमकर देखा जा सकता है।

कैम्पस में छूट जाने पर मन की आबोहवा बदल जाती है। उद्‌गारों, उद्वेगों की कोरें किसी और रंग में डूबने को तत्पर होने लगती हैं। और ऐसा हो जाना कुछ अस्वाभाविक भी नहीं लगता। सहज लगती है प्रतीक्षा—वैसी ही जैसी किसी घर को किन्हीं-किन्हीं चीज़ों की आदत...किन्हीं स्थानों पर किन्हीं आकारों की छायाएँ...किन्हीं रास्तों को किन्हीं आहटों की प्रत्याशा...

"मैंने सोचा, मैं तुमसे पहले ही मिल लूँ।" यह बत्रा था। "तुम्हारा तो पता-ठिकाना ही नहीं मिलता। पहले भी दो बार आ चुका हूँ। यह तुम्हारे लिए..."

बत्रा ने उसकी ओर एक किताब बढ़ा दी, "ए स्टडी इन सोश्योलॉजी—फंडामेंटल्स एंड कॉन्सेप्ट्स।"

"तुम्हें कोई खास खुशी नहीं होगी इसे पढ़कर।" उसने जल्दी से जोड़ा। "पढ़ाते समय बड़ी परेशानी होती है। आधे छात्रों के मन में तो मूल धारणाएँ ही साफ़ नहीं होतीं। उस स्तर पर एक सुबोध पुस्तक की ज़रूरत महसूस होती रहती है हरदम। हालाँकि जानता हूँ...।"

"नहीं! नहीं! ठीक है। अच्छा है।" अपनी आवाज़ उसे खुद ही दिलासा देती लगी।

"देखना...फिर बताना। तुम्हारा कोई प्रकाशन?"

"मैं?...मेरा?"

"क्यों। तुम्हारे लिए तो नयी बात नहीं है यह। अपने विभाग की पत्रिका तो तुम्हारे सम्पादकीय के बल पर चला करती थी।"

"छोड़ो!" लगा वह किसी दूसरे के जीवन का कोई टुकड़ा था जिसे काटकर सामने रखकर दिखाया जा रहा है।

"मेरे मन में एक योजना है। हम अपने विषय की एक पत्रिका निकालना चाहते हैं कुछ बड़े पैमाने पर। मैं चाहता हूँ, सह-सम्पादक का काम तुम सँभालो। काफ़ी दिनों से किसी उपयुक्त व्यक्ति की तलाश थी। मुझे तो उस दिन भी ध्यान आया था... ।" चुप हो गया वह।

"तुम सागर में...मैं लखनऊ में। कैसे हो सकेगा काम?"

"क्यों? कोई दिक्कत नहीं। तुम्हें लेख भेज देंगे। तुम देखकर लौटा देना। त्रैमासिक है न...और...और...साथ में सम्पादकीय भी...यह जिम्मा भी तुम्हारा ही है।"

"पता नहीं कितना और क्या हो सकेगा मुझसे।"

"हो सकेगा।"

नाटक के उत्तरार्द्ध तक तो बत्रा साथ ही बना रहा, बाद में उठकर चला गया। उसका एकाएक इस तरह उठकर चले जाना बड़ा ही असुविधाजनक लगा जैसे अपरिचय के सागर में बिना किसी तैयारी के फेंक दिया गया हो। आसपास सब हैं पर कोई भी नहीं। सब सीटें भरी हुई हैं पर परिचित एक भी नहीं। वातावरण से निर्वासन इतना अधिक है, इसका एहसास जैसे अभी हो पाया हो।

"ओऽऽहो! वसुधाजी!"

यह रास्ता काटना विवेक द्वारा हुआ। नाटक पूरा होने के बाद वह खाना खाकर अपने तम्बू की ओर जा रही थी।

"इनसे मिलिये...अशोक है। इन्हीं की बात हो रही थी उस दिन...और आप वसुधाजी!...लखनऊ से!...बता चुका हूँ। हम लोग आपको ही ढूँढ़ रहे थे।"

"पटना का नाटक अच्छा था, वहीं बैठी रही।" इतना ही बोली।

"नाटक आपको अच्छा लगा है, वैसी क्रेकिंग हैडेक भी आपको बेशक नहीं होगी, फिर भी आपको चाय पिलवायी जा सकती है। चलिये, हमारा निमन्त्रण है। साज-सामान पूरा है--कार है। छुट्टी है। दोस्त है।"

"तो फिर दुश्मनों को मत ले जाइये।"

"दुश्मन कौन है?...दुश्मन तो एक ही है मेरा--मैं खुद। अब तक तो आपको भी विश्वास हो गया होगा।"

क्यों ऐसे कहा गया है जैसे इस होते होने में एक शौर्य हो। उस तरह की शेखी उस कथन में है या यह महज़ उसका अपना भ्रम है।

उत्तर उसने नहीं अशोक ने दिया।–"असल में आज तक किसी ऐसे से इनकी भेंट नहीं हुई जो इनके फ़ितूर को झिंझोड़कर बाहर फेंक दे।"

"आप ही तो दोस्त हैं इनके!"

"मैं? उस बारे में यह दोस्त मानता किसे है। छुई-मुई हुआ रहता है।"

"इसके अलावा कोई और टॉपिक नहीं मिल सकता आप लोगों को...हाँ! तो चल रही हैं न आप?"

"नहीं!...आज नहीं!" कह चुके होने के बाद आश्चर्य अपने पर ही हुआ। नकार मन में कहीं था ही नहीं, जिह्वा पर क्यों चढ़ बैठा।

"असल में लड़कियाँ ज़िद्द कर रही हैं। उन्हें साथ ले जाने का विचार है।" परोसने के लिए कोई कारण तो चाहिए–चाहे झूठ।

"अरे छोड़िये!...क्यों उनकी स्वतन्त्रता में खलल डालेंगी। उन्हें जाने दीजिये। फिर आप कुछ शॉपिंग करने को भी तो कह रही थीं।"

"आज रहने दीजिये...कल देखा जायेगा। 'नहीं' कह दिये होने की पूँछ थी जो मन में हिल रही थी।"

"सोच लीजिये...फिर लखनऊ जाकर हमारी शिकायत न कीजियेगा। दिल्ली में तो आप हमारी मेहमान हैं।"

"कुछ खास लेना भी नहीं है। ओरियंटल कटलरी का एक सेट चाहिए बस।"

"चलिये फिर...आवारागर्दी ख़ादिम का धन्धा है, आप शायद नहीं समझ पायीं।"

"समझ गयी हूँ...कल देखा जायेगा!" सोचा इस तरह समूह में जाने का लाभ?

"श्योर?"

"श्योर!"

उनके चले जाने पर जो कुछ हुआ उस होने का एहसास था क्या। झल्लाहट–जो लौट-लौटकर अपना ही सिर नोचती है क्योंकि किसी और के सिर पर उतर नहीं सकती।

थोड़ा अधिक आग्रह करके साधिकार नहीं ले जा सकते थे विवेक और अशोक भी चिपका था।

वह यह क्या सोच रही है? कहाँ-कहाँ पैर रखने लग गयी है। अशोक से लम्बा हार्दिक रिश्ता है विवेक का।...फिर कैसा अधिकार...किसलिए आग्रह।

टेंट में आकर लगा, सच में कुछ करने को नहीं है। लड़कियाँ मग्न हैं। कुछ एकजुट बैठकर गप्पें मार रही हैं, कुछ कैम्प फायर के लिए धुनें बना रही हैं। कुछ बाहर बैठी मूँगफलियाँ खा रही हैं। निधड़क घुस बैठने की कहीं भी कोई भी गुंजाइश नहीं है।

अशोक था भी तो क्या...वह जा सकती थी।

अभी तो सारी शाम बाकी है और नींद न आने तक का रात का टुकड़ा...अपनी अर्थहीनता में चमगादड़ की तरह लटका।

कल रात के विषाद का स्मरण भी सुबह साथ ही सोकर उठा है। देह-मन में इनकार है तीखा। अधजगी पसरी है बिस्तर पर।

"वसुधाजी!" बाहर से पुकार हुई। दो बार। तीन बार।

कौन होगा?...यहाँ? इस समय? आशंका उद्विग्न होकर उकडूँ बैठ गयी।

तम्बू के बाहर अशोक सुबह के अधछने कोहरे में नाइट गाउन पहने अलसाता खड़ा है।

"आपके लिए आमन्त्रण लेकर आया हूँ। शाम का खाना आपको विवेक के यहाँ खाना है। सुबह तो वह नहीं आ पायेगा। लंच तक उसका आना होगा। पैकिंग करके रखने को कहा है। शॉपिंग कर लीजियेगा। उधर से ही वह आपको स्टेशन छोड़ देगा। साथवालों को बताना होगा न, इसीलिए पहले से कहला दिया।" वह सबकुछ कह देने की जल्दी में है।..."चलता हूँ," उसने जोड़ा। "अभी जाकर सोऊँगा। लग रहा है उसकी आँखों को रोशनी की यह घुसपैठ अच्छी नहीं लग रही।"

"रात कितने बजे वापिस आये?" उससे रहा नहीं गया।

"बारह बजे उसके घर से चला था। यहाँ आते-आते एक बज गया। उस उल्लू को तो..." उसने अपनी जीभ काट ली। "रात-रात भर जागने की आदत है पर मैं सारा दिन झूमता रहता हूँ। सोचा आपको अभी कह जाऊँ, कहीं फिर सो गया तो...।"

"वहीं सो जाते।"

"सो तो जाता...वह ही तो निकला था घर से। उसकी घुमाई तो रात को ही शुरू होती है। निकल ही आये थे तो चला आया।"

भीतर आयी तो लगा सर पर कोई आच्छादन नहीं है। धूप धुला आकाश है—उष्णाया हुआ। आत्मीय।

जल्दी से तैयार हो जाने की इतनी तत्परता पता नहीं कहाँ से आयी। निष्क्रियता की चीकट पर किसी ने खलखलाते हुए पानी की धार खोल दी हो जैसे। पिघलकर प्रवाही होने को हो गये हों शिराओं में जमे हुए रक्त के दुराग्रही थक्के।

हाथों-पैरों में एक नयी-सी उत्तेजना...पोर-पोर में बजता हुआ चैतन्य...वह अपना ही चैतन्य था जिसने चौंकाया। विस्मित कर देनेवाली लगी वह स्फूर्ति। उद्वेलित कर देनेवाला संवेगों का रंग-रूप...कल और आज के बीच का यह श्याम-श्वेत वैपरीत्य।

कल तक तो...कल की साँझ और साँझ से रात तक का वह अनाम विषाद, त्वचा में अपनी हठीली-पथरीली अँगुलियाँ घोंपे अड़ा रहा था। उसके होने ने आलतू-फालतू कर दिया था अपना आसपास।

कह ज़रूर दिया था उन दोनों से कि वह नहीं जायेगी पर नकार, नकार कहाँ लग पाया था मन को। कोई दरवाज़ा बन्द नहीं हुआ था भीतर। न मुक्ति मिल पायी थी, न निश्चिन्तता। उलटे प्रत्याशा का पक्षी भी उड़ गया था। आकाश को हर एहसास से खाली करता गया था।

वह दोनों काफी देर तक मँडराते दीखते रहे थे इधर-उधर...अपने को थोपने का कोई प्रसंग नहीं था अब। कुछ देर तो प्रेक्षागृह में टिकी रही...फिर तम्बू में लौट आयी।

वहाँ आना भी उतना ही व्यर्थ था। खालीपन वैसा ही था—घूरता। लड़कियाँ व्यस्त थीं। अपने में मस्त! उनका नाम धरकर किसी व्यस्तता को पा लेना संदिग्ध था। अपना अनमनापन उनके आत्म-विस्मृत भाव से टक्करें मारता लौट-लौटकर आ जाता रहा अपने ही पास।

बड़ी अटपटी उखड़ी हुई लगी थी साँझ...किसी काम के अटकाव के बिना का सूनापन। काम में कितना मित्रभाव है यह जैसे पहली बार इतने चटक तरीके से पता लग पाया हो।

खाने के बाद उसे बिस्तर में जा पड़ने की तैयारी करते देखा तो लड़कियाँ उसके पीछे पड़ गयीं, "मैडम, आज आपको कैम्प फायर में चलना होगा।" मृदुला तो लगभग खींचकर ही ले गयी।

वह वहाँ गयी भी, रुकी भी रही, मग्न नहीं हो पायी। जाने कैसे इतनी जल्दी इतना मग्न हो जाते हैं लोग। कहीं कगार पर ढरकने को रखा रहता है उनका अपना आप, झट धार में आ जाता है। वह तो केन्द्र से कगार तक आने में ही थक-टूट जाती है पूरी तरह।

लोग मग्न थे। और वह कुछ दूर एक तरफ़ किनारे खड़ी देखती रही थी—ज्वालापुंज की इठलाती, लपलपाती तेजस्विनी काया, और उसके जादू में अभिमन्त्रित घूमतीं नृत्यमग्न छायाएँ। लड़कियाँ तो भूल भी गयी थीं कि वे उसे आग्रह करके लायी हैं और वह अब वहाँ खड़ी है अकेली। बहती धार भूल जाती है सदा। किनारे पर खड़ा आदमी स्वयं ही उसमें पैर दे तो दे।

लगने लगा था वह किसी तेज़ भागते रथ का अचानक विच्छिन्न हो गया पहिया है, जो उधार की गति पर घूम रहा है और यह उधार की गति...यह घूमना...यह शोर के बीच का बेगानापन...यह गान के बीच का सन्नाटा...यह तो और भी असह्य है। असह्य है...इतनी बड़बोली द्वयता—भीतर-बाहर की। अकेले में अकेलेपन को सहना कम-से-कम इतना चीरता तो नहीं।

चुपचाप चलती चली आयी थी वहाँ से वापिस। क्यारी के कगार पर लगी ईंटों की नोकों की कतार के साथ-साथ। तम्बू के पास आकर ठिठक जाना हुआ।...दो आकृतियाँ गुँथी हुई दीखी थीं—दोनों तम्बुओं के बीच की खाली जगह पर स्थिर। पुरुष की आकृति खूँटे पर बँधे मोटे रस्से की टेक से तनिक तिरछी खड़ी। स्त्री का सिर उसके कन्धे पर टिका।

कौन है? शायद आरती?...या ज्योत्स्ना? यह छाया ज़रूर उन दोनों में से किसी एक की है। नहीं! आरती तो वहाँ कैम्प फायर में ढोलक लेकर बैठी थी।

किंकर्तव्यविमूढ़ता का वह एक क्षण। शिक्षिका है या संरक्षिका...क्या मात्र इसीलिए किसी क्षण को चीरकर दो टुकड़े कर सकती है वह?...और वह क्षण बाहर है भी कहाँ।

उसके पैरों की आहट और भी धीमी पड़ गयी थी। वह चार कदम आगे बढ़कर दायें की अपेक्षा बायें पलड़े को हटाती हुई अन्दर घुसी थी और लाइट जलाये बिना पलँग पर जा पड़ी थी।

यह तो अच्छा ही हुआ शोर का महासागर चेतना के कगारों को जल्दी ही छोड़ गया और वह झट सो गयी।

सुबह विवेक द्वारा भेजे गये सन्देश से शुरू हुई थी। स्फूर्ति और प्रेरणा के समवेत स्पन्दन से। विस्मित उर्जस्वित होने से। अभिभूत-पराभूत होने से। कौन से अदृश्य हाथ में थी तुला संवेगों की! कहाँ से आया था वह चैतन्य—चटक-चमकीले प्रतिबिम्बों को सृजित करता।

तैयार होना तो हाथों-पैरों से होता रहा। मन चहकता-बोलता रहा। इस पुकार लिए जाने की उपलब्धि, इस आमन्त्रण की अर्थवत्ता, जो भी होगी उसकी अपनी अर्जित की हुई होगी।

"इतनी जल्दी-जल्दी क्यों कर रही हैं मैडम? पहले बाहर चलिये न...आज पारितोषिक मिलेंगे।" जल्दी-जल्दी बैग में सामान ठूँसते देखकर अर्चना ने कहा।

अपना ही प्रतिबिम्ब इतना चटक, इतना चमकीला होकर कौंधा कि अपने को ही चीथ गया।

क्या निखिल के साथ जिया हुआ जीवन सब अर्थों में चुक गया? तभी तो... तभी तो...

एक गूँगी चीख। दुविधा के पैने नुकीले चाकू की तनी हुई धार—बीचोबीच। अनछुई उमंग को दहशत से अनबोल कर देनेवाली।

फिर तो सबकुछ सहम गया—वह चैतन्य! वह स्फूर्ति। वह अभिभूत हो गये होने

की अलभ्य विस्मृति...।

क्या वह उसी देह में, उसी मन में है जो आजन्म स्मृतियों के सहारे जी सकने के परितोष में स्थित हो गया लगता था? क्या वह वही है जिसे इतनी तीखी लगा करती थीं भैया-भाभी की बातें? लगता था निखिल को कोसते रहते हैं हरदम। स्मृतियों की निधि को बेरहम यथार्थ के हथौड़े से कूट डालना चाहते हैं पूरी तरह।

अनुभव का यह कौन-सा नेत्र था जो उन लोगों की आँखों में खुलता था—'स्मृतियों के सहारे जीवन नहीं चलता वसु! चलने के लिए पंख नहीं, पैर चाहिए...पैरों के नीचे ज़मीन चाहिए...।'

कौन नहीं जानता निखिल ज़मीन नहीं है। यथार्थ नहीं है। निखिल स्वप्न है...स्मृति है...अनुपस्थिति है...प्रार्थना है...अभाव है...पूर्ण अभाव।

जितना कुछ जमीन पर है वह तो है छोटी-सी लौ और जीवन-भर का अँधेरा। थोड़ी-सी पूँजी और जीवन-भर की प्रतिबद्धता। दो पैरों से चलने की कोशिश—एक थमा हुआ, दूसरा चलता हुआ। व्यथा-से-व्यथा का सफर।

सोचा नहीं था, इन इबारतों को कभी इस तरह अपनी ही हथेलियों पर लेकर उलटना-पलटना होगा। जाँचना-पड़तालना पड़ेगा। आगे-पीछे रखी कितनी पिटारियों के ढक्कन खोले जायेंगे। अपने-आपको धुन दिया जायेगा। उधेड़ा-टटोला जायेगा। अपनी ही अदालत में अपराधी और वकील दोनों की भूमिकाओं में खुद ही खड़े रहना होगा।

बाल बना रही थी, वहीं बैठ गयी—निढाल। बीच के लट्ठ पर कील के सहारे टँगा दर्पण फिर अपने आप परे हो गया। बैठना इतना धप से हुआ कि ज्योत्स्ना ने पूछा—"तबीयत तो ठीक है न मैडम?"

"हाँ, ठीक, बिलकुल ठीक!" हाथ बालों में तेज़-तेज़ कंघी फिराने लगे। लगा यहाँ तम्बू में घिरी है लड़कियों से बुरी तरह, और मन है कि ऊन के बेपरवाह धागों की तरह उलझता चला जाता है। निर्बाध सोच लेना चाहती है सबकुछ। टँगे हुए क्षणों के तनाव से परे हो जाना चाहती है एकदम।

उधेड़बुन को जैसे उठाकर क्षण-भर के लिए ताक में रख दिया, बाकी की पैकिंग जल्दी-जल्दी की और बाहर निकल आयी।

बाहर का दृश्य ही दूसरा है। आखिरी दिन है। चहल-पहल में एक दूसरी तरह की हार्दिकता। भीड़ विच्छिन्न है, सारे प्रांगण में छोटी-छोटी टोलियों में बिखरी। थियेटर के पास की एकजुट एकाग्रता आज गायब है। पारितोषिक जिनको मिलना है, मात्र वही वहाँ जुड़े रहने को उत्सुक हैं; शेष सबके लिए तो लय की एकाग्रता के चरम पर पहुँचकर चूर-चूर होने और कण-कण को झंकृत कर देनेवाले नाद-पर्व

का झनझनाता हुआ सीमान्त है। जितना सधे उतना समेट लेने को जैसे सबकी इन्द्रियाँ प्यासी हैं।

घड़ी के हृद की तरह मन में टिक-टिक समायी है। हर निमिष में पेंडुलम की तरह डोल झकझोर रहा है वही प्रश्न।—चुक गया? क्या सचमुच निखिल के साथ का जीवन सब अर्थों में चुक गया? चुक गयी क्या...स्मृति और वास्तविकता...जीवन और मृत्यु...अस्तित्व और अनस्तित्व के बीच की साझेदारी?...

क्यों दुखता है?...कहाँ दुखता है। उँगलियाँ बार-बार अपनी ही त्वचा को दबा-दबाकर देखती हैं। अपना ही मन टटोलती हैं।

चुभन जो भी है निखिल के लिए है, अपने लिए नहीं। करुणा जितनी है, अवसाद जितना है, ममता-वत्सलता सबकुछ उसी के लिए।

दर्द वैसा ही है जैसे पिकनिक पर जाते समय बच्चों को घर छोड़कर जाते समय होता है। पैर आगे भागते हैं। मोहाविष्ट मन पीछे दौड़ता है।

स्मृतिवृत्त की परिधि पर काँपती खड़ी है अपनी जिजीविषा। हाथों में मिले-जुले विषाद की बेआवाज़ कड़ियाँ...एक का बल दूसरे तक पहुँच सकता भी होगा तो कैसे पहुँचेगा...कैसे?

आवाज़ उठती भी है तो दिशाओं की खाली पसलियों में डूब जाती है। यह करुणा, यह ममता, यह सारा उदात्त अवसाद किसे देना होगा? किसे सौंपनी होगी इन भाव-बन्धों से निस्सृत करुणा?

वहाँ तो है—अनस्तित्व। जीवन के सन्दर्भ से रिक्त एक महाशून्य। गति के विरुद्ध खड़ी थिरता। वाणी के समक्ष खड़ा चिरमौन—अटूट समाधि। पकड़ से बाहर।...बोध से परे।...अपार्थिव।...अबूझ। अनुपलब्ध।

कौन है वहाँ जिसे वह सम्बोधित करे! जिससे अपनी भाषा बोले। अपने को वंचित किये होने का जो फल संचित हो सका हो उसे सौंपे।

कुछ भी तो नहीं है वहाँ—मात्र एक भ्रम! एक अनुपस्थित छवि। एक असंगत समानता। स्वप्न के खंडित हो गये होने की अनुगूँज...एक निहायत असमान समीकरण।

जीना कैसा होता है, उसके लिए जो स्वयं ही जीवित नहीं है। जीवन होगा तो जीवन का हिसाब, जीवन के हाथों ही लिखा जायेगा—निश्चय ही।

चलते-चलते लगा, वह निरुद्देश्य ही चलती जा रही है...कहीं भी। लोग पूरी हार्दिकता से एक-दूसरे से मिल रहे हैं। अर्जित किये हुए परिचयों की पोटलियाँ बाँध रहे हैं। उसका मन उस अकांक्षा से खाली है। उसे तो डॉ. ललितचन्द्र से मिल लेना है—शीघ्रातिशीघ्र। उनसे कह देना है, वे सब चाहें तो दिल्ली-दर्शन को जायें, वह उन्हें सीधे स्टेशन पर मिलेगी। बत्रा से भी सब बातों का खुलासा कर लेना होगा—अभी। फौरन।

चाहती है विवेक के आने से पहले सारे काम निपट जायें। आँधी थम जाये। उसके हाथ बन्द दरवाज़ों पर भरपूर दस्तक दे सकें—पूरे चैतन्य के साथ। दस्तक पूरे बल से दी जाती है तो भीतर पहुँचती भी ज़रूर है।

विवेक आ गया है। एक ही रटंत है...शॉपिंग और शॉपिंग।

खीझ उठती है। ज़रूरत किसी और की चिन्ता किसी और को। यूँ परिधि पर खड़े-खड़े मित्रभाव की गेंद को सतत उछालते होना और हर किसी दूसरे एहसास के लिए इतना बेध्यान होना...

"यहाँ भी तो कुछ काम होगा आपको?" सकुचाते हुए पूछती है। आशंका पूरी है।

"कर लिया।"

"अशोक?" विवेक के घर शाम के खाने के इस आमन्त्रण में वह भी ज़रूर शामिल होगा, इसमें ज़रा भी सन्देह नहीं।

"वे सब आगरा देखना चाहते हैं। आज उधर गये हैं। मैं काफी देर से उसके पास ही था।"

"तभी तो...।"

वह हँस दिया है। एक उजली मुक्त हँसी। बादल जब नहीं होते तो कितना निर्मल हो जाता है आकाश।

"कहाँ चलें?" हाथ स्टियरिंग पर टिका है।—"क्या लेना है?"

"बताया था न? ओरियंटल कटलरी का एक सेट।"

"अच्छा!" कार चल दी है। और कोई समय होता तो छह-सात दिन के इस प्रीति-पर्व के स्थल के प्रति पीछे मुड़कर देखने का मोह अवश्य होता, पर इस समय सिर पर तने हुए वितान के सारे छोर मुक्त हैं। जो कुछ है आगे है। वही दीख रहा है सामने कुलाँचे मारता। संवाद चल रहा है मन में। अपने भीतर। बाहर वह चाहती है सुने...वह सुने...बस सुने।

पर उसे सुनायी जा रही है कमेंटरी—दिल्ली के रास्तों और भवनों की, चौराहों के वृत्तों और होटलों की। सड़कों के किनारे एक ही जाति के वृक्षों की कतारों की। निर्दोष-अपेक्षायुक्त भोलापन उन बातों में है।

"वापिस जाने तक तो मैं दिल्ली की गाइड हो जाऊँगी। नहीं?"

"ओह! आयम सारी।..."

परिहास मुँह पर आया है, 'स्त्रियों के साथ रहने की भी एक आदत होती है, जो आपको नहीं पड़ी,' पर निगल लेना अच्छा है। रास्ता रपटीला है, कई बार देख

चुकी है।...क्षण-भर में ही कब कहाँ ग़लत हो जाता है। पता ही नहीं लग पाता। दुखती रगें एकाएक चौकन्नी हो जाती हैं।

अभी तक खूब बोला जा रहा था, अब खूब चुप लगा ली गयी है।

कुछ आगे चलकर गाड़ी से उतर लिया गया है और 'एक्सक्यूज़ मी' कहकर लाई हुई सिगरेट पीने की सम्मति चाही है। कौतुक भाव अधिक है मन में, जैसे नये सिरे से देखना है सबकुछ। अब तक जो ज्ञात था वह उसी के मुख से सुना हुआ था अपना जाना हुआ नहीं।

इम्पोरियम बृहत् है। कलात्मक। सुरुचिपूर्ण, सज्जा में अद्वितीय...जाने कितने खंड हैं। कितने विभाग। पीतल की जालीदार मूठवाला कटलरी का एक सेट खरीदा है। भाभी के लिए एक रेशम की साड़ी। दीपू के लिए एक ऊनी जैकेट भी।

"और अपने लिए?"

"मेरे पास बहुत हैं।" अचानक उसके मुँह से निकला। विवेक जो भी समझ पाये हों।

"आपका अपनी भाभी के प्रति गहरा पक्षपात है...आपके भैया को बुरा नहीं लगेगा। उनके लिए कुछ भी नहीं लिया।"

"वह बड़े चूजी हैं...बड़ी मुश्किल से कुछ भाता है उन्हें।"

"लगता है आपके घर सब एक ही मिट्टी के बने हैं।"

"आपने सब--किसको देखा है?"

"आपको ही देख रहा हूँ कई दिन से...फिर अप्रैल में लखनऊ गया भी तो था।"

'क्या देख रहे है,' प्रश्न मन में है तो सही पर पूछ देखने का साहस नहीं। प्रत्याशा बाढ़ की तरह चढ़ रही हो तो और भी चौकन्नी हो जाती है।

"लाइये न। बिल मैं दे आता हूँ...आपको कुछ और देखना हो तो देख लीजिये..."

"नहीं। चलते हैं।..." पर बिल देने का मतलब हो गया है उलझना। बातचीत चलने लगी वहीं खड़े-खड़े किसी मिल गये परिचित से। मामला विभाग से सम्बन्धित किसी अव्यवस्था का है। चेहरा उत्तेजित है। आवाज़ तमतमाई हुई। वह पलटकर फिर अन्दर चली गयी है। चन्दन की लकड़ी की एक सुन्दर-सी चाबी की चेन खरीद डाली। उस पर बड़ा-सा 'वी' का अक्षर खुदा है। कार में खूब फबेगा। कुछ अटपटा लगा तो अपने लिए खरीदा गया कह देगी--वसुधा। विवेक!

बाहर आ जाने पर चप्पलें और किताबें खरीदी गईं। एक बड़ी-सी आर्टबुक में तल्लीन होते देख उसने अपने को कोसा। व्यर्थ किताबें देखने का आग्रह किया।

घड़ी देखना ही अधैर्य जताना है। सच में चार बजे हैं। गाड़ी नौ बजकर पाँच पर जाती है। जाना। खाना। फिर आना। डॉ. ललितचन्द्र ने कुछ जल्दी आने का

अनुरोध किया था। यों भी ठीक नहीं था उनके ऊपर यूँ सबकुछ छोड़-छाड़कर चले आना।

"घर जाने का प्रोग्राम ठीक है क्या?"

"क्यों? चलना नहीं चाहतीं?" किताब झट से नीचे रख दी गयी है।

"ऐसा नहीं है...स्टेशन तो पास ही है न कनॉट प्लेस के। घर जाने से चक्कर नहीं पड़ जायेगा? घर है कहाँ आपका?"

"ग्रीनपार्क में। चलिए, इस बहाने 'बेचुलर्स डेन' भी देख लेंगी। आने-जाने में ज़्यादा-से-ज़्यादा सवा घंटा लगेगा। इतना समय तो है न अपने पास।"

"दिल्ली की संस्कृति लोग कहते हैं डिस्टेंस और कंजम्पशन से बँधी है। उसे ही सामने रखकर हर काम करना पड़ता है।"

"ज़िन्दगी भी उसी अभिशाप से बँधी हो तो?"

"तो उससे मुक्त होना चाहिए।"

"मुक्ति क्या सदा अपने हाथ में होती है।" संजीदा हो गयी है आवाज़।

"काफी कुछ...बंधन में ही सुख मिलने लगे तो मुक्ति की आकांक्षा ज़रूरी कहाँ रह जाती है।"

"मुक्ति!...मुक्ति मैंने कहा था न आपसे मैं नहीं चाहता...सच में नहीं चाहता। उतनी छूट मैं अपने को देना ही नहीं चाहता... ।"

"आप जीवन को जीवन नहीं श्रद्धांजलि मानते हैं।" दस्तक देने का संकल्प मन में से हो गुज़रा न होता तो कठिन था ऐसा कुछ कह पाना। फूँक-फूँककर जीवित रखे गए अंगारों को बेपरवाह होकर इस तरह मुट्ठी में भर लेना।

"मुझे कुछ पता नहीं।" एक घबराया हुआ-सा भारीपन उस आवाज़ में है।—"अच्छा है, मैं इस बारे में कुछ नहीं सोचता..."

विचारमग्न विषाद। घुली-मिली-सी कोई छाया आसपास आ ठिठकी है। गाड़ी यान्त्रिक अनुगतता में चलती चली जा रही है चुपचाप। रंग कितनी जल्दी बदलते हैं आकाश के। बिना बात के स्वतः परिधियों के बाहर खड़ा कर जाते हैं।

नौकर को किसी आगत के आने की सूचना तो है पर इस प्रकार के आगत के लिए वह शायद अप्रस्तुत है। बड़ा भौंचक्का-सा हो गया है वह ऐसे किसी अतिथि को देखकर। जैसे कोई बड़ा अनभ्यस्त-सा दृश्य देख रहा हो।

"आइये! आइये!" घर की देहरी को लाँघ लेने के बाद नये सिरे से स्वागत-भाव से की गयी अभ्यर्थना उस काली खोह से निकाल ले आयी है। राहत हुई है। वह सारे सन्दर्भ कितनी जल्दी जीवित हो जाते हैं। कौन-सी दीवारों पर है उन अदृश्य चमगादड़ों की बैठक। बिन बुलाये पंख फटकारते चलते चले आते हैं!

झबरे भूरे बालोंवाला छोटा-सा कुत्ता कूँ ऽ कूँ ऽ करता अपनी पिछली टाँगों पर खड़ा होकर विवेक की टाँगों को नोचने-खसोटने लगता है।

"हाँ ऽ ऽ ऽ आँ! आ ऽ ऽ हाँ!" वत्सल दुलार का हाथ उसे पुचकारता हुआ अपनी बाँहों में भर लेता है।

ममत्व की उतनी सघन हुँकारी बन्द किले के किसी प्रकोष्ठ की एक और खिड़की को खोल देने का एहसास देती है। किसी के प्रति भी हो, उद्‌गारों का इतना सहज प्रत्युत्तर अच्छा लगता है।

"मुँह-हाथ धोना चाहेंगी?"

"नहीं...ठीक है।" यद्यपि जिज्ञासा खूब है घर के अन्तरंग को देखने की, पर यह जिज्ञासा अनधिकार ही तो कही जायेगी।

"कॉफी या चाय?"

स्त्री के अभाव का एहसास नहीं देता घर का अन्तरंग। स्वच्छ। सज्जा सुरुचिपूर्ण। चीज़ों के चुनाव में हलके रंगों का स्पर्श। हरियाली का आग्रह बाहर ही नहीं, घर के भीतर भी। ड्राइंग रूम के एक कोने में चार गमलों का जमघट, जिसमें से एक में उगा हुआ मनीप्लांट कील के सहारे उठता हुआ सोनेवाले कमरे के दरवाज़े के ऊपर तक चला गया है।

"सर्दी न लगे तो थोड़ी देर बाहर बैठें?" ऐसा बैठना प्रीतिकर न भी लगे तो भी उन प्रतिक्रियाओं को उत्सुक भाव से देखना चाहती है—बिना छेड़े।—"मेरा मतलब है लॉन में नहीं बरांडे में...!"

"हाँ! हाँ!...कहीं भी।..."

लॉन और ड्राइंग रूम के बीच का लम्बा पतला बरांडा छत से लटकती छोटी-बड़ी लतरों से घिरा। वहीं बेंत की तीन कुर्सियाँ पड़ी हैं और काँच के तल की एक लम्बी मेज़।

कॉफी की उष्णता ने गरमा दिया है, नहीं तो लतरों से छनकर आती हवा की हलकी-सी दस्तक भी ख़ासी सर्द लगती है। शाल कुछ अधिक कसकर लपेट लिया है। धुँधलका घिरने लगा है बाहर।

"एक बात कहूँ आप निखिलजी के बारे में काफी चुप रहती हैं।"

"शायद! " इस जिज्ञासा की नोक अपने अप्रस्तुत रहे होने की बेध्यानी को छेद जाती है पूरी तरह।

कुछ देर तक तो कुछ बोला ही नहीं गया।—"अब कहने को क्या है, जो गुजर गया उसे भूलने का ही सवाल है।" पता नहीं क्यों एक अजीब से विषाद की कतरन इस कथन के साथ लटकती चली आयी है।

विवेक सोच में पड़ गया। प्रश्न उसी ने किया है और जानना भी उसी ने चाहा

है यह जैसे उसे याद ही न रहा हो।

"आप सोच में पड़ गये। स्वाभाविक है। किसी बात को भूलने में आपका विश्वास जो नहीं...।"

"......"

"मैं जानती हूँ।" अब वह विवेक को नहीं, सामने बढ़ते आते अँधेरे के दुराग्रह को ही अनमने भाव से देख रही है...।—"जीते जी यह हिसाब नहीं चल सकता। एक पैर चलता हुआ, दूसरा ठहरा हुआ। या तो एक चल पड़े या दूसरा भी ठहर जाये पर इन दोनों में से कुछ भी तो नहीं हो सकता। न ठहरा हुआ चल सकता है, न चलता हुआ ठहर सकता है। फिर ठहरे हुए पैर को पता भी क्या...वह तो सुख-दुख से परे है, जबकि चलते हुए पैर का मुकाबला चलती हुई दुनिया के साथ है!"

"आप अक्सर काफी एब्स्ट्रेक्ट हो जाती हैं।"

"मैं?...एब्स्ट्रेक्ट? क्यों? यह तो काफी साफ़ नजर आनेवाली मजबूरियाँ हैं... दुनिया के बीच दुनिया की तरह बने रहने की मजबूरियाँ...निखिल तो..."

"कुछ कह रहीं थी न आप...चुप क्यों हो गयीं?"

"हाँ! कह रही थी निखिल तो ठहर गया है वहीं। उसने अपने बाद का मेरा सफ़र देखा ही कहाँ है। जम गया है उसी बिन्दु पर। मैं तो उसे अब भी देख सकती हूँ उतना ही...वह तो उतना भी नहीं। मेरा कुछ करना न करना उसे नहीं पहुँचता। मेरे कुछ सोचने न सोचने से उसे कुछ फ़र्क नहीं पड़ता...।"

यह सबकुछ मन में था नहीं, पता नहीं कहाँ से आ गया—आत्मदया की लथपथ कीचड़ और ऐसा कच्चापन जो पोली हो गयी दीवारों को छू देने भर से भरभराने को हो जाता है।

"आप लकी हैं। आपके लिए हर चीज़ हर काल में एग्ज़िस्ट करती रह सकती है। मेरा तो अपना ही वजूद काफी तामसिक है! अपने ही वज़न से जमीन पर धँसा रहता है।" अपने ही संयम के बाहर लगी अपनी आवाज़। चुप हो जाना ज़रूरी हो गया।

"मुझे सामने रखकर व्यर्थ अपना दुख बढ़ा रही हैं। मैंने पहले भी कहा था, मैं कोई अच्छा उदाहरण नहीं...ए कंडेम्ड इन्ट्रोवर्ट...।"

अभी तो रीढ़ की राह चढ़ते कम्पन से ही मुक्ति नहीं हुई कि इस कथन का उपजाया आहत भाव। वह अपने को इस तरह अलग कर लिए होने की निरावेग उदासी और अपने दुख और उसके दुख के बीच का रेखा खींचकर किया गया अलगाव...यह रेखा चाहे फिर पानी में लकीर खींचने जैसी ही क्यों न हो...।

यह कहना उसे खूब खला पर अपने आसपास बुदबुदाती आत्मदया में धँसने से बरज ज़रूर गया।

“पता नहीं, मैं आपसे निखिल के बारे में क्यों पूछ बैठा...आपको घर बुलाकर परेशान कर रहा हूँ। कई बार ध्यान में आयी है यह बात! शायद जानना चाहता होऊँगा अपने अभाव के साथ क्या रिश्ता होता है दूसरे लोगों का... ।”

“इसमें क्या शक है कि दूसरों को जानना चाहने में अपने को ही जानना मुख्य है...अपनी ऐंगुलेरीटीज़ को... ।” आगे चुप लगा गयी।

उत्तर जो मन में आया था, उसे कह देना विवेक को आहत करता। आहत करता इस बात को सुनना—कि ऐसे ही होते हैं हर किसी के अपने अभाव के साथ रिश्ते—रिसते हुए। अद्वितीय कुछ भी नहीं होता...न कोई दुख...न अभाव...न रिक्त भाव। त्वचा एक-सी होती है हर किसी की। नख से छील दो तो रक्त छलक आता है। घर से चलते समय लगता है, अपने को ही उस दिशा में जाना है पर उस पटरी पर चलनेवाले कितने ही मिल जाते हैं। अलाव दहकते रहते हैं पता नहीं कहाँ-कहाँ...इससे क्या फ़र्क पड़ता है, कौन-सी स्थिति किसी के लिए समिधा बनती है।

“ऐंगुलेरीटीज़?...ओह!” एक पीड़ित साँस खींची।... “तो आप भी वही कह रही हैं जो अशोक कहता रहता है। एम आय रियली एन ऐंगुलर पर्सन?”

इस अचानक के आहत होने से ध्यान आया कि कुछ न कहने पर भी वह क्या इंगित कर गयी है। जिस बात से बचाना चाहा था, वही हाथ में ताने हुए तीर की तरह अनायास छूट गयी है।

“कहने का यह मतलब नहीं था। स्वभाव होता है अपना-अपना। कभी तो आपको भी लगता होगा कि आप, अपने स्वभाव के कारण ही कुछ चीज़ों से जुड़े हैं, उनकी अपनी कीमत के कारण नहीं। इसे हठ कह लीजिए या संकल्प। यद्यपि... ।”

“क्यों, चुप क्यों हो गयीं?”

“पता नहीं, मैं समझा भी पाऊँगी या नहीं। यह सब कहकर मैं किसी चीज़ की कीमत के बारे में किसी प्रकार की शंका जाहिर नहीं कर रही। इस सन्दर्भ में ग़लत समझे जाने का डर लग सकता है किसी को भी।”

“ग़लत क्यों समझूँगा?” एक बुझा हुआ स्मित। “मैं तो ठीक से यह भी नहीं समझ पाता कि कहाँ से संकल्प की हद खत्म होती है और हठ की शुरू होती है। अपनी इच्छा को जानता हूँ बस। वह इच्छा भी दूसरे के लिए है या अपने लिए, अब तो कभी-कभी यह भी गड्डमड्ड हो जाता है। क्या पता कि मैं यह सबकुछ अपने ही निस्तार के लिए करता हूँ। वह कोशिश भी क्या इतनी डिटेस्टेबल कहलायेगी?”

आँखें गहरे गह्वर-सी हो गयी हैं। पाँव भीतर की पगडंडियों पर। संवाद किसी दूसरे से नहीं, अपने से। स्पर्श सम्पर्क से परे। अँधेरे की तनती जाती चादर ने और भी गाढ़ा कर दिया है माहौल।

किसी ने साइकिल गेट से भिड़ाकर रोक दी—"टन् टनन्...टन्नन्... ।"

नौकर अन्दर से भागा आया।—"पैसे साब...ब्रेड लेनी है।"

"ड्राअर में नहीं है?"

"नहीं। खत्म हो गये।"

बड़ा थका हुआ-सा हुआ है उठना। वह क्षण-भर का मिल गया एकान्त उसे अच्छा लगा। ढलुवाँ रपटीली राह को अचानक मिल गयी हो, जैसे कोई आड़; जो खोह के अँधेरे में गिरने-डूबने से बचा गयी हो।

"आइये! अन्दर आ जाइये।" विवेक आये पर बैठे नहीं। "अभी खाना भी खाना है।...समय कम ही है।" उत्फुल्लता नहीं है, ज़रा-सी भी। एक निरावेग संजीदगी अपने में डूबी हुई।

घर के अन्दर लौटना शीशे के स्लाइडिंग दरवाज़े को सरकाकर डाइनिंग के भाग से हुआ। ड्राइंग रूम की कार्निस की उठान के एकदम नीचे पड़ी टेबल पर फ्रेम में जड़ी कोई फोटो है, जो ड्राइंग रूम में बैठे दीखी नहीं थी क्योंकि फोटो का मुख खानेवाले हिस्से की ओर था।

"यह दीदी है।" फोटो को एकटक देखते देखकर विवेक ने कहा।

"दीदी?"

"हाँ! अम्बाला में रहती है...और यह है रोहित...दैट नॉटी रोग।" फोटो के दायीं ओर उसी फ्रेम के कोने में जड़ा बच्चे का एक और चित्र।

"और सब लोग?" पहली बार ध्यान गया कि वह और किसी परिजन के बारे में कुछ भी नहीं जानती।

"और कोई नहीं है। पिताजी की तो याद भी नहीं है। माँ दो साल हुए गुज़र गयी।"

"उन्हें आपके इस तरह रहे होने की तकलीफ़ रही होगी?"

"छोड़िये!...क्या करेंगी वह सब जानकर... ।"

संवाद की इच्छा के सामने पटापट बन्द होते दरवाज़े स्पष्ट दीख गये।

जो देखना चाहती थी वह फोटो खाने से पहले बेडरूम से संलग्न बाथरूम में हाथ धोने जाते देखने को मिली—रेडियोग्राम पर स्टील के चमचमाते फ्रेम में जड़ी। आकर्षक से अधिक सौम्य। आँखें उत्फुल्ल, चमकती हुई। किसी अप्रस्तुत क्षण में पकड़ी गयी थी वह स्मिति।

"यह...यह...?"

"हाँ! शिरीन है यह।" फोटो उतनी अच्छी नहीं है, एक बहुत छोटे प्रिंट से निकलवायी है। शी वाज स्वीटर दैन दिस..."

मुँह उठाकर देखा नहीं है पर जानती है कि दृष्टि काँच के पटल को सहला रही

है बिना जाने कि काँच ठंडा है। अभेद्य है और निर्जीव भी, उतना ही जितनी कि उसके पीछे की प्रतिकृति।

"फोटो से ही सब्र करना पड़ेगा, मालूम होता तो कुछ और फोटो जमा कर लेता। हम दोनों को ही फोटो रखने का शौक़ नहीं था...वह तो कितनी छोटी घटना से इस शौक़ से बरी हो गयी थी।"

घटना कही जायेगी, अनुमान पूरा था पर आँखें उठाकर देखते होने पर भी वह घटना कही नहीं गयी। मन में उस बात के हो गुज़रने की छाया पिछली भागती धूप की परछाईं की तरह चेहरे को क्षण-भर के लिए जकड़े ज़रूर रही।

"आप कुछ बता रहे थे न?" जमते हिम को चिटका देना चाहा।

"कुछ खास नहीं...।" पता नहीं कौन-सी कोर किसी अदृश्य मुट्ठी में भींचकर निर्जीव कर दी गयी थी। सहम गया था संवाद के आदान-प्रदान का उत्साह।

कमरे में एक नहीं डबलबेड पड़े हैं। क्यों? प्रत्याशाओं का खालीपन इस कदर घूरता हुआ।

हर एहसास की जगह को खाली। हर आहट के निशान को और तेज़। प्रत्याशाओं को क्यों हर कोने में आहत करने के लिए छोड़ दिया गया है? लोग तो भूलने के लिए निशान भी मिटा देते हैं, यहाँ निशानों को जीवित रखने के लिए जीवन मिटाया जा रहा है।

खाने में इतने अधिक व्यंजन और परोसाई इतनी दनादन। पर उसे तो बुरी तरह से अखर रही है हर कगार से भीगी हुई उत्फुल्लता।

सामने बैठे चेहरे पर न उद्वेग है न कातरता...एक ठंडी ठहरी हुई उदासी जैसे कोई अपने स्थायी भाव के निरावृत्त सान्निध्य में आ गया हो। अपने को सौंप चुका हो वहाँ जहाँ से लौटना किसी साधारण आहट से तो कभी नहीं होता।

एक उतावली-सी विवेक की मुद्रा में है। खाना खाते समय का संयत धीरज और आग्रह कर-करके परोसते होने का सायास चाव गायब है पूरी तरह।

"एकदम ध्यान से उतर गया। अभी पेट्रोल भी भरवाना है। पन्द्रह मिनट और लगा लीजिए, वह भी भीड़ न हुई तो...।" इस उतावली का कारण कुछ साफ़ हुआ है।

भीतर से कोट और ओवरकोट भी निकालकर लाया गया। जूते बदले गये। अभी तक कार्डीगन से काम चल रहा था।

"डुप्लीकेट दे देना।" रसोई के दरवाज़े तक जाकर नौकर से कहा।

"देर से आयेंगे साब?" शायद चाबी का जिक्र किया जा रहा है।

"देर हो सकती है।"

"तो फिर...साब...।"

"हाँ! हाँ...चले जाना।" वह शायद सेकेंड शो पिक्चर देखने जाना चाहता है।

"कहीं और भी जाना है आपको?"

"नहीं।...यों ही...रात को घूमना अच्छा लगता है—खासकर जाड़े की रातों में...।"

तालकटोरा उद्यान की वह रात उसके मन में खुल गयी। विवेक के मन में भी खुल गयी होगी। ज़रूर।

गाड़ी को रिवर्स करके गेट से बाहर निकालने में एक आवेगभरी आक्रामकता है। ध्यान है कि सड़क की सीध में बिंधा पड़ा। घर से पेट्रोल पम्प तक का रास्ता शायद उसी काम के ध्यान में पूरी तरह कसा।

वह एक सीमा है। मन के उतार-चढ़ाव को बाँध रखे होने की सीमा। कहने-सुनने के दबाव को स्थगित कर दिये होने की सीमा।...नहीं तो एक धुन है जो गुरु द्वारा पाये मन्त्र की तरह मन में बज रही है बारम्बार। लगातार। वहीं और वहीं बिंधा पड़ा है ध्यान। लौट-पलटकर चली आती है उसी एक लय की लरजती लहर। जाने का क्षण औंधी तलवार की नोक के नीचे बिछा पड़ा है। कातर।

तेज़।...तेज़ और तेज़ चल रहा है कोई भीतर। रौंदता जा रहा है धीरज। इतनी बेसब्री है क्या इसीलिए जड़ लग रहे हैं स्टियरिंग पर रखे हुए हाथ। हठीला लग रहा है कार के केबिन में बैठा हुआ मौन।

जाने कितना कुछ पूछना है? कितना कुछ कहना है। पानी के संयम को छेड़ गया है कोई असावधान हाथ।...हदें मिट गयी हैं अतलान्त में बैठे उद्गारों की। मछलियों के मुँह की तरह हाँफती सर उठाती हैं प्रश्नों की नोकें।

क्या कुछ ऐसा भी होगा, जो उसके साथ लौटकर जायेगा?...किसी समापन को सफर में साथ बाँधकर ले जाने का सुख? रोशनी की नन्हीं-सी उम्मीद? आगे के रास्तों का कोई प्रवेश-द्वार?

शब्द अद्भुत ज़रूर होते हैं पर कितने अधूरे। उनकी अपनी काया है और हर किसी काया की अपनी सीमाएँ। उत्ताल तरंगें ठाठें मार रही हैं भीतर और पास ही बैठा जीव काया के भीतर हो रही उथल-पुथल से बेखबर। कितनी बड़ी सीमा है यह पसलियों का पिंजर। कितना बेमुरव्वत तट—यह दूसरापन। सर पटक-पटककर लौट आती हैं लहरें।

यह मौन क्या अपने आप नहीं टूटेगा?

"यह ऑल इंडिया इंस्टीट्यूट ऑफ मेडिकल साइंसेज़...अपनी तरह का एक ही है पूरे देश में...।" चहल-पहल से भरे किसी चौराहे पर ट्रैफिक की बत्ती पर ठहरते

हुए उसकी तरफ़ सरकायी गयी है यह सूचना।

बात के रास्ते मन को छू लेने की इच्छा करेगी तो क्या हाथ लगेगा?...सूचना? मेडिकल इंस्टीट्यूट के दिल्ली के इस चौराहे पर स्थित रहे होने की सूचना। देश में उसके अद्वितीय हुए होने की जानकारी और वह है कि हर ध्वनि के ध्यान को भी छू लेना चाहती है। चीर देना चाहती है हर क्षण के मूल का रेशा-रेशा।

विवेक बन्द है पूरी तरह। किन शिखरों पर?...किन घाटियों में? कहाँ उलझा बैठा है, उसे कुछ भी नहीं पता। किस बात ने डाल दी होगी वाणी पर ऐसी जकड़ीली अर्गला? किस कथन ने सोख लिया है आदान-प्रदान का प्रवाही उत्साह?

कितना कुछ कह डाला था उसने नकारते-अस्वीकारते हुए। स्वीकार के रास्ते कैसे हो सकता था झकझोरना। याद कर रही है—

उसने कहा था—बन्धन में ही सुख मिलने लगे तो मुक्ति की आकांक्षा ज़रूरी कहाँ रह जाती है। कहा तो यह भी था—किन्हीं चीज़ों की कीमत नहीं, हठ है जो बाँधकर रख रहा है—अपने स्वभाव का हठ। पूछ जो नहीं सकती थी, इतने वर्षों में भी क्यों नहीं खुल पाया किसी चीज़ की असली कीमत का भ्रम...जबकि जमीन पर रखे हुए पैर को झट चुभने लगती है सख्त खुरदरी सतह। तलुवे जलने लगते हैं और अपनी रक्षा का ध्यान भी अपने आप ही अनजाने कहीं से आ जाता है। यह रक्षा-भाव जीवित को ही तो सूझेगा। मृतक तो सदा सुरक्षित हैं फिर जहाँ कहीं भी वह रहते हों।

किस जुनून में कह दिया था, उसने जीवन को एक होम। एक श्रद्धांजलि...इतना मुँहफट कथन...। पर वह क्षण विश्वास में पगा हुआ...गरमाया हुआ क्षण था। उस सेंक में कुछ भी कह देना सम्भव होता है...कुछ भी। उखड़-पुखड़ जाने पर, अपना ही संयम चिटक जाने पर कौन किसको क्षमा कर पाता है।

"एक्सक्यूज़ मी...।" दायीं ओर एक जगमग बाजार है। उसी के किनारे गाड़ी रोककर उतर लिया गया है।

"आपको ठीक लगेगा?" हाथ उस खरीदी हुई डिबिया में से सिगरेट निकालने को तत्पर।

"हाँ! हाँ! ज़रूर पीजिये...।" तसल्ली है कि कहीं से तो चिटकी है इस महामौन की दीवार।

"यह देखिये! यह सामने सफदरजंग का फ्लाई ओवर है। इसके नीचे एक छोटी एयर-स्ट्रिप है, एक फ्लाइंग क्लब भी।" गाड़ी फिर दौड़ने लगी है।

यह सब विवरण बेकार है। इस अँधेरे में तो और भी बेकार। इस स्थिति में तो और अधिक बेमतलब।

गाड़ी पुल पर आ गयी है। बत्तियों को अंक में छिपाये, सिर झुकाये एक प्रकाश-

पंक्ति सारे पुल पर खिंची हुई है। देखने में लगता है प्रकाश समेटकर बैठी है; आत्मदान इनसे नहीं सधेगा पर पुल पर पहुँचते ही गाड़ी का अन्तरंग प्रकाश-पटों की धूप-छाँह से भर गया है।

व्यर्थ ही ऐसा कुछ करना चाहा। चलती गाड़ी में हिरनों की तरह कुलाँचें भरती प्रकाश-पटों की उजास में उस चेहरे को पढ़ना चाहा। पर गति और प्रकाश का यह इन्द्रजाल...मायावी धूप-छाँह सरकती हुई...ठगे रह जाना हुआ।

पूर्ण प्रकाश अच्छा है नितान्त अन्धकार भी...दोनों में अन्तरंग को छुआ जा सकता है। इस बने-मिटे मायाजाल में तो मन की थाह ही नहीं मिलती।

कुछ ऐसा ही हुआ था तब भी। शिमला कॉन्फ्रेंस से लौटा था निखिल। कुछ देर से पहुँच पायी थी वह स्टेशन। निखिल परले प्लेटफार्म पर उतर गया था और वह अभी पहले प्लेटफार्म पर ही पहुँच पायी थी। परली पटरी पर खड़ी गाड़ी के दो डिब्बों के बीच का रिक्त स्थान...सामने खड़ा दीखता हुआ निखिल...उसने भी देख लिया था। वेव किया था। उस देख लिए होने को एकाएक चीर देनेवाली धड़धड़ाती आती हुई एक और गाड़ी। इधर के प्लेटफार्म पर। ऐसी ही थी वह गतिशील धूप-छाँह जो निखिल को देखने भी नहीं दे रही थी, ओझल होने भी नहीं दे रही थी।

पैर पता नहीं क्यों वहीं-के-वहीं जम गये थे। पता नहीं क्यों हुई थी उतनी असभ्य-सी अनुभूति। क्यों लगा था उस पार निखिल। इस पार वह खुद...बीच में चीरता हुआ, काटता-बाँटता हुआ लोहे का भारी-भरकम अजगर। लगा था यह धड़धड़ाता हुआ शोर अब कभी नहीं थमेगा। न वह निखिल तक पहुँचेगी...न निखिल उस तक पहुँचेगा।

और...और वह निखिल की सचमुच आखिरी वापिसी थी...। निखिल पुल पार करके आ भी गया था और वह वहीं-की-वहीं जमी खड़ी रही थी।

क्यों याद आयी है पूरे आतंक के साथ वह पूरी घटना। क्यों कच्चा डबडबाया-सा हो गया है मन।

मुड़ती हुई सड़क के किनारे पर पृथ्वीराज रोड का बोर्ड है।

"कनॉट प्लेस यहाँ से कितनी दूर होगा?" उसने पूछा। सुबह किसी ने कहा था स्टेशन कनॉट प्लेस से लगा-लगा है।

"बहुत दूर नहीं।" एक निरावेग उत्तर।

उसे तो अखर रही हैं सरसराकर पीछे छूटती सुनसान सड़कें। वीरान चौराहे...! फलाँगता-छलाँगें लगाता समय।

मन में आ रहा है पूछे—जाते हुए को बिदा देने की यह कौन-सी तमीज़ है। पूछे—कि इतने दिन के समागम में क्या कुछ भी नहीं हिला...कुछ भी नहीं घटा या बढ़ा? पूछे—कि क्या बात है जो उन्हें इतनी नागवार लगी है।

उमड़ते-घुमड़ते हैं मन में शब्द। जिह्वा की नोक पर आकर जम जाते हैं। आसान है क्या ऐसे आदमी से कुछ पूछना? अतीत में हाथ साने निश्चेष्ट बैठे आदमी को झकझोरना?

कितनी बेतुकी लगती है ऐसे व्यक्ति के रू-ब-रू भविष्य की दीवारों पर संघर्षबद्ध हथेलियों की रंगोली भरी छाप। कितना असंगत रुके हुए आदमी के सामने चलते हुए पैरों का चैतन्य। अनिष्ठावान लगने लगती है ऐसे में जीवन के प्रति अपनी भी निष्ठा...।

कुछ भी अपने को अनावृत्त किये बिना नहीं कहा जा सकता...उस यातना का सामना किये बिना...। जो कुछ भी कहा जायेगा, दाँव-पेंच-भरा प्रयास दीखेगा। दलीलों का मुख अपनी ओर फेर लेनेवाला चालाक प्रयास...।

कनपटियों की त्वचा के नीचे कुछ बज रहा है थपाथप। अधैर्य बाढ़ के चढ़ते आते पानी की तरह।

अब तो इंडिया गेट की छोटी-सी ऊँचाई भी बड़ी होती जा रही है। ताश के पत्तों के ही महल थे जो ढहते जा रहे हैं इस तरह भीतर, पटापट।

''आप बहुत चुप हैं...कुछ बुरा लग गया है क्या?''

''नहीं। बुरा क्यों लगेगा। अपनी-अपनी तरह सोचने का हक है सबको। बुरा-भला क्या...!''

जनपथ पर खुलता गोलाई लेता हुआ मोड़। जनपथ। फिर कनॉट प्लेस। फिर स्टेशन। फिर छात्राएँ। फिर ललितचन्द्र। फिर रेल। फिर बिदा। फिर पटाक्षेप।

रहा नहीं गया। ''असम्भव के सम्भव हो पाने में आपका कितना विश्वास है?''

''बहुत कम। सम्भव न होने देना ही असम्भव नहीं है क्या? इजंट इट ए विलफुल एक्शन?...क्यों पूछा है आपने?''

''यों ही।...''

''यों ही तो नहीं।''

जाने क्यों लगा, गुलेल से फेंकी नन्हीं-सी कंकड़ी यथास्थान लगी है। वहाँ पहुँच गया है विवेक जहाँ पहुँचाना चाहा था।

''आपसे शायद कभी पहले भी कहा था कि ज़िन्दगी को लेकर कोई बड़ी रद्दोबदल नहीं आती मेरे मन में। वैसे भी यह ज़रूरी तो नहीं कि हर इनसान दूसरे इनसान की तरह ही जिये...।''

''ज़रूरी न सही पर नियम बनते हैं तो किसी-न-किसी कारण के तहत ही बनते होंगे। कुछ कारण तो है कि मनुष्य मनुष्य न रहकर समाज बन जाना चाहता है। अपने में नहीं दूसरों में, सम्बन्धों में जीने की कोशिश करता है...।''

''दूसरों में ही जीना हो रहा है अपना भी।''

"दूसरा है कहाँ?"

"है क्यों नहीं। अदृश्य हो जाने को मिट जाना क्यों कहेंगी? कहीं-न-कहीं तो है न सबकुछ...जो भी, जैसा भी...।"

"उस दिन शंका कर रहे थे न आप इस बात पर...?"

"दिमाग़ से सोचने बैठता हूँ तो संदिग्ध लगता है सबकुछ, पर विश्वास से खाली हो जाना नहीं होता। विश्वास ही..."

"दिमाग़ के सोचे हुए को भी तो झूठ नहीं कहा जा सकता।"

"सच भी क्यों कहा जाये? खासकर जब विश्वास और विचार दो अलग-अलग चीज़ें दिखायी पड़ती हों। ऐसे में विचार को ही दरकिनार करने की इच्छा होती है। हाँ। इस बात से कभी-कभी ज़रूर छटपटाहट होती है कि वह फिर कभी—वक्त के किसी वकफ़े में—हुई भी होगी तो भी उसे कैसे पहिचाना जायेगा। एक-दूसरे की पहिचान से परे होगा सबकुछ...। खैर...मैं ही कौन अमरौती खाकर उतरा हूँ। मेरा भी कभी-न-कभी तो खत्म होगा सफ़र...।"

आवाज़ का घना गाढ़ा विषाद ही कह देने को काफ़ी है, चेहरा कोई क्यों देखता...!

"बुरा न मानें तो एक बात कहूँ?"

"कहिये!"

"आपके इस विश्वास को अपने लिए खुद चुना हुआ दंड या आत्मपीड़न कहा जाये तो? ऐसा लगता है आप अपने को सजा देने पर तुले हैं...वह भी अनजाने में हो गये किसी अपराध की...और इस झोंक में दूसरा अपराध भी हुआ चला जा रहा है।"

"कौन-सा अपराध?" चौंकना ऐसे हुआ जैसे खुली पड़ी बेध्यान हथेली पर अंगारा रख दिया गया हो।

"जीवन की अवमानना! जीते-जागते जीवन की नकार।...एक बात बताइये... क्या आपको सच में नहीं लगता कि जीवन की पुकार चाहे कितनी भी कमज़ोर क्यों न हो, मृत्यु के पूरे हाहाकार से अधिक समर्थ है...अधिक आमन्त्रक...।"

"काश! यह लग सकता। मुझे तो लगता है, जीवन के जज्बे को भी ताबूत में ही रख दिया जाता है। उस पर कीलें ठोंक दी जाती हैं...मनों मिट्टी डाल दी जाती है ऊपर...फिर कभी कहाँ वह हाथ में आता है...।"

आवाज़ ऐसी है जैसे कब्र के काले अँधेरे के अतलान्त में से गिरती-पड़ती चली आयी हो—डरावनी। नर्वस। कातर...।

यह उसने क्या किया...खुद ही झोंक दिया है विवेक को किसी कब्रगाह के अन्धकार में...उन ठंडी जमी हुई हाहाकार की अनुगूँजों के बीच—अनावृत्त। थरथराता हुआ।

"आर यू श्योर?" फीकी ठंडी फुसफसाहट है जो एक उच्छ्वास के साथ लिथड़ती चली आयी है। यह बात चाहे विवेक ने अपने बारे में कही है, चाहे निर्लिप्त होकर, पर सीने में घूँसे-सी लगी है...क्षत-विक्षत कर गयी है पूरी तरह...

"आयम वेरी मच श्योर।...इस मरने को जीता रहता हूँ दिन-रात...इन स्टार्क नेकेडनेस...।"

"ओह!" एक अटपटी कातर असुविधा। पास बैठे होने पर तो और। वह सिर नीचा करके सैंडल का बिनखुला फीता फिर से बाँधने लग गयी।...ऑपरेशन थियेटर में मांसपेशियों का रेशा-रेशा अलग करता हुआ डॉक्टर क्या कभी मन के मर्म को छू पाता है? अतीत के अपने ज्ञान को ही हथियार की तरह इस्तेमाल करता रहता है आजन्म।

"कुछ दिक्कत है?" इस तरह झुका देखकर विवेक ने कहा।

"कुछ नहीं...।"

"मैं कुछ...।"

"कुछ नहीं कर सकते आप।"

उसके बाद वह पूरी तरह उखड़ गयी। प्रत्याशा चरम पर आकर चूर-चूर हो गयी। दोष अपना ही तो था आग में हाथ डाला। अंगारों को छू लेने का दुस्साहस किया। अंगारा कोई छूने जायेगा तो हाथ पीछे ही तो लौटेगा। फफोले भी साथ लेकर आयेगा और वह लिसलिसाते भी रहेंगे। पता नहीं कब तक। प्रत्याशा को टोक देना चाहिए था। जितनी दूर जायेगी उतनी ही थककर वापिस आयेगी।

जानती है दोष अपना है। ठंडी दीवारों के काठिन्य से टकराने को दोष...समर्पित हो गये फूलों से शृंगार कर लेने की चाह को पालने का दोष...।

पर विवेक विवेक न होता तो यह उत्कंठा ही क्यों कभी जागती? पानी में पड़ी हुई सुई की तरह तल में पड़ी रहती अडोल। अवांछित व्यक्ति की चाहना न करती। होता नहीं रहा क्या अब तक ऐसा?

डिकी से अटैची निकालने की पहल उसने की। नहीं। वह कर लेगी अपना काम। एक रूठापन पता नहीं कहाँ अलगनी पर पड़ा सूखता था। गीले ठंडे हाथों के लिए तौलिये की तरह प्रस्तुत मिला।

"अरे वाह! आप तो मुझे शर्मिन्दा कर रही हैं। मेरे होने का नोटिस ही नहीं ले रही हैं। मुझसे तो कुली अच्छे हैं, लोग स्टेशन पर उन्हें याद तो रखते हैं।"

कितनी जल्दी मुक्त हो जाता है विवेक। आत्मीय होकर बाँट लेने का भ्रम पैदा कर लेता है, पर वह...उसके भीतर के ठंडे-अँधेरे कमरे जिसकी चिटखनियाँ जंग से

जकड़ी हुई हैं। उनका प्रवेश-द्वार कहाँ है? कहाँ है उनका प्रवेश-द्वार?

"रुकेंगी या आगे जायेंगी?" वह प्लेटफार्म टिकट खरीदना चाहता है।

"रुकी हूँ।" प्लेटफार्म पर जिस कुछ का सामना होने को है उसके प्रति बचाव मन में है। वह चहक-महक भरी भीड़ और सामान्य हो पाने की अपनी बेबसी। यूँ इच्छा यहाँ रुके रहने की भी नहीं है। मन खाली है। विवेक से संवाद के दबाव से खाली। पर कोई चारा नहीं है।

"चलिये!"

"आप चाहें तो अब वापिस जा सकते हैं। मेरी वजह से आपका खासा समय नष्ट हुआ है।" इस कहने में जितना उलाहना है वह क्या विवेक देख पायेगा?

"जाऊँगा क्यों? आपको जहाँ से लेकर गया था वहीं सुपुर्द करके जाऊँगा।"

"आपके बस की नहीं है यह सुपुर्दगी," ऐसा तीखा मैला वाक्य मन में रड़क कर रह गया।

"अच्छा समय कट गया यहाँ आपके साथ! अब खासा खाली लगेगा।"

लड्डू खाने का शौक नहीं है पर मुट्ठियों में लिए रहने की तृष्णा पूरी है। टाइम कट जाने और खाली लगने की बेचारगी की बात पर इतनी चटक अनुदारता...उसी के...हाँ, उसी के मन में उगी पर अनकही रह गयी।

डॉ. ललितचन्द्र ने घड़ी देखते हुए अर्थ-भरी निगाहें उस पर डालीं। उड़ती दृष्टि से विवेक को भी देख डाला।

"डॉ. विवेक...ऑवर फेमिली फ्रेंड...।" परिचय कराने की उतावली उसी ने की।

"मैं...ललितचन्द्र...लखनऊ विश्वविद्यालय में अर्थशास्त्र पढ़ाता हूँ।" बातचीत के बाकी के सिरे डॉ. ललितचन्द्र ने थाम क्या लिए कि उसे सोचते होने की छूट दे दी।

क्यों नहीं रख सकी थी वह बात अपने ही मन में? क्यों ज़रूरी था गेंद को लुढ़का देने की उतावली में पड़ जाना और दीवारों से टकराकर उसे वापिस आते हुए देखना और झाँकना।

क्यों नहीं समझ सकी थी कि तुला न्याय करेगी तो उसके अस्तित्व को दूसरे के अतीत के सम्मुख तिनका हो जाना होगा। बेतरह चुभ रहा था उस कह दिये होने का आत्मतिरस्कार...।

नहीं जानती थी, जिधर भी करवट लेगी उधर ही दुखेगा। दुखेगा अपने को इस तरह अनावृत्त कर लिए होने का आहत भाव। सामनेवाला अडोल खड़ा है और वह चीनी-पानी हुई चली जा रही है। उससे नहीं हो सका सामने वाले को एक इंच भी सरकाना और स्वयं शिला भर खिसकती चली गयी है। परोसती गयी है अपना आप...।

दुखता यह भी है कि यह सब सोच-विचार, रोना-झींकना, उछाल-उबाल उसी के

हिस्से है। उसी के हिस्से की रस्सी के छोर का रेशा-रेशा खुला हुआ, छितरा हुआ है। दूसरी ओर के छोर पर तो गाँठ है--पक्की बँधी हुई। जकड़ी हुई। चुभती हुई।

जानती यह भी है कि यह सब उसे आहत करने के लिए नहीं किया गया है। नोकों-नखों से रहित है वहाँ का ठंडा अँधेरा। वहाँ होता है विवेक तो अपने से भी परे हो जाने की होती है उसकी परिणिति। दंडपगी लाचारी। उन हिमाच्छादित प्रदेशों में खड़ी होकर जीवनेच्छा को छूने का दुस्साहस करेगी तो ठिठुरन ही हाथ लगेगी। सुन्न ही तो होंगी प्रवाही शिराएँ...।

"आइये! आइये! वापिस आइये...क्या आपको पता है आप इस समय प्लेटफार्म पर हैं।" विवेक ने उसे मुक्त भाव से छेड़ा।

अपने में बिंधे रहकर परिधि पर मुक्त घूमते रह सकने की क्षमता...ओफ़्! कोई भी बिन्दु ऐसा नहीं जो अराग उत्पन्न करे। उदासीन करे। कहीं से कुछ हाथ नहीं लगता। सहायता न भीतर से मिलती है न बाहर से ही। अपना चैतन्य ही अपना शत्रु बन गया है।

"हाँ! जानती हूँ प्लेटफार्म पर हूँ और प्लेटफार्म पर होने का मतलब है जाना।" रोने-हँसने के अनिश्चय के बीच में बना था यह भीगा कातर कथन।

प्रतिक्रिया क्या हुई इसे जानने का समय ही नहीं क्योंकि चाटुकार किरण, "मैडम आइये, आपका बिस्तर खोल दिया है," कहकर एक शाबाशी हड़पने के चक्कर में है।

किरण के बिस्तर खोल दिये होने के कारण ही तो वह भीतर नहीं जायेगी पर एक तेज़ सीटी स्टेशन को गुँजा चुकी है। एक हड़बड़ी सबके तेवर में आ गयी है।

"चलिये!...चलिये!...पहले चढ़ जाइये।..." विवेक का बढ़ता हुआ हाथ उसकी पीठ के स्पर्श से पहले ही थम जाता है।

डिब्बे में घुसकर खिड़की तक आ सकने की जल्दी उसके भीतर नहीं उग पायी। अनमने शैथिल्य ने उस होते होने को विलम्बित ही किया। उस छोटे से रास्ते को अपेक्षाकृत ज़्यादा देर में काटती जब तक वह खिड़की पर आयी तो कुछ स्थिर हो गयी थी।

"कभी फिर आना हो तो खबर कीजियेगा।"

कहना चाहती थी,'अब किसलिए होगा आना,' पर छोटी-सी 'हाँ...'कहकर चुप हो रही। अच्छा लगा इस कहने को सुनना।

गाड़ी सरक ली। दृश्य बदलते रहे। आँखों के सामने अड़े हुए चेहरे नहीं...।

पिचकते हुए गुब्बारे की देह पर जिस तरह सलवटें हाँफती रह जाती हैं, उसी तरह हाँफते हाथ लगे हैं दिल्ली से लौटकर आये हुए दिन। बदहवास। टँगे हुए। न आशा

की आँच में बैठ सकना, न अपनी आत्मतुष्ट उदासीनता में लौट सकना। प्रत्याशा का ऐंचा हुआ इलास्टिक अपने लौटने की यात्रा को चाबुक की तेज़-तर्रार भाषा में कह गया था।

हुआ क्या है जिसके बाद सबकुछ वैसे का वैसा नहीं रह गया। जो कुछ जहाँ-जहाँ था, वहाँ-वहाँ नहीं। पता नहीं चीज़ें अपदस्थ हो गयी हैं या उन्हें छूनेवाले हाथों का प्रवृत्ति बदल गयी है। घर लौटकर आये होने का इतमीनान हाथ ही नहीं लगता।

यह तो अच्छा है कि रोज़ सुबह उठकर यूनिवर्सिटी जाना होता है, और वहाँ के माहौल में सब रंग घुल जाते हैं पूरी तरह। मन की आबोहवा उतनी घुटन-भरी नहीं रहती।

तिस पर विज्ञापन के उत्तर-प्रत्युत्तर के प्रसंग अभी तक खुले हैं। दहकती हुई अँगीठी की तरह खुले। उसके लौटने तक तो ख़ासी चिट्ठियाँ जमा हो गयी हैं। शरत भैया असाधारण उत्साह में हैं। तनिक उत्तेजित भी। अम्माँ और अधिक कुढ़ी हुई।...एक उसी प्रसंग के ढक्कन बार-बार उघाड़ती हुई अपनी बौखलाहट की भाप छोड़ा करती हैं दिन-रात। यह बौखलाहट तब से और भी बढ़ गयी है जब से छोटे भाई कौशल के विवाह की बात जज साहब की लड़की से चली है।

"मैं कहती हूँ तुम लोगों को यह सब करना है तो करो...मुझे कौशल की शादी पहले कर लेने दो।"

"पहले-पीछे की कोई बात नहीं है अम्माँ। जिसका पहले तय हो गया, हो जायेगा...अभी कौशल को एक साल लग सकता है। आखिर पढ़ाई पूरी करेगा या नहीं?" यह शरत भैया हैं।

"कल को वह एतराज़ करें तो?...खानदानी आदमी हैं।

"किस बात का एतराज़?"

"वसु के ब्याह का। तुम्हारी तरह बेशरम नहीं हो गयी सारी दुनिया।"

"बेकार की बातें करती हो अम्माँ। इसमें बेशरमी की क्या बात है।" शरत भैया तीखे हो गये हैं।–"फिर कौशल लवमैरिज करने बैठेगा तो वैसे भी किसी को किसी भी बात से फ़र्क क्यों पड़ने लगा। मुझे तो तुम्हारी ही बातें बेसिर-पैर की लगती हैं।"

अम्माँ को सिर-पैर दीखते हैं इन सब बातों में। यह तो अच्छा है वैसी लालसा उसके मन में है ही नहीं, इसीलिए किसी चीज़ के मिलने और छीने जाने का दुख-सुख भी उसे नहीं व्यापता पर अम्माँ का रवैया...? जाने-अनजाने घायल करते हैं उनकी वर्जनाओं के नुकीले नख। संकट पड़ता है तो पक्षी भी अपने शिशुओं पर डैने फैला लेते हैं, पर अम्माँ...अम्माँ के लिए तो...।

वह तो खुद जानती हैं। कितना घुटनभरा है छोटे से आँगन के ऊपर का घुप्प अँधेरा और पैरों के नीचे प्रश्नातीत धीरज की जमी हुई चीकट। उन चौहद्दियों में कहीं

से भी रोशनी की राहत नहीं आती।

अनुभवों के ठीक वही पड़ाव। उसी पगडंडी पर खामोश, निरावलम्ब आगे-आगे चलती अम्माँ। रोशनी उस आँगन में नहीं भी छनती,पर वह खुद चौहद्दी से परे रोशनी तक चली तो जाती हैं। निर्बन्ध पवन बाहर बहती दीख तो जाती है उसे, पर अम्माँ?...

क्यों?...क्यों नहीं दीखी अम्माँ मुझे तुम्हारी और अपनी सहचरता। क्यों कभी इन बातों पर ध्यान ही नहीं गया। आदत पड़ गयी है वर्षों से तुम्हें इसी तरह देखने की।

अम्माँ! ऐसी ही अम्माँ। ऐसे रंग-रूप में अम्माँ। इसी हैसियत में अम्माँ। जड़ हो गया है उनके चारों ओर का दृश्य। वे दिन भी कभी रहे होंगे अधिकार की पूरी उठान में इसी घर-आँगन में खिलखिलाया करती होंगी अम्माँ—बाबूजी के रहते।

वे दिन भी, झुरती-बिलखती रही होंगी वह—बाबूजी के बिना। अपने हिस्से का वह सब सहा होगा उन्होंने। पता नहीं कब और कैसे।

चेतना की नदी में जहाँ-तहाँ बिखरे धूमिल टुकड़े। शरत भैया की शादी। प्रभात के समय भाभी को लिवाकर लाया गया था। दालान की दायीं दीवार पर की सतत पट-खुली अलमारी। उसमें अम्माँ के ठाकुरजी प्रतिष्ठित हैं, साथ ही बाबूजी का एकमेव चित्र। भाभी भैया को सहेजकर लाते तक तो अम्माँ उमंगायी-सी थी। प्रफुल्लित। फूल उन्होंने, पहले बाबूजी के चित्र पर चढ़वाये। माथा भी पहले वहीं नवाया गया। खुद भी किसे देखती रही थीं वह एकटक, ठीक से पता नहीं।—अभी तक तो अच्छी-भली थीं, फिर कब और कहाँ से शुरू हुई थी किरकिराने की वह हद...ऐसी बिसूरती हुई, ऐसी अधीर होकर वह रोयी थीं कि...। कौशल उन्हें देख-देखकर टाँगों से लिपटा और ज़ोर से रोने लगा था।

टायफायड से उठी थीं, निमोनिया में पड़ गयीं। फेफड़ों में जकड़न, बुखार और प्रलाप।—'बहुत हो गया...तुम्हारे बिना लगता था दस पल भी नहीं जी पाऊँगी, अब उन्नीस बरस हो गये हैं।' अम्माँ के मोहरबन्द धीरज को फूटने के लिए उस हद तक पहुँची बेसुधी दरकार थी क्या?

वह सारे नन्हे अबोल लगाव और छिपाव। निजी दस्तावेज़ों के बक्सों के तलों में पड़े भुरभुराते हुए पीले पन्ने...। मौसी आयी हुई थीं और अम्माँ बरसों से बरौठे में पड़ा काठ का बड़ा बक्सा खोलकर बैठी थीं। वह बक्सा सबको जादू का पिटारा लगता है...अनूठी चीज़ों का अक्षय भंडार। पर अम्माँ थीं कि हर नयी चीज़ को अपनी ही पालथी के आसपास दाबती चली जा रही थीं। छूने लगने से एक हड़बड़ायी बेचैनी उन्हें अस्त-व्यस्त-सा कर देती रही। लाल गोल से गट्ठर की गोटा टँकी कोर ने उसके भीतर चाव-भरी उत्कंठा को उकसा दिया था। पकड़कर खींच ली थी वह गोटा लगी कोर। अदबदाकर नीचे बिखरे—जार्ज पंचम की मोहर लगे तीन-चार भुतैले लिफाफे

और एक मुड़ा-तुड़ा-सा भूरा धूमिल फोटो। बाबूजी के साथ माँ का बिन्दीवाला चेहरा—माँ जैसा लग ही नहीं रहा।

"आऽहा!" उसी ने फोटो को धरती पर से झपटते कहा था—"इसे हम बाहर क्यों नहीं रखते?" अम्माँ की चोर-चतुर आँखें बेमतलब अपराध भाव को ओढ़े फर्श से चीज़ें बटोरने लगी थीं।

ऐसी कितनी ही घटनाएँ। अरोक प्रवाह में ठहरे-ठिठके कितने ही द्वीप।...खोये की गुझियों को खाते-पकाते बाबूजी की नायाब पसन्दगियों के बार-बार स्मरण।... अम्माँ की याचक आँखों को जोहते, शरद भैया द्वारा कौशल के नोच-खसोट स्वभाव की चंगुल से बचाया गया बाबूजी का काश्मीरी चोगा...। दीपू के मुंडन के समय बिकने जाती बड़ी परात को लेकर अम्माँ की भुरभुराती कृतज्ञता—'कर धरकर रख गये। उन्हें तो पहले ही पता था उनके बिना गुज़ारनी पड़ेगी सारी ज़िन्दगी।'

मन को और टटोला जायेगा तो पता नहीं कहाँ-कहाँ क्या-क्या धरा मिल जायेगा। जुड़ती जायेंगी कड़ियाँ। दुखों को मन के अँधेरे तहखानों में झोंकते अम्माँ के हाथ दीखने लग जायेंगे।

समझ में आने लग जायेगा जो कुछ भी वह करती है--यह शोर और विरोध... सबकुछ आदतन है। एक जड़ी-जकड़ी परम्परा का पालन। वह मन की नहीं, ममत्व की नहीं, संस्कारों की भाषा बोलती है। उनका बोलना कितने सारे गुम हो चुके बोलों का जोड़। कितनी लक्ष्मणरेखाओं के गहरे और गहरे निशान। कितने ओढ़े-ओढ़ाये अँधेरे के परदे। अपने अभावों को भी अम्माँ ने पहने देखा है, वहीं शोर-भरी जकड़ीली बेड़ियाँ। अपने साथ भी उनकी हस्ती ने वही सलूक किया है। गठरियाँ सरका दी हैं अँधेरे तहखानों में और नेम-धरम, कायदे-दस्तूर की रस-रौंद जमात की अगुआई करने बैठ गयी है।

वंचित हुए हाथ में पकड़ा ही दी जाये तुला तो कम तौलते होने का क्या उलाहना?

अधीर-सी हो आयी। पलटकर देखा। अम्माँ वैसी-की-वैसी बैठी हैं जड़। शरत भैया की झिड़की से सहमी हुई। जानती है अन्ततः होगा तो वही जो शरत भैया चाहेंगे। अम्माँ की हैसियत कब की भुरभुरी हो चुकी घर में। कब का हस्तान्तरित हो चुका अधिकार की उठान में तनकर खड़े होने का उनका हक। बुज़ुर्गियत बलवान नहीं बेजुबान हो चुकी है उनके मामले में।

इस तरह अचानक पास आकर बैठ जाने को अम्माँ ने अचम्भे से देखा है। टटोलते हुए। नाक पर के रिक्त स्थान पर भौंहों की चुटकी-सी चटक आयी है।

अम्माँ के अचम्भे का क्या उत्तर है? क्यों वह वहाँ से यहाँ तक उठकर आयी है? अम्माँ ने घुटने के एकदम पास। आकर क्यों कहीं गुम-सी हो गयी है?

"क्यों?...कुछ कह रही हो?"

"नहीं। कुछ नहीं कह रही।" कितनी अनुपयुक्त होती है ऐसे किसी आख्यान के लिए रोज़-रोज़ की ज़िन्दगी।

"कितनी बार कहा है सिर में थोड़ा तेल चुपड़ा कर। कॉलेज में बोल-बोलकर सिर खाली हो जाता होगा।" उन्होंने आगे की लट को उठाकर कान के पीछे उमेठ दिया है। ऐसे झुके बैठे होने से सामने पड़ जाते उसके सिर को देख रही होंगी अम्माँ।

जानती है अब वह क्या कहेंगी। ठाकुरजी के भोग के बादाम या चौकी के नीचे के मेवे के लड्डुओं का सुराग बतायेंगी। अच्छी चीज़ों के लिए अम्माँ का तर्क है—"मरे बादाम-सदाम अब कटते नहीं" फिर भी पा लेने की मनाही उनके तेवर में कहीं नहीं दीखती। गिरती-पड़ती चौकियों के नीचे सहेजती रहती हैं मेवे की कटोरियाँ। दीपू, चिन्तू नटखट हैं—"पता नहीं कब...।"

"लोग तो कहते हैं...'मूल से ब्याज प्यारा है' पर तुम्हारे लिए तो बस मूल-ही-मूल है अम्माँ।" शरत भैया चिढ़ाते हैं।

"तेरे बेटों की देख-रेख कर लेती हैं तेरे बच्चों की अम्माँ। इस बिचारी...।"

पता नहीं कहाँ-कहाँ से क्या-क्या हरिया जाता है। अम्माँ की ममता का अचूक हाथ...फिर भी शरत भैया से उन बातों पर भिड़ जाने के उनके धड़ल्लेदार रवैये।

क्यों सुबह ऐसी ही उगती है।

आँख खुलते ही खिड़कियों के पल्लों पर बच्ची धूप अपनी नन्हीं-नन्हीं हथेलियाँ बजाने लगती है और आकाश के आयताकार टुकड़े को धकेलता एक चेहरा उस चौखट के बीचोबीच आ खड़ा होता है। धीरे से वह अपने को उठाकर रख लेती है वहीं। उसी चौखट पर। उसी सान्निध्य में। उसी वृत्तान्त में। उसी संवाद की साँसों के बीच।

तब सब परे हो जाता है। आकाश। धूप की नन्हीं-नन्हीं हथेलियाँ। बाहर का अधजगा शोर। हिलते हुए परदे।

तब सबकुछ बिसर जाता है—गयी रात को मुट्ठी में भींचकर रखे गये तपस्वी संकल्प, अपनी निरासक्त निजता।

—क्यों मुक्ति नहीं होती। आँगन के फर्श पर पटापट सिर मारती पानी की धार जब समय का टोहका देती है तो हड़बड़ाकर पैर पलँग के नीचे पड़ी चप्पलों में धँस जाते हैं। खड़े हो जाने पर वह संसार पीछे छूट गया लगता है पर हर रात वह वहीं, उसी पलँग पर अपनी लम्बी जकड़ीली जटाएँ खोले ध्यानमग्न मिलता है। रोज़! लगभग रोज़।

डर अनिर्णय का नहीं, निर्णय का है। चिन्ता शरत भैया के उत्साह की है। उनकी सन्नद्धता की, जो दत्तचित्त होकर उसे कहीं-न-कहीं नत्थी कर देने की चिन्ता में हर समय अपने पंजों पर खड़ी रहती है बैचेन।

उसके ही लिए जीवन-विकल्प को पा लेने की बेचैनी है और वह ही अनिश्चय की दीवार से लगी घबरायी खड़ी है।

तीसरी बार जगा गयी हैं भाभी।

वह उसी तरह आँखें मींचे पड़ी है। उन्हें क्या मालूम वह कब से जाग रही है। तीन बजे के घंटे उसने सुने हैं फिर प्रभात फेरी के पहले पास आते फिर दूर जाते स्वर...उसके बाद की अजान। उसके बाद मन्दिर के घंटे, शंखध्वनि और कीर्तन। कानों की राह चलकर आता हुआ महसूस होता रहा है उसे दिन...।

सुबह आजकल ऐसी ही उगती है—अधूरी। पिछली रात के हाथ में छूटी हुई। दिन का तनाव पिछली रात की राहत में पूरी तरह नहीं घुलता। अगले दिन में धँसता चला जाता है—बेरोक।

पोर-पोर में ऐसी थकान को लेकर उठना कैसा लगता है।

"आठ बजे तो उसकी गाड़ी भी आ जायेगी।" भाभी फिर अन्दर घुसते हुए कहती हैं। शरत भैया दरवाज़े के पास चुप खड़े उस चिन्ता को अपनी उपस्थिति से उकसा से रहे हैं।

वह उसी तरह खड़े तकते न रहते तो वह अभी और पसरी रहती। उन दोनों के मन में जितनी आशा है उतना ही उछाह-उत्साह।

उसके मन में न इच्छा है, न उत्सुकता न उत्साह। आत्मघाती लगती है सजा-सजाकर परोसे जाने की लज्जा। पत्रों की गड्डियाँ देखकर लगता है आधी दुनिया उसे ब्याह लेने को उतावली है। पत्रों के मजमून ऐसे कि जैसे सर्वगुण-सम्पन्नता चौराहों पर रखी मिलती हो। भेंट ऐसी जैसे किसी नौकरी का इन्टरव्यू। हर पछाड़ ऐसी कि अपने को ही खील-खील कर देती लगे।

नाम अलग-अलग है, लोभ वही-के-वही। एक आये थे उन्हें बच्चों की माँ चाहिए थी। दूसरे को तगड़े वेतनवाली कमाऊ औरत। उन्हीं में से किसी एक को निवृत्ति के बाद समयकाटू मूरत की ज़रूरत थी, और किसी एक को अपनी देह की चुप्पी को आजमा लेने की हौंस।

लोग आते हैं। जाते हैं। नापते हैं। तौलते हैं। कौंचते हैं। लहूलुहान करते हैं। और तो और अपनी पुरुष-प्रभु सजगता में फैसले का अधिकार भी अपना ही समझते हैं—क्यों न हो...नियति के पेड़ से अधपके फल की तरह टूटी वसुधा के लिए उतनी उदारता तो ज़रूरी है। उसकी ओर से मना कर दिये जाने पर कितनी भौंचक्की-सी दिखती है आत्मघोषित श्रेष्ठता की उनकी आहत छवि।

अब इन महाशय के आने से कौन-सी कोटि के लोभ को उद्घाटित होना होगा।

उठते ही सीधी आँगन में आ गयी है। धूप की उतनी-सी चिलक भी चुभी है। हाथ-पैरों में जाने क्यों तीखा नकार...उधार की गति कब तक उसे चलाया करेगी।

ठीक-बेठीक, यह साक्षात्कार अन्तिम होगा। कई महीनों से चलती आ रही बात का लिहाज।

अभी तो साढ़े नौ ही बजे हैं कि फोन आ गया है। 'लखनऊ पहुँच गया हूँ। यूनिवर्सिटी गेस्ट हाउस के कमरा नं. चार में ठहरा हूँ।' शरत ऑफिस जाते समय मिसेज़ वसुधा चौधरी को वहाँ छोड़ते जायें। यही ठीक रहेगा। असली बात तो उन्हीं से होनी है।

शरत भैया तो पहले ही उनके तेज से चौंधियाये बैठे हैं। कितने ही पत्रों का आदान-प्रदान हुआ है। पत्र पैने हैं। प्रखर। आत्म-गौरव की आँच में सिंके हुए। कुरकुरे।

'शरत क्यों बीच में पड़े हैं।' उन्होंने पत्र में लिखा था–'श्रीमती वसुधा चौधरी (यही नाम वह लिखते हैं) वयस्क हैं। अपना दायित्व स्वयं सँभालें। स्वयं पत्र-व्यवहार करें।' उनकी बौद्धिक सजगता को यह सारा रवैया बेहद बचकाना लगता है।

शरत भैया आप्लावित। ढरकने को तैयार। पत्रोत्तर दे देने के फरमान को लेकर उसकी ओर आतुरता से उन्मुख।

''इस तरह बिना देखे-समझे पत्र लिखने की कोई मानसिकता नहीं बनती...'' उसने धीमे से उत्तर दिया था।

छाछ भी फूँककर पीने की इच्छा होती है। नामों के आगे डिग्रियाँ और विशेषण। चेहरे पर गम्भीरता-शालीनता के मुखौटे। भीतर वही खदबदाती हुई भुक्खड़ लम्पटता जो खंडित कुँआरेपन के एहसास के सामने कितनी जल्दी नंगी हो जाती है।

समझ ही नहीं पाती कि उन सबके साथ आयी शालीनता क्यों ड्राइंग रूम की कुर्सियों पर चिपकी बैठी रह जाती है। एकान्त शिराओं के खून को कब और कैसे बदल देता है।

शरत भैया की त्योरी चढ़ गयी–''ऐसी बातों से सामनेवाला नाखुश भी तो हो सकता है...विचार त्याग भी दे सकता है... ।''

''ऐसा त्याग पहले कर लेना अच्छा है।'' दबी जबान उसने अपनी बात पहुँचा दी थी भाभी को। साथ ही यह भी कि–क्यों किसी की प्रखरता के प्रभाव में अपने को ही बदलने-ढालने में व्यस्त रहा जाये। यह सब शरत भैया से निश्चय ही कहा नहीं जा सकता था।

आज सुबह का फोन फिर उन्हें अस्त-व्यस्त कर गया है। गरम टोस्ट पर रखी मक्खन की डली की तरह पिघलने-पिघलने को होते शरत भैया को लक्ष्य करके उसने

फिर भाभी की आड़ ली है—"एक बार घर तो आने दो। तुम लोग भी देख-समझ लो...।"

कितने दिनों से आने वालों को देख रही है। उनके तड़कते हुए मुखौटे। मन बन्द। देह फाँक की तरह खुली हुई। इस स्थिति में पड़ी न होती तो क्या कभी जानती कि प्रौढ़ता कितनी अरक्षित, कितनी उतावली होती है। कितनी जल्दी उच्छृंखल हो जाती है। हवस का, रस का स्वाद जानती है, इसलिए झपट पड़ती है। यौवन उद्दाम ज़रूर है पर बेपरवाह। तपता हुआ। पवित्र। उसे ऊपर जाना है इसलिए ऊपर ही देखता है। रूप, रस, गन्ध को खोजता है। रास्ते को खुद खोलता है, रास्ते में खुद खुलता है।

घर में मिलने से पहले गेस्टहाउस में मिलने जाने से इनकार बुरा लगा है शरत भैया को। अपने संकीर्ण लगते होने की चिन्ता भी इस बुरे लगने में शामिल नहीं है क्या?

रात डिनर पर उन्हें देखा। कुछ निर्भाव-सी लगी उपस्थिति या खुद ही आलोचक हो गयी है ज़्यादा। चेहरा यदि चरित्र का अभिसूचक होता है तो वह कुछ चतुर ही अधिक लगे। पैनापन अन्दर तक पगा हुआ। बात को दूरी तक तानकर फिर समेट सकने के कौशल में पूरी तरह निपुण।

उनके प्रभामंडल में चौंधिया रहे हैं शरत भैया और भाभी। प्रखरता दोहरी होकर धूप में पड़े दर्पण के टुकड़े की तरह चमक रही है—चकमक।

मन दुबका बैठा है। क्यों लग रहा है कोई भी लहर इस तट से उठकर उस तट को नहीं छू पायेगी। उर्मियाँ शान्त पड़ी हैं। जल अडोल।

लहरों-उर्मियों का तर्क बड़ा बेतुका लगा है भाभी को। उनके हिसाब से वह चेहरे-मोहरे, हाव-भाव पर जा रही है।

"असली तो आदमी की आन्तरिकता है। उसे ही देखना चाहिए। सच पूछो तो निखिल का सौम्य सुदर्शन चेहरा तुम्हें इस कदर आक्रान्त किये है कि..."

काश! दुर्घटना में पिचका-रौंदा निखिल का भयानक चेहरा उन्हें भी याद होता। उनके चेतना-कोष्ठों से भी चिपकी होती उस दर्शन की थरथराती दहशत।

बीच में हर औचित्य को लाँघकर बार-बार उसे ही सम्बोधित करना चाहते हैं वह श्रीमान और ऐसा करते समय खाना भी भूल जाते हैं। टकटकी लगाकर देखते हैं और प्रश्न पर प्रश्न टपकाते हैं। 'क्या करती हैं?...क्या करेंगी?...क्या एंबीशंस है?...एंबीशन जीवन का इसेंस है ज़िन्दगी की सारी तामझाम तो बस उस इंटिलेक्चुअल साल्वेशन के लिए है।' लगता है अंग्रेजी उनकी मातृभाषा है।

इस सिरे से उस सिरे तक आत्मप्रभुता को तानकर हर किसी को अनस्तित्व बना देने की उनकी चेष्टा नागवार लगती है। बुरा लगता है इस बेहूदा तरीके से अपना

ही स्मारक बनाते जाने की ईंट-दर-ईंट आपाधापी परन्तु शरत भैया तुष्ट हैं। अपनी लचकी हुई भद्रता से उनके अहम को पुचकारने में व्यस्त।

खाना खाकर जाते समय अगले दिन 'श्रीमती वसुधा चौधरी' को यूनिवर्सिटी गेस्ट हाउस में सुबह दस बजे पहुँचा देने की बात दोहराकर-तिहराकर कहते गये हैं।

वह सुबह ही उलझ चुकी है शरत भैया से। आगत के घर आते ही भुगत जायेगा मामला उसका अनुमान था। यूनिवर्सिटी से इन सज्जन के निमित्त तीन दिन की छुट्टी लेने की क्या ज़रूरत है? उसकी उलझन है।

"इससे ज़्यादा ज़रूरी काम और क्या हो सकता है?" शरत भैया का तर्क है।

उनके और अपने दबाव...और उन दबावों की जड़ों का फ़र्क—यह सब कैसे कह पायेगी भैया से।

"व्यर्थ होगा कल मिलने जाना।" उनके जाने के बाद ही उसके मुँह से खलबलाकर निकल गया है। भाभी का चेहरा एकाएक तमतमा गया है।

"क्यों तुझे कोई पसन्द ही नहीं आता?" भाभी झल्लायी हुई हैं इस बार...भीतर से कठोर। यह उनकी और शरत भैया की झल्लाहट का जोड़ है।

झल्लायी हुई तो वह भी है, उतनी ही। पर अपनी झल्लाहट अपनी है। अपने भीतर ठहरी रह सकती है। बात चीरती चली गयी है।—क्या मात्र मेरा ही दोष है? पूछने को मन में आता तो है पर अपने किसी भारी-भरकम दोष की छाया में हर किसी के निर्दोष दीखते होने की उसकी...मात्र उसकी लाचारी।

"जानती तो हो, उतना आसान नहीं है अब...वक्त-वक्त की बात है।"

"जानती हूँ।" कहने की जल्दी करती है। मान लेती है। मान लेने पर सामनेवाला चुप तो हो जाता है।

"खुद सोचना चाहिए। सबकुछ किसी एक ही जगह पर मिल भी कैसे सकता है। कहीं-न-कहीं तो समझौता करना ही पड़ता है, फिर दोनों तरफ़ देखना पड़ता है।"

दोनों तरफ़ देखते ही तो पानी-पानी हुई जा रही है। जताया जा रहा है यह अधिकार उसे नहीं है—चुनाव की श्रेष्ठता का अधिकार। उसकी अपनी झोली में भी बड़ा-सा एक छेद है। अपने गिरेबाँ में झाँककर देख सकने का विवेक भी तो उसमें होना चाहिए...

उठकर रसोई में चली आयी है। भाभी भी चलती चली आयी हैं पीछे-पीछे। बुझते चेहरे को देख लिया होगा ज़रूर। बेमतलब उसी के आसपास डोल रही हैं। उसकी कनखियाँ जान रही हैं। गिन रही हैं उनके कदमों की बेध्यान आकुलता...।

"तुम्हें बुरा लग गया है न...पता नहीं मुझे क्या हो जाता है। अपने पर क्यों लेती हो, इसे मेरी चिन्ता ही समझ लो..."

आवाज़ में स्पर्श है—पहुँचता हुआ। पर उसके मुँह में भी शब्द हैं कुछ पहले के

ठहरे हुए...''किसी-न-किसी की गर्दन से टाँग देना ज़रूरी है क्या। सिर पर पड़ती है तो सब रह लेते हैं अकेले...''

अपने कमरे में चली आयी है। यह अकेला कमरा ही मात्र एक आत्मीय है। पड़ते ही लगा बिस्तर ठंडा है। खिड़की अँधेरे की एक चौखट भर। बाहर-बाहर है—कटा हुआ। भीतर-भीतर है अपने में।

''आय टेल यू...आयम मोर ए मेंटल दैन फिज़िकल बीइंग।'' औपचारिकता के किनारे को जल्दी ही छोड़कर वह पूरी धार में आ गये हैं।...''मैं चाहता हूँ दिमाग़ के लिए जीना...दिमाग़ को फीड करना...दिमाग़ की चैन...दिमाग़ की सुपीरियारिटी को मैं इनडिस्प्यूटेबल मानता हूँ...सुन रही हैं न?''

सुन रही है। इन सारे दिनों में सिर्फ सुनती ही आ रही है। सबके अपने लोभ। अपने-अपने बयान। किसी को उस जमीन से कोई खास वास्ता नहीं जिस पर वह खड़ी है।

''आप जैसी ऐनलाइटेंड महिला ही इस बात को समझ सकती है। आपके भैया ने लिखा था आप स्वभाव से बड़ी ही सेंसिटिव और विचारों से बड़ी प्रोग्रेसिव हैं। तभी समझ गया था आप समझ जायेंगी मेरी बात...। सार्त्र को जानती हैं न?...क्यों नहीं जानती होंगी भला। मेंटल कम्पेनियनशिप की क्या मिसाल कायम की है। लाइफ़ ऑफ कम्पलीट मेंटल प्रिज़र्वेशन...एक-दूसरे की वजह से कोई तोड़-फोड़ नहीं...कोई हस्तक्षेप नहीं हालाँकि आपको कुछ नयी लग सकती है यह सब बातें। असल में इसमें आपका कोई कसूर नहीं। बड़ा आर्थोडॉक्स-सा पैटर्न लगता है आपके घर का। आपके भैया तो बस...''

वह अपने एक हाथ पर दूसरे हाथ को मारकर ठहाका लगाते हैं और जेब से कुछ निकालकर अपने मुँह में सरका लेते हैं।

''आपके भैया तो आपको बिलकुल गुड़िया ही समझते हैं। मैंने तो पूरी कोशिश की कि सम्पर्क आपसे सीधा स्थापित हो, पर आपने पत्र लिखकर ही नहीं दिया। सच कहता हूँ, हर किसी का एक ही रिएक्शन है। मैं कहता हूँ कोई तो उस ढर्रे को बदलेगा...कोई तो आगे चलेगा...देखिए न बातें सोशल चेन्ज की होती हैं और आइडियाज़...? जैसे इन दोनों बातों में कोई ताल्लुक ही न हो। किसी भी चेन्ज के लिए वन हैज़ टू अटैक द रूट्स...द आइडियाज़। उसके बिना यह सारी जहालत चलती रहेगी।—यू कैन नेवर कल्चर दैम इन फ़ेवर ऑफ हायर लाइफ़...।''

एक में से एक निकलती उनके हाई आइडियाज़ की कड़ियाँ और अपनी ही आवाज़ के प्रति ऐसी बेमिसाल आसक्ति।

पानी पर पड़े पत्ते की तरह एक फबती मन में तैरी—लगता है आपको अपनी आवाज़ से खासा प्यार है। पर उलझने से लाभ। बकझक अच्छी है एक तरह से। निरापद। रेशम के कीड़े की तरह अपने मुँह की लार अपने पर बुनती चलती है। नहीं तो जब आकर बैठी थी तो एक अनजाना भय रीढ़ की सँकरी सुरंग में से सरसराता हुआ शीर्ष पर तनाव का गोला बन कनपटियों को ऐंचने लग गया था।

"कितना बेहूदा लग रहा हूँ न मैं आपको...आप सामने बैठी हैं और मैं बातें बदलाव की कर रहा हूँ। असल में मुझे आपसे कुछ खास पूछना ही नहीं है। आपके भैया लिखते रहे हैं आपके बारे में।...वैसे भी मुझे किसी की पर्सनल डिटेल्स में कोई रुचि नहीं है। हालात कुछ-न-कुछ किसी-न-किसी के तो होते ही हैं...आदमी प्रोग्रेसिव हो तो आगे की तरफ़ देखता है..."

इतने प्रगल्भ आदमी के साथ बैठे होने की सुविधा खूब है। अपने को एक जगह पर रख लिया और कान खोल लिए। बात करने के लिए उन्हें इनसान नहीं, उगालदान चाहिए लगता है।

"असल में बात जो करनी थी वह आपसे ही हो सकती थी...पर्सनली..."

पहली बार आवाज़ के घुड़सवार की लगाम लगती दीखी।

"...टू बी आनेस्ट...मेरी शादी हो चुकी है। बहुत साल पहले...जैसे आपकी हो चुकी है। फरक इतना है, वह अभी सही-सलामत हैं।...चौंकिए नहीं। आपको कोई फरक नहीं पड़ेगा। मैं उज्जैन में रहता हूँ। वह सागर में रहती हैं। यह तय है तुलसीदास ने ढोल गँवार वाली उक्ति उन्हीं जैसी किसी महिला को देखकर लिखी होगी...खैर...खैर..."

ध्यान भटक गया उनका। शायद पहली बार वह दरारों के बीच खोये खड़े पकड़े गये।

"हाँ! तो मैं क्या कह रहा था...कोई और होता तो छिपा भी जाता...पर मैं ऐनलाइटेंड लोगों की कद्र करता हूँ...। वही ऐसे लोग हैं जो बेहतर चीज़ों के हक में अपने हालात को सब-ऑर्डिनेट कर सकते हैं...आपको मैं उसी श्रेणी में रखता हूँ। एक बात बताऊँ...।" वह सोफे से अपनी पीठ हटाकर अपने को बीच की मेज़ के क़रीब ले आये। बातें करते उनका हाथ अब मेज़ की सतह पर नाचने लगा।

"मैंने तो उज्जैन में आपके लिए जॉब का पता भी कर लिया है। उसी आधार पर क्वार्टर भी मिल जायेगा। मैं आप पर कोई दबाव नहीं डालूँगा। आप चाहें तो अलग भी रह सकती हैं..."

दबी ज़बान आत्मीयता उड़ेलते होने की यह गुपचुप नरमी। ड्यौढ़ी लाँघे बिना आँगन के बीचोबीच पहुँच जाने की ऐसी तड़ातड़ी। ऐसी बातें करते वह उसे कुटिल नहीं खब्ती-से लगे।

"यों शरीर की भी अपनी माँगें...।"

"वह तो कहीं भी पूरी हो सकती हैं, फिलहाल तो यह काम आपकी पत्नी भी कर सकती हैं...।" उनकी सब-समेट अपेक्षाओं को टीप देने का जी चाहा।

"नहीं! नहीं समझ रही हैं आप...शी डिस्टर्ब्स द माइंड...कटखनी औरत है। मैं तो उसे छूना भी नहीं चाहता वैसे दिल-दिमाग़ की औरत को। मुझे पहले ही विश्वास था। आपको देखकर तो और पक्का हो गया—यू कैन होल्ड वेल—माय बॉडी एंड माइंड...।"

अपने पंजों पर आगे को झुके, मेज़ के पार से उनके आगे बढ़े हाथ ने उसके हाथ तक़ पहुँच पाने की बेचैनी-सी जतायी। लम्बे फूलदान से बेध्यान खेलता अपना हाथ उसने झट वापिस ले लिया। इस अबोली सावधानी से वह बुझ गये। लगभग निस्तेज़।

यह एकाएक की चुप्पी पीड़क अधिक लगी। पता ही न चले कौन कहाँ विचर रहा है।

"यह क्या ज़रूरी है कि सामनेवाले के विचार आपके जैसे ही हों।" मौन भंग करने के लिए अधिक कही यह बात। ज़रूरी नहीं लगा अपनी मंशा को उसी समय, उसी जगह, वाद-विवाद के और पता नहीं कौन-कौन-से खतरे मोल लेते हुए जताना। सहज अनुत्तेजित ही बनी रहे पारस्परिकता तो अच्छा है।

"कोई ज़रूरी नहीं। यही तो मैं भी आपसे कह रहा था, कोई आगे चलने के लिए तैयार नहीं है। क्या आप भी नहीं?"

कैसी लगती है ऐसे किसी व्यक्ति के चेहरे पर अनाश्वस्त कातरता—उत्कंठित भी पर उतनी ही लाचार।

"इतनी जल्दी उत्तर देना कैसे सम्भव है?" इस अनजाने एकांत में, स्थिति से चुपचाप बच निकल आने की चिन्ता ही मन में प्रमुख है।

"सोच लीजिए...मुझे कोई जल्दी नहीं है।" कथन के अबूझ अनिश्चय से दिप गया उनका साँवला-सा चेहरा।—"पर इस दफा उत्तर खुद लिखियेगा। रुकने को कहें तो एकाध दिन रुक सकता हूँ। मुझे कोई जल्दी नहीं है जाने की।" वह पूरा ध्यान साधकर उसका चेहरा ताक रहे हैं।

"ख़ैर...कहीं चलना पसन्द करेंगी? कहीं भी...पिक्चर?...बाजार?...ऐनीव्हेयर...। चलिये न।"

"नहीं। घर जाना ही ठीक होगा। बारह बजे से मेरा क्लास है।" झूठ बेमानी सही पर क्रूर तो नहीं।

उनका चेहरा राख सा बुझ गया।—"एक बार चाय और पी लीजिये। मँगाता हूँ।"

"मँगा लीजिये।" घंटी बजाने को उठ खड़े हुए। लौटकर बगल की कुर्सी पर बैठे। सामने के सोफे पर नहीं।

चाय भीतर की अपनी-अपनी चुप्पी को तैरते संवादों के टुकड़ों से ठेलते हुए पी गयी।

कैसे उठा जाये? किस बिन्दु को उठने की भूमिका बनाया जाये?

वह अपनी एक टाँग दूसरी टाँग पर चढ़ाकर हिलाते-से रहे। आशंका-उत्कंठा की कैद के उलझाव में अजीब तरह से उद्विग्न। न वह उत्ताल तरंग उनके चेहरे पर थी पहले जैसी। न अलगाव मुक्ति दे देनेवाला। बीच में कहीं ठहरा हुआ अबोल तनाव। अपना नहीं। उनकी प्रत्याशा का। बिलकुल मुखर। बिलकुल पारदर्शी।

"मैं चलूँ...?"

"आप जब भी जाना चाहेंगी मैं आपको छोड़ आऊँगा। इसका यह मतलब नहीं कि मैं चाहता हूँ आप जायें। अभी रुकिये न थोड़ी देर...।"

"नहीं। बताया था न क्लास...।"

बिन्दु उसे मिल गया तो सुविधा ही हुई।

वह उठकर अलमारी तक गये। चप्पल उतारकर किनारे रख दी और बूट कसने लगे...। "आप शादी ही करना चाहेंगी तो हो जायेगी, बट सीक्रेटली।" फीता बाँधते उन्होंने मुँह उठाया।—"कानूनन तो, ऐसा हो नहीं सकता। आप जानती होंगी, कानून से उलझने के हजार बखेड़े। दिमाग़ का कबाड़ा हो जायेगा।...और कोई उत्पात ही करना चाहें तब तो और भी।"

छोड़ने जाने की जहमत ज़रूरी नहीं। इस सुझाव पर वह लगभग बौखलाये से हो आये।

"आप कमाल करती हैं। ऐसा गैर-जिम्मेवार कैसे समझ लिया है आपने मुझे।"

कोई और समय होता तो कहती—एक तरफ़ नियम-तोड़ अगुआई की निर्बन्ध अपेक्षा और दूसरी तरफ़ अकेले घर जाने के सवाल पर परहेज़। पर उनकी बेचैनी किसी दूसरे खाते से चलती चली आयी थी। जानती है, जिम्मेवारी का कथन तो आड़ है—सुन्दर सुघड़ आड़।

"वैसे भी मुझे हजरतगंज के लिए निकलना ही है। कौन-सा दूर पड़ता है वहाँ से बनारसी बाग।"

रिक्शा में आधी दूरी तक वह चुप बने रहे। ऐसे प्रगल्भ आदमी की चुप्पी उसके बोलने से अधिक बोलती लगती है।

घर के निकट आने ने अस्थिर-सा कर दिया उन्हें। यह अस्थिरता ज़रा ही देर में उसे अपने हाथ के ऊपरी भाग पर एक दबाव की तरह महसूस हुई। बहुत धीरे

से उसने उनका हाथ उठाकर उनकी जाँघ पर रख दिया। सारे रास्ते फिर वह वहीं पड़ा रहा--अडोल!

श्रीमान इंटिलेक्चुअल को किये गये इनकार से सब क्षुब्ध हैं। वह भी इस तरह का इनकार। शरत भैया की अनुमति के बिना। वह भी फोन पर। सुरक्षित संचित महसूस करते हुए—''आय एडमायर योअर प्रोग्रेसिवनेस बट आयम टू आर्थोडॉक्स ऐज़ यू सो करेक्टली ऑब्ज़र्वड।''

''नहीं, नहीं।'' वह बेचैन हो आये। एक लम्बे भाषण को प्रस्तुत। हाथ की दलीलें गुँधे आटे की-सी लचीली। जिधर चाहा मोड़ लिया।—''सुनिये तो सही।'' उन्होंने अधीर होकर कहा था—''कुछ समय और दीजिये बात करने का। आप आ रही हैं या मैं आऊँ?...आप मुझे ठीक नहीं समझ रहीं। चाहेंगी तो शादी भी हो सकेगी।''

''किसकी कॉस्ट पर!''

''आपका सोचना ग़लत है। वहाँ तो पहले से ही सब चौपट है। हम मियाँ-बीवी तो पहले से ही अलग रहते हैं।''

''ऐसा कुछ करने के लिए जो चाहिए होता है वह कुछ और होता है। कम-से-कम दो अजनबियों के बीच किसी योजना पर कोई बाजारू-सा समझौता नहीं। वह मजबूरी कभी हो भी तो दिल में होती है दिमाग़ में नहीं और आप...।''

बाकी के सब खाने 'विश यू लक' कहकर खाली छोड़ दिये थे।—''अब इस बारे में मेरे भाई साहिब से उलझना व्यर्थ होगा—वह भी मेरी ही तरह सोचते हैं।'' साथ में यह भी जोड़ दिया।

हर संकट-सनी सम्भावना को ढाँप दिया पूरी तरह। जानती है मूर्ति गढ़नेवाली मिट्टी की तरह किसी-न-किसी रंग-रूप की अनुकूलता में शक्ल अख्तियार करने के लिए दिन-रात गूँथा-गोड़ा जायेगा यह प्रसंग। शरत भैया के मतानुसार एक अकेले सुपात्र का प्रसंग।

यह घेरा-घारी उस समय हुई होती जब सामनेवाले ने ''यह स्वतन्त्रता मैं अपने आपको भी नहीं देता।'' कहकर पट बन्द कर लिए थे तो कुछ बात बनती। ढलानें रपटीली सही पर चमकीली भी तो थीं।

बातें भाभी ने सुनी थीं। भैया को पहुँच गयी। उनकी अपनी दलीलों के चटखारों के साथ। शरत भैया रुष्ट हैं। असन्तुष्ट। भीतर से कठोर। उनके अनुसार बिना सोचे-समझे अवहेलना कर दी गयी है एक नायाब आदमी की।

''और उनका इतिहास? उनकी पत्नी? और दिमाग़ की सुपीरियारिटी के नाम

पर ऐसी धाँधली? क्यों इन सब बातों का कोई ज़िक्र ही नहीं। पूछना चाहती है इनसान के दिमाग़ का इनसान के आचरण से क्या कोई सम्बन्ध नहीं बनता? दिमाग़-ही-दिमाग़ होता है क्या पूरा आदमी?"

बेचैनी की जड़ यहाँ नहीं कहीं और है। "राय तो ली जा सकती थी।" शरत भैया, भाभी को उन्मुख होकर ही ऐसी बातें कहते हैं। "समाधान तो हमेशा होता है, हर बात का।"

यही तो वह नहीं चाहती थी कि शरत भैया की चौंधियायी हुई पक्षधरता, समाधान की रस्सी से उसका गला बाँधकर, उन श्रीमान के निकट और निकट ले जाने के अभियान में कल से बैचेन नजर आये। इसीलिए उस अदृश्य अपेक्षा को फोन पर ही काटकर फेंक दिया। उसके हिसाब से पटाक्षेप हो जाना चाहिए था उस प्रसंग का पर शरत भैया का हिलता-डोलता मन?

"इतने खुले विचारों के इतने आधुनिक व्यक्ति मिलते कहाँ हैं। यह समाज तो आखिर बदलते बदलेगा।"

उसके प्रति चिन्ता में संकुचित होते-होते विवेकहीन हो गये लगते हैं उसे शरत भैया के दृष्टिकोण। वह उनसे उलझने को कसमसा रही है—आधुनिकता किसे कहेंगे आप? कुछ भी कैसे भी उचित-अनुचित कर लेने के दुस्साहस को? किसी भी स्थिति को मनमानी जगह से तोड़-फोड़कर अपनी सुविधा के लिए इस्तेमाल कर पाने की उच्छृंखलता को?

शरत भैया फीके पड़ जाते हैं इन बातों से। यह फीकापन उनके भीतर की दुविधाओं का है। कभी कहते हैं—"अपने को क्या पड़ी है जंजाल मोल लें!" पर कभी उनके तर्क का सिक्का अचानक अपना पहलू बदलकर किसी दूसरी दलील की आड़ में जा खड़ा होता है।

"वसु के मन में भी कुछ उनके जैसी हिम्मत होती तो पटरी बैठ जाती। आगे-पीछे शादी भी सम्भव हो सकती थी। आखिर तलाक भी तो लेते हैं लोग। दूसरी शादियाँ भी करते हैं। असली बात तो यह है कि किस नजरिये से कोई आदमी कोई कदम उठाता है।"

"कौन-सा नजरिया तारीफ़ के काबिल लग रहा है भैया को?" उसकी उत्तेजना भाभी से पूछती है क्योंकि शरत भैया से पूछ नहीं सकती—"घर फोड़कर बौद्धिकता का व्यवसाय चलाने का नजरिया? नीचे पड़ी खट्टी छाछ छोड़कर मक्खन को हथियाने की चतुराई में कौन-सी खूबी दीखती है तुम लोगों को नजरिये की।"

उत्तेजित हो गयी तो उसी रौ में कहती चली गयी—"कुछ भी हो अपने नजरिये और हिम्मत की खूबियों को वह उस हद तक नहीं ले जाना चाहती जहाँ वह दूसरे के गुण-अवगुण का विचार ही त्याग दे..."

सुनकर पता नहीं क्यों बेहद उत्तेजित हो गयी हैं भाभी। एकाएक भड़क गया उनका दुनियावी चोला।–"गुण-अवगुण रहने दो तुम...कौन दूध का धुला मिल जाता है इस उम्र में। कुछ अपना खोट, कुछ दूसरे की लाचारी...इसीलिए बात बन भी जाती है नहीं तो..."

अभी तक तो एक पत्नी के रहते दूसरी पत्नी की आकांक्षा बेहूदा लगती रही थी उन्हें, पर इस समय पता नहीं क्यों?...खूबियाँ और हिम्मत और इस तरह के गुण-अवगुण का विचार...यह छूट, यह अधिकार उसे नहीं है...नहीं है क्या...

बार-बार दोहरायी जाती है उम्रकैद की सज़ा। हमेशा के लिए सामने खड़े सामाजिक अपराध के सींखचे। जो रक्षणीय है अपने लिए, वही आक्रमणीय है सबके लिए–अपना आत्मविश्वास। वही अरक्षित अनावृत्त पड़ा है हर किसी के सामने।...

...वही बना रहे तो किसलिए यह रक्षा के तम्बू?...किसलिए पहरेदारों के लिए विज्ञापन...किसलिए पात्र-कुपात्र के कन्धों पर लदकर दुनिया देखने की लाचारी। इस तरह जो मिलेगा उससे क्या सधेगा? किस बात से रक्षा होगी? कभी कहीं शील के खंडित हो जाने की सम्भावना से...?

वह क्या किसी चौराहे पर उघड़ा पड़ा है?

तय कर लिया था तो फिर कह भी दिया–साफ़-साफ़। बस-अब-आगे-और-कुछ-नहीं के अपने निर्णय की पूरी तफसील।

सोचने बैठी तो अपने को ही असंगत लगा अपना रवैया। झींकते-पीटते भी रहना। चाहे-अनचाहे उन सबकी दी हुई दिशाओं में बहते भी जाना।

पहली बार लगा उदासीनता बहाव में निष्प्रयास बहते जाने की निरीहता ही नहीं, कूड़े-करकट में फँस जाने की सम्भाव्यता भी उतनी ही है। वेग से निर्दिष्ट दिशा में बहता पानी अवांछित उच्छिष्ट को अपने आप ही पीछे छोड़ता जाता है।

साफ़ कह सकना ठीक है। सही स्वीकारी नहीं जा रही यह खींचतान। किसी-न-किसी के साथ बाँध देने की मजबूरी।...किसलिए ज़रूरी है कुत्ते की तरह गले में पड़ा स्वामित्व का पट्टा। मात्र पट्टा। क्या करेगी उन सन्बन्धों का जो न सार्थकता दे सकते हैं न साहचर्य के सत्व की पहिचान।...डर अनगिनत ही सही पर सदा अनिवार्य तो नहीं...होंगे भी तो जो सामने हैं उनसे बड़े भय अब क्या होंगे। नियति की मार सह ली गयी किसी और की भी सह ली जायेगी। किसलिए हर घड़ी अपने पंजों पर सशंकित खड़े रहना।...प्रत्याशाओं की प्रभुता में घुटना।...क्यों अब ऐन मौके पर शिक्षा-दीक्षा की उपलब्धियों को भुला दिया जाये और शादी के बाज़ार में एक बार उनकी कीमत डलवा चुके होने के बाद सजावट के सामान की तरह उन्हें

समेट कर रख लेने से आगे चला न जाये...क्यों नहीं हो सकेगा इतना कि अपने पैरों पर...अपने अस्तित्व के अधिकार में...अपने आत्मविश्वास के बीच जीना।

पर ऐसा सब सुनकर ऐसी प्रतिक्रिया क्यों होनी चाहिए थी। किसलिए भाभी के चेहरे पर इतना मोटा लिख गया—अविश्वास। क्यों भरोसे से इतनी खाली उनकी दृष्टि?

उसने तो एकदम निरावेग निराक्रोश भाव से कही थी यह सारी बात। बिना उपालम्भ उलाहने के। ज़रा भी जताये-उकसाये बिना। चर्चा से परे रखते हुए कि उनकी इस तरह की चेष्टाओं से किस तरह की क्षति पहुँचती रही है। किस तरह धज्जी-धज्जी होता रहा अपने में अपना विश्वास। दुखती जगहों पर ही दबाव देते रहे हैं किस तरह उन सबकी हितचिन्ताओं के अबोध हाथ।

चाहती नहीं थी शिकवे-शिकायत की धुआँस से गँदला हो गया दीखे निर्णय का काँच। समझाना हो सके जिसे समझाने की मन में बेचैनी है। सहज विश्वास के लिए ही तो यह भी जोड़ दिया था—यह भी सिद्धि कही जायेगी श्रीमान इंटिलेक्चुअल के आने की कि तलछट छन गयी दुविधाओं के पानी की।

अटपटी-सी लगी सामने बैठी भाभी के चेहरे पर अबूझ उलझन की छाया। "ज़रूर कुछ कहा होगा अम्माँ ने। तीन दिन से बुड़बुड़ कर रही हैं।"

"अम्माँ क्यों कहेंगी?"...अप्रिय लगी उस नाम के स्पर्श-भर से बदमिजाज हो गयी उनकी जिज्ञासा।—"उनके कहने का वैसे भी...।" आगे के शब्द अपने आप ही निःशब्द हो गये। अच्छा या बुरा...अम्माँ के विवेक को हस्तक्षेप से अधिक और कौन-सा दरजा हासिल है कि कोई उनकी पैरवी करने बैठे।

"क्या पढ़ा दिया है तुझे?"

"कहा न, कुछ नहीं कहा उन्होंने।"

कुछ कहा भी हो तो क्यों खोल देगी? क्यों हथौड़े के नीचे सिर रख देगी वह अपनी अम्माँ का। क्यों कहेगी कि आयी थीं परसों। झुटपुटे के समय। एकदम दबे पाँव। पता नहीं क्यों और किससे आँख बचाती हुई।

टेबललैम्प के उजले वृत्त के नीचे एकाएक उसे दीखा था मेज़ के कोने पर रखा उनका हाथ—उभरी नीली नसों के जाल की जटिलता को दर्शाता।

"क्यों अम्माँ?" अस्त-व्यस्त हो आयी थी। कई दिन से लग रहा था उसके और उनके बीच संवाद की सहूलियत हो सकती थी पर पता नहीं क्यों नहीं होती।

वह भरी हुई-सी दीखी थी। "यह शादी-ब्याह के मामलों में कोर्ट-कचहरी के पचड़े क्या होते हैं? सिर पर छाता भी तानो और उसमें भी सौ छेद..."

"किसकी बात कर रही हो अम्माँ?"

"तुम्हारी...मेरा मतलब है उस उज्जैनवाले की...। दो-दो गिरस्तियाँ किसी के बस

की हैं? कोई लाख अलग रहे, अपना हक माँगने दौड़े आने में क्या लगता है। बेअक्ल तो फिर भी लड़ लेगा। अक्लवाले को तो लड़ने में भी शरम आती है। तू ही मारी जायेगी।''

''तुम ठीक कहती हो अम्माँ!'' एकाएक करुणा का सहलायापन उसके अपने मन में पता नहीं कहाँ से चला आया। कहाँ से आया वह निरीह स्वीकारभाव–जो कुछ भी देना हो दे दो अम्माँ–चाहे सीख...

अच्छा लगा उनकी भुरभुरी हैसियत को लौटा देना नन्हा-सा प्रभुता भाव। बिना जताये कि जो चिन्ता उन्हें है वह चिन्ता कहीं है ही नहीं। उज्जैनवाले को मनाही तो कब की की जा चुकी। दुनियादारी को ढलानों पर बिनछुए ही लुढ़क गयी थी अम्माँ के अनुभबों की गठरियाँ। बिनखुले ही जिनका मौसम गुजर गया था।

''पर बहू को...मेरा मतलब है शरत को...वह लोग तो अभी भी...''

''तुम चिन्ता न करो अम्माँ।'' पता नहीं किस चीज़ ने भीतर से उचककर उस झुर्राये हड़ियल हाथ की सख़्ती को ढाँप लिया था। अपनी हथेली के नीचे। त्वचा के एहसास के बिलकुल साथ।

एकाएक अस्थिर हो गयीं अम्माँ। पिघली-सी, पर विस्मित अधिक। उनके चेहरे पर लिख गया अनबूझा-सा अचम्भा। अनुपलब्ध के क्योंकर उपलब्ध हुए होने की हैरानी। अपने सबों की कृपणताओं का लम्बा इतिहास।

''बैठो न अम्माँ!'' उसने खाट के कोने पर से अपनी किताब सरकाकर जगह खाली कर दी। इस सुझाव से हड़बड़ा-सी गयीं वह।

''नहीं-नहीं मैं बैठूँगी नहीं...मैं अब जाऊँगी। तुम पढ़ो...सोने से पहले दूध माँग लीजियो...खुद।'' अपनी मलगुझी साड़ी की चुन्नट को सँभाले कमरे की छोटी-सी ऊँचाई से दबे पाँव उतरती वह बाहर चली गयीं।

उनका इस तरह जाना खाली-सा कर गया। पीड़ित भी। अपने अधिकार को भोगने के लिए भी क्या अपने सिर पर तने मौसम की उदारता चाहिए होती है? ऐसा न होता तो किसलिए इतना आँखचोर हो गया होता अम्माँ का अपनी बेटी पर भी अचूक अधिकार...

पीछे को पलटी हुई सोच भाभी की शंका को शह दे गयी। तड़ककर बोलीं–''मैं जानती थी यह खुन्नस उन्होंने ही लगायी होगी। अपने से कुछ हो न सके और दूसरों के करने धरने पर अड़ंगा लगाते रहो।''

''कहा न कुछ नहीं कहा अम्माँ ने।'' तल्ख़ी-सी चढ़ आयी।

''तो फिर?...कुछ और तो नहीं है तेरे मन में...?'' इस तल्ख़ी ने अम्माँ का बचाव तो ज़रूर कर दिया पर उन्हें खामोश नहीं कर पायी।

''और क्या?''

"कुछ भी...दिल्ली में उससे मिलना तो हुआ होगा?" खखोल-खखोलकर देख रही हैं ऐसे जैसे काया के हर परदे को चीर डालेंगी।

"किससे?"

"विवेक से।"

"न ऽ हीं।...हाँऽआँ...हुआ था...मेरा मतलब है होना ही था। यूनिवर्सिटी का समारोह जो था।"

"तुमने बताया तो नहीं।" एक पैना उलाहना। उस समारोह में किसी के होने की अनिवार्यता की सफाई की तरफ़ उनका ध्यान ही नहीं। उनकी आँखें पता नहीं कहाँ, किस दिशा में देखने को बेचैन हैं।

उत्तर क्या हो सकता है इस बात का। चुप रही तो बस चुप रही। कोशिश के दबाव से भी परे।

"क्यों...तुमने बताया नहीं कुछ?" प्रश्न और चटक हो गया। कोंचता। टटोलता।

"बताने को कुछ हो भी तो...।" चिढ़ जाना जैसे ढलानों से रक्षा कर ले जायेगा।

"हुँऽ ऽ ऽ!"

किसलिए यह दीर्घ दारुण हूँ ऽ ऽ। लग रहा है कहीं और उलझी हैं वह। अनदेखी कड़ियाँ जोड़ती। यह उनका अन्याय होगा। इन बातों का उन बातों से सम्बन्ध जोड़ना। इस समय के नकार को किसी दूसरी अपेक्षा में अवस्थित करके देखना।

उन्हें क्या पता वह एक अनुत्तरित फैलाव है। पूरी तरह बंजर। पुकारों-प्रत्याशाओं से परे...एक कब्रगाह की प्रतिलिपि...एक बेसँभाल बीहड़; जिसमें...

"कुछ बताया तो होगा ही।" अनुमान को निष्कर्ष तक पहुँचाकर बच-बचाव की सम्भावना को वह जैसे पहले से ही निरस्त कर देना चाहती हैं।..."मेरा मतलब है वह...उस तरह का पत्र उसने राजीव को क्यों लिखा?"

"मुझे कोई क्यों बतायेगा...किसलिए?" झूठ की भाषा के बेवजह तटस्थ हो जाने को उसने खुद ही संयत कर लेना चाहा।—"सुना ज़रूर था शादी करना ही नहीं चाहता...किसी की वजह से..."

"क्या किसी दूसरे से हो चुकी है उसकी?"

"नहीं। वह गुजर चुकी है बरसों पहले।"

"तो फिर क्या...।" उत्कंठा की धार पर तनता तनाव एकाएक मुक्त हो गया—"पागल है...तूने कुछ नहीं कहा उससे?"

"मैं क्या कहती...क्या कह सकती थी।"

"क्यों? कह क्यों नहीं सकती थी...हरज क्या था कहने में? कभी-कभी..."

अवाक्! उस लड़खड़ाते चौर्यभाव ने इस सुझाव को पल्ले में बँधे पीठ पर

प्रलम्बित पड़े चाबी के गुच्छे की तरह आगे खींचकर पता नहीं किस तरह मुट्ठी में भींच लिया...

"ऐसा होता है कभी-कभी।" पता नहीं कहाँ-कहाँ देख रही है भाभी की दुनियादार आँखें..."इनसान अपने हालात से टूटता है पर दूसरों की दी हिम्मत से उठ खड़ा होता है। तुम भी तो..."

उस ढलान पर पहुँचकर एकाएक अटपटा अवर्ण-सा हो आया भाभी का चेहरा। जताने की आत्मरचित असावधानी से लज्जित।

क्यों?...पता नहीं क्यों 'तुम भी तो' का छुई-मुई चोटीलापन उसे उस समय नहीं छू पाया। छूते रहे कंकड़ से उपजे वर्तुलों के छोटे-छोटे आघात। भीतर से तरंगायित कोमल आघात।

एक छोटी-सी बूँद जैसे जामन की।

एक नन्हा-सा बीज—सम्भावना संचित। भीतर-ही-भीतर चल रहा है संवाद। वह है कि उलट-पलटकर देख रही है इबारतें। देख रही है कहकर। फिर कहने की जगह अपने को रखकर। आप्लावित हो उठने के अचम्भे के बीच।

क्या सच में हो सकता है ऐसा कुछ होना। जैसा होता है "कभी-कभी। इनसान अपने हालात से टूटता है दूसरों की दी हुई हिम्मत से उठ खड़ा होता है।"

दी नहीं थी क्या वैसे आश्वासन की दस्तक। पूछ-पूछकर, कोंच-कोंचकर जताते हुए कि जीवन की पुकार मुत्यु के हाहाकार से अधिक समर्थ है। अधिक आमन्त्रक।

कैसे कह सकती थी कि वह अपना ही नाम था जिसे उस समय उसने कह दिया था—जीवन! अपने में से ही प्रवाहित होती लग रही थी उस समय—जीवनेच्छा। चाह और चेष्टा। अपने में से उत्पन्न—अपने और दूसरे के अँधेरे को एक साथ लाँघ जाने की अकुंठ ऊर्जा। जीवन प्रवाह के बीच निधड़क खड़े हो जाने का उत्साह।

उससे तो उस संकोची थरथराहट में कहा तक नहीं गया था कि उस सारे अटकाव और ठहराव के अतिक्रमण का वैसा बल उसके अपने भीतर भी कहाँ से आया। कैसे चल निकली जमे हुए उद्गम से प्रवाहिणी। कालग्रस्तता के अँधेरे में से पता नहीं कैसे हाथ लग गयी थी ऐसी अदम्य ऊर्जा।

पर इस तरह। परिधि पर खड़े। टोहते-टटोलते। काँपते-झिझकते कैसे दी जा सकती है किसी को आश्वस्ति। वह भी अपने अचम्भे से उद्विग्न। सामनेवाले के इतिहास को भूलकर। लक्ष्मणरेखाओं की अवहेलना करते हुए। तुलना में अपने भी अनिष्ठावान हो गये होने की आत्मपीड़क लज्जा की दलदल के बीचोबीच।

कैसे लाँघे जा सकते थे प्रतिबन्धों के इतने पहाड़। एक साथ। कैसे दी जा सकती

थी मर्म को छू देनेवाली हार्दिकता।

हार्दिकता दी नहीं गयी तो लौटकर कैसे आ पाती। देने से ही शुरू हो सकता था कोई पाना।

अभी तक तो अपनी ही अपेक्षाओं पर केन्द्रित रही दृष्टि। अपना मन ऐसा ढुलका रहा जैसे आत्मरत भिक्षु। क्यों भूल गयी अपने भी प्रति चाह से परे होकर कैसे हो सकता था विवेक का किसी दूसरे को चाहना। पुकार गयी ही नहीं तो प्रतिध्वनि कैसे पलटकर आ पाती...।

जो कहा नहीं गया अब वह कह दिया जाये। कहकर देख लिया जाये। उत्तर मिल सकता है। शायद न मिले। जानती है निर्द्वन्द्व नहीं है रास्ता। न अबूझ ही। अबूझ होती है कोई बात तो खोलने के उपक्रम में कोई अर्थ हाथ लगता है। उलझन भरी हो सकती है उन स्थलों पर पैर रखने की चेष्टा जो पहले से ही बियाबाँ करार कर दिये गये हों। उससे भी अधिक कष्टप्रद, निष्ठा के स्तूपों के सम्मुख तनकर खड़े रहना। अपनी तत्परता को अपनी अनिष्ठा की तरह सहना।

सहेगी। इसमें से हो गुज़रने को भी सहेगी...। लिख सकने की चेष्टा करेगी। बिना भूमिका के।

...क्या तुम्हें भी पता है विवेक, यह जो कुछ भी मेरे भीतर जागा है यह सब कैसे हो सका। तुम्हारे सान्निध्य में मैंने इसे पता नहीं कैसे पा लिया। तुम्हारे और अपने चारों ओर घिरे अँधेरे के बावजूद।

इसे पा लेने पर लगता है—अँधेरा कुछ भी नहीं होता। होता है प्रकाश का अभाव। उजालनेवाली। उष्णानेवाली। अलगानेवाली शक्ति का अभाव। वह होती है तो सच और झूठ यथार्थ-अयथार्थ के बीच की भ्रान्ति बनी नहीं रहती। अपने आप खारिज हो जाती है। पर जब कोई आँख मूँदकर बैठा रहेगा तो कैसे आ पायेगा प्रकाश। कैसे हो पायेगा झूठ में झूठ का एहसास। सच में सच की प्रतीति।

...तुम्हारे सामने खड़े होकर इस सब होने को जाना है। नहीं तो मुझे भी क्या पता नहीं थी क्या होती है निस्पन्दता। अनिच्छा और उदासीनता।...उतना ही क्यों। उससे भी अधिक। उतना अकेला कहाँ होता है किसी का चेहरेवाला दुख। आसपास की कँटीली झाड़ियों में से होकर गुजरते हैं इन दुखों के रास्ते। अपने काँटे सो काँटे परिधि पर के भी हजार काँटे...

...तुम्हारे लिए कितना सहज और सरल है सारा रास्ता। अपने से उठकर अपनी परिधि तक आ जाने का रास्ता। आकर देखोगे तो जानोगे कि केन्द्र अपना सही पर परिधि चतुर्दिक है। कितनी उदार। कितना विश्रान्ति भरा है यह नेहलीपा तट।

...अनादर न मानो तो कहूँ। सच सही अतीत, पर वह अपने भीतर का ही तो है न। सचमुच का अतीत तो कब का जा चुका। कई साल पहले। अपने को हमेशा

अपने ही साथ लेता जाता है अतीत।

...उस निर्विकल्प नियम के विरुद्ध तुम नहीं जा सकते। इच्छा-अनिच्छा से तय नहीं कर सकते उसके होने-न-होने के बीच का फ़र्क। उतना स्वैच्छिक नहीं है विधान इस धरती का।...होता तो वह सबकुछ कैसे हो पाता जो उसके अपने साथ हुआ। वह भी तो वहीं खड़ी थी—उन्हीं पड़ावों पर—अतीत अभाव में। वर्तमान रिक्त भाव में। भविष्य अनिश्चित। उसकी भी वैसी ही थी यात्रा। उसके समान तत्-सम।

...फिर भी चेतनता आ जाती है क्योंकि जड़ता के बावजूद वह कहीं मौजूद होती है।

...यह सुनना क्या अच्छा नहीं लगता कि तुम ही उत्प्रेरक हो बित्ते-बित्ते में बजते चैतन्य के?...मानती हूँ विश्वास तुम्हें नहीं हो रहा। नहीं हो पायेगा क्योंकि विश्वास में हो जाने की उन्मुखता तुम्हारे मन में जो नहीं। न अपने सामने के दृश्य को देखने की इच्छा। न अपने पैरों के नीचे की जमीन को महसूस करने का मन...। जिद्द जड़ता नहीं हो जाती एक हद से आगे जाकर?

...इस तरह आँखें बन्द करके कैसे हो सकता है जीना। अभाव में अपने पूरेपन को ढूँढ़ना। अभाव अभाव रहेगा। एक बड़ी नहीं। एक बड़ा शून्य। और तुम वह नहीं हो—उस न होने से एकरूप।

तुम्हारे सामने बिछी है धूप। और ताप। और खुली हुई खिड़कियों से आता प्रकाश। अलगाव की शक्ति। उससे भी आगे आऽऽ...आमन्त्रण। खुला आमन्त्रण। जिसे ढाँप-ढककर नहीं, आच्छन्न-प्रच्छन्न करके नहीं, मुक्त भाव से कह देना चाहती हूँ।...साहचर्य सहयोग चाहती हूँ। हार्दिकता मन में है। अभिन्नता की अनुभूति भी। असीम...अमाप। कोई कुछ पाना चाहता है तो उसे देने का विश्वास भी उसके भीतर होता ही है। मैं भी...मेरा भी...

लिख पा सकने की इच्छा है। अभी...आकंठ उन्मुखता के इसी नुकीले क्षण। वह उपलब्ध होता है तो एकाग्रता अपनी भाषा खुद बोलने लगती है पर इस समय कुछ भी तो नहीं हो सकता।

आज चोपड़ा भाई सपरिवार खाने आने को हैं। सद्यःब्याहता अरुणा अपने पति सहित जौनपुर से आयी है। इधर से उत्साह जितना है उधर से अपेक्षा भी उतनी। भाभी के साथ हाथ बँटाना तो ज़रूरी है ही, उन सबके बीच अपनी उपस्थिति को जताना तो और भी ज़रूरी। उस दिन की घटना के बाद आवश्यक-सा हो गया है उष्णता-उत्साह का प्रदर्शन। जानती है शरत भैया की प्रसन्नता-अप्रसन्नता भी उसके रवैये से उतनी उदासीन नहीं होगी।

कल सुबह फिर अपने उद्वेगों के साथ उगेगी। किसी एकाग्रता के लिए असम्भव। उस भगदड़ में वैसे भी कहाँ रह जाता है किसी क्षण को अक्षुण्ण पा जाना। चार दिन के बाद यूनिवर्सिटी में उपस्थिति। लेक्चर की तैयारी...शाम का ट्यूटोरियल और कल्पना।...सोमवार को तो वह एक असन्दिग्ध उपस्थिति होती है यूनिवर्सिटी में। शनिवार को दूसरा और सोमवार को तीसरा पीरियड दोनों को एक साथ खाली मिल जाता है।

उसे देखते ही कल्पना को कुछ-न-कुछ तो कहना होता है चाहे वही, वही पर उसकी अपनी दृष्टि से अछूता। कल कहाँ-कहाँ और कैसे-कैसे...परसों किसलिए और किस कारण। उसकी रूखी साँवली त्वचा पर उस समय ऐसी कान्ति फूटती है कि इस संसार के न्याय-अन्याय के विधान को झकझोरने का जी चाहता है। यह कहाँ लिखा रहता है कि इन पलड़ों पर कुछ खास तरह की चीज़ें ही तुला करेंगी।

"कैसे भरोसा कर पाती हो कल्पना...किसी और का पति...किसी और का पिता..."

शुरू-शुरू में वह कुछ उखड़ती थी। एक दुविधा-सी कहीं लरजा करती थी उसके भीतर। एक आँख बचाता हुआ-सा लाचार-भाव। बाद में आक्रामक होने को प्रस्तुत हो गया उसका अरक्षित अकेलापन। ठीक-ग़लत की बात चली नहीं कि भड़केगी।

"इस संसार के ठीक-बेठीक का ठेका क्या मैंने ही लिया है।"

उत्तर में कहने को तो बहुत कुछ होता है परन्तु उसके प्रति उतना बेलाग़ हो पाना नहीं हो पाता न उतना अनिजी। पता नहीं कहाँ से पा गयी है उतना-सा सुख। उसकी मुट्ठी में भिंची उस छोटी-सी उपलब्धि की बाहर झाँकती कोर को खींचकर सच की धूप के हवाले कर देने का साहस ही नहीं होता औचित्य के नाम पर भी नहीं। चुप रह जाना पड़ता है।

जानती है सोचने के नाम पर कोई उसके हित में कुछ नहीं सोचने का। घर भर पर पिता बनकर छाया है उसका प्रौढ़ कुँवारापन। वह गुरुता जब चुनी थी तब मजबूरी थी अब नियति बन गयी। अक्षुण्ण आर्थिक नियति। दो भाइयोंवाले घर को अभी तक भी अनुकूल पड़ता है उसका अभय आशीर्वादी हाथ। बेमाँग सयानापन।

दायित्व उठाने की उसकी तत्परता ने दूसरों को दायित्वहीन ही बनाया था। छोटी बहिन बौराई थी प्रेम दीवानी...उसकी पीर को पहिचानना ही पड़ा। ब्याही गयी। कृतार्थ हुई। भाई पढ़े-लिखे भी। फूले-फले भी। ब्याहे-बच्चेदार भी हुए। कल्पना वहीं-की-वहीं...हर दिन कुछ और अधिक विरस...और विमुख...कभी त्वचा के रिसने से व्यथित कभी कलेजे की दाह से पीड़ित।

उसके बाद जो कुछ भी हुआ पता नहीं कैसे होता चला गया। छत्तीस वर्षों से ढलानों पर बेमतलब बहता पानी किसी दूसरे की भँवर में ठहर गया। वह अधिकार

किसी और का हो भी तो कल्पना के लिए थी एक अनुपम उपलब्धि। अँजुरियाँ भर-भरकर अपने आँगन में उलीच लेना चाहती है वह झट बह जानेवाला अनधिकृत जल। जाने कैसी चिन्ता-सी घुमड़ती है मन में...।

"ऐसे कब तक कल्पना?"

"अच्छा बस।" वह अब इस आते हुए प्रश्न को पहले से सूँघ लेती है। पट बन्द कर लेती है अपने प्रकोष्ठों के। न उतनी दुविधाग्रस्त रही है अब। न उतनी बहिर्मुख। अक्सर गुम-सी हुई रहती है। डायरियों-पत्रों में व्यस्त। अपने एकान्त में खाली छोड़ दिये जाने की ज़रूरत को अब वह उस हद तक मुखर कर देती है कि सामनेवाले का आत्मसम्मान उसे लक्ष्मणरेखा के सिवा कुछ और समझ ही नहीं सकता। वह घुल-मिलकर बातें ज़रूर करती है पर उस बिन्दु तक अपने को विसर्जित नहीं करती जहाँ अभिन्नता खुद अपनी इच्छा से अनावृत्त हो जाती है। अर्थ भरे होते हैं अब उसके कहे-सुने के बीच के मौन।

एक गहरा लगाव कितनी चीज़ों से विलगा देता है व्यक्ति को।

शुरू-शुरू में वह उसे मिली थी। बहुत अधिक उन्मुख। बहुत अधिक प्रस्तुत। उसका करुणाया खालीपन दुख की पहिचान में प्रवीण। जाने कैसा आत्मीय सम्बन्ध स्थापित हो गया था। कम समय में ज़्यादा चल आये होनेवाले फासले का सम्बन्ध।

सहज हो गयी थी उसके साथ अपने मन के उतार-उबाल की आँट-बाँट जो घर में कहीं नहीं मिल पाती। माँ माँ रहती है। भाई भाई ही। भाभी भाभी ही। रिश्तों की लीकों और हदों में बन्द। ज़िन्दगी फैल-उलझ जाती है। लीकें उसी तंगदिली में स्थिर हुई रहती हैं। तब अच्छा लगा था रिश्तों के परे का कोई रिश्ता--अभिन्न। झेलता हुआ। उन्मुख...।

उन दिनों कुछ घाव भी ताज़े थे। कुछ अनुभव के अभाव की उलझनें। कुछ उखड़ने-अपदस्थ हो गये होने की दाह। यातना देनेवाला था अपनी मूल मौलिक भूमिका से बेदखल कर दिया जाना। नौकरी-चाकरी की मजबूरी के रू-ब-रू अपने को खड़े पाना।

कितना टूटी किरकिराई थी, जब पहली बार यूनिवर्सिटी आयी थी। सँभलने की नहीं, बिखरने की लगी थी घर के बाहर की यात्रा। सपनों-सुविधाओं को पीछे रख आने की अविश्राम यात्रा। लगा था, आज से शुरू होनेवाली मजबूरी अब सतत साथ रहेगी। रोटी-पानी को जुटाने की मजबूरी। इस व्यवस्था में होने की भी एक आदत होती है...एक तैयारी जो उसके अस्तित्व को नहीं थी। अध्यापन कभी सोचा भी था तो तब नहीं...। वह पड़ाव अभी आया नहीं था। निखिल की मानसिकता में तो बिलकुल भी नहीं। अभी तो कितना कुछ इच्छित...कितना कुछ ज़रूरी।...उसे तो

चाहिए थी—स्त्री ही नहीं और अधिक स्त्री। और अधिक माँ।—"तुम्हारे जैसे सुन्दर बच्चे..."

"वही के वही रहे तुम...दादीनुमा, पुरातनपंथी। आई. आई. टी. में पढ़ाने से कोई चोला थोड़े ही बदल जाता है।" उसने निखिल को चिढ़ाया था।

"व्हाय यू आर आउट टू स्नैच आल कलर फ्रॉम लाइफ़। अच्छी स्त्रियाँ देयरफोर अच्छे बच्चे। कुछ समझ में आता है या नहीं?"

"यह अच्छी स्त्रियाँ क्या खास शै होती है?"

"बताऊँ?...बताऊँ?...बताता हूँ।" और बस।...

उसे क्या पता होगा एकाएक चिन्ता और चिन्तन से परे हो गयी हैं अच्छी स्त्रियाँ...सुन्दर बच्चे...ज़िन्दगी के चेहरे पर पुती ललाई की ललक...

अच्छा ही हुआ निखिल, इतनी बदरंग होकर नहीं मिली तुम्हें तुम्हारे हिस्से की ज़िन्दगी। सुन्दर (?) बच्चे के अवतरण की सम्भावना ने अपना इरादा बदला भी तो तुम्हारी मृत्यु के बाद...ठीक सोलह दिन के उपरान्त।

कितने बेरहम बदरंग तरीके से खारिज हो गयी थी तुम्हारे अधिकार की आखिरी छाप।

हड़बड़ाकर उठी।

चेहरा तरबतर।...क्या नदी के पानी से?...हाथ बढ़ाकर खिड़की का पर्दा खींच लिया। बाहर अँधेरा है। ठिठका हुआ अँधेरा। उस आच्छन्न शून्य में से ध्यान द्वारा सुनने की चेष्टा की। एक बस दूर कहीं कोई रास्ता चीरती हुई गयी थी। फिर गूँजता-दौड़ता आता शिवमन्दिर के घंटों का स्वर। सुबह होने को होगी। राहत-सी हुई...।

जाड़े की सुबह में अँधेरे का आभास रात के भ्रम को तोड़ने नहीं देता। फिर से सोने की कोशिश की पर आँखें बन्द कर लेने पर वह 'सबकुछ' पीछा करता आ जायेगा और उसे दबोच लेगा। घुट जायेंगी साँस को बेआवाज़ लाने और ले जानेवाली धमनियाँ।

यही काया है जो स्वप्न को भी भोगती होगी। यही मन स्वप्न को संचित करता होगा। तभी तो जागने के बाद भी उस अनुभव की दहशत पोर-पोर में पथरीली उँगलियाँ गड़ाये है।

घर में परिजन हैं बहुत से। मुख्यतः वृद्ध हैं, स्त्रियाँ हैं। कमरे के बीचोबीच एक चौकोर-सा स्तम्भ। तुलसी के चौरे के जैसा। उस पर सफेद चादर में लिपटा एक बच्चे का शव कई दिन से वहीं-का-वहीं रखा है। बच्चा उसी का है, मन में यही प्रतीति है। पता नहीं क्यों यह तय-सा लग रहा है कि उस शव को वहीं-का-वहीं रखे रहना

है, जब तक वह स्वतः विघटित न हो जाये।

मन आतंकित है। अपने सामने बच्चे को तिल-तिल विकृत विघटित होते देखने की विवशता से भयभीत। याचना करना चाहती है कि शव को जल के या अग्नि के या धरती के हवाले कर दिया जाये पर इस तरह की याचना का अधिकार निषिद्ध-सा है। सब बड़ों के सामने इस तरह की ममता का प्रदर्शन भी वर्जित...।

अभी तक तो अपना ही दुख था, अब बच्चे के दुख का भी दुख। सहज स्वाभाविक संस्कार को न पा सके होने का उसका दुख। नष्ट होते हुए सबके द्वारा इस तरह देखे जाने का दुख।

इस बात से तनिक भी सान्त्वना नहीं मिलती कि नदी में डाल दिये जाने पर भी शव की कुछ ऐसी ही परिणिति होती । न इस बोध से कोई राहत कि दुख तो उसके अपने मन को है। बच्चा तो अदुख में है। दुख गड्डमड्ड है।...अपना है?... उसका है? कुछ पता नहीं चलता।

एकाएक वे सारे-के-सारे घर से बाहर आ गये हैं। कहीं जाने को तैयार हैं। यह जाना कई दिनों या महीनों के लिए जाना होगा। अच्छा-सा लग रहा है, वहाँ से चल निकलना। कम-से-क़म वह बच्चे को विघटित होते देखने की यातना से तो बच जायेगी।

पर यह ढाँढस भी घड़ी-भर से ज़्यादा नहीं टिकता। कि देखते-जानते वह खुद चली जाये और बच्चा—उसका अपना बच्चा इस अनजाने घर में इस तरह परित्यक्त पड़ा-पड़ा सड़े।

नहीं। वह ऐसा होने ही नहीं देगी। कनपटियाँ बजने लगी हैं थप-थप। आँखें चोर-सी चौकन्नी। हाथ में एक बड़ा सफेद-सा थैला।...कुछ भूल आयी है यह कहकर वह घर के अन्दर घुसी है!...धूमिल अँधेरा है। बच्चे को उसने थैले में भरकर थैले का मुँह बाँध दिया है।...पीछे का दरवाज़ा खोल लिया है।...अब वह भाग रही है बदहवास...।...वे थोड़ी देर प्रतीक्षा करेंगे...फिर ढूँढ़ने लगेंगे...फिर पीछा करेंगे।...उसे भागना है...तेज़...और तेज़...और...और तेज़...। छप्प...छपाक्...।

ओऽह...ओफ। नींद टूट गयी। चेहरा तर-बतर।...क्या नदी के पानी से?...हाँफ रही है। देह के रोएँ अभी चौकन्ने। बाहर अँधेरा है। ठिठका हुआ अँधेरा...

उठकर बैठ गयी। घड़ी देखी पाँच। उठने के समय से दो घंटे पूर्व। गयी रात की किसी वजनदार बात की अनुगूँज मन में कहीं बाकी है। विवेक को लिखने के लिए एकाग्रता अनुकूलता को पा सकने का स्मरण।

उस अनुकूलता की इच्छा भी असंगत लग रही है इस समय। वह उन्मुखता और उत्कंठा तो और भी असंगत। समय के अभाव की खींच नहीं है पर मन चोटीला-सा। क्षत-विक्षत। एकाग्रता का हर कोर दुःस्वप्न की मुट्ठी में भिंचा हुआ।

क्यों कुछ असली अनुभव भी मिट जाते हैं और स्वप्नों के अनुभव भी जम जाते हैं। अम्माँ कहती है--किसी को कह देने से सपने से खाली हो जाता है मन। पर कह पाना असम्भव बना रहेगा। कुछ है इस सपने में...सपने के सन्दर्भों में जिसे कभी कहा नहीं जा सकेगा।

उठ गयी है तो उठ ही जाये अच्छी तरह। लेक्चर की तैयारी कर लेना अच्छा है। लिखना...विवेक को लिखना फिर कभी हो जायेगा। शाम या कल या परसों। किसी बोलते हुए क्षण।...शा...शायद नहीं भी।...शायद कभी भी नहीं। क्यों इतना दुविधाया-सा हो आया है मन--करुण, काँपता-सा। दुर्बल काया की तरह कच्चे मन को भी दबोच देने को तत्पर हो उठते हैं दुविधाओं के कीटाणु।

ललाई-सी उजास बाहर किसी कोने में फटने को हो आयी है। उजास ने एकान्त में बने रहने की विवशता की यातना को छितरा दिया है। बाहर की खट-पट में हो आना अच्छा लगेगा...

लेक्चर तैयार किया पर आधा-अधूरा। इतना करना मजबूरी था। चार दिनों के बाद यूनिवर्सिटी जायेगी। तीन दिन श्रीमान इंटिलेक्चुअल की सेवा निमित्त, चौथा रविवार रहा। शाम के ट्यूटोरियल को टाला जा सकेगा। पत्रिका के लेख पढ़ने को कह देगी छात्रों से।

पानी की सतह पर तैरते कल के बने इरादों के पैर जैसे अपने ही वज़न से डूबने लगे हैं। क्यों इतनी चीरी हुई-सी हाथ लगी है सुबह। इतनी चकनाचूर उत्कंठा। क्या लिखना ठीक होगा...? उचित होगा क्या उन स्थानों पर पैर रखना जिन्हें कोई अपने लिए भी वर्जित समझता आया है।

कल्पना से अब तक बात नहीं की। कहने का अर्थ होता अपने को खोलना। अनचाहे को देखना चाहना। वितृष्णा से भरा लगता है यह आत्मदर्शन।

कहने भी बैठी होती तो क्या कहती--अपेक्षाएँ फड़फड़ाती रहीं गुम्बदों के ऊपर, मन्दिरों के गर्भ सुरक्षित बने रहे--आत्म-संचित।

अब कहेगी भी तो जानना चाहने के लिए कहेगी--अपनी बेसँभाल अपेक्षाओं का अवलोकन करेगी। पूछेगी--जो करना चाह रही है, है कोई उसका औचित्य? इस स्थिति में किसे कहोगी तुम सचमुच का सच--बाहरी वस्तुगत सच। फिर वह क्या होता है जो अपनी ही त्वचा पर कील की तरह गड़ता रहता है, जिसका अतिक्रमण नहीं हो सकता तो फिर नहीं ही हो सकता। क्या तुम्हें भी लगती है यह...अपने प्रति पक्षधरता...अपने समर्थन की सुविधा...

मन सोच के हाथों धज्जी-धज्जी है। पूरी तरह विच्छिन्न। कल्पना मिली भी तो तीसरे पीरियड में मिलेगी। अभी तो...क्लास का समय है।

स्टॉफ रूम में रजिस्टर लेने घुसी ही है कि चपरासी पीछे-पीछे आया है। उसके

हाथ में एक पत्र। किसने भेजा होगा विभाग के पते पर पत्र?...लिखावट कुछ पहिचानी-सी लगी...लम्बे नुकीले काले अक्षर...शायद विवेक के। पहले देखे तो थे राजीव को लिखे पत्र में।

"कब आया?"

"दो दिन से ला रहा हूँ।"

"अच्छा!" पीरियड शुरू होने को है। पत्र खोलने का न औचित्य है न समय। जो कुछ भी हुआ—अपेक्षा या प्रत्युत्तर...या आशंका...या पुलक—उखाड़ेगी ही। कौन-सा भाव सहभागी बनेगा, समझ में ही नहीं आ रहा।

कक्षा में पहुँचने में तनिक देर हो जायेगी, होने दे। एक बेसँभाल उतावली में उसने लिफाफे का मुँह चीर दिया है। दृष्टि दौड़ती चली जाती है शब्दों के साथ। मन अर्थों की ध्वनियों में हाँफता चलता है जैसे किसी छकड़े की काठी से बँधा लँगड़ा-लूला ढोर।

सी-180, ग्रीन पार्क,
नयी दिल्ली
3.2.19...

प्रिय वसुधाजी!

परसों की रात ही तो आप वापिस गयी हैं और मैं आज ही आपको पत्र लिखने बैठ गया । चलनेवाले दिन आपसे हुई बातों का सिलसिला मन में से जैसे खत्म ही नहीं हो रहा। लग रहा है जिन बातों को आप इतनी गहराई से सोचती रही हैं, उनके प्रति मैं एक तरह से अप्रस्तुत-सा रहा हूँ। इस बेख्याली में बहुत-सी जगहों पर अनचाहे भी ग़लत हो जाता है इनसान। मेरे जैसे इनसान से तो यह ग़लती और भी सम्भव है क्योंकि किन्हीं निजी कारणों से मन में कुछ निवृत्ति-सी हुई रहती है। एक हद के आगे कोई लोहे की दीवार खुद-ब-खुद मेरे चारों ओर उठ आती है।

ऐसा नहीं कि आप इस बात से अनजान हैं। मेरा स्वभाव भी जान गयी हैं अब तो। मैं मुक्त हुआ घूमता हूँ—निर्द्वन्द्व। यह मुक्ति शायद एक ऐसे आदमी की मुक्ति है जो किसी धुरी पर बिंधा होने के कारण अपनी परिधि पर तेज़-तेज़ घूमने की स्वतन्त्रता पा जाता है, हालाँकि यह स्वतन्त्रता परिधि पर खड़े लोगों के उद्वेगों-उद्‌गारों को लपेट सकती है। उन्हें उखाड़-पछाड़ भी सकती है, चाहे यह होना कितना भी अनजाने हुआ हो।

आपकी बातों को अलग खड़ा होकर सोचता हूँ तो लगता है कि आपका दिल दुखा गया हूँ। यह निर्ममता मेरी मंशा नहीं है। ऐसा अपराध मुझसे अनजाने भी हुआ हो तो क्षमा चाहूँगा।

वह हठ जिसका आप जिक्र कर रही थीं वही मेरा पेड्स्टल है। वही मेरी मर्यादा। किसी चीज़ की कीमत के सवाल का उसमें कोई दखल नहीं। कीमत के बारे में मैं कभी कुछ नहीं सोचता। कुछ चीज़ें मेरी हैं...मेरी, एकदम निजी, फिर चाहे वह जैसी भी हों।

आपके साथ यह दिन अच्छे गुज़रे। आप शेयरिंग का विश्वास जगाती हैं इसमें सन्देह नहीं। इसका चरम आप देख चुकी हैं उस रात। अशोक के बाद उस जीवनवृत्त की आप दूसरी भागीदार हैं।

आपके जाने के बाद पता लगा कि आपके विषय की एक पत्रिका आपके सम्पादन में निकलेगी। आपने इस बात का पता नहीं क्यों कोई जिक्र नहीं किया। मेरी बधाई स्वीकार करें।

कभी दिल्ली आना हो तो सूचना दीजियेगा। अपने भैया-भाभी को मेरा प्रणाम कहें।

आपके घर का पता मेरे पास नहीं है, अतः विभाग के पते पर पत्र भेज रहा हूँ। शेष शुभ है।

शुभाकांक्षी,
विवेक

पुनश्च : एक उत्साही मित्र आपकी पत्रिका के लिए लेख भेजना चाहते थे। टाइप कराने में दो दिन निकल जाने के कारण पत्र विलम्ब से पोस्ट हो पा रहा है। वैसे मैं भी इन कामों में कुछ कम आलसी नहीं हूँ।

मुक्ति
अपनी अकेली
किसी की नहीं होती।

दिल्ली? फिर दिल्ली!

अभी भी किन्हीं रातों में अपने ही नखों द्वारा मन के खुरचे जाने की आवाज़ और लहूलुहान होने की टपटप सुनायी दे जाती है। तब नहीं हो पाता सोना। अपनी संचित स्थिरता में रह पाना।

सर्कुलर पर हस्ताक्षर करके चपरासी को दे तो दिये पर फिर कहाँ हो सका लेक्चर में एकाग्र हो सकने में लौटना। अपने सुबह के संयत समुचित स्वत्व को पहुँचना।

सुबह ही तो...कितने अन्तराल के बाद उतनी अच्छी लगी थी सुबह। शान्त। पुचकारती हुई, जैसे अच्छा लगने को छू पाने का ढब आ गया हो। आ गयी हो दहके हुए अंगारों पर राख के आच्छादन की आश्वस्ति।

शायद इसीलिए नयी-सी लगी थी सुबह। चाहे वही दूब। वही फूल। वही बगीचा। चप्पल वहीं उतार दी थी उसने। तलुवों की ठंडक पता नहीं इतनी जल्दी शीर्ष तक कैसे पहुँची। कैसे पहुँचा इतने भीतर तक उस शीतल समरसता का स्पर्श।

दो फूल तोड़ लिए थे। दोनों ही गुलाब। एक में कच्ची पीताभा, दूसरा सुर्ख लाल। लोहे की आक्रामक कीलोंवाली जंक लगी पिन में उन्हें खोंसते हाथ ठहर गये थे। क्या ठीक था—इन्हें वहीं उसी डाली पर, अपने स्वरूप में अपने सजातीयों के बीच छोड़ दिया जाना या यहाँ भीतर बींधकर अपनी तुष्टि पा जाना।

ठीक-बेठीक पता नहीं कैसे तय हो पाया था पर लगा था यहाँ भी अनादृत नहीं है उनका अस्तित्व। सोफे और कुशन, गलीचे और पर्दे, कुर्सियों-मेज़ों की बेजान बिरादरी में तो वह और अधिक प्राणवान दीख रहे हैं और अधिक विशिष्ट। उनके होने ने ही दिया है इस जड़ प्रकोष्ठ को रूप, गन्ध और सौन्दर्य का दान। दाता अपने आप ही बड़ा नहीं हो जाता?

अभी तो सुबह की आहट मन से चुकी भी नहीं कि दिल्ली।...सेमिनार ही तो है। कोई भी जा सकता है। किसी को भी भेजा जा सकता है। उसे नहीं चाहिए यह बीच की सीढ़ियाँ लाँघकर मिला हुआ सम्मान। कोई नहीं जानता इसकी कीमत। सबको दीखती है योग्यता। काम के प्रति निष्ठा। निष्ठा के अद्भुत परिणाम।

किसे पता है क्यों हो पाता है इतना काम—सिर्फ काम। काम होता है जब कुछ और हो नहीं सकता। शाम होते ही सरोकार बँट जाते हैं हर किसी के...अपनों और अपनों के बीच। वह समय उसके लिए कहीं जाने का नहीं होता। किन्हीं दो के बीच बैठने का भी नहीं होता। टीन के खाली डिब्बे-सी बजती खड़खड़ाती होती है ज़िन्दगी। यह खड़खड़ाना सहन नहीं होता—अपने को भी। भर दिया जाता है काम। लेप दी जाती है व्यस्तता। चीखती दरारें चुप हो जाती हैं अपने आप। रात थकान को सौंपी जाती है रोज़। दिन व्यस्तता के नाम।

कितना...कितना अधिक खोखला था वह सुबहवाला सारा दम्भ।...जीने के ढब को छू लिए होने का विश्वास। कितनी जल्दी चिटक गयी वह सारी समरसता। एक काग़ज़ का पुरज़ा उखाड़-पछाड़कर फेंक गया इस तरह।

जाने से इनकार तो किया ही जा सकता है। ठूँठ हो गया है दिमाग़। हाथ में पकड़ा अधिकार का क्षण भी अब अपने को नहीं सूझता।

व्यस्त-सा लगा अपनाआप जब क्लास से निकली। विभागाध्यक्ष नहीं थे अपने कमरे में। हालाँकि जल्दी नहीं है। ज़रूरी नहीं है आज का आज ही सूचित कर देना। फिर भी ऑफिस में जाकर कह आयी, नहीं! जाना नहीं चाहती। पटाक्षेप। अपनी तरफ़ से अपने को निवृत्ति तो हो।

तीसरे दिन बुलवायी हुई विभागाध्यक्ष द्वारा। डॉ. पाठक झल्लाये हुए थे।

"आप कमाल करती हैं। आपकी थीसिस का विषय ही अंडरडिस्कशन है और आप...मैं पहले भी कह चुका हूँ आपका यह आत्मघाती रवैया मेरी समझ से बाहर है।"

अपना पैर ही तो जानेगा कहाँ-कहाँ गड़ती हैं किसी को कीलें।

"बैठ जाइये न?" उसी से कहा गया। ऐसे मौकों पर उसके चेहरे पर लिखी अनिच्छा को सम्बोधित किया गया। बात को हमेशा की तरह उन्हीं-उन्हीं शब्दों में लम्बाते हुए, "प्रतिभा के साथ महत्त्वाकांक्षा भी हो तो ही आदमी कहीं पहुँचता है। मैं पहले भी कई बार टोक चुका हूँ आपको...आप यानी मेरा मतलब है कोई भी इतना लॉप साइडिड हो तो नहीं चल सकता। आपका ध्यान सिर्फ मेरिट पर रहता है। मान लिया वह बहुत बड़ी चीज़ है पर है तो एक सीढ़ी ही...। यह तो आपको मानना पड़ेगा कि सारा ड्राइविंग फोर्स महत्त्वाकांक्षा का है और उसके लिए...वन हैज़ टू बी मोर एडॉप्टेबल...मोर..."

इन कथनों की गूँज और टकराहट न उतनी निरापद है न उतनी इकहरी। दिल्ली

के सन्दर्भ से उतनी सम्पृक्त भी नहीं। उसे लेकर 'अवसर और सुविधाएँ' टपकाये जाने की उदारता का प्रदर्शन उनका स्थायी मिजाज है। उस एक अकेली के लिए प्रगति-प्रलोभक चारा। बीच कहीं लटकता पड़ा रहता है सन्दर्भ का एक सिरा। उसे देखते ही झपटकर उठा लिया। यह कोशिश सन्दर्भ के दूसरे सिरे पर बँधी घंटी को भी ठुनका जाता है एकाएक—"आधे तो भेड़िये होते हैं। अकेला देखते ही झपट पड़ते हैं।"

इन दोनों सिरों के बीच ही कहीं उद्विग्न मिलता है उसे अपने पैरों को टिकाने का संकट। अपनी रक्षा के लिए अपनी लक्ष्मणरेखाओं को और अधिक गहरा कर डालने का प्रश्न।

"आई समहाउ..."

"जानता हूँ...वह सब नहीं सुनना चाहता।" वह अधिकार की प्रभुता को ओढ़ते हुए बोले।..."सुन चुका हूँ कि एम्बीशन आपके लिए कुछ अर्थ नहीं रखती। आपकी रुचि अपने काम तक सीमित है, पर यह उतना निजी मामला नहीं है जितना आप समझती हैं।...मैं तो खुश हूँ हमारे विभाग में पहले से यह काम हो रहा है...समस्या का परिप्रेक्ष्य तैयार हो रहा है। यूनिवर्सिटी की इमेज़ का भी सवाल है। आपका प्रतिनिधित्व—इंडिविजुअल रीज़न्स अपार्ट—आपकी जिम्मेवारी भी तो है।"

यही सब। ऐसा ही कुछ कहकर भेजा गया था पहले भी। उसके अहं को चारा डालकर फाँस लिया गया था। तोड़-फोड़ जहाँ जितनी होती है सब अपने मत्थे।

"आप चुप क्यों हैं?"

"थीसिस बिलकुल अपने अन्तिम चरण में है—इस स्टेज पर छोड़ना अच्छा नहीं लग रहा।"

"महाकाव्य भी इसी धरती पर लिखे जाते हैं मिसेज चौधरी और वह भी एक सिटिंग में नहीं।" जाने कैसी उपहास से भरी है उनकी मुद्रा।"...असल में आपकी यह ढीलढाल आपको आगे नहीं आने देती। यह नहीं कि इनसान कैलक्यूलेटिव हो पर इनलाइटेंड सेल्फ़-इंटरेस्ट तो कोई गैर-वाजिब बात नहीं। मैं आपको बताऊँ मुझे ऐसे ही किसी सेमिनार से पिकअप कर लिया था इन लोगों ने..."

उठने की बेचैनी उसने जान-बूझकर दिखानी चाही। जानती है जब तक बैठी रहेगी सेल्फ़-इंटरेस्ट की फल देनेवाली नैतिकता के पन्नों में वृद्धि होती रहेगी। उसके बन्द दरवाज़े की मजबूरी के लिए खोली दरार से आती धूप की पतली धार के नीचे पड़ा चौंध का भ्रम उछालता रहेगा...उनकी कृपाओं का दर्पण।

"एक बात और बताऊँ...मैंने जान-बूझकर आपका ध्यान उधर नहीं दिलाया था। इस पार्टीसिपेशन से आगे के रास्ते भी खुल सकते हैं। मुमकिन है विदेश जाने को मिल जाये। मैं अपनी बात बताता हूँ आपको..."

उनके तर्क अन्तहीन हैं और चतुराई बड़बोली। किसी-न-किसी तरह उसे अपने सामने की कुर्सी पर बिठाये रखने की महीन कोशिश...हितचिन्ताओं (?) के राग को झुनझुने-सा मुँह के सामने बजाते रहने के उपक्रम में वह सतत व्यस्त दीखते हैं।

हथियार डाल दिये। बिना जताये कि यह लोभ उसे नहीं व्यापते। महत्त्वाकांक्षा उसे नहीं डसती। यहाँ कहीं, ऐसे किन्हीं स्थलों पर वह तलाश नहीं रही अपनी सार्थकता...

पर यह सब कहना निःशब्द होता है अब। अपने को बचाते ढाँपते। नहीं तो बचाव की सावधानी चौंकाकर खड़ा कर देती है सामनेवाले को। स्वीकार की मुद्रा में दीखनेवाला वैसे भी निरीह निःशस्त्र मान लिया जाता है।

एकदम अप्रत्याशित। सामने खड़ा विवेक।

उसे ठीक से पता नहीं एकदम सामने आ खड़े हुए चेहरे की दीप्ति उसने पहले देखी या बात पहले सुनी।

"मुझे विश्वास था आप आयी होंगी।"

अटपटा अप्रस्तुत अपना आप। जैसे कोई किसी नहर के किनारे की पक्की सुथरी कगार पर चलता-चलता अचानक पानी में गिर पड़े। सेमिनार समाजशास्त्र का है अंग्रेजी साहित्य का नहीं। प्रतीक्षा बत्रा की है, विवेक की नहीं। निश्चय ही नहीं। वह सिरे तो कब से निस्पन्द पड़े हैं।

अभी तक जोशी के साथ व्यस्त थी। उसने अभी-अभी आकर अपना परिचय दिया था। वही है वह, जिसका लेख पत्रिका के लिए बत्रा ने उसके पास भिजवाया था और उसने एक छोटी-सी टिप्पणी के साथ उसे जोशी के पास आवश्यक तब्दीली के लिए वापिस नागपुर भेज दिया था।

"रिटन वर्ड का सौष्ठव ही अक्सर सैद्धान्तिकता का भ्रम पैदा नहीं करता?" वह जिरह कर रहा था।

"मैं कहे और लिखे में भेद की बात नहीं कर रही। सैद्धान्तिक और व्यावहारिक रुख के बीच के भेद की बात कर रही हूँ। इस तरह की सैद्धान्तिकता किताबों में कटी-छँटी बहुतेरी मिल जाती है। लेखों की एप्रोच प्रेग्मैटिक हो तो ही कुछ असली योगदान बनता है। जिस स्तर पर पत्रिका की परिकल्पना की जा रही है उसमें इस बात का ध्यान रखना होगा। नहीं तो यह पत्रिका भी उस तरह की किताबों की श्रेणी में एक और इज़ाफा जैसी बन जायेगी।"

उस छोर से उस छोर तक दौड़कर आना। भौचक्के। बदहवास। यह वीरता-धीरता बाहर से चाहे जैसी भी दीखती रही हो, भीतर से सब डगमग।—"आप?...यहाँ कैसे?"

"बाजपेयीजी से मिलने आया था।"

"कौन...डॉ. राधाकृष्ण बाजपेयी?...जयपुरवाले?"

"हाँ! हाँ!...वही।"

"आज पहले सत्र की अध्यक्षता वही करने को हैं। अभी-अभी उनकी एक बहुत बढ़िया किताब निकली है, शायद देखी हो।"

"आपके ही दृष्टिकोण की पुष्टि करती है यह किताब।" जोशी था। "विचारों को भी आगे ले गये हैं और सिद्धान्तों की कार्य-साधकता का भी ध्यान रखा है। उन्होंने तो पहले ही मान लिया न कि सोशल बिहेवियर नेचर से ही सतत परिवर्तनशील है फिर उसे उसी मौलिक बिन्दु से ही शुरू क्यों न किया जाये। चलती धार के स्वभाव को पकड़ने की कोशिश की बात करते हैं वह तो..." एक प्रफुल्ल सयानापन जोशी के चेहरे को दहकाये है।

एक अधीर बेचैनी ढुलकी पड़ रही है सामने खड़े देखते। एक पैर से दूसरे पैर पर शरीर का बोझ नचाया जा रहा है, पर एक ही क्षण में आसपास बिछे डेरे कैसे उठा दिये जा सकते हैं। कैसे एकाएक बेमतलब साबित कर दिया जा सकता है अभी तक होता हुआ सबकुछ।

"आप डॉ. विवेक हैं दिल्ली यूनिवर्सिटी में अंग्रेजी के प्रोफेसर...और आप श्री हरिकृष्ण जोशी...सोश्योलॉजी...नागपुर से आना हुआ है आपका।"

अभिवादन की अदला-बदली अब जाकर हुई।

"डॉ. बाजपेयी को मैंने अभी अन्दर जाते देखा है।" जोशी की चिन्ता है।

"हाँऽ। कोई जल्दी नहीं है।"

यह मुखर स्वीकार जोशी को खुद ही गैरज़रूरी कर गया। "चलता हूँ, मिसेज चौधरी...अन्दर भेंट होगी...बत्रा को भी आ जाना चाहिए अब तक..."

जोशी चला क्या गया आमने-सामने की अब तक बीच में पसरी सुविधा को भी साथ लेता गया। आड़ अच्छी थी। अचानक कहाँ लोप हो गयी वह मुक्ति जो लोग-बाग कहते हैं केन्द्र में बिंधे रहकर उन्हें हर क्षण उपलब्ध हुई रहती है।

"बाजपेयीजी से कैसे मिल पायेंगे...सेमिनार तो शुरू हो जायेगा साढ़े नौ बजे। नौ दस तो हो गये हैं।" बाजपेयीजी बेचारे भुस्स की तरह पीटे जा रहे हैं।

"कहीं आप अपनी असमर्थता तो नहीं जता रहीं?" एक नटखट-सी मिठास क्षण-भर पहले की असुविधा को निरस्त कर गयी।

"नहीं। नहीं, आपने अभी कहा था न..."

"कितने दिन का प्रोग्राम है?"

"यही तीन दिन। शनिवार की रात जाऊँगी।"

"रिज़र्वेशन हो गया?"

"हाँ।"

"काफी नाप-तौलकर आप अपने समय का हिसाब बिठाती हैं।"

एकदम उत्तर देते न बना। उतना निस्पृह-सा कथन यह उसे यूँ भी नहीं लगा। आपदग्रस्त इलाकों में पैर रखने के लिए अब कोई दूसरा कलेजा चाहिए। पलटकर देखने लगने पर अपने को क्षुद्र कर देनेवाली लगती है अपनी वह लादमलाद।

"बहुत ही दिनों बाद हुआ है आपका आना।"

"नहीं...क्यों। जनवरी के अन्त में ही तो..."

चलने की तरह नहीं दौड़ने की तरह है संवाद की चाल। उत्तर के बिना अगले प्रश्न पर फलाँगती।

"क्या कर रही हैं शाम को?"

"कुछ खास नहीं।"

"कहाँ ठहरी हैं?"

"यूथ होस्टल में।"

"कहिये तो शाम को यहाँ से ले लूँ...ठीक लगेगा?"

पैरों के नीचे की धूल-धूसर रेत में एक बार एड़ियाँ धँसाने की पूरी कोशिश तो की पर तुला का एक सिरा पता नहीं किस तरह बहक गया। यह आमन्त्रण...उसे ही न सम्बोधित है यह सबकुछ?

एक थरथराहट ऊपर से नीचे तक कँपा गयी।

"चलूँ फिर। ग्यारह बजे मेरा क्लास है।"

"अभी जायेंगे?"...आश्चर्य अब और अधिक हुआ। आने के पन्द्रह मिनट बाद जाने की तत्परता में हो आना।

"सोचा चेक कर लूँ आप आई हैं या नहीं..." लगाम कसी हुई नहीं थी, इस समय ध्यान की।

"और बाजपे...।"

"साढ़े पाँच से छह के बीच पहुँचूँगा।" कहकर मुड़ जाना हुआ। फिर तो यह जा वह जा।

उसके बाद सेमिनार सेमिनार नहीं रह गया, कुर्सी में धँसे रहने की यातना बन गया। चिन्दियाँ उड़ रही थीं सिर के ऊपर निष्प्राण शब्दों की।

गाड़ी चलती चली जा रही है जैसे अप्रयास। गति के उतार-चढ़ाव के बिना। सुबह-वाली उत्फुल्लता नहीं है कहीं। न ही वैसा निर्बाध उछाह। सोच की संजीदगी में धँसे हुए से लग रहे हैं पाँव।

सड़क को चार दिशाओं में बाँटते वृत्त के पास पहुँचकर लगता है अब घड़ी-भर के लिए रुका जायेगा। सोचा जायेगा या पूछा जायेगा–किधर जाना है। गन्तव्य कौन-सा मन में है।–गेस्ट हाउस? कनॉट प्लेस? बाजार या कहीं और पर कहीं भी किसी भी दिशा में मुड़ लिया जाता है, बेध्यान । सोचे बिना। लगभग निरुद्देश्य। जैसे चलना, चलते रहना ही मुख्य है। सीध में ध्यान को बाँधे रखना ही एक अनिवार्यता है इस गतिशील यात्रा की।

"खत मिल गया था मेरा?"

"मिल गया था।"

"कैसा लगा आपको?"

कहना तो चाहा 'जैसा लग सकता है किसी को भी अपने सामने का बन्द दरवाज़ा'। पर जहाँ जाने का प्रसंग ही नहीं उस रास्ते के अवरोधों की चर्चा भी उतनी ही बेमानी।

"सूचना ही तो दी थी आपने वह भी अपने बारे में। अपने को स्पष्ट करने की उतनी बेचैनी मन में बनी रही होगी, तभी न..."

"बेचैनी नहीं, चिन्ता अधिक थी मन में। वह सब कह देना ज़रूरी-सा लगा था।"

"कैसी चिन्ता?"

"यही कि शायद इंसेंसिटिव हो रहा हूँ मैं दूसरों की भावनाओं के प्रति।" चुप्पी क्षणार्ध की।..."मैं अपने बारे में कुछ भी सोचता रहूँ, दूसरे के प्रति वैसा हो जाना मैं निश्चय ही नहीं चाहता। हर एक का जज़्बा कीमती होता है अपनी-अपनी तरह..."

"कीमत का एहसास अपना-अपना अलग-अलग होता है। इसे तो यों भी हर तरह से साफ़ नहीं कर दिया आपने?"

"यह बात आगे चलकर इतनी साफ़ और अलग नहीं लगी खुद ही मुझे।"

वह चुप रही तो बस चुप रही। जैसे अपने को ढाँपे हुए। छाँह अच्छी है घड़ी-भर की। लोभ महँगे पड़ते हैं। पर उधर चुप नहीं थी।

"लगता रहा आपका भी तो उसी एक जगह पर थमा हुआ है सफर...उसी लाचारी में...मेरा मतलब है खालीपन में जकड़े होने की लाचारी। उसे कीमत का एहसास कहें या..."

"आपके लिए वह लाचारी कहाँ है। चुनाव है आपका।"

"क्यों?...क्या मैंने उसे माँगा था?...चाहा था? यह ज़रूर है रास्ते में आया तो उतारकर नहीं फेंका।...जकड़े रहा। पर वह जकड़न...क्या वह भी अपनेपन के ही एहसास के बीच बने रहने की कोशिश नहीं लगती आपको? चाहे निगेटिव्ली..."

इस तरह का ऐसा संशय और विवेक?...काँच की दीवार को बीचोबीच चीरकर

जाती चटकन। वह तो जानती रही है पहले से ही कि एक-सी है यात्रा—अभाव में और रिक्तभाव में बने रहने की लाचारी। पारदर्शी रही है बीच की दीवार। पर यह पारदर्शिता व्यर्थ रही है। विवेक के लिए दीवार रही है—कड़ी। ठंडी। अभेद्य।

अतिरेक हो सकता था। नहीं हुआ। डरी बैठी रही। एकदम निरावरण-सी भीति। मुट्ठी में भिंचा हुआ मन और अँगुलियों की दरारों के बाहर निचुड़े हुए रक्त के सूखे अकड़े निशान...अब तो लगता है वह सब भी हो चुका जैसे बरसों पहले...

''मेरे लगने न लगने से क्या फ़र्क पड़ेगा। अच्छा है कुछ-न-कुछ बना तो रहा—चाहे एहसास।''...समान्तरता की इस स्वीकृति को पता नहीं किस आहत भाव ने खुद ही उठाकर किनारे रख दिया।

यह किनारे रखना उसे लगा देख लिया गया है। ''आपको पता है मैं इस बीच एक बार लखनऊ गया था।''

उस लदी-पगी बोझिलता से निस्तार अच्छा लगा।

''अच्छा!...किसलिए?''

''आप से मिलने। यहाँ से तो उसी इच्छा से बँधा हुआ गया था पर वहाँ जाकर पता नहीं कैसे...बड़ी स्टुपिड-सी फीलिंग थी वह...।'' पीछे को लौटती दीखी एक झिझक-भरी चुप्पी।...''मुझे लगा, राजीव ने आपको बताया होगा।''

''राजीव से इतना मिलना कहाँ होता है।''

''एंड आई मस्ट कन्फेस...'' वह छोर अभी भी पता नहीं कहाँ से बँधा उसी तरह हिल रहा है। ''एक बार टिकट लाकर लौटा भी दिया। पता नहीं क्यों नहीं हो सका। हालाँकि जानता था आपको अच्छा ही लगेगा।''

द्रवित-सी वह थरथराहट भीतर, पता नहीं कहाँ से आयी। जैसे बाल्टी में भारी-सा पत्थर डाल देने पर पानी अर्राकर उठता हो। बेहया कानों की लवें एकाएक तन गयीं। आवाज़ को समेटकर श्रुतिपथ पर रवाना कर देने को तत्पर।

''इस बारे में कोई सन्देह मेरे मन में नहीं था। क्या मैं ठीक नहीं कह रहा?''

''.......।''

''आप उत्तर नहीं देना चाहतीं...देखा जाये तो मुझे इस बात का बुरा क्यों मानना चाहिए। बुरा तो दरअसल आप मानती रही होंगी।...आपकी बातें बहुत दिनों तक सोचने के लिए मजबूर करती रहीं।''

''आपके पत्र से तो ऐसा कुछ नहीं लगा।''

''हाँ! नहीं लगा होगा...पर उस पत्र को लिख देना भी एक खास तरह से सोचने की आखिरी हद तक आ जाने जैसा लगा जहाँ खड़े होकर और बहुत कुछ भी दीखने लग जाता है।...कहता ज़रूर रहा कि परिधि पर पड़ा कुछ खंडित न हो पर चक्का चलेगा तो खंडित तो होगा न कुछ-न-कुछ। आप ख्वाहमखाह उस लपेट में आ गयीं!''

"तरस आ रहा है अब...वह भी बीलेटेड!" कहना नहीं चाहा था पता नहीं किस तरह से मुँह से निकल गया। वह भी इस तरह कहना—तलख़ी से भरा।

"ऐसा कहेंगी तो मुझ पर अन्याय करेंगी। मैं फिर कुछ भी नहीं कह पाऊँगा।" स्वर एकदम घायल-सा। "किसी का एहसास अनुताप से पूरी तरह मुक्त हो यह ज़रूरी है क्या?"

"कोई ज़रूरी नहीं, पर एहसास और अनुताप के बीच का फ़र्क इतना साफ़ है क्या? दोनों शान्त पड़े पानी को हिला सकते हैं...। हिल जाना अपने आप में कुछ खास अर्थ नहीं रखता। उलटे बचे-खुचे धीरज को भी ले नहीं बैठता?"

चुप्पी। संशय से भरी। भीतर को मुड़ती हुई। यह सब कहकर उसने जड़ विजड़ित तो नहीं कर दिया। काँच के टूटने से डरते रहें तो छोटा-सा ढेला भी दुश्मन हो जाता है। कब तक इस तिड़कने-तिड़काने की भीति के कारावास। घोंटते हुए। इनसे मुक्ति पा लेनी होगी। एक ही बार कह-सुनकर क्यों न पा ली जाये। नथिंग टू लूज़...नदी किनारे बसे विपन्न व्यक्ति को बाढ़ के भय के बीच से भी हाथ लग जाता है अभय। खोने योग्य कुछ भी पास न होने का अभय...

"क्या अर्थ रखता है फिर?" प्रश्न खूब सोच-समझकर आया।

क्यों कहे वह। यह भी क्यों। क्यों अपने ही कथनों को याचनाएँ बना देने की क्षुद्रता में पड़े। पात्र भी अपने हाथ में और चाहत भी अपनी कि कब कौन-सी जिन्स भिक्षा में टपकायी जाये। क्या ज़रूरी है रस्सी के दोनों ही छोर अपनी सोच-सँभाल के हाथ में थमे हों। जो चलना चाहते हैं वह अपने पैरों के विवेक को खुद क्यों न सँभालें।

कमान तन-सी गयी भीतर। प्रश्न हवा में टँगा। इस टँगे होने ने हतोत्साह किया—एकदम उदास।

अचानक, बिना चेतावनी के बीच में आ बैठा ठंडा चिन्तित-सा मौन। गाड़ी फिसलती। सामने लम्बी काली लेटी हुई सड़कें। सड़कों के अन्त के वृत्त और वृत्तों की चौमुखी भीमकाय भुजाएँ। भुजाओं की धमनियों से उठ खड़े हुए पेड़ और पेड़ों की जमात में अगुआ की तरह गड़े हुए साइनबोर्ड। बिनपढ़े। गैर-ज़रूरी। यान्त्रिकता—चाहे गति की, मन के प्रवाह को निर्बन्ध छोड़ गयी।

"आप एहसास के सख़्त हाथों से ही आहत हैं और वह हाथ भी मेरे ही हैं। यह लज्जा भी कुछ कम तो नहीं। क्षमा जैसा कुछ कहना भी मुझे लगता है मेरी इस समय की आन्तरिकता को छू तक नहीं पाता हालाँकि..."

यह बुदबुदाहट-सी किनारों के बाहर ढरकी कि सहला गयी। कुछ क्षणों पहले का समाँ होता तो कहती कि यह क्षमा भी क्या अपनी ही मुक्ति के लिए नहीं है?...जीवन न हुआ सन्तुलन का संकट हो गया। क्षमा और अपराध के बीच की तनी हुई रस्सी।

वह क्षमा भी विगलित विसर्जित हो जाने की करुणा नहीं किसी-न-किसी अपराधभाव में लिथड़े होने की स्मृति। अपराध में जकड़े होने की प्रतीति। अपराध की इबारत का एक लम्बा अमिट उपसंहार।

उसके लिए भी दहकता हुआ अपराध का कुंड हो सकता था जीवन। निखिल को पीछे छोड़कर आये होने का अपराध। स्मृति में स्थित न रहे होने का अपराध। अतीत से असम्पृक्त हो गये होने का अपराध, पर वह तो कभी समझ ही नहीं पायी कि क्या विकल्प हो सकता है प्रवाह के बीच उस टुकड़े पर खड़े रहने के सिवा जो ठीक अपने पैरों के नीचे है। सिवा वही कुछ देखने के जो ठीक आँखों के सामने हैं। खींचकर आगे या पीछे कैसे की जा सकती है काल की त्वरा।...अपने आपको ही तैयार किया जा सकता है बस। एक वही तो है जो अपने नियन्त्रण में है। काल के अन्धे अलक्ष्य उच्छृंखल प्रवाह के सामने अपना छोटा आत्मसजग, आत्मनियन्त्रित स्वत्व।

"आपके इतना चुप होने का क्या मतलब समझूँ...बेचैनी होती है मुझे।"

जानती है बेचैनी। खूब अच्छी तरह। जानती है चाहा जा रहा है वह बोले और अपने बड़प्पन को तानकर देह को चुनचुनाते घाम में बचा सकनेवाला तम्बू बना डाले। निमिष में ही मनुष्य से दैत्य हो जाये—उदारता का दैत्य। कँटीली झाड़ियों में कब से फँसे लहूलुहान होते अस्तित्व को पत्ते की तरह उठा ले पर कैसे सम्भव है यह उदारता तनी विस्मृति। वह भी समकक्ष बैठे। वह भी असन्दिग्ध नहीं। वह भी सच के विश्वास से रिक्त।

"मैं यदि यहाँ न आती तो...?" यही कथन उसे इस समय अपने सामने उठते अनिश्चय के धुएँ में सच और झूठ का चेहरा टटोल पाने जैसा लगा।

"जो चल चुका है वह कभी-न-कभी तो पहुँचता ही है, चाहे देर से ही पहुँचे।" बड़ी आन्तरिक-सी थी आश्वस्ति जो निश्चय की संजीदगी में से इस समय अपने आप झरी। सामने बैठी होती तो इस होने को मुख पर अंकित हुआ भी जानती।

"कहीं बैठना पसन्द करेंगी चाय के लिए?" मौसम खुल आया।

"चाय गेस्ट-हाउस में चलकर ही क्यों न पी जाये। हर हालत में वहाँ छोड़ने तो जाना ही पड़ेगा।"

"अभी से?...सारी शाम फिर क्या करेंगी?"

"अभी तो जो पेपर कल पढ़ना है उसे देखना बाकी है। पत्रिका के लिए सेमिनार की विस्तृत रिपोर्ट तैयार करनी है विशेष तो कुछ पर्चों के नये मुद्दों को लेकर। फिलहाल काम करनेवाले कम हैं। खासा काम खुद ही देखना पड़ता है...आज के नोट्स ले लेना भी ठीक है...बाकी का काम चाहे बाद..."

"सुबह देख लीजियेगा। काफ़ी वक्त रहता है।"

"हुँऽऽ।"

"आप तो जल्दी उठती होंगी।"

"हाँ! आपकी तरह रातों को घूमती जो नहीं रहती।"

एक उजली आभा चेहरे को छू गयी। उसके बाद आसान हो गया कुछ भी करना। कॉफ़ी हाउस में आमने-सामने बैठकर बतियाना। मतलब-बेमतलब की निराच्छन्न आँट-बाँट में इतना, इस तरह घुल जाना।

एक घंटा तो ज़रूर। पता ही नहीं लगा। बैरा बर्तन ले गया। बिल भी चला गया। टिप भी। पर एक बेध्यानी-सी रेंगती आती पकड़ी जाती है बार-बार। हँसी। बिखरती भी है तो ऐसी जिसका बहुत-सा हिस्सा भीतर कहीं रह गया होता है किसी दूसरी भँवर में।

किसी नयी शुरुआत के निहित दिलासे की भीनी महक, कहाँ रह गयी वह?

"चलें?" उसने जान-बूझकर छूकर देखा।

"आपकी इच्छा हो तो चलिये।" अनमना उत्तर।

चलना ध्यानमग्न है फिर। साथवाले की उपस्थिति के प्रति उतना सजग नहीं। उतना मुखर भी नहीं। नुक्कड़ की दूकान से एक जोड़ी पान और एक पैकेट सिगरेट का जुगाड़। फिर भूले से व्यस्त भाव से गाड़ी के शीशे खोलने में लगना। घर्रऽऽ अनकहे के मौन को बेहद चिंघाड़ती लगी है यह आवाज़। बेचैनी से भरा उस समय सरसराकर पीछे छूटती सड़कों का दृश्य। किसी मुखविहीन आशंका का ताप तलुवों के नीचे जलने-सा लगा।

गाड़ी गेट के अन्दर घूम तो गयी पर धुँधलके में सामने की दीवार के सामने गाड़ी को खड़ी करके, चाबी को घुमाते हाथ चाबी पर ही ठहरे रहे। शिथिल। अनिश्चित।

"एक बात कहनी थी आपसे।"

अभी क्यों! अब तक क्यों नहीं। गाड़ी के भीतर अँधेरे में मुँह छिपाकर बैठे हुए क्यों। काँप गयी। "हाँ कहिये," कहने जैसा बल भी लगा भीतर से बटोरा नहीं गया।

"कल आपको घर ले जाना चाहता हूँ—अपने घर।"

"घर तो पिछली बार भी गयी थी न।" राहत। सुकूनभरी।

"तब आप मेरी मेहमान थीं।...चलेंगी?" टँगा हुआ काँपता-सा प्रश्न।

"हूँऽऽ।" उस संक्षिप्त से उत्तर ने ही शायद आगे के प्रश्न की भूमिका बाँधी होगी।

"मैं किसी तरह का दबाव तो नहीं डाल रहा?"

"नहीं।" कहकर वह झटके से गाड़ी के बाहर आ गयी। जाने किस तरह का हिचकता-झिझकता संकोच बीच में पालथी मारकर बैठा था।

"छह से पहले तो आप क्या वापिस आ पायेंगी?"

"हाँऽऽ!...नहींऽऽ।"

"मैं सात बजे पहुँचूँगा—ज़रूर।"

अब तो साढ़े आठ बज गये। सात बजे आ जाने को कहा था न। कहा था—ज़रूर। वह अनुगूँज अभी भी मन में कहीं ठहरी है। हो सकता है ठीक से न भी सुना हो। उस समय कितना कुछ था जो एक साथ बज रहा था मन में। बेसँभाल। भूल-चूक हो सकती है न...।

बार-बार उस चौड़ी—दोनों ओर से सीलबन्द पर बीच से खुली खिड़की की चौखट से आ लगना, जिसकी आयताकार हद के बाहर महानगर की चिंचियाती हुई सरसराहटों से चीरा गया नवम्बर का अभेद्य अँधेरा है। पास आती हुई हर कार का शोर, उत्कंठा को खड़ा कर देता है पंजों पर। दो दौड़ते आते प्रकाशपुंजों की चमकीली धार चौंधियाकर आगे निकल जाने से पहले ही दीठ को सड़क के आगे के टुकड़े पर रख जाती है जहाँ काले गाढ़े आच्छादन के सिवा कुछ भी नहीं दीखता। बस घुप्प अँधेरा। सड़क की पहिचान भी वहाँ तभी मिलती है जब किसी दूसरी कार की रोशनी उस लम्बाई को रौंदती दौड़ी चली जाती है। ऐसा क्लान्त अनात्मीय सन्नाटा। महानगर के इस भाग में।

नीचे। खिड़की के नीचे। अन्धकार से लीपे गये घास के फैलाव के किनारे चमकती सफेद ईंटों की कतार के साथ-साथ कोई छाया चल रही है। धीमे-धीमे। अकेली। सिर पर खड़े प्रकाशस्तम्भ की धुआँ-भरी कोहरीली रोशनी के विस्तार से थोड़ा परे।

खिड़की पर इतनी देर तक खड़े रहना सम्भव नहीं। ठंडे भारीपन से लदी हुई है हवा। सिहराती। नाक की नोक एकदम ठंडी हो गयी—सुन्न। कानों की लवें भी। गले में कसकर लिपटे शाल का मध्य भाग निकालकर कान और सिर के पिछले भाग पर डाल लिया। गरमाई अच्छी लगी!

नीचे। डिनर की खटपट लगता है अपने अन्तिम चरण में है। इस बारे में अभी तक कुछ भी नहीं सोचा गया। कुछ भी नहीं। उसे सोचना किसी और सोच के साथ आसंग था अब तक।

नौ!...पूरे नौ! क्यों कमरे के किसी भी कोने से पलटते हुए पैर कुर्सी पर नहीं, खिड़की के साथ आ लगते हैं।

नीचे चौकीदार गेट उढ़काता हुआ दीखा। साथ ही बीड़ी का नन्हा लाल फूल जैसे लाल पंखोंवाले किसी जुगनू की नन्हीं लपलपाती रोशनी।

इतनी जल्दी क्या है गेट बन्द करने की। मन हुआ पुकारकर कह दे। कोई कभी

भी आ सकता है। कभी भी। पर गेस्ट-हाउस के एक कमरे में अपनी भाड़े की हैसियत...क्यों भूल जाना चाहिए यह सबकुछ। वैसे तो जिसे आना ही है वह गेट खोलकर या खुलवाकर भी तो आ सकता है।

कोई विवशता। कोई अटकाव। नहीं तो...नहीं तो कोई दुर्घटना। कुछ भी...कभी भी हो सकता है। कुछ भी, कभी भी हो जाने की दहशत से अभी भी शिराएँ थरथरायी रहती हैं। अँधेरे को चीरकर देखनेवाली चौकन्नी आँख की तरह मन में उठकर बैठ जाता है--कुछ भी। समय थम जाता है फिर उसी भँवर में। वहीं और वहीं घूमता रहता है। एक सूत आगे नहीं चलता।

फोन आ सकता है, जा नहीं सकता। शायद आये। शायद न भी आ पाये। कैसे हो पायेगा जब तक कोई सब तरफ़ से निवृत्त ही नहीं हो जायेगा। निवृत्ति हो गयी हो तो फिर...वक्त-बेवक्त का क्या। अटकाव, पता नहीं किस तरह का रहा होगा। साधारण या असाधारण? ज़रूर असाधारण। कुछ तो अप्रत्याशित। मंडप में अचानक उड़ जानेवाले फ्यूज़ की तरह अकल्पित।

तब तक सब स्थगित। अनचाहे अनजाने स्थगित। इतने परदों के रहते नहीं हो सकता कुछ भी देख पाना।

नीचे खाना खाने जाने की इच्छा मन में उलट-पलटकर देख ली। कोई चेष्टा नहीं। अचेष्टा की यह भीतर तक धँसती छुअन। एकदम ठंडी। एकदम उदास। कितनी अयाचित।

कपड़े बदल डाले। अपने को मुँह बिराती रेशमी सरसराहट में बँधे-बँधाये बैठे रहना।...अब किसलिए। पानी पिया। सीने को बर्फीली धार की तरह काटता-सा लगा उसे पानी। टेबललैम्प जलाकर बैठ गयी। कल पेपर पढ़ना है। दूसरे सत्र में। पर पढ़ने का यत्न—व्यर्थ। पढ़े को समझने का तो और भी दुष्कर। यह शब्द क्या अपने ही गढ़े हुए हैं।...अपने सिरजे हुए?...

लैम्प बुझा दिया और लेट गयी। विडम्बना से भरा यह चारों छोरों से अपने पर झुका खालीपन। कितना विपरीत...दिन-भर के भरे-भरे भाव से कितना विच्छिन्न।

मन में दिन-भर बनता रहा था कितना कुछ कहना। ऐसे या वैसे कहना। यह अचम्भा...तुमने देखा विवेक--कभी-कभी कैसे सिमटी नहीं रह पाती निज में ही निजता की पुकार। गुब्बारे में स्वच्छ हवा के भरे जाने की तरह फैल जाती हैं अस्तित्व की हदें। छोटे-से स्वत्ववाले मनुष्य की हदें। कहाँ से आ जाता है वह सबकुछ जिसे कभी देखा या जाना ही नहीं होता...क्या तुम भी...तुम्हें भी...।

सुबह आँख खुली तो किरण खिड़की की चौखट पर बैठी मिली। सामने की उजली झक दीवार पर दो नन्हें सुलगते धूप के टुकड़े।

पहली प्रतिक्रिया हड़बड़ाहट की हुई जैसे कल रात सो जाने के कारण कहीं कुछ

ग़लत हो गया है। थम गया है हाथ में पकड़े किसी एकरस एहसास की सम्पूर्णता का आवेश। समझ और एकाग्रता से परे हो गयी संवादोन्मुखता।

रात सोचते-सोचते पता नहीं कब आँख लगी। याद आयी अँधेरे में खिंचती चली जाती दिन-भर के बने-मिटे संवाद की अटूट लम्बी डोर और पता नहीं कहाँ-कहाँ के आ धमके स्फुलिंग कणों का बुझता-मिटता प्रकाश।

चाय भी क्यों मँगवायी जाये। चाय पीकर क्लान्त-श्रान्त हो जाने से नहाने में देर हो जायेगी। कुछ जल्दी ही पहुँच जाना ठीक होगा। जो कल आ सकता था, आज भी आ सकता है। आयेगा ही। आने की असमर्थता को समझा सकने का जिम्मा भी तो उसका ही है।

एकदम तैयार। अभी तो आठ ही बजे हैं। जाड़े की क्लान्त सुबह में ऐसी कर्मठ ताज़गी अपने को ही भली लगी। नाश्ता करके जल्दी निकल जाना होगा।

''आप बारह नम्बर में हैं न मैडम?'' डायनिंग हॉल में बैठते ही सामने काउंटर पर से कोई उठकर आया।

''जी हाँ...क्यों?''

''यह आपके लिए सन्देश।'' एक सफेद लिफाफा उसने आगे बढ़ाया।—''रात कोई दे गया था। देर हो गयी थी, आपको डिस्टर्ब करना ठीक नहीं समझा।''

'रिसीव्ड एट इलेवन थर्टी,' दायें कोने में छोटी-सी इबारत। काउंटर पर किसी ने उसी समय नोट किया होगा।

'श्रीमती वसुधा चौधरी। रूम नं. बारह।' लिफाफे के बाहर।

'प्लीज फॉरगेट व्हाट आई सेड येस्टरडे एंड पारडन मी। विवेक,' लिफाफे के भीतर।

एक छोटी-सी चौकोर स्लिप। कोई सम्बोधन नहीं। काले काँटों से लम्बे नुकीले अक्षर। घसीटे हुए। काया पर आ चिपटे होनेवाले कीड़े को दे फेंकने की उतावली में हड़बड़ाये-से। बेसब्र। अपने को पता नहीं दीखता है या नहीं दूसरा तुम्हें इस तरह भी देख लेता है विवेक, पूरी तरह अनावृत्त।

थोड़ी राहत हुई पहले तो। चिन्ताओं-आशंकाओं से राहत। फिर शब्दों से उठते हुए धुएँ के काले और गाढ़े वर्तुलों ने आकाश आच्छन्न कर दिया।

फॉरगेट इट। भूल जाओ। भूल जाना क्या टेबल पर टपके चाय के दाग की तरह होता है कि गीले पोचे से पोंछकर साफ़ कर दिया जाये। इतना बेमतलब था क्या व्हाट यू सेड येस्टरडे?...बेमानी कि कुछ काले नुकीले अक्षरों की भावहीन बुनावट का आघात उसे एक क्षण में ही निरस्त कर जाये।

नहीं, बीज जो पड़ जाता है वह फिर कभी वापिस नहीं होता। फूलने-फलने के लिए अभिशप्त हो जाता है। पैरों के नीचे की मिट्टी भी बीज को फल में फोड़ देने

की अनुकूलता में रूपान्तरित हो चुकी होती है। रसायन बदल चुकता है उसका। हुआ-अनहुआ नहीं हो सकता हर समय। हर घड़ी तुम्हारे चुनाव की घड़ी नहीं हो सकती विवेक।

'भूल जाओ।' चलो भूल भी गयी वह। शायद भूल भी जाये। उसके बेहया मन का रसायन मिट्टी के प्राकृत स्वभाव से ज़्यादा बंजर है, ज़्यादा पथरीला पर तुम?...विवेक तुम! किसी बात को भूलने में तुम्हें सालों लगते हैं और आत्मदया की कीचड़ में लिथड़ते एक क्षण। तुम,...खास तुम कैसे भूल पाओगे वह सब जो तुम्हारे अपने भीतर से उघड़ा है...नींद अन्दर से उघड़ चुकती है तो ही कुनमुनाहट शुरू होती है। अपने से अपना सम्बन्ध उतना बाहरी तो नहीं होता...। दूसरे से बच सकता है कोई, अपने से कैसे।

कितना साफ़ है कि तुम दूसरे से नहीं अपने से भाग रहे हो...दूसरे की नहीं अपनी अवहेलना कर रहे हो...जिजीविषा की अवहेलना। जानती हूँ यह सुनकर क्या कहोगे। परिस्थितियों की मार खाये पीड़ित-प्रताड़ित व्यक्ति का हवाला दोगे और मुँह बिचकाकर पूछोगे—है ही कहाँ जीवन? है कहीं उसका अस्तित्व? कैसे कोई जाने कि कोई जीवन के भीतर है या बाहर। नकार में है या स्वीकार में। कैसे पकड़ में आ सकती है जिजीविषा। विदेह अशरीरी जिजीविषा।

यही तो था जो मुझे कहना था। यही अचम्भा ही तो मुझे भी तुमसे बाँटना था। ठीक यही। अभी।...बीते हुए कल। मैं भी इसे कहाँ जानती थी...जानने लगी हूँ... पता ही नहीं लगता किस असम्भव तरह से शरीर पा जाती हैं अशरीरी चीज़ें। राग में से, इच्छा में से, चेष्टा में से, मिलने लगता है स्पर्श—जिजीविषा का स्पर्श। दलदल में पता नहीं कैसे प्राण पा जाती है सुन्दरता। रास्तों के अन्त में कैसे खड़ा मिल जाता है आरम्भ। मृत्यु के धुआँसे में से उपलब्ध—अशेष। कुछ...कुछ भी पता नहीं लगता कि कैसे किन्हीं चीज़ों को छूने भर से मिल जाता है उनके पार की परती का भी स्पर्श।

कुछ हुआ तो था। बाहर उतना भी नहीं। तुम्हारे भीतर। चाहे उसे कोई पूरे-का-पूरा न भी देख पाये। किन्हीं बातों को कह-सुन पाने की अनुकूलता के लिए कोई चलकर तो नहीं आता। और तुम चले थे विवेक...चले थे ज़रूर...

नहीं पता...कुछ भी नहीं पता कौन बचा ले गया निराशा से। रपटीली ढलान के नीचे मुँह फाड़े निगलने को खड़ी हताशा से। कैसे संचित रह पाया हर घड़ी भुरभुराने को प्रस्तुत खड़ा अपना अस्तित्व।...

कभी नहीं मिल पायी अभी तक ऐसी अखंडनीय मानसिकता...अपने से बाहर इस तरह बहता हुआ चैतन्य। अपने से बच पाना भी अपनी रक्षा कर सकता है, यह जैसे पहली बार पता चला। और इस होने को जोहने का विस्मय भी कुछ कम नहीं हुआ।

घड़ी देखी साढ़े आठ। सेमिनार शुरू होने में अभी एक घंटा बाकी है। इतनी देर में तो जाया और आया जा सकता है। कुचेष्टा के मूल तक पहुँचा जा सकता है।

ऑटोरिक्शा ग्रीन पार्क की तरफ़ दौड़ायी। घर ढूँढ़ लेगी, आसपास पहुँच जाने पर भूगोल का अनुमान हो जायेगा। यूथ फेस्टीबल में वहाँ गये होने की याद अभी ताज़ी है...गेट पर काला चमकीला पेंट, पास में चम्पा और नीम का पेड़। छत से बॉलकनी पर लटकी लम्बे काशनी फूलोंवाली लतरें।

थोड़ा पूछ-पाछकर पहुँच जाना हुआ। बाहर नेमप्लेट थी। पिछली बार इसे देख नहीं पायी होगी। व्यर्थ उलझी। नौकर गेट पर खड़ा बीड़ी पी रहा था। हड़बड़ाकर बीड़ी फेंक दी।

''साब?''

''साब नहीं हैं। कल रात से घर नहीं आये।''

''कहकर गये थे कि नहीं आयेंगे?''

''नहीं।''

''पहले भी कभी ऐसे हुआ?''

''जी हाँ।...अक्सर...।''

आगे पूछना व्यर्थ था। ''क्या कह दूँ साब से?'' मुड़ते देख नौकर लपककर बोला।

''कुछ अन्दाज है कब तक आयेंगे?''

''कभी भी आ सकते हैं।''

''उनका क्लास?...आज क्लास है क्या?''

''जी हाँ!''

काग़ज़ की एक स्लिप पर अपना नाम और आने का समय उसने लिखा। घर तक किसी के चलकर आये होने की सूचना संकोच से—बात को न रख पाये होने के संकोच से—निकाल देगी। आड़ चाहिए ही होगी तो मिल जायेगी—विश्वास में यथास्थान टिके रहे होने का दिलासा।

अनिश्चय! चाहे छोटा-सा। घड़ी-भर का ही सही। कल रविवार होगा। रविवार को पहुँच जाने की बात थी लखनऊ। दीपू के स्कूल का वार्षिकोत्सव है। उसने नाटक में मुख्य भूमिका ले रखी है। वसु बुआ को यहाँ होना होगा। कोई बहाना नहीं चलेगा। रविवार को तो वह यहाँ होगी ही, उसने पुचकारा था। सच में। दिल्ली में बने रहने में उसे क्या रुचि। शनिवार रात का आरक्षण उसके पास था। आते समय स्टेशन

पर रुकी रहकर बर्थ आरक्षित करवाती गेस्ट-हाउस में आयी थी।

अब! कुछ तो,...कुछ तो है भीतर जिसका समापन नहीं हो रहा। खत्म नहीं हो रही अधबीच टूटे हुए तार की झनझनाहट। अनुगूँजें ठिठकी पड़ी हैं। परदा खिंचा है कहीं बीच में। उस पार की ध्वनि उसने सुनी थी परसों की साँझ। पूरे होश-हवास में।

उस सबको झूठ हुआ कैसे मान लिया जाये। उसके बाद—कल के हुए को—तो झूठ मानने का और भी कारण नहीं। सबकुछ सप्रमाण हाजिर। फॉरगेट इट, बिकॉज़ देयर वाज़ समथिंग टू बी फॉरगॉटन। पारडन भी। बिकॉज़ देयर वाज़ समथिंग टू बी पारडंड।

शाम के सत्र में पेपर के पढ़े होने, प्रशंसित होने पर ध्यान नहीं। प्रशंसा कदम-कदम पर नये-नये नाम रखकर रास्ता रोक लेती है और उसे स्टेशन जाना है। टिकट लौटाने। दीपू की राह जोहती टकटकी का एक भुलावे-भरे तार द्वारा प्रतिकार करने।

मालूम था लखनऊ मेल में रात का आरक्षण नहीं मिल पायेगा। दिन में जाना होगा। काशी विश्वनाथ मेल से। रविवार। दोपहर को दो बजे। बैठे-बैठे। सोते-ऊँघते।

स्टेशन से लौटते सात बज गये। ताला खोला। अँधेरा पसरा पड़ा है भीतर। खट्। कमरा भर उजाला। उतना तो उसने कर लिया। उसके आगे का उसके हाथ में नहीं है। उसके हाथ में है प्रतीक्षा। व्याकुल-आकुल प्रतीक्षा। किसी आनेवाले के साथ किसी अज्ञात रहस्य के खुल पाने की प्रतीक्षा।

घंटी बजायी। चाय मँगायी। खाने के समय पर चाय। मात्र चाय और सामने वाली टेबल पर पैर पसारकर बैठ गयी। इस तरह बैठ जाने से पीछे छूटे हुए क्षण, कल के उच्चारे हुए शब्द लौट पलटकर पास बैठे मिल गये—एकाएक। उस सारे अनिश्चय की धुन्ध में एकाएक उष्ण। एकाएक सुरक्षित।

...पीछे छूटती सरसराती सड़कें और चौराहों में बँटते वृत्त। दृष्टि सड़क की सीध में बिंधी।...चलना और चलना। डूबना-घुमड़ना, अधबने को कहने का यत्न करना। बने हुए को अधबीच छोड़ देना।...“चलेंगी? घर ले जाना चाहता हूँ...नहीं, उस तरह नहीं। तब आप मेरी मेहमान थीं। जो चल चुका होता है जो वह कभी-न-कभी तो पहुँचता है...कभी-न-कभी। यह ज़रूरी है क्या...हर किसी का एहसास अनुताप से मुक्त हो...ज़रूरी है क्या?...चेहरे पर रूठी हुई जर्दी...दो बार लखनऊ तक जाता है कोई...कहने के लिए...आपका भी वैसा ही नहीं है क्या सफ़र...खालीपन में ठहरा हुआ...”

आज सुबह।...नहीं। शायद दोपहर, घर लौटना हुआ होगा। नौकर ने दरवाज़ा खोला होगा। बाल अस्त-व्यस्त। दायीं ओर के बालों की पट्टी माथे के बीच के भाग

पर कुछ ज़्यादा ढरकी। आँखें बेहद बोझिल। रात घूमते रहना हुआ या किसी मित्र के यहाँ। या...।

नौकर दौड़ा आया होगा।—यह लीजिये साहब। वह...मेरा मतलब है वह...वह आयी थीं।

झेंप, संकोच, पु...हाँ। पुलक सबकुछ एक साथ। समाजशास्त्र के वार्षिक सेमिनार में अचानक अवतरित हो जाता देख बेसँभाल उद्रेक के जैसी।

कितनी जहमत उठाकर, कितना 'आउट ऑफ द वे' जाकर आयी होगी बेचारी और एक मैं हूँ...मैं—ए हार्टलेस ब्रूट। एक धिक्कार। ढेर सारा पश्चात्ताप।...नाउ बी ए मैन...यू ओल्ड मैन।

पर लहर जो ज्वार को आह्वान देकर पैरों को भिगोकर तट से पलट गयी होती है, असहज हुई रहती है। निश्चेष्ट, झेंपी हुई। अच्छा हुआ पहल उसने कर ली। घर जाकर खोजबीन करने की पहल। मान-अभिमान त्याग कर।

इस पहल द्वारा पहुँचाये गये दिलासे की पहिचान। कोई चाहे तो एकदम देख सकता है। आड़ मिल सकती है अनायास। वह होती तो ऐसी स्थिति में सामनेवाले की कृतज्ञ ही हुई होती।

नहीं, मेरे मन में कोई उलाहना नहीं। कोई रंजिश नहीं। कुछ भी नहीं, विवेक मेरे मन में। ऐसा हो जाता है। सूखे में सालों में खड़ा आदमी लहरों के उत्ताल आवेग से डर जाता है एकाएक। आनन्दाहत कर देनेवाले क्षण की भी एक तैयारी होती है। पथरीले बंजर को पानी के एकाएक सोख लेने की आदत नहीं रहती। प्रवाह घोंट देता है। घोंट सकता है। मैं भूल सकती हूँ विवेक। हुआ अनहुआ हो सकता है। क्षमा-वमा कुछ नहीं होती आपस में।

किसी ने धीरे-से खटखटाया। लपकी जैसे भभककर उठती शिखा। "आपका फोन!" नौकर था। चन्द्रा साहिब, बरेलीवाले हड़बड़ाये से उस ओर से कह रहे थे—"मुझे डर था आप निकल न गयी हों कहीं। जयन्त पहुँच रहा है स्टेशन। सोचा करुणा को आपके सुपुर्द कर दे, आराम से पहुँच जायेगी लखनऊ। वैसे तो...।"

"कर दीजिये।" उसने कहा था पर वह आज नहीं कल दोपहर जायेगी अब। बात वहीं खत्म हो गयी। करुणा को आज ही जाना था।

लौटकर देखा क्षण टूट चुका है...आभावान मोती के हृद को फाड़कर टूटा। ढरक चुकी है पत्ते पर टिकी घनीभूत तारल्य की पारदर्शी बूँद। पता नहीं किधर। कहाँ। नीचे तो कठिन कठोर धूल-भरा फर्श था।

नौ बजने तक। इतने छोटे फासले तक पहुँचना पता लगता रहा—पल-पल। समय के पाँव में जैसे जंजीरों की जकड़न। तलुवे घसीटती। घिसटना कितना उदास करता है, साथ ही कितना बेसब्र। बाहर का अँधेरा कितना अनमना।

अच्छा यही है कि खिड़की बन्द कर दी जाये। हवा ठंडी है—शीत की सिहरन से भरी। खिड़की पर...खिड़की तक जाना अच्छा है पर खिड़की के पार...नीचे की सड़क पर...?

पलँग पर आ लेटी। स्वैटर पहने। साड़ी पहने। एक पैर का सैंडल दूसरे पैर से नीचे ढुलका दिया।

धीऽऽ धड़ाम! चौकीदार ने गेट उढ़काया। ताला लगाया है—शायद। उसकी खाँसी। लट्ठ की ठक्-ठक्। और नीचेवाले कमरे में से गूँज घुमड़कर आता दो-चार जनों का मिला-जुला ठहाका। डायनिंग रूम में पीछे की जूठन की तरह बचे विरल और विरल होते स्वर...। दूर, कहीं। दूऽऽर...

अन्तहीन निर्जन फैलाव। रेत का अन्धड़। दो नंगी भुरभुरी कच्ची भित्तियों के सहारे बेरंग काठ का एक बन्द दरवाज़ा खड़ा है। उस दरवाज़े के आर-पार कुछ नहीं दीखता। छत नहीं। आसपास कोई बस्ती नहीं। धूल-धूसर विस्तार और एक दरवाज़ा, मात्र दरवाज़ा।...जाने किस तरह, किस असम्भव तरह वह उस दरवाज़े और भित्तियों के आर-पार, ऊपर-नीचे और आगे-पीछे फैला रेतीला शून्य देख सकती है। सुन सकती है थपेड़े मारते अन्धड़ के रेतीले सीत्कार। दरवाज़ा और भित्तियाँ लगातार हिल रही हैं। अब टूटीं। अब गिरीं। पर कुछ भी नहीं होता। भित्तियाँ हिलती रहती हैं टूटती नहीं। जैसे वह गारे-मिट्टी की नहीं, तम्बू बनाये जानेवाले कैनवास की बनी हों। कौतुक-भरा लगता है यह होना। हिलना-झूलना और फिर फड़फड़ाकर स्थिर हो जाना अन्धड़ के आघातों के बावजूद।

फिर जाने क्या होता है। कैसे होता है। अन्धड़ एकाएक थम जाता है। आकाश स्वच्छ हो जाता है—निराच्छन्न नीला। पर धूप से रहित। झीनी-सी रोशनी जो चीज़ों को चौंधियाये उजलाये बिना साफ़ देख लेने देती है। हलकी नीली और नम।

फिर एकाएक। अचानक। बिना चेतावनी के। अन्धड़ आघात के बिना, शान्त नम अँधेरे में वह भित्तियाँ भरभराकर बैठ जाती हैं और बीचोबीच अकेला खड़ा दरवाज़ा एक भूतहे कम्पन में आगे-पीछे झूलता रह जाता है। दरवाज़े का इस तरह, चारों ओर से निराधार होते हुए भी उस रेतीले शून्य में आगे-पीछे डोलना इतना असामान्य, इतना दहशत-भरा लगता है कि...

उफ़। कितने बजे होंगे। खट से टेबललैम्प जला लिया। ढाई। गर्दन पसीने से तर-बतर। जाड़े में भी। उठकर पानी पिया। पेट की खोह खाली-सी लगी। श्वासों को भीतर की ओर खींचती।

कुछ भी साफ़ नहीं। सामने दायें-बायें दीवारें हैं। दीवारें तो कहीं थीं ही नहीं, गिर चुकी थीं। ढह गयी थीं उसकी आँखों के सामने एकाएक भरभराकर। यह सब फिर क्या है। कुछ स्पष्ट नहीं। पैनी-सी किसी अनबूझे कारण की दुखन। तीखी। पता

नहीं कहाँ। किस हिस्से में। सब कहीं।

लेट गयी। दोबारा सो गयी—गहरा। स्वप्न और उद्वेग के बिना की नींद की गहराई। पर ताज़ापन फिर भी नसीब न हुआ। आँख बचा गया।

कितना बेतुका, बचकाना था कल का उत्साह। खाली खड़खड़ाता हुआ। टिकट की बदहवास रद्दोबदल। ग्रीन पार्क के लिए भागदौड़। दीपू को भेजा गया भुलावा। असन्दिग्ध थी उसकी लड़ियाती हुई दो नरम कोमल हथेलियाँ उसके चेहरे को गरमाती।

हाथ में के एक को छोड़ झाड़ी में के दो की लालसा। दीपू उसे माफ़ नहीं करेगा। कभी भी नहीं। वह उसे मनायेगी। मन से मनायेगी। इस बार वह नहीं मानने का। मानना भी नहीं चाहिए। उसके निश्छल भोले दर्पण पर अंकित हुआ रहेगा—उसके सच्चे प्रॉमिस और हवा में टँगे सन्दिग्ध दिलासे के बीच का यह पक्षपात।

वह सब...वह सबकुछ कहा-सुना झूठ क्यों नहीं हो जाता। शब्द निःशब्द क्यों नहीं हो जाते। क्यों कोई दो बार लखनऊ जाने की चेष्टा में चेतन हो गये अपने इरादे की सूचना से उखाड़ दे सकता है पूरी तरह। क्यों किसी के उठ खड़े होने को चलना और चलने को पहुँचना मान लिया जाये और अपनी अपेक्षा को रास्ते में बिछा दिया जाये।

पर यह सब सच भी तो हो सकता है। किसी लम्बे आलेख की भूमिका। किसी अनजाने नाटक का प्राग्भाव। वह खुद ही ठहर गयी, सोच की ढलुवीं रपटन में यत्न से पैर अटकाये। उसका अपना धीरज भी क्या कुछ कम बेसब्र है।

कुछ स्फूर्ति आयी पर किसी भारी शै के तल में बैठे होने के एहसास के साथ की स्फूर्ति। मन उतना निराच्छन्न नहीं। उतना अभिभूत भी नहीं—कल के जैसा।

गाड़ी दोपहर के दो बजे जाती है। डेढ़ बजे तक स्टेशन पहुँचना होगा। गेस्ट-हाउस ग्यारह बजे क्यों न छोड़ दिया जाये सामान समेत।

"ग्रीन पार्क।" उसने ऑटोरिक्शावाले से कहा। वह एक छूटा हुआ सिरा है जैसे बुनते-बुनते, किसी फन्दे में, दो सलाइयों को अटाये हुए कोई यूँ ही अधबीच उठ गया हो। इस अधूरे को पूरा करना होगा। ठीक से। भीतर से। आगे के लिए...शायद!

कोई कारण नहीं आज कोई घर में न मिले। आज रविवार है। रविवार की सुबह। छुट्टी की चादर बगल में है, जहाँ चाहो ओढ़-बिछा लो। ऐसे बेमोल वैभव के रहते कौन भटकने जाता है। एक दिन मिलता है हफ्ते-भर में।

दरवाज़ा। घंटी। विवेक।..."अरे आप? कल गयीं नहीं?" की मन-ही-मन पुनरावृत्तियाँ। खड़खड़ाते अंजर-पंजरवाली ऑटोरिक्शा के महानाद में भी नहीं घुल पातीं। बार-बार कैसे जन्म पा जाती हैं। कर क्या पायेगा कोई जब ऐन सिर से पकड़ लिया जायेगा।

इस बार नौकर भी दिखायी नहीं दिया। पुराने जमाने के दरवाज़े अच्छे थे जिन पर लटका ताला दीख जाता था। ट्रिंऽऽऽ,ट्रिंऽऽऽ, कई बार घंटी बजायी, कोई उत्तर नहीं।

तभी बँगले की ड्राईव में ललियाये नारंगी रंग की एक कार घुसी। नहीं, यह वह कार नहीं। भीतर बैठे सिर ने घूरकर देखा।

सकुचायी। इस तरह बिना पूछताछ के चले जाना पता नहीं क्या समझा जाये। "प्रो. विवेक नहीं हैं क्या?"

वह सज्जन व्यस्त हो आये। "रामदास!" खूब ज़ोर से पुकारा। "आइये, बैठिये न। अभी आ जाता है।"

"नहीं। मुझे जल्दी है।" अब रामदास से कैफियत पूछना ज़रूरी हो गया। रामदास फीता हाथ में उठाये, ताजा पॉलिश किया जूता पैर में धँसाये दौड़ता चला आया।

"जी! साब अम्बाला गये हैं।" उसने प्रश्न सुने बिना ही उत्तर पकड़ा दिया।

"अम्बाला?...कौन है वहाँ?"

"बड़ी दीदी!"

"सब कुशल तो है?"

"जी साब। इतवार है न आज। अकसर चले जाते हैं।"

"कैसे गये?"

"बस से।"

"कब तक आयेंगे?"

"मंगल-बुध तक आने को कह गये हैं।"

"वह...वह...कलवाली पर्ची...दे दी थी न?"

"जी साब। दे दी थी।"

क्या था जो भीतर भरभराकर गिरा। अन्धड़-आघात के बिना। अकेले ढीठ दरवाज़े को पकड़ी रहनेवाली भित्तियों के धीरज की तरह।

अँधेरा घिरने लगा।

बरेली पीछे छूट गया। बरेली से गाड़ी क्या छूटी कि घर के ध्यान को मन में धरती गयी। अँधेरे के अविवेकी अथाह में इसी तरह गड़गड़ चलते किसी घड़ी खड़ी हो जायेगी गाड़ी—लखनऊ।

उस होने को छू लेने की इच्छा ही नहीं, न उस क्षण तक पहुँच पाने का तनिक-सा भी उत्साह। इसी तरह...इसी निरायास तरह...सतत और सतत चलता रहे यह गति

का अन्धा अजगर। गन्तव्य की किसी नोक पर जा ठहरने की स्थिति ही न बने। आसपास की भीड़ अपरिचित बनी एहसास के बाहर खड़ी रह जाये। अवहेलना कर सके वह उस परिचयपन की जो घर में खूब है—रेलगाड़ी में ज़रा भी नहीं।

सामने की सीट पर बैठी बुर्कापोश महिला कुतर-पुतर करके चुप बैठ ही गयी। जिज्ञासा के किसी तीर को छूटने की उसने जगह ही नहीं दी। छूट दी होती तो प्रश्नों की झड़ी—कहाँ से आयी हो, कहाँ जाओगी? शादी हुई नहीं या...? बच्चे हुए ही नहीं या मर गये? कौन छोड़ने आया, कौन लेने आयेगा...जितनी बार आँखों और होंठों के बीच उन्मुख तनाव को तनता देखा पत्रिका मुँह के सामने कर ली। एक बार तो उलटी भी।

पहुँचते ही दीपू की अप्रसन्नता का सामना करना होगा। छोटे से दीपू की छोटी-सी अप्रसन्नता। उतने से...उतने तिनके से आघात के लिए भी अप्रस्तुत है मन। क्या कहेगी दीपू से...क्यों नहीं हो सका आना। क्यों नहीं बन पाया एक दहशत-भरे छलावे के बदले उसकी भोली सच्ची प्रीति को चुन पाना।

हाथ बढ़ाये ही नहीं कि कोयलों ने चलकर दाग़ दिये। बुलाने गयी थी क्या?... पुकारा था क्या?...चाह थी क्या?...माँगा था कुछ? क्यों रास्ता काटती हैं ऐसी सड़कें जिनके अन्त अँधेरे के अथाह के अतिरिक्त कहीं और नहीं खुलते...।

क्या कहेंगे इसे?...नियति?...कपाल का लिखा?...देखे-अनदेखे कर्मों का दंड?... कब-कब का, किन-किन खातों का अनबूझा हिसाब...

तुम होते अप्पू तो मेरी हथेली पर लिखे को पता नहीं कैसे गुनते। क्या उत्तर दे पाता कर्म और संकल्प के आत्मरचित विधान में तुम्हारा उतना...उतना अधिक विश्वास।

"भाग्य लिखा ज़रूर होता है पर तुम उसे अपने कर्मों से, अपनी इच्छाशक्ति से बदल सकते हो न। अन्धड़ आ रहा है, तुम खिड़कियाँ बन्द कर सकते हो। सामने खाई आ गयी, तुम बचकर निकल सकते हो। बोलो, निकल सकते हो या नहीं..."

शरत भैया सामने बैठे सोचते हैं। वह अभिभूत होती है। छोटा नासमझ कौशल उकड़ूँ बैठी माँ के घुटनों को हिलाता रहता है। बाबूजी अभी निवृत्त होकर बैठे हैं। पूजा-अर्चना से निवृत्ति। शाम को आरती के बाद मिल बैठने की पारिवारिक परम्परा बाबूजी के जीवन के अन्त तक चलती रही...

"कर्मठ आदमी किसी भी हालात को अपने हक में नरमा-गरमा लेता है। सर्दी पड़ रही है, तुम सब लोग गरम कपड़े पहने बैठे हो या नहीं...?"

वे सब अच्छे हैं अप्पू, उन्होंने तुम्हें कभी नहीं जाना। तुम्हें कभी नहीं सुना। तुम्हारे कहे-सुने से कभी अभिभूत-पराभूत नहीं हुए वे सब लोग। कर्मों की तिजोरियों में बन्द पड़े हैं उनके खाते...उनके विश्वास। वे सब सुखी तो हैं...चाहे मर्यादाओं में

सुखी। कर्मों के अबूझ हिसाब से तुष्ट। नियति के अपने पर अधिकार से सन्तुष्ट।

तुम भी अच्छे रहे अप्पू, तुमने यह सब नहीं देखा। नहीं जाना। इच्छा और आस्था के हाथों में से रेत की अनिष्ठा की तरह धूल-धूसर सरकती सरसराती ज़िन्दगी। कृतसंकल्प ज़िन्दगी।

तुम्हारे अपने लिए भी फिर चाहे उतनी असन्दिग्ध कहाँ रह गयी थी अप्पू तुम्हारी अपनी वाणी। किस तरह किस असम्भव तरह एकाएक निःसत्व हो गया सबकुछ। दिल के दारुण दौरे ने कर्मों का विधान हाथ में ले ही लिया तुम्हारी इच्छाशक्ति के बावजूद। तनिक-सी अवहेलना से पारे के स्वभाव की तरह चढ़ जाता था रक्तचाप और डरावनी धमकियाँ देने लग जाता था।

चिन्तित बने रहा करते थे उन दिनों। उसकी साधारणता से नहीं पता नहीं कहाँ से उन्हें दीखती असाधारणता से—"कभी-कभी डर लगता है इससे। शीशा भी अपनी चमक हर समय नहीं सह सकता।" जिले की वाद-विवाद प्रतियोगिता में मिले कप को बाबूजी को दिखाकर इतराती हुई लौट रही थी।

"जल्दी से कोई लड़का देखकर शादी कर दो।" उसने अम्माँ को कहते सुना था।

बाबूजी की ऐसी बातें अम्माँ में उसकी उठान को लड़कीपन की औकात में काट देने का अनुदार से चेहरेवाला बल भर दिया करती थीं।

"हँऽऽ! ऐसी बच्ची को फूलने-फलने का पूरा अवसर मिलना चाहिए। कहाँ फूल-फल पाती हैं लड़कियाँ।" उनकी आवाज़ भर्राई हुई-सी हो गयी थी।..."बस वही एक ढर्रा...तुम भी आखिर कैसे गुज़ार रही हो अपनी ज़िन्दगी। वह भी क्या कर लेगी...?।"

"करना क्या है यह कोई निराली है..."

"तुम इस बात को नहीं समझ पाओगी। योग्य को अवसर और अधिकार दोनों ही मिल सकना चाहिए। कौशल में और इसमें फ़र्क समझती हो?"

"कौशल कमज़ोर है तब तो उसे और भी सहारा मिलना चाहिए।"

"ओऽऽ हो! सहारे से कहाँ इनकार है। पर जो धसककर बैठा है, उसे ज़्यादा-से-ज़्यादा खड़ा कर सकते हो तुम...दौड़ा तो नहीं सकते।...बिचारी लड़कियाँ...जो यहाँ हो गया सो हो गया। आगे कौन जाने..."

तुम कैसे भविष्य-दृष्टा हो गये थे अप्पू। मरने से पहले क्या सबकुछ साफ़ दीखने लग जाता है। अम्माँ ने कहा था तेरे बाबूजी रहे होते तो निखिल को देख-देखकर निहाल होते। कुछ ऐसी ही नहीं थी क्या उनकी कल्पना। शिक्षित-दीक्षित आई.आई.टी. में प्रोफेसर। मुख सुदर्शन देह गठीली। स्वभाव मीठा सुकुमार। उसने पलटकर कहा नहीं था अम्माँ को कि बाबूजी होते तो इसके अतिरिक्त भी कितना कुछ जानना-परखना चाहते। घंटों पास बिठाते। टटोलते-खोलते। बहस करते। उनके

लिए तो—दिमाग़ इनसानी वजूद का सबसे बेहतर हिस्सा है। "जिसकी गर्दन के ऊपर का हिस्सा वज़नदार होगा वही ले जा सकेगा मेरी बेटी को..."

अऽप्पू...क्या सच में कहीं भी नहीं हो तुम अप्पू! मेरे लिए भी सच में निस्सम्बन्ध हो चुकी है तुम्हारी आत्मा। खत्म हो चुका क्या बरगदी बाँहोंवाला तुम्हारे ममत्व का इतिहास। तुम गये तो किसलिए बच गयी थी मैं। किसलिए इस क्रूर कठिन संसार की निकृष्टता के बीच मेरा इस तरह घुटना...।

टूटता बाँध हिचकोलों के हवाले कर गया देह को। अँधेरे के अथाह में खुलती खिड़की से लगी आँखें झरती रहीं...झर-झर...!

गाड़ी रात के साढ़े ग्यारह बजे पहुँचने की बजाय साढ़े बारह बजे पहुँची थी। शाहजहाँपुर जक्शन के अहाते में वह पौने घंटे तक पता नहीं क्यों खड़ी रही थी। उस खड़े रहने की बेचैनी आसपासवालों के मन में जितनी भी रही हो उसके मन में नहीं थी। जब जहाँ पहुँचना हो, पहुँचे।

उतरते ही भीड़ के बहते रेले में परिचित चेहरे की तलाश की। कौशल?...शरत भैया? उन दोनों में से किसी की उँगली पकड़े दौड़ता आता दीपू। नहीं, कोई नहीं था। पता नहीं क्यों नहीं आया था कोई। तार दिया तो था चाहे दीपू के ही कारण।

पहली प्रतिक्रिया राहत की हुई। जैसे किसी भारी-भरकम बोझ की ढुआई से बचाव हो गया हो। न किसी के प्रश्न, न किसी की उत्कंठा, न कहीं का वर्णन न विवरण। कितनी उलझनों से बच गयी है एक साथ।

थोड़ी देर वहीं उसी विरस अनमनेपन में आविष्ट खड़ी रही, घर जाने की इच्छा से पूरी तरह रिक्त। घड़ी देखी। आधी रात से थोड़ा ऊपर। कोई आया होता तब तो जाना ही पड़ता, पर अब किसलिए...?

अपने भीतर जो बनती देखी वह एक लावारिस-सी इच्छा थी।...यहीं! इसी बेंच पर...इसी प्लेटफार्म पर या मुसाफिरखाने की किसी कुर्सी पर...अपने थोड़े-से सामान की पोटली के साथ...समय के एहसास से परे...बेपरवाह बैठी रहे। संसार आता-जाता रहे। गाड़ियाँ दौड़ती-लौटती रहें। लोग मिलते-बिछुड़ते रहें...उसे किसी से क्या लेना-देना।

"वेटिंग-रूम।" उसने कुली से कहा। ऐसा निश्चय, इतना दिशाभिमुख हो गया है यह जैसे अपने को भी उसी क्षण पता लग पाया।

वेटिंग रूम भीड़ से खचाखच भरा। भीतर की हवा बहुत सारी साँसों की गन्ध से बोझिल। जाड़े के कारण सारी खिड़कियाँ बन्द थीं। कोने बेतरतीब सामान से और अधिक ठुँसे हुए। अधलेटे, अधजगे, अधसोये लोग...हर कोई यात्रा के बीच कहीं आगे जाने की प्रतीक्षा में टिका।

शायद वही एक ऐसी होगी जिसे यहाँ से आगे कहीं नहीं है जाने को। उसकी दौड़ यहीं तक है, इसी नगर तक। इसी नगर में किसी और के घर तक। इसके आगे की धरती उसके पास नहीं है। एक वह ही होगी जो प्रतीक्षा में नहीं, पड़ाव पर है—दो चरण धरती-भर पड़ाव—जहाँ खड़े हो सकने पर कोई किसी से कुछ भी नहीं पूछता, जहाँ निष्प्रयास मिल जाता है जो जिसे चाहिए होता है—निस्सम्बन्ध एकान्त...अपने में सिमटा अपने में समाप्त।

एक भी ऐसी आरामकुर्सी नहीं जिसकी उसे असल में तलाश है। दूर के यात्री होंगे जो उन पर धँसे बैठे हैं। दीवार से लगी एक लम्बी बेंच के दायें कोने का थोड़ा हिस्सा खाली है, उसका भी बेंत भीतर से दरका। वहीं बैठ गयी। पैर ऐंचकर, दीवार से सिर टिकाकर...आँखें खोले। बस आँखें खोले। आँखें, जिनसे देखना होता है, जिनमें दृष्टि नहीं होती। जिनकी राह ज्ञान तन्तुओं तक जाते रास्ते में भटक लेती है।

एक बच्चे के अचानक के रुदन से कमरा गूँज गया। साथ ही पैरों के नीचे तक थरथराहट फेंकती किसी गाड़ी की गुजरती हुई गड़गड़ाहट। इस ध्वनि ने छोटी-सी हलचल वेटिंग रूम में पैदा की। आरामकुर्सी पर पसरे सज्जन ने बदन ऐंचा। दो-चार उबासियाँ लीं। घड़ी का फीता खींचा और ढीले पड़े जूतों के फीते कसने लगे। उस आरामकुर्सी का मिल जाना अच्छा लगेगा। वह स्वयं भी उठने को हो आयी।

आरामकुर्सी पर पसरने को हुई कि शरत भैया और कौशल को भीतर घुसते देखा। शरत भैया निहायत हड़बड़ाये हुए, बुरी तरह चिन्तित।

"ओऽफ्ऽओ!" उन्होंने एक बेहद गहरी साँस ली।

"मैंने कहा था भैया।" कौशल कह रहा था। "इस तरह आधी रात को अकेले घर आना ठीक नहीं समझा होगा दीदी ने। वेटिंग रूम में बैठी होगी।"

सफाई दे सकने का सिरा उसे धरा मिल गया—एकदम सामने। निष्प्रयास। "मैंने यही सोचा था कि कोई आ गया तो ठीक नहीं तो सुबह-सुबह..."

"वह तो ठीक है, पर इस गाड़ी से आने की ही क्या ज़रूरत थी, पता नहीं था इतनी देर से पहुँचती है। ऊपर से जाड़े की रातें...।"

"तार जो दिया था।"

"देखा, मैंने कहा था न...आप लोग मुझे तो कुछ...।" कौशल अपनी उसी झगड़ालू मुद्रा में आ जाने को तैयार हो रहा था।

"अच्छा बस! मेरे तो चिन्ता के मारे होश-हवास ही उड़ गये।"

क्या होने को था जो होश-हवास उड़ जाते। क्या नहीं हुआ कि होश-हवास बने ही रहें...जो होता है वह किसी को भी पूरा दीखता है क्या? ढहने का क्षण ही क्या असली ढहना है, उससे पहले का सबकुछ...?

जान-बूझकर वह पीछे चलती रही उन दोनों के पीछे। भीड़ के निकल चुके होने

के बाद इस तरह पीछे चलना अलग से दीखता है, पर नहीं थी किसी के भी कदमों के साथ चलने की मन में इच्छा।

गेट पार कर वह लोग बाहर निकले तो वह पीछे की बजाय आगे चलने लगी। थका-टूटा लौटना।

कुछ अपने ही सँभाल के बाहर की मनः स्थिति। नियति के वार सहन हो जाते हैं पर मनुष्यों के...

वह सब अपने ही शब्द हैं जो अपने ही कन्धों पर सवार—खिल्ली उड़ाते। रात को उल्लुओं की तरह चारों ओर की दीवारों पर बैठे मुँह बिराते।...क्या समझा था अपने को।...सर्वज्ञ?...महाज्ञानी?...बड़ा बनना चाहा था यह नहीं सोचा, पानी धरती पर बहता है धरती पर बहेगा। उसकी सतह को उछालकर जो आवेग बनाती है वह बाढ़ होती है—आक्रमक विध्वंसक बाढ़, पोर-पोर में रिस पानेवाला पानी का प्राकृत स्वभाव नहीं।

...क्या सोचकर कहा था कि एक अपना स्वत्व ही तो है जो अपने नियन्त्रण में है। मात्र मनुष्य ही तो है विवेकवान, एक वही कृतसंकल्प, वही इच्छा और चेष्टा का नियामक। काल के अन्धे प्रवाह के सम्मुख एक उसकी क्षमता अनुपम।

...वह सारा कुछ कितना बड़ा दम्भ था, कितना बड़ा छलावा। देखा जाये तो कितनी सीमित है दृष्टि...उससे सीमित सामर्थ्य...उससे भी नगण्य स्वत्व, उन सबसे अर्थहीन अपने दावे।

कैसे हो सकता है किसी भी चीज़ को पूरे-का-पूरा देख पाना—एक पल आगे का अनिश्चय...एक पग आगे का मरुस्थल...कहीं कोई भीमकाय पंजा...फौलादी उँगलियोंवाली कोई अदृश्य मुट्ठी। कुछ नहीं है निरपेक्ष। न कुछ अन्तिम, न अपना, न पूरा। न अपने लिए अपनी अकेली किसी की निर्विकल्प स्वतन्त्रता।

...हर कोई एक विराट परिधि की एक छोटी किरच। काट दी जाये तो घेरा पूरा नहीं होगा। न काटी जाये तो अपने को भी उस परिधि के हाथों ही वापिस पाना पड़े।

चाहे कोई चल निकले, खोज लेने का गुमान रखे, चाहे पानी की सतह पर पैर रखकर इतराता फिरे, खिड़कियाँ खोले या तनकर बैठे...कुछ नहीं होगा। अपना अकेला कुछ नहीं होता। कुछ नहीं होगा।

मुक्ति, अपनी अकेली किसी की नहीं होती।

ठीक सामने बैठे छात्र ने ठप्प से हाथ की भारी-भरकम किताब को बन्द किया तो उसने जाना—पाँच बजे हैं। जाड़ों में पाँच। चारों छोरों पर अँधेरे के आगमन की पंजा

छाप मुनादी। ध्यान दिया तो लगा बाहर बढ़ते गहन के कारण ही लायब्रेरी के भीतर की रोशनी चटकीली हो गयी लग रही है।

थोड़ी देर और प्रतीक्षा करनी होगी—कल्पना की। आज शनिवार है। आयेगी ही, चाहे देर से ही आये। आजकल सुधीर से उसका मिलना शाम को होता है, उसके ऑफिस से घर जाने के एक घंटा पहले। जाने की हड़बड़ी में स्थायी रूप से पंजों पर खड़ी मिलती है उसकी मानसिकता। लालबाग के निर्जन रेस्तराँओं, रेजीडेंसी के खंडहरों, विश्वविद्यालय और घर के बीच भागती-दौड़ती रहती है उसकी बौरायी चाहत।

सुधीर की बन्दरबाँट परियोजना में शनिवार कल्पना के हिस्से नहीं है इसीलिए उसकी प्रतीक्षा। जाने क्या घुट रहा है भीतर कि...

घर से बचती है। अच्छी नहीं लगती उसे भाभी की इस तरह की चीर-फाड़। हर समय खखोल-खखोलकर देखे जाना। अनमनी उदासी को सूँघते रहना।

देर शाम तक लायब्रेरी में बैठे रहना क्या बुरा है। जब तक सधे...जब तक खिंचता रह सके। इस विरस उचाट में सामान्यता का नाटक?...नहीं, यह सन्तुलन उससे नहीं सधता...नहीं सध पा रहा।

संसार में कठिनतम है कुछ, तो सामान्यता। अति दुर्लभ है सहजता। बहुत अधिक दुष्कर निराच्छन्न मौसम। यह सब जैसे पहली बार जाना।

"सुन!" कल्पना ने पीछे से आकर उसका कन्धा दबोच लिया है। वह उत्साहित-सी है। लगभग हाँफती हुई। लायब्रेरी की सायास निःशब्दता में उसकी विह्वल मुद्रा और अधिक मुखर लग रही है।

"हालाँकि ऐसा होगा नहीं पर 'बाय चांस' कभी ज़िकर चल ही जाये तो तू यह मत कहना कि मैं तेरे साथ नहीं गयी थी। मैंने कह रखा है घर में मैं तेरे साथ दो दिन के लिए बाहर जा रही हूँ...हैंऽ?...अच्छा फिर...।"

जल्दी में वह धीरे-से एक चुम्बन दागती गयी—अपने उत्साह की बाहर बहती छलकन। वह चुम्बन भी, जो बिना जाने ज़रा-सी गर्दन घुमा लेने से उसके गाल पर न लगकर कन्धे के ऊपर के खालीपन में 'पुच्च' की एक आवाज़-सी बनकर गायब हो गया—खिल्ली उड़ाता।

विरसता से भरी थी वह अनुभूति। कल्पना के इस तरह, प्रतीक्षा के चरम पर आकर चले गये होने के कारण नहीं, उससे अपनी इतनी अपेक्षा के कारण।

कोई दूसरा कैसे काट सकता है अपने गले में अपने ही हाथों से बँधी डोरियाँ—चाह की, स्नेह की, उष्णता की, आत्मीयता की डोरियाँ। हथेली अधखुली हो या पूरी, माँग बड़ी हो या छोटी—माँग माँग है, याचना याचना...इनके रहते नहीं मिल सकता किसी को अभय, न मुक्ति, न शान्ति...क्यों हर किसी चाह से परे हो जाने की शक्ति

कोई नहीं पा लेता—अपने में।

लायब्रेरी से घर जाने के लिए रिक्शा मिली वह भी कुछ अधिक खड़खड़ा रही थी। साधारणतः इतना ध्यान उसके मन में रहता है कि रिक्शा इतनी फटीचर न हो कि सारा रास्ता शोर बनकर शिराओं पर सवार रहे।

लायब्रेरी से बन्दर-ब्रिज पहुँचने की राह अकेली थी—सन्नाटे भरी। आगे चौंध से भरी जगमग के आसार...हलवासिया बाज़ार...मेफ़ेयर की भीड़...हज़रतगंज की गहमागहमी...कॉफ़ी हाउस...फिर बनारसी बाग को मुड़ती अपेक्षाकृत अँधियारी सड़कें। सबकुछ परिचित...पूर्वानुमानित। कदम-कदम। चप्पा-चप्पा। इस सड़क के बाद वह चौराहा, उस चौराहे के बाद यह मोड़, इस मोड़ के बाद यह बाज़ार...इस बाज़ार के बाद यह वीथी...इस आघात के बाद यह आघात। घर के बाद यह क्लास, क्लास के बाद यह घर, जहाँ आत्मीयता के बावजूद भी आत्मीयता से बचाव की इच्छा मन में पहले जागती है।

कोई वहाँ क्यों न रहे जहाँ पता ही न हो आगे क्या मिलेगा...कौन-सा मोड़, कौन-सा चौराहा, कौन-सी वीथी, कौन-सा मैदान। जहाँ आगे खेत भी मिल सकते हैं या पठार या नदी या बीच चौराहे के मन्दिर या कुछ और...। अकेले के परे का भी अकेलापन। पहिचान के परे का विस्तार। अपेक्षा के परे का अपरिचय। जिसे पहिचानने की एकाग्रता में शायद कभी कोई अपने छिन्न-भिन्न स्वत्व को छू पाने के लिए व्याकुल हो सकता हो।

गुड़ी-मुड़ी-सी इच्छा पैर फैलाती लगी है—क्यों न चली जाये कहीं भी, किसी भी दिशा में, दूर सुदूर, धरती के अन्तिम छोर तक, शून्य का सीना फाड़ते हुए...दिशाओं के दिशाहीन विस्तारों के बीच...

घर से निकलना, वह भी इस तरह निकलना एक तनाव-भरा फैसला है। घर को आज तक उसने एक भाव की तरह जिया है...एक टेक की तरह...एक तम्बू की तरह... अब भी वह उसे एक असमय चकनाचूर हो गये स्वप्न की तरह जीती है जिसकी किरचें कभी मुट्ठी भींच लेने पर हथेली की त्वचा को लहूलुहान कर देती है और जलता पड़पड़ाया करता है उस स्वप्न को थामे रहे होने के लालच का प्रमाद।

यों देखा जाये तो भटकती ही रही है पूरा वर्ष। जनवरी अन्त में दिल्ली। फिर नवम्बर में दिल्ली और अब भीतर-ही-भीतर फिर कहीं चल निकलने का अटंक उचाट।

भटकती रही है पर अनिच्छा से। बलात। उन देशों-प्रदेशों में जहाँ कभी तो पुकार लेने का कोई उत्तर ही नहीं देता और कभी स्वयं पुकारे तो प्रत्युत्तर दे दिये होने पर दंशित करने का अधिकार भी स्वयं पा लेता है। नहीं चाहिए वह प्रदेश...न पुकार...न

स्मृति...न स्मृतियों के देश। कुछ नहीं चाहिए जाना-पहिचाना, चाहे वह अपने ही भीतर के सुलगते स्थलों से उठती गन्दली धुआँस ही क्यों न हो। नीच, निकृष्ट गलीज है दर्पण में दीखती अपनी छवि—अपेक्षाओं में याचक। भिखमंगी।

ऐसा कोई निर्णय चौंकानेवाला होगा हर किसी को। लगभग अकल्पित। उसकी तरफ़ से तो एकदम अप्रत्याशित। घर से बाहर जाना राहत-भरा नहीं लगा कभी। बाद की विवशताओं ने चाहे उस तरह की राहत को कितना ही चकनाचूर दिया हो। बहिन-भाइयों के लिए सदा मसखरी-मख़ौल का विषय ही बना रहा उसका डरपोक घरघुस्सापन। खासतौर पर कौशल और मिनी के लिए—बिरजो मौसी की मँझली लड़की।

"घर अच्छा हो तो हर समय कोई बाहर भटकता क्यों फिरे।" पर मिनी को उसका यह समीकरण आधुनिकता की रेलगाड़ी का पटरी से उतरा जैसा लगता था।

उसे तो चाहिए था एक अदद पति। बीवी को घुमाने-फिराने के उत्साह में बिजली-ब्रैड। जिसकी नौकरी हर दो या तीन बरस के बाद बोरिया-बिस्तर बाँधने के अभियान में जुट जाती हो। जिसकी शामें दोस्तों के घरों में बीतती हों—रंगीन। सिनेमा का शौकीन। स्टाइल का सिगरेटबाज़। शाम की चुस्की—वह भी चल जायेगी। कभी-कभार का—'मेरा मतलब है कुछ भी—आय मीन छोटा-मोटा एडवेंचर' आँख दबा दिया करती थी उसकी चंचल-चपल बेबाकी।

इस चित्र की गन्ध और छाप उसे कभी नहीं भायी। कभी नहीं हो सका घर नाम की चीज़ को सराय या गेस्ट-हाउस के पर्याय तक खींचकर ला पाना। उसके लिए घर—किसी गहरी इच्छा का प्रतिफलन। एक गुनगुनी अनुभूति। मीठा साहचर्य। ऐसी कोई कोमल आँच जिसमें सारा संसार सिमट गया दीखे। घर की सजावट और संस्कार दोनों ही उसके लिए सदा महत्त्वपूर्ण रहे—सबसे अधिक मनचाहे। सबसे अधिक संगत।

चाहे बाद में पता नहीं रह गया किसे कहते हैं घर? कहाँ होती है उस घरपन की हदें जो क्षण-भर में ही भरभराकर गिर सकती हैं।...घर?...बम्बई में सोचा था लखनऊ में...नहीं लखनऊ में भी कहाँ बना। निमिष में ही खेमे उखड़ गये।...किसे कह सकता है कोई घर?...दीवारें?...रसोई?...काँच और स्टील के बर्तन?...फर्नीचर, गलीचे या फिर एक व्यक्ति...केवल एक व्यक्ति। और उस व्यक्ति के चारों ओर सिरजा हुआ संसार।

पहले जिद्द की थी वहीं-की-वहीं बनी रहेगी...व्यक्ति के रौंदे हुए फर्शों पर...उन्हीं दीवारों के भीतर...उन्हीं गन्धों और परछाइयों के बीच पर व्यक्ति ही था जो कहीं नहीं रह गया। कहीं नहीं रह गयी थी वह जानी-पहिचानी गन्ध। एक बेहद खाली खोखली-सी अनुभूति जिसे कितनी ही घटनाएँ कितनी जल्दी खदेड़ती चली गयी थीं।

मिनी अब इतने सालों बाद मिली है तो कहती है, "मालूम है क्यों हर समय

भटकते फिरते हैं हम लोग। घर में चैन मिले तब न...बैठते ही चख़चख़ शुरू हो जाती है। दूसरों के घर उतना वक्त चैन से तो गुजर जाता है...कौन हर समय एक-दूसरे के मुँह लगे।''

उसके शब्दों के पीछे घृणा का धुआँ सुलगता होता है। और वह—''तुझे तो घर का ही ख़ास शौक था'' के छिन गये सुख की बेचारगी को उस पर ढुलका देने को होती है कि संवाद की डोरी को वहीं-का-वहीं काट देना ज़रूरी लगता है।

वह नहीं बता पायेगी कि उतना ही छोटा-सा शब्द नहीं था उसके लिए 'घर,' न उसका ढहना उतने छोटे-से शौक का क्षरण।

घर से एक घंटा पहले निकली।

पहले इतिहास विभाग जाना है कल्पना से मिलने। अपने निश्चय को उसके सम्मुख रखेगी। क्या वह ऐसा कर सकती है कि उसके साथ चले—कन्याकुमारी। उससे आगे भी कोई बिन्दु रहा होता तो वह शायद वहाँ तक जाना चाहती।

सुनकर दुविधा गयी है कल्पना। क्यों सोचा था आह्लादित करेगी उसे यह सम्भावना।

''तुम क्यों जा रही हो? अभी तो आयी हो दिल्ली से?'' प्रश्न के उत्तर में प्रश्न नहीं चाहा था उसने, निश्चय ही नहीं।

''मुझे तो जाना ही है।''

''जाना ही है...क्यों? आजकल बड़ी दिलेर हो गयी हो।''

''तू भी तो...।''

''हाँ, पर...।''

शायद कहना चाहती होगी, उसकी दिलेरी वाजिब है। साथ में कोई तो है चाहे आधा अपना। कैसे समझाती दोनों तरह से, दोनों तरफ़ से आ जाती है दिलेरी। उपलब्धि जितना कारण हो सकती है अनुपलब्धि भी उतना ही। दोनों के चरम पर निर्मोह हो जाता है व्यक्ति, अपने आसपास से बेगाना। अपने में अपना बल संचित कर लेने को उद्यत।

पर यह सब कहना...ज़रूरी नहीं कि ठीक ही समझा जाये। निर्विकार तो हरगिज नहीं। टिप्पणी करने जैसे लग सकते हैं कल्पना को दोमुँही प्रासंगिकतावाले कथन। वह तो ठीक से यह भी नहीं जानती होगी कि उसके मन में आदर है उसकी निजता का, परार्थ की उपासना में सिमटी पर वंचित रही उसकी कर्मठ ज़िन्दगी का। उचित-अनुचित की चिन्ता उसे लेकर मन में नहीं व्यापती। भला लगता है दम तोड़ती जिजीविषा का उसके हाथ लग गया कोई छोर।

"क्यों, चुप कैसे हो गयी?"

"यूँ ही।"

"देख वसुधा।" उसके मुख पर एक आँख बचाती लाचारी है।–"मुझे खुद बुरा लग रहा है पर इन दिनों जाना नहीं हो सकता, किसी तरह भी नहीं। मालूम है सुधीर को बहुत खराब लगेगा...उसकी पत्नी...।" वह क्षण-भर को ठिठकी। "पूरे एक महीने के लिए बाहर रहने को है। उसके भाई को दिल का दौरा पड़ा है और मैं...तुम ही कुछ दिन बाद क्यों नहीं चलतीं...मिलकर प्रोग्राम बनायेंगे।"

"फॉरगेट इट...रिलेक्स।" वैसे भी धरती से दो डग ऊपर जहाँ कल्पना के लहराते चरणों का टिकाव है वहाँ ठहर सकना कठिन है। इस समय तो बिलकुल असम्भव। टूटा-फूटा-सा हो रहा है मन में बनते अपने ही बोलों का उत्साह।

"तुझे बुरा लगा न?" उसका चेहरा झेंपा-सा है जैसे कि जो मौके पर प्रमाणित न की जा सके वह कैसी अभिन्नता।

"हिश्श्...कुछ बुरा नहीं लग रहा। बुरा लगने के लिए भी कुछ अधिक आत्म-गौरव चाहिए जो इस समय...।"

"फिर वही...।" कल्पना की कातर करुणा उसे बीच कहीं वरज गयी। नहीं तो चतुर्दिक बुदबुदाता लगता है आत्मदया का अथाह और अपनी रपटीली मानसिकता।

"वैसे मैं फिर बात करके देख सकती हूँ सुधीर...।"

"नहीं, नहीं, बिलकुल नहीं...तुम्हें मेरी शपथ।"

अब और नहीं। अब कोई अपील नहीं। कोई माँग नहीं। बेहद निजी प्रकोष्ठों में कोई घुसपैठ नहीं। क्यों भूल गयी थी कल्पना का साहचर्य अब किसी सतत खुले द्वार की चौखट नहीं जिसे कभी भी लाँघा जा सके, वह किसी निजी घर का बन्द दरवाज़ा है जिस पर अब सोच-समझकर दस्तक देनी पड़ती है।

कार्यक्रम में अदला-बदली का एक क्षीण-सा सन्दर्भ मन से हो गुज़रा–जाये या न जाये पर उत्तर जाने में है। वह भी कोई अपनी मजबूरी है...आन्तरिक आत्यन्तिक मजबूरी...कोई भीतरी दाह...। एक तरह की विक्षिप्तता। एक तरह की पुकार। एक अलाँघ अलाव पर से कूदकर उस पार जा सकने का दुर्दम दबाव, जिसे उसे लगता है टाला नहीं जा सकता।

रेल की खिड़की से लगकर मीलों-मील अकेले चलते रहने से कितने ही तनावों की त्वरा ढील गयी जैसे किसी बहुत बड़े घोंट देनेवाले जाल के सभी छोरों को थामे रहनेवाली मुट्ठी ने एकाएक अपना इरादा बदल दिया हो। सहला गया हो गतिशील उन्मुक्तता का वर्षों के बाद हाथ लगा स्पर्श।

क्यों अभी तक कभी भ्रमण के लिए घर से नहीं निकली? किसलिए घर नाम की खंडनीय वस्तु की किरचों को मुट्ठी में थामे रखने का प्रमाद? क्यों घुटती रही सम्बन्धों-सरोकारों की कारा के बीच? किसलिए काले जंकाए सीखचों के पीछे अपने द्वारा अपनी ही एक नहीं अनेक कैदों का स्वीकार...।

सुविधा कितनी है। कोई सामने बैठा कुछ भी करे खाता रहे या सोये, बतियाये या रोये। प्लेटफार्म पर भागता फिरे या दौड़ता हुआ गाड़ी पकड़े। किसी का बच्चा रोता हो या सामान छूट गया हो कोई बेचैनी नहीं। दर्दीले हो उठते हैं सरोकारों में से उगते तनाव। राहत से भरा है वही और वही की पुकार के परे का निर्वैयक्तिक खुलापन।

यह भी एक पड़ाव है—चलता हुआ, बहता हुआ पर अपने को थाम लेनेवाला पड़ाव, जिसमें सुख न भी हो पर शान्ति तो है। एकाग्रता नहीं भी पर उन्मुक्तता। ठहराव नहीं निरन्तरता। भीतर नहीं बाहर। गहन नहीं विस्तार। चेहरे नहीं छवियाँ। परिचय नहीं अपरिचय। एक नहीं अनेक। मैं नहीं सब।

अच्छा ही हुआ कल्पना नहीं आयी। उसके आने से सुविधा होती। न आने से तो राहत भी हुई। अपनी खामोशी में मीलों-मील तक साथ चलती आयी किसी अन्तहीन दृश्यमानता से तादात्म्य की राहत। कल्पना होती तो अपने-अपने तारों में उलझे मिलते चरण। सुधीर या विवेक। उपलब्धि या हताशा। अपने बौराये प्रतिबिम्ब। प्रतिध्वनियों के पीटे जाते सिरे। सारे-के-सारे खटराग साथ ही चलते चले आते और वह जाना चाहती रही दूर...इतनी दूर जहाँ कोई किसी को नहीं देखता...नहीं देख पाता। असफलताएँ...हताशाएँ...खिसियाहटें...न कोई इतिहास न इतिहास की अनुगूँजों के निशान।

मद्रास से मदुरै होते हुए कन्याकुमारी पहुँचने की योजना है हालाँकि दक्षिण भारत में आने का यह सबसे अनुपयुक्त समय है। दिसम्बर मास में खारिज हो जाते अवकाश-यात्रा के सरकारी भत्ते को अर्जित कर पाने का यही समय चुना है हर किसी ने। भीड़ टूटी पड़ रही है। जो भी चुनता है दूर-से-दूर का कोई स्थान...और वह स्थान कन्याकुमारी के अतिरिक्त क्या हो सकता है—धरती का अन्तिम छोर।

रेलगाड़ियाँ, बसें, अतिथिगृह, होटल, लॉज, आश्रम, मन्दिरों और स्मारकों के दालान तक भीड़ से पटे पड़े हैं। इस धकापेल में स्थलों और स्थानों की रमणीयता पूरी तरह आक्रान्त। टिकना एक समस्या है। शुद्ध खाने को उपलब्ध कर पाना उससे भी बड़ी समस्या।

कठिनाई के बाद कॉलेज होटल में एक कमरा मिल पाया। उसकी भी कल से

एडवांस बुकिंग है। मैनेजर ने कहा, दो महीने पहले से बुक करा रखा है। आप चाहें तो पच्चीस नम्बर में कोई एक महिला हैं, मीनाक्षी मन्दिर में रोज़ जाप पर बैठती हैं, उनके साथ रह सकती हैं, बशर्ते वह राजी हों।

"एक ही दिन के लिए दे दीजिये वह कमरा।" मीनाक्षी मन्दिर—उसकी रुचि वहीं तक है। उसे नहीं अखरेगा मदुरै तक आना और कुछ और न देख पाना। निर्दिष्ट है गति—मात्र गति। शेष सब अनिर्दिष्ट...असंकल्पित...निरुद्देश्य बहाव, जो बहते-बहते भी पैरों की धसान से कहीं बन गये गढ़े में घड़ी-भर को ठहर लेता है—बस।

मदुरै का मीनाक्षी-सुन्दरेश्वर मन्दिर...विशालकाय। परिकल्पना में विराट। दृष्टि के पूरे विस्तार के लिए असीम स्थापत्य और मूर्तिकला का अनुपम अद्वितीय नमूना। सुन्दरेश्वर शिव हैं और मीन के से चक्षुओंवाली मीनाक्षी—प्रेम और करुणा के मूर्तिमान स्वरूप। यहाँ मातृशक्ति राजकन्या के रूप में अवतरित होती है और शिव की भार्या बनकर प्रतिष्ठा पाती है। वर्णन से परे है इस आयताकार मन्दिर की पच्चीकारी। चारों दिशाओं में उत्तान खड़े बृहद गोपुरम और उनकी भव्यता। अपूर्व लगा स्थापत्य की भौतिक देह में आस्था का इस तरह उद्घाटित होना और कलात्मक ऐश्वर्य के चरम को पहुँचना।

स्तम्भ और सरोवर, छतें और दीर्घाएँ...अवाक् हुई खड़ी रहीं उन सहस्रों स्तम्भों-वाले कलाभवन के बीचोबीच, जिन्हें किसी दिशा से भी देखें एक ही सीध में बने लक्षित होते हैं। स्तम्भ भी ऐसे जिन्हें दस्तक दें तो संगीत की लहरियाँ लौटती चली आती लगें। कैसे रहे होंगे इन परम प्रतिमाओं के निर्माता, कलाओं के प्रणेता। अपने ही मन की सँकरी वीथियों में विचरण करने को अभिशप्त तो हरगिज़ नहीं। कितने युग योजन इसकी नींवों में भू-गत...कितने असंख्य हाथों की क्षमता वांछित...कितने वर्षों तक अडिग आस्था का लम्बा ठहरा हुआ आस्वाद।

भौंचक्की होकर देखती है। समय मिलते ही कल्पना को लिखेगी—वर्णनातीत है इस मन्दिर की परिकल्पना। तुम आओ, चाहे जैसे भी...जब भी...इसे स्वयं देखकर जाओ। मेरे लिए असम्भव बना रहेगा महानिर्माण की भव्यता के अलभ्य स्वाद का शाब्दिक वर्णन। तुम्हारी इतिहास की दीक्षा इस दर्शन के बिना अधूरी बनी रहेगी। चोपड़ा भाई ने भी बताया तो था पर जो बताया था वह क्या पूरा था...पूरा कहना हो ही नहीं सकता इसे...

बस द्वारा कन्याकुमारी पहुँचना है। गाड़ी वहाँ तक नहीं जाती। बस की खिड़की से लगकर और भी अच्छे मिल पाते हैं प्रदेश-प्रान्तर के दर्शन...नारियल के गाछ। दूर-सुदूर तक धान का हरा फैलाव। कदली के स्तम्भ। लाल रंग की मिट्टी। शरीर के मात्र मध्य भाग को ढकते दीखते पुरुष। नंगे पाँव। एक अचेत सादगी। नृत्यांगनाओं के से नख-शिख। चेहरों पर पूजा-प्रबल भाव। फूलों की वेणियाँ। नारियल

की जटाओं के झोंपड़। भात और बड़े...मसालों की सुवास...एक ही दृश्य को देखते-देखते जैसे चित्र-सा पूरा होता जाता है, इस भू-भाग की आन्तरिकता का वास्तविक चित्र।

बस देर साँझ कन्याकुमारी पहुँची—आकाश में लोहित आभा के क्षरण की आखिरी दम तोड़ती घड़ी। एक कसक-सी...अच्छा होता यदि बस एक-डेढ़ घंटा पहले पहुँची होती...समुद्र को सौंप दी जानेवाली सूर्य की अन्तिम साँसों से पहले, पर यह बेचैनी व्यर्थ है। यह कोई इनसान का स्वभाव नहीं। आज कुछ और कल कुछ और। कल फिर, यहीं, इसी तरह, दृश्य की इसी दग्धता के बीच खड़ा मिलेगा आकाश और समुद्र और सूर्य।

विवेकानन्द शिला स्मारक।

रेती से शिला तक का रास्ता नाव से पार कर, अन्य यात्रियों की तरह इधर-उधर न टहलकर वह सीधे विवेकानन्द के मुख्य मंडप में आ जाना चाहती रही।

उस बड़े प्रांगण को पार कर सबसे पहले वहीं पहुँची, उसी केन्द्रीय भवन में। फर्श काँच की तरह इतना साफ़ कि उस पर अपने पैर का पड़ना अपने को ही असंगत लगता लगे।

ठीक सामने काले चमकते प्रस्तर में विवेकानन्द की प्रतिमा। पूरी प्रलम्ब उठान। परिव्राजक मुद्रा। एक पग आगे को बढ़ा—चल पड़ने को प्रस्तुत।

अनूप—मामा के लड़के—ने विवेकानन्द साहित्य का एक सेट भेजा था निखिल की मृत्यु के कुछ दिनों बाद। विवेकानन्द सदा ही प्रिय रहे—बौद्धिक अध्यात्म के प्रवक्ता, पर उस पार्सल को भेजने का समय और अवसर ऐसा था कि उस भेंट ने आहत ही किया। अजीब-सी थी उस उपहार की गन्ध। अनकही पर बड़बोली, जताती हुई—यही तुम्हारी सीमा है अब...वैराग्य के विकल्प में अवस्थित हो जाने की तुम्हारी एकमेव परिणिति। स्थिति के स्वीकार के अधीन हो जाना चाहिए संसारी व्यावहारिक मन।

हो सकता है अनूप ने ऐसा कुछ न भी सोचा हो। इतनी हिसाबी-किताबी न रही हो उसकी मंशा। पर जाने क्यों दुखा गयी इस तरह घाव पर रखी नमकसनी पट्टी। फुटपाथ पर निवृत्ति मुद्रा में खड़े हो जाने का पारम्परिक निर्देश। पढ़ना फिर स्थगित-सा हो गया। अनजाना रह गया विवेकानन्द के जागने-उठने और चल पड़ने के आह्वान का सन्देश।

तनिक-सी भी कच्ची नहीं थी इस समय की मानसिकता, न घर से चलने के पहले का छुई-मुई-सा मनोभाव। न वैसी दलदल-सी बुदबुदाती आत्मदया, न वैसा

आच्छन्न आत्मावसाद...

फिर यह क्या हुआ? कहाँ से आया उस स्तम्भ के सहारे खड़े, प्रतिमा को निहारते अचानक का वह उद्रेक...झर झर झर। स्निग्ध शब्दहीन शान्ति के ठहराव में इस तरह का अनायास उद्विग्न-सा आवेश।

सच में नहीं पता क्यों रो रही है। क्यों भर-भर भीतर से उलीची पड़ रही है, पता नहीं कहाँ-कहाँ प्रसुप्त पड़ी पीड़ा। क्या सम्बन्ध इस प्रतिमा का इस रोने से है?

जानती है बस—अच्छा लग रहा है रोना, झरना। विराट के सम्मुख एकाएक आत्मरहित होकर बहना। घुटन उस घड़ी मन में थी ही नहीं, न ही घुटन से मुक्ति की इच्छा का त्रास। निरायास हाथ लगी निरावृत्त निस्संग करुणा। ऐसे ही होते होंगे विराट करुणा के उन्मुक्त अदृश्य हाथ...वातावरण में भुजाओं की तरह फैले।

"मिसेऽज चौधरी...आप?" अन्दर घुसती टोली के अगुआ के स्वर ने जैसे उसे चौंकाया। देखा—दिलीप, पीले चौड़े चेहरेवाला दिलीप।

"निखिल कहाँ है?"

इससे कठिन कोई और समय नहीं जब सच को कहने के लिए भी झूठ हो जाने का जी चाहे।

"ही इज़ नो मोर।"

"अरे...कब से?"

"कई साल हो गये।"

"तो...मेरा मतलब है अकेली आयी हैं?"

"हाँ!...आपका कैसा चल रहा है?" संवाद के रुख को मोड़ने की इच्छा ही मन में प्रबल है। लगभग अदम्य। क्यों हर समय...हर स्थल पर...

"ठीक है।" आगे चलने से पहले वह जाँचता-तौलता-सा दीखा—" 'पीला गुलाब' हमारा लेटेस्ट प्रोडक्शन है...देखा?" फिर जैसे उस कहे होने पर खुद ही सकुचा गया।

"नहीं देखा। शायद लखनऊ में आया भी नहीं।"

"ओह! तो आप लखनऊ में हैं। मुझे बम्बई का ध्यान रहा। अच्छा! अच्छा! वहाँ तो भाई हैं न आपके?"

"हाँ...थीम क्या है नाटक की?"

"सिक सोल फाइटिंग फॉर लाइफ...मेरा मतलब है फॉर लस्ट फॉर लाइफ... ।"

आत्मा भी रुग्ण होती है क्या? प्रश्न मन में बदली की तरह लहराकर आगे निकल गया। "इधर कैसे?"

"ट्रूप लेकर आया हूँ न। दक्षिण में सम्भावनाएँ देख रहे हैं। बाईस-तेईस को दो शो हैं बैंगलोर में। शायद मैसूर में भी एकाध दिन की बुकिंग मिल जाये। असल में इधर का सारा वातावरण उत्तेजित-सा हुआ पड़ा है। बाहरी लोगों की भीड़ है जिन्हें

सिर्फ खरीदारी करने या कूड़ा फैलाने में रुचि है।...बैंगलोर तो जायेंगी न?...उन्हीं दिनों वहाँ क्यों नहीं चलतीं?"

"कुछ ठीक नहीं है...फिलहाल कोई पक्का शेड्यूल नहीं।"

"वैसे कैसा लग रहा है यहाँ।"

"अच्छा!...बहुत अच्छा।" कहते हुए अपने को भी अधूरा लगा 'अच्छे' को छू पानेवाला 'अच्छा' शब्द।

"कितने दिन यहाँ...।"

"किसी समय भी चल दूँगी...असल में।..."

"रहने की जगह ठीक नहीं...यही न। ऐवरीवन हैज़ टू टेल मी दिस। मालूम है, कल रात हम सब गांधी मंडप के फर्श पर सोये थे, और कोई जगह ही नहीं मिली। अब आगे कहाँ?"

"सोचा नहीं...शायद कोवलम, शायद पांडिचेरी।"

"व्हाय नाट ऊटी। हम लोग वहाँ से होकर आ रहे हैं। एक शो वहाँ भी किया था। अच्छा रिस्पांस मिला। हालाँकि हर जगह टूरिस्ट ज़्यादा हैं जो अपनी तरह से उखड़ा रहता है।"

"भाषा की समस्या?"

"कोई समस्या नहीं। यह काम फिल्मों ने आसान कर दिया है। हमारे नाटक में तो खैर उत्तर भारतीय अधिक थे...खासा पॉपुलर है यह नाटक।"

"और...?" वह अपने चल पड़ने और दूसरों को जताने की भूमिका थी।

"और क्या?...हमारा तो वही जीना, वही मरना। अब तो भूल भी चले हैं कि ज़िन्दगी नाटक है या नाटक ज़िन्दगी। मेरी पत्नी कहती है कि मैं ज़िन्दगी में भी नाटक ही खेलता रहता हूँ, वह ठीक से समझ ही नहीं पाती कि मैं कब सच बोल रहा हूँ, कब झूठ।"

एक विरस भाव उसके पीले-से चेहरे को पूरी तरह अवर्ण कर गया। "अच्छा फिर मिलेंगे।" वह किसी स्मृति-मुद्रा में से क्षण-भर रुककर लौटता हुआ बोला।

"अच्छा!" हाथ जोड़ दिये और वहीं टिकी खड़ी रही भीड़ की पीठ में से छनती—अकेली।

बाहर तो अथाह है तीनों तरफ़। अगाध जल राशि। ठाठें मारती। पुकारती। अनवरत अविराम उछाल। नीला, चमकीला, सूर्य की किरणों के खेलने-इठलाने का सीमाहीन क्रीड़ा-स्थल।

सागर पहली बार देखा होता तो अनन्त ऊर्जा के इस अविरत आवेश पर कितना ध्यान जाता पर बम्बई-प्रवास ने इस उत्कंठा को भोथरा कर दिया था।

इस समय इसे देखकर हाथ लगी विराट की गतिचपल अविच्छिन्न ऊर्जा के

समक्ष अपने नगण्य से नगण्यतर होने की पैनी पीड़ा।

कितनी ही देर रेलिंग को थामे खड़ी रही। आसपास की भीड़ से बेगानी। दृष्टि के बँधाव की हर अगली खींच के साथ अपने को और अधिक छोटा और अधिक क्षुद्र होने के एहसास से आविष्ट। कौन-सा अहं...कौन-से विराट के सम्मुख कैसा विसर्जन..।

यह तो है नीला नैसर्गिक भीतर से उर्जस्वित अथाह। लेने-देने की करुणा से शून्य। रात होती है तब भी वह ऐसा होता है जैसा दिन में। जैसा रोज़। जैसा किसी भी दिन। अपरिवर्तित। असंवेदनशील और अन्धा।

वह कब जानता है कौन-सी घड़ी किसी के लिए सह्य होती है कौन-सी असह्य। कब समय के प्रवाह में ठिठक जाती है किसी की चेतना, कब अपने में प्रलम्बित पड़ा मिलता है समय का एहसास। कैसी इस धरती के जीवों के लिए दो विपरीत बिन्दुओं के बीच की परती।

वह नहीं हो सकता किसी का आत्मीय, न संरक्षक, न सम्बल...बस विशाल। बस अगाध। बस अज्ञेय। बस विराट...निस्सम्बन्ध, निर्यातना, निरुछाह विराट। कहीं नहीं दीखते हैं विराट, तुम्हारे अपने चरण। अनन्त आकुलता के उद्दाम आवेश के नीचे न कहीं लक्षित तुम्हारा आसन? कहाँ होगा सौम्य समरसता की अविकल मुद्रावाला तुम्हारा आसन? किस स्थान पर ठहरे मिलेंगे तुम्हारे अचंचल चरण...कितना परे?... कितना नीचे?

अब तक तुमने जिसे छुआ है, स्पर्शा है, वह तो हैं इस धरती के चरण...हमारी अपनी धरती के...सुख-दुख सहती धैर्यवान धरती के चरण।

ऊटी जाना एक तौलता-डोलता-सा फैसला है। किसलिए ऊटी। यों तो किसलिए कहीं भी। यहाँ-वहाँ या कहीं और। समय और स्थान को चीरकर किसी अन्त के-से दीखते किसी छोर को छू लेने की इच्छा अपने उद्वेग की प्रतिछाया ही तो थी...अपने क्षोभ की अदम्यता का हार से भरा स्वीकार।

सामने गाइडबुक रखी है—'वेलकम टू ब्लू हिल्स'—नीलगिरि के वन...उनसे उठती हवा की देह को झकझोरती तीखी वास की कल्पना, पर मन असमंजस में है।

व्यर्थ-सा है जाना...इतनी दूर का जाना। बीच में त्रिवेन्द्रम, कोचीन, कोयम्बटूर... कैसे कोई तय करे कि कहाँ जाना है, क्या छोड़ देना है। किस आधार पर किसी भी दिशा की ओर प्रस्थान।

यहीं टिकी रह सकती थी कुछ दिन पर यहाँ कठिनाई है। एक बेहद छोटा-सा कमरा, किसी अधबने लॉज में सीढ़ियों की उठान के दायीं ओर स्थित। उसी कमरे में दीवार का एक खंड उठाकर नहाने-निपटने की जगह घेर दी गयी है। नहाते समय

बेढंगी ढलान के कारण पानी कमरे में लौट-लौटकर आ जाता है और दिन-भर वहीं टिका रहता है। कमरे में पच्चीस वाट का एक टिमटिमाता बल्ब...और बिना पर्दे की एक अकेली भीतर के अहाते में खुलती खिड़की...

यह ठौर भी, विवेकानन्दपुरम् की पूछताछ के समय खिड़की पर खड़ी एक महिला की सहृदयता से मिल पाया था, जो अपने बीमार पुत्र को लेकर असमय वापस जा रही थी। आवास की विकट समस्या के कारण रेती के विस्तार में पेड़ों के नीचे मिट्टी की हाँडियों में भात राँधकर खाते देखे हैं उसने लोग...।

विवेकानन्दपुरम् गयी थी। वहाँ स्थान मिल जाने की प्रत्याशा पूरी थी। सदस्यता भी ले ली पर वह सब अभी नहीं, फिर कभी उपयोगी हो पायेगी। अभी तो महीनों पहले से आरक्षित हैं लोगों के कमरे। तिस पर विवेकानन्द केन्द्र का अपना निजी वार्षिक सम्मेलन और आगतों की भीड़।

भवन खुले हैं, उद्यान भी, प्रार्थना सभा और वाचनालय भी पर टिकने की थोड़ी-सी भी सुविधा नदारद। वहाँ की उपलब्धि थी श्री एकनाथ रानाडे से भेंट...वह भी उनके ज्वरग्रस्त होने के कारण कुशल-क्षेम की फुसफुसाहट-भर बनकर रह गयी।

साँझ के पाँव समुद्र में गहरे धँसे लगे तो कमरे में लौट आयी। कमरे में लौटना एक यातना है—खिन्नता से भरा। मन्द बल्ब की रोती-सी रोशनी और उजाड़ तथा शोर के बीच ठहरा समय का आक्रान्त तनाव।

कमरे में लौटने के सिवा कोई और विकल्प भी नहीं। अँधेरे के फैलाव के बाद यहाँ कहीं और बने रहने की स्थिति नहीं रह जाती। धुंधलके के साथ ही समृद्धि से एक बस्ती-भर रह गया लगता है यह प्रदेश। चुप हो चुके होते हैं कन्याकुमारी के श्रद्धाप्रबल मन्दिर के घड़ियाल, सन्नाटे-से भरे घाट, डूब चुकती है अँधियारे में गांधी मंडप और शिला-स्मारक की उन्नत काया...। बच जाती है दूर-सुदूर गर्जन की गूँजें। आवासों, होटलों में से तैरती आती फिल्मी धुनों की प्रतिध्वनियाँ और दुकानों-दोराहों की टिमटिमाती रोशनियाँ। रात और दिन के स्वभाव में ऐसा वैपरीत्य ही जैसे यहाँ की सरगम है।

कमरे की उस खिन्नता में कल्पना को लिख देने के सिवा कुछ और नहीं सूझ रहा।

कन्याकुमारी
9-12-19...

प्रिय कल्पना,

इससे पहले तुम्हें पत्र न लिखा जा सका। पत्र के लिखने की भी एक घड़ी होती है, जो हर समय उपलब्ध हुई-सी नहीं लगती। हालाँकि इस समय भी पत्र लिखना कोई सुविधाजनक नहीं। अँधेरा हो जाने पर—सागर के सान्निध्य के छिन जाने के

बाद यह एक असुविधाओं से भरी बस्ती रह जाती है। जहाँ मैं रह रही हूँ, यह स्थान तो खासा यातनादायक है। इतनी मन्द रोशनी में बैठे तुम्हें लिखते लग रहा है कि अब तो यात्रा में बल्ब भी साथ लेकर चलने की ज़रूरत है। यह सब उत्तर भारत से एल.टी.सी. के नाम पर चलती आयी भीड़ की कृपाओं का फल है।

मैं कल सुबह ऊटी के लिए चलूँगी। हो सकता है रास्ते में एक दिन कोवलम या कोचीन या हो सकता है कोयम्बटूर ठहरूँ। अभी कुछ तय नहीं किया। दक्षिण में देखने को तो अनन्त हैं, पर मैं जैसे इस देखने की सिद्धि को अपने मन में ही सिद्ध नहीं कर पा रही।

यह अच्छा है कि यहाँ से चलने से पहले कल एक बार फिर सूर्योदय के दर्शन होंगे। यहाँ का जीवन इन दो बिन्दुओं के साथ सोता-जागता है—दो मुख्य घटनाएँ प्रतिदिन प्रतीक्षित।

सूर्यास्त मेरे लिए नया नहीं है, हालाँकि तीनों दिशाओं में फैले समुद्र की समग्रता के कारण यहाँ उसकी छटा निराली ज़रूर है, परन्तु यहाँ का सूर्योदय तो अप्रतिम।

शायद सोच न पाओ, कितनी भाग-दौड़ मच जाती है तड़के। लोग रेती के फैलाव पर पहुँच पाने के लिए भागने लगते हैं। पहली बार देखने पर बड़ी नयी-सी लगती है वह उत्तेजना। मैं सोचती थी मेरे लिए यह सबकुछ नया नहीं होगा। मैंने सालों समुद्र देखा है पर वह भ्रम टूट गया था। यह सब जैसे कुछ और है—एकदम अनजाना। श्री हनुमान के भक्ति-बहुल हृदय को चीरकर शिलास्मारक के रूप में राम के विराट रूप के उद्घाटन की तरह अद्भुत...यहाँ प्रतिदिन इसी तरह चित्रित होता है दृश्य। लोहित आभावाले विराट पटल पर धीरे-धीरे जन्म लेती, उभरती आती शिलास्मारक की परिरेखा का अंकन। पहले शिखर, फिर गुम्बद, फिर कई सोपानोंवाली उसकी काया के प्रस्तर चरणों का अवतरण।

लगता है आकाश के रक्ताभ कैनवास पर कोई अनदेखा हाथ अपना दृश्य उभार रहा है—समग्रता का दृश्य...समुद्र की तरह विह्वल हलचल का दृश्य, आकाश और समुद्र के अलगाव का दृश्य, हर चीज़ को रंग-रेखा-आकार दे देनेवाला दृश्य...दिशाओं को यथास्थित बाँट देनेवाला दृश्य...और यह सब हो रहा है एक साथ, एकबारगी... एक तल्लीन ठहराव के साथ...।

तब यह नहीं लग पाता कि यह वही सूर्य है—मात्र एक सनातन सूर्य, जिसने अपनी चिर उतप्त, चिर लोहित, चिर मुखर मुद्रा के ध्यान में डूबकर रोज़ की तरह एक नये दिन को उभारा है और रोज़ की तरह धरती को दिया है सबकुछ—उसका समुद्र, उसका स्मारक, उसकी ही देह पर असंख्य प्रस्फुटनों का उसका इतिहास।

तब यह भी नहीं लग पाता कि यह एक सनातन क्रिया है। धरती के हर कोने में एक-सी। यह पक्षपातविहीन सूर्य यहाँ दृश्य की समग्रता के बीच, कुछ अधिक

एकरस हो गया लगता है—इस सारे दृश्यबन्ध का एक अविच्छिन्न अनिवार्य हिस्सा।

विवेकानन्दपुरम् में कुछ व्यवस्था हो सकती तो अच्छा लगता यहाँ कुछ दिन रहना। श्री एकनाथ रानाडे से मिल पाने का संयोग मिला भी तो ऐसी अवस्था में। वह तेज़ ज्वर में पड़े थे। तुझे भी याद होगा 'युग चेतना' में छपा उनका साक्षात्कार। तभी पता लगा था समुद्र के भीतर का इतना बड़ा शिलास्मारक उन्होंने छह वर्ष में खड़ा करवाया था क्योंकि उनके अनुसार 'स्मृति और स्मारक से आगे भी गति है इस पीड़ित मानवता की'। कुशल-क्षेम के आदान-प्रदान से अधिक उनसे कुछ बात नहीं हो सकी।

दक्षिण भारत का स्पर्श बिलकुल दूसरा है। तट के साथ-साथ पनपी और जीवन में एकरस हो गयी यहाँ के लोगों की सांस्कृतिक अस्मिता। जिसे हम कला कहते हैं, वह यहाँ एक शैली है—विश्वास में जीने की मूर्तिमान शैली। दिखावा नहीं सादगी। अविश्वास नहीं आस्था।

मद्रास पहुँची थी तो पता नहीं क्या बेसब्री थी...धीरज था ही नहीं कि कुछ और सोचती...मदुरै में तो खैर स्थान ही नहीं मिला...।

बहरहाल ऊटी जाना हो रहा है, वह भी कुछ और न होने के अभाव में अधिक। हो सकता है रास्ते में कहीं रुकना हो।

दिलीप मिल गया था यहाँ—वही थियेटरवाला दिलीप वर्मा। निखिल की बात सुनकर भौंचक्का-सा हो गया। मुझे इस बेखटके बहती आती दया के विरुद्ध अपने को समेटना ज़रूरी लगता है। अच्छा लग रहा है यहाँ का स्मरण और यातना के बोध से विरक्त एकान्त।

नीलू भाभी की डिलीवरी हो गयी होगी। क्या उपलब्धि हुई? तुम्हें तो समय की ख़ासी खींच रही होगी इन दिनों। अस्पताल का अटकाव अखरता रहा होगा।

ऊटी में शायद कुछ टिकना हो सके। वहाँ से पांडिचेरी जाने का सोचूँगी। यों कोई सुनिश्चित योजना मन में थी ही कब?...

यहाँ ख़ासी गर्मी है, ऊटी में कुछ ठंडक होगी अपने जाड़ों जैसी...।

और सब...तू?...सुधीर?...यूनिवर्सिटी? हालाँकि जानती हूँ प्रश्न बेकार हैं, उत्तर नहीं आ सकता। मैं ही जब तुम्हें लिखूँ तो लिखूँ।

सस्नेह—तुम्हारी वसुधा

आज फिर कहीं जाने की इच्छा ही नहीं हुई। दोपहर लॉन में बैठे ही गुजर गयी। धूप सामने की दीवार के पिछले खंड को छूने लगी तो लगा कि अब अन्दर जाना होगा। उद्यान में खेलते बच्चे धीरे-धीरे लोप होते गये। पेड़ों और पर्वतों की चोटियों को

छोड़कर ताप और चमक कहीं रह नहीं गयी।

निरुद्देश्य मन्थरता पैरों को कभी यहाँ ले जाती है, कभी वहाँ, कभी लॉन, कभी लाउन्ज, कभी सीढ़ियों के सिरे के बड़े पत्थर से लगकर घंटों का टिकना। मन उद्विग्न हो या निरावेग, काम से बेहतर कोई विकल्प नहीं। काम से विच्छिन्न होकर काम के महत्त्व को जानना इतनी तीखी तरह से पहली बार हो रहा है। घर कौंध गया और कक्षाओं में डायस पर खड़े अपने ही स्वरों की गूँज। इस सब कहे-सुने की विद्यार्थियों के जीवन में सच में कितनी सार्थकता है? उपयोगी तो उतना ही हो पायेगा जिसे कोई खुद अपने योग्य बना पायेगा।

अपने कमरे में लौटते वह फिर मिलीं। इस ट्रेवलर्स बँगले के उद्यान के आगे की कच्ची परती पर प्लास्टिक के छोटे से तसले में कपड़े धोतीं।

इस तरह इतने कम पानी में एक तसले से दूसरे तसले में कपड़े उलटते-पलटते देख उसका सदय हो जाने को जी चाहा।

"आप चाहें तो मेरे बाथरूम में कपड़े धो सकती हैं। आयम ऑल अलोन।"

"व्हाय!" उनकी दृष्टि वैसी ही ऊपर टँगी रही, भोंडा-सा 'व्हाय'। कोई अकेला है तो है, किसलिए यह क्यों। वह हमेशा उसे प्रश्नों से भरी लगती हैं। कल से नीचे-ऊपर जाते सामना हो जाता है बार-बार।

पति अंग्रेज, पत्नी इटली की। पति से उम्र में आधी। अपनी शादी की वर्षगाँठ के दिन से शुरू हुई थी उनकी भारत के वन्यरक्षण केन्द्रों के भ्रमण की यात्रा।

यह यात्रा सत्तर वर्ष के उस वृद्ध द्वारा दो वर्ष के श्रम-साधन के बाद स्वयं बनाये गये कैम्पर के जरिये शुरू हुई थी। कैम्पर क्या था, चलता-फिरता छोटा-सा घर–खाने-पकाने और सोने की व्यवस्था से परिपूर्ण। जहाँ कहीं भी चाहते थे कैम्पर खड़ा कर लेते थे...न होटल की समस्या न आवास का कष्ट। पानी की आवश्यकताओं के लिए किसी होटल का अहाता काम आता था। कोयम्बटूर में रात के लिए जो होटल तय किया था उसके अहाते में उन्हें देखा था। अब ऊटी के इस ट्रेवलर्स बँगले के अहाते में वह दोनों कल से फिर दीख रहे थे।

"लास्ट हिम।" बहुत सिमटी-सी सावधानी से उत्तर दिया।

"ओऽऽ! थिंक समथिंग बिफोर इट्स टू लेट।" उनका स्वर एकाएक कोमल हो आया। हाथ उसी तरह तसले में बेध्यान घूमते-से। गले में लटका प्लास्टिक की चैन से बँधा एक मोटा-सा चश्मा बार-बार बाधा देता हुआ।

खड़ी रही उसी तरह। उत्तर के दबाव से पूरी तरह मुक्त।

"यू आर वर्किंग?" उन्होंने कुछ सोचते हुए पूछा। "मस्ट बी...।"

"यस!"

"हाउ मेनी इयर्स?"

"एबाउट सिक्स!"

"इट्स लांग टाइम।" गन्दे पानी को उठाकर वह झाड़ी में फेंकती हुई बोलीं। "यू मे हैव टू चेंज योअर माइंड...आई डिड...ही इज़ ए कॉन्ट्रेक्टर देयर...हैड कम टू सी माई फादर। आय वाज़ लोन्ली...टैरीबली लोन्ली...। एंड नाउ यू नो आय हैव ग्रैंड चिल्ड्रन...मेनी ऑफ़ देम...दोज़ नॉटी रोंग्स।" चेहरा खिल गया पर चेहरे पर दादी-सी वत्सलता की छाप के बावजूद भी कोई झुर्री दिखायी नहीं दी।..."बट यू कैन हैव योअर ओन...इट्स डिफरेंट...थिंक समथिंग बिफोर दे थ्रो यू आउट...आय मीन योअर ओन पीपुल।"

वह उसी तरह खड़ी देखती रही। धूप में लम्बी होती अपनी छाया और कलाई पर बँधी उनकी घड़ी के स्पर्श से बार-बार बच-बच जाता पानी।

"हियर दे थिंक डिफरेंटली...दे स्टिक...नॉट दैट वी डिड नॉट लव ऑवर ऐजेड...।" उनकी दृष्टि दूर-सुदूर चली गयी। झाड़ियों के परे के पर्वतों के भी पार। हथेलियाँ तसले की गोलाई से हटकर उनके आगे फैल गयीं। दोनों कोहनियाँ उनके घुटनों पर टिकीं।

"लाइक टू सिट?" वह अपने में लौटती-सी बोलीं।..."देयर...।" इशारा लॉन में पड़ी बेंत की सफेद कुर्सी की तरफ़ था। वह स्वयं भी जैसे काम छोड़ देने को एकदम तत्पर लगीं।

"नो!" अपने को उसने कुछ दृढ़ता से कहते पाया। उदासी का एक चिथड़ा पता नहीं कहाँ से लटकता चला आया अकारण, बिलकुल अकारण।—यू बैटर फिनिश योअर वर्क...यू मे हैव टू कुक।

"नोऽऽ नो!" चेहरा आरक्त हो गया..."ही इज़ कुकिंग इनसाइड। ही लव्ज इट एंड आइ लेट हिम। लाइक टू ईट सम प्रॉन्स एंड सूप?"

"आय बर्न्ट इट।" एक काले से फ्राईंग पैन को हाथ में लिये वृद्ध ने कैम्पर में से एक युवा-सी छलाँग लगायी।

"एंड यू नो व्हाय...आय वाज़ रीडिंग दिस।" हाथ की किताब वृद्ध ने आगे बढ़ा दी—थ्री मस्कीटियर्स। "शैल नेवर आउटग्रो दिस। यू हैव टू स्टे ऑन सैंडविचेज़ अलोन।"

"हलो!" वृद्ध ने एकाएक उसकी ओर उन्मुख होकर मृदुलता से कहा।

"प्लेजर मीटिंग यू," वह जैसे तैयार-सी नहीं थी, सकपका गयी।

"सेम हियर...यू स्वीट लिट्ल लेडी...इजंट इट?" अपनी पत्नी की ओर उन्मुख होकर वह हँसा—"जस्ट लाइक यू...।"

उन दोनों का मुक्त हास्य उसे एकाएक फालतू-सा कर गया। चलते-चलते देखा, वृद्ध हाथ का फ्राईंग पैन जमीन पर रखकर कैम्पर की छत पर कपड़े सुखाने में लग गये हैं।

कमरे के भीतर सब दृश्यों के द्वार बन्द! मन्द रोशनी और केन्द्रीय संचार के द्वारा मैनेजमेंट के चुनाव की धुनें—अधिकतर फिल्मी। लय से अधिक आवाज़ के आतंक से भरी। ग़लती उसकी थी वह यहाँ, तमिलनाडु में, कर्नाटक संगीत की थरथराती स्वर लहरी की अपेक्षा कर रही थी।

ऊटी में थमा-सा है समय। कन्याकुमारी के बाद तो यह वैपरीत्य और भी अखरा। परसों देर साँझ यहाँ पहुँचना हुआ। कल सुबह विख्यात वनस्पति उद्यान का भ्रमण, पर एक चक्कर लगाने के बाद ऊँचाई पर स्थित एक बेंच पर बैठे रहना हुआ।

नीचे उद्यान में किसी दक्षिण भारतीय फिल्म की शूटिंग चल रही थी। नायिका का वैधव्य बनावट की सादगी से भरा। परिधान की यह कृत्रिमता परदे पर शायद कुछ कम होकर दीखेगी।

पहले से परिचित नायिका नायक को उद्यान के एक बेंच पर बैठी मिल गयी थी। प्रेम्बुलेटर पर बैठे भाई के बच्चे को आया कहीं दूर घुमाने ले जा चुकी थी। संस्कारों की अढाँप ओढ़नी के झीने ताने-बाने के नीचे उघड़ा थरथरा रहा था नायिका का स्त्रीत्व और नायक का भावुकता से भरा अहं आनन्दित। वह बेंच पर चाहे कुछ परे ही बैठा था पर पूरी तरह अधीर...मर मिटने की मुद्रा को छू पाने को आतुर।

नीचे कहीं बैठी होती तो भी भाषा उतनी ही अगम्य लगती पर पता नहीं क्यों सबकुछ मिल-जुलकर असंगत-सा लगा। पतली काठी, टाँगों से मढ़ी नायक की चक सफेद अलोच पैंट और हाव-भाव में उस तरह की उद्धारक बेचैनी।

उसी एक ही दृश्य को दोहराये-तिहराये जाने से ऊबी तो झील की तरफ़ चल निकली जैसे झील यहाँ है तो फिर जाना ही है। न जाना हो तो फिर करने को रह क्या जायेगा पर झील पर की दोपहर, कुछ ऊँचाई पर स्थित रेस्तराँ में एक नहीं, दो नहीं, तीन-तीन कॉफी के प्यालों में अकेले बैठे डूब गयी। कुर्सी के सामने लकड़ी की लम्बे चौखटों में कैद काँच की दीवार और नीचे दीखता नीला चमकीला जल...झुकी हुई लतरें, गुदगुदी दूब का हरियाला लॉन, रंग-बिरंगी नावें और जोड़े। बाँहों में हाथी दाँत की लाल चूड़ियाँ और चाल में फरफराता-लहराता उन्मुक्त भाव।

एक नाव के पास वह कुछ देर खड़ी रही थी—विचारमग्न। पता नहीं नाववाला यह क्यों समझा था कि उसे कहीं नहीं जाना है। उसकी छाया के भी परे खड़े एक युग्म को उसने दो रुपये कम पर सैर के लिए हिलगा लिया था। वह सोच ही रही थी कि नाव पर बैठकर उस पार जाए। उस छोर पर झुकी लतरों के पीछे दीखती पगडंडियों के एकदम पास, पर नाव के सरक जाने पर इरादा बदल लिया था। दूसरी नाव को पुकारकर जा सकती थी पर नहीं गयी। रेस्तराँ में आकर बैठी रही।

साँझ हो जाने पर फिर जैसे कुछ करने को नहीं रह जाता। अखरता है सबकुछ। बाहर की साँय-साँय। कमरे के भीतर इतनी मन्द रोशनी...दूसरे कमरों से आते

मिले-जुले स्वर। गलियारों को एकाएक सूना कर गये बच्चे।

कल्पना को जब लिखने बैठो तो अपने अनिश्चय की प्रकृति को छू पाने के लिए अधिक।

...जानती हो यहाँ ऊटी में बिलकुल मन नहीं लगा। समझ ही नहीं पा रही मैं क्यों सारा काम-धाम छोड़कर यहाँ, इन अकेले कमरों में सिर पटक रही हूँ। बड़ा अजीब तरह का अकेलापन है यहाँ। एक खास तरह की सैलानी गन्ध से आक्रान्त। पहाड़ी प्रदेश में इस तरह के अकेलेपन को मैं जैसे पहली बार जान रही हूँ। यह अकेलापन उतना नहीं जितना दो-पन का अभाव। हर स्थल पर भाव-बावरे जोड़ों को साथ-साथ घूमते देखते होने का दृश्य, इस अकेलेपन को बड़ा फ़िज़िकल-सा बना देता है हालाँकि तू जानती है मैं जो कह रही हूँ, वह इतना स्थूल नहीं। शायद कहना चाहती हूँ कि यहाँ का एकान्त उतना आत्मतुष्ट नहीं। न तो वह अपने को अपने में स्थित करता है न वातावरण में घुलने देता है।

...आगे कहाँ जाऊँगी, कुछ नहीं कह सकती, शायद पांडिचेरी। हालाँकि ठीक से नहीं जानती कि मैं वहाँ क्यों जाना चाहती हूँ...शायद उस स्थान से आती शान्ति की गन्ध को छू पाने के लिए...? तुम हँसोगी यह भी जानती हूँ। कहोगी आश्रमों की चौहद्दियों में हुए बिना क्या मन बनवासी नहीं होते, पर यह तो मानोगी कि उन स्थानों पर रहने से वातावरण से विसंगति की टूटन से तो बचाव हो ही जाता है, चाहे उस बचाव की भी कोई बहुत बड़ी सार्थकता समझ में न आती हो। तुम्हें लिखा था न कि विवेकानन्दपुरम् में कैसा लगा था। कम-से-कम वह अनुभूति और सब अनुभूतियों से अधिक राहत भरी तो थी।...

एक विदेशी दम्पती अपने कैम्पर में वन्यरक्षण केन्द्रों का भ्रमण कर रहे हैं। पत्नी पता नहीं क्यों मेरे प्रति सहचरता से भरी है। थोड़ी सम्भावना हो सकती है कि उनके साथ मैं बन्दीपुर तक चली जाऊँ। वहाँ दो दिन से अधिक टिकने का आरक्षण मिल नहीं सकता। दो दिन टिककर मैसूर-बैंगलोर होती हुई पांडिचेरी निकल जाऊँगी पर यह सब निश्चित नहीं सम्भावित है।

सुधीर कैसे हैं? कितनी ही बातें हैं जो इस बारे में तुमसे कहना चाहती हूँ। जाने क्यों आशंकित-सा हुआ रहता है मन पर जो बातें किसी इनसान के इतने भीतर से तय होती हों, उन्हें कोई बाहरवाला कैसे छू पा सकता है।

मेरा पहला पत्र एकाध दिन पहले ही मिला होगा। घर कोई पत्र नहीं लिखा, जो कुछ होता है उसे पता नहीं कैसे लिखा जा सकता है उन्हें। औपचारिकता की बात दूसरी है।

तुम्हारा पत्र आ नहीं सकता, मैं ही जब तुम्हें लिखूँ तो लिखूँ। स्नेह—

तुम्हारी वसुधा

चाहती तो उन दोनों के साथ मजे में जा सकती थी। विदेशी दम्पती का कैम्पर तड़के बन्दीपुर निकलने को था पर तब तक कोई निश्चय मन में बन नहीं पाया था।

बचपन की पता नहीं कहाँ से हाथ लगी खिलखिलाती हुई कोई याद। कौन-सा था वह प्रदेश। पर्यटन पर कहाँ गयी थी बाबूजी के साथ। वह थी, कौशल था और अम्माँ। शरत भैया कहाँ थे तब। क्यों नहीं गये थे।

स्मरण है हाथी पर बैठकर वन्यप्रदेश की यात्रा। लाल रंग का रेशम का सलवार-कुरता उतरवा दिया था महावत ने।–''भूतैले पुराने कपड़े पहनना अच्छा होता है। लाल आकर्षित करता है पशुओं को।''

'पशु अगर हमला करें तो?' कौशल की गोल-गोल आँखें फैल गयी थीं।

''जब तक उन्हें छेड़ा न जाये हमला नहीं करते। कभी शंका हो जाये तो बात दूसरी है।'' महावत ने आश्वासन दिया था।

फिर हाथी की पीठ पर जंगल-जंगल जाना। पेड़ों, काँटों, झाड़ियों, सिवारों, वनस्पतियों के कभी सघन, कभी विरल झुरमुटों के बीच। हाथी के मोटे-झोटे गद्दीदार पाँव...झूमती मदमस्त चाल। सामने ऊबड़-खाबड़ जमीन और बड़े-बड़े गड्ढे देखकर प्राण सूख जाते थे। इतना भारी-भरकम पैर ऊँचाई-निचाई के बीच समतल जमीन के टुकड़े को ढूँढ़ता अस्थिर हुआ कि हुआ और हम?

कुछ भी नहीं होता था। लोहे के रिंग को कसते और कसते हाथ, आरक्त हो जाते थे और अगले क्षण फिर ढीले पड़ जाते थे। वनस्पतियों को चीरता चलता झूमता हाथी...उसके दायें-बायें डोलने से चुभती चीथड़ों के नीचे कसी काठ की काठी... झुरमुटों के छिपाव को फाड़ती महावत की दूरबीनी आँखें...'वह रहा'...'वह रहा' के संकेतों में तानी हुई तर्जनी...।

महावत की वही आँखें हैं जो उसे कभी भी नहीं भूलती थीं। काले हड़ियल चेहरे पर दो जलते हुए नीम लाल अंगारे। सिर पर गोल-गोल घूँघरों में जकड़े बालों के अनगिनत काले कुंडले। एक पतली भूरे रंग की पट्टी दोनों कानों के ऊपर-ही-ऊपर माथे पर बँधी। इस बँधाव की गाँठ कान के पीछे लटकी। रंग काला भुच्च, चमकीला। छोटी-पतली पुट्ठेदार देह की काठी। फुर्तीला, चौकन्ना, भाषा में दुर्बोध, संकेतों में मुखर...'यह नीलगाय'...'यह चीतल,' 'यह लोमड़ी'...'वह, वह रहा शिशु हाथियों का झुंड।'

''और बाघ कहाँ है?''...धारीदार खालवाला बाघ। कौशल हठिया गया था और जमीन पर लोट-लोटकर रोया था। बाबूजी समझाते हार गये थे–जंगल चिड़ियाघर नहीं होता, सबकुछ अपनी इच्छा से नहीं देखा जा सकता पर कौशल...

अम्माँ से पिटकर सोया था वह, उस दिन, पर वह सो नहीं सकी थी। डाकबँगले की खटमलभरी निवाड़ी खाट पर धूलभरी मसहरी में लेटे उसके सामने अंकित हुई

रही थीं—दो आँखें। किसी झुरमुट में अचानक किसी पशु के दीख जाने पर अंगारा हो उठनेवाली दो खूँखार आँखें। यह खोखियायी हुई उत्तेजना एकाएक आती थी। चलकर आती हुई दीख जाती थी। लगता था महावत के हाथ में भाला होता तो अभी दे मारता।

पहली बार देखा था ऐसी हिंसक तड़प का इस तरह लपककर आना। निमिष में ही चेहरे का इस तरह कस जाना। उस घटना का स्मरण उस सारी उत्तेजना को जैसे इस समय परिभाषित कर गया। आज...इतने वर्षों बाद।

उस अनुभव का स्मरण मन में कहीं पड़ा न होता तो इस तरह अचानक बन्दीपुर का हाल्ट आ जाने पर बस के उतर पड़ने का निश्चय कर पाना न हो सकता। साथ की सीट पर बैठे दो अधेड़ कब से उसी एक चर्चा में संलग्न—इतने चीतल, इतने अधिक चीतल, वह भी ठीक अपनी कॉटेज के सामने कहीं और देख पाना असम्भव है। बचपन का वह रोमांच और बाबूजी के साथ की वह अभय यात्रा। वहीं उतर पड़ी।

ऊटी मैसूर के राजमार्ग पर स्थित सड़क के किनारे पर है—बन्दीपुर का वन्यरक्षण केन्द्र। किसी समय पर मैसूर के महाराजा के शिकार का नियत स्थल माना जाता था।

स्वागत कक्ष की कुर्सियों पर आरक्षण के लिए तीन यात्री और बैठे हैं। दो भारतीय, एक विदेशी। काउंटर से सम्बन्धित व्यक्ति गायब है। प्रतीक्षार्थी सामने लगे बोर्ड को ही बार-बार पढ़ते हैं—कौन-से वर्ष में किस-किस प्रकार के जानवर कितनी संख्या में यहाँ देखे गये।

"आप दिल्ली से आयी हैं?" दो में से एक ने उन्मुख होकर पूछा।

"नहीं, लखनऊ से।"

"यह देखा है।" साथवाले को कोहनी मारकर कहा गया। पता नहीं क्या था, शायद खिड़की के पार दीखता गेस्ट-हाउस के पालतू हाथी का सिर।

"हूँऽऽ।" दूसरे ने उत्तर दिया।

"यू आर इन जॉब?" फिर इधर मुड़कर।

"जी हाँ, यूनिवर्सिटी में।"

"अच्छाऽऽ! अच्छा!" जैसे कोई बड़ा भेद खुल गया हो। "कौन से डिपार्टमेंट में?"

"सोश्योलॉजी।"

"अच्छा! एक दोस्त हुआ करते थे। दिनेश प...हाँ, पाठक...सोश्योलॉजी में हैं अभी?"

"जी हाँ! डॉ. दिनेश पाठक...आजकल विभाग के अध्यक्ष हैं।"

"मार गया पट्ठा।" बेंच पर दूसरे स्थान पर बैठे आदमी ने हाथ नचाकर कहा।

विद्रूप-भरी जो मुस्कान आयी पता नहीं उसका अर्थ क्या है। फिर खुस-पुस पाठक-कांड छिड़ गया उन दोनों के बीच। वह चुप बैठी रही। क्यों बोले। पता नहीं, कौन किसका क्या लगता है, बाद में कमरे में टहलती पशुओं के चित्र देखती रही।

''आप अकेली हैं?'' काउंटर पर आकर बैठे व्यक्ति ने पूछा।

''जी!''

''आगेवाली कॉटेज आपके लिए ठीक रहेगी। साथ ही चौकीदार भी रहता है, दूसरी थोड़ी अन्दर को है।''

जानती है, अभी मढ़ी मिलेगी काउंटर पर साथ खड़े हर चेहरे पर जिज्ञासा ''आप अकेली क्यों हैं,'' पर अब जैसे आदत पड़ गयी है।

''वेलू! इनका सामान कॉटेज वन में ले जाओ।'' चलने को हुई कि ''सुनिये... अभी आधे घंटे में जीप जंगल में जायेगी दिन डूबने से पहले। यहीं, रिसेप्शन से। साढ़े चार तक आ जाइयेगा।''

दो इंच जमीन के ऊपर ठहरे होने के गर्व से भरी हुई है चौकीदार की पत्नी। आगत इस बार स्त्री है। खाना-पीना, देखभाल तो उसके जिम्मे है ही, वन्यप्रदेश की विशिष्टताओं के वर्णन भी।...कैसे रात होते ही बुन्दकीदार चीतल यहाँ आ जुटेंगे। हाँ-हाँ, यहीं, इसी कॉटेज के सामने...और मालूम है एक-दो नहीं...सौ-दो सौ! यह दृश्य कहीं देखा नहीं होगा आपने। कैसे और किस रास्ते हाथी सुबह पर्यटकों को पशु-दर्शन के लिए ले जायेगा। कैसे पिछले साल एक किशोर सड़क के उस पार गया और फिर कभी पलटकर ही नहीं आया। कहाँ पहले जंगल थे, कहाँ आज भवन। यह-यह वनस्पतियाँ...यह-यह औषधियाँ...। उसकी कम उम्र देह पर प्रौढ़ मोटापा और आँखों में चौकन्नी चंचलता है।

ऊटी के उचाट के बाद अच्छा लग रहा है उसका ओत-प्रोत बहनापा।

रिसेप्शन से बुलाहट आयी है। जीप तैयार खड़ी है। जंगल में जाना है तो आइये...। सब तैयार खड़े हैं—राह जोहते।

''आप आगे बैठ जाइये, सुविधा रहेगी।'' उसी स्वागत कक्ष में थोड़ी देर पहले मिले पर्यटक ने कहा है।

असुविधा पीछे बैठने पर भी न होती, उसने आगे बैठने के बाद देखा। पीछे भी दोनों ओर पारदर्शी शीशे हैं...जीप पर दीवार की तरह मढ़े।

जीप को जंगल में तीस मील जाना है सूचना दी गयी है, साथ ही, ''आप सब लोग दायें-बायें देखते चलें।''

जीप में न लाल कपड़े की मनाही है, न चीथड़ों के नीचे उघड़ी काठ की काठी

की चुभन। न वैसा प्रतिपल चौकन्ना उद्वेग। झुरमुटों के बीच पक्की नहीं तो भी कच्ची सड़क। जले हुए जर्जर पेड़ों के ठूँठ। घर्ररऽ घर्ररऽ की उठती और बैठती आवाज़। खोजती हुई नहीं रपटती हुई दृष्टि। पेड़ों के अनगढ़ जुटाव में से छनते धूप के क्षीणकाय टुकड़े। ड्राइवर का थोड़ी-थोड़ी देर बाद लापरवाही से भरा इशारा। किसी जानवर के दीख जाने पर वह पल-भर के लिए जीप धीमी करता है और उसी यान्त्रिक बेध्यानी से आगे चल पड़ता है।

उसकी आँखों में न खोज है, न वैसा तल्लीन आवेग। न एकाएक पशु के आ दीखने से वन के माहौल में एकरस जीवन्त आवेश। वह उसे मात्र एक नौकरीयाफ़्ता-सा व्यक्ति लगा, किसी मशीन का कोई सिद्ध चालक।

उस सारे स्मृत स्वाद की अपेक्षा और आवृति से पूरी तरह रिक्त लगी उसे यह यात्रा। कितने सारे संचित स्मरणों का हनन।

"हाथी कब जंगल में जाता है?"

"सुबह जायेगा।" ड्राइवर ने रुखाई से उत्तर दिया।

इतनी उत्कंठा मन में अवश्य है कि किसी खोयी हुई चीज़ के स्वाद को फिर से प्राप्त करने सुबह हाथी पर जाया जाये।

घड़ी उठाकर देखी। साढ़े ग्यारह बजे हैं। जैसे-तैसे उठकर बाहर तक आ पायी।

बाहर अटूट सन्नाटा। सामने के मैदान की दायीं ओर स्वागत कक्ष के भीतर एक टटका बल्ब। डॉरमिटरी के पीछे की कॉटेज से आता कहकहों का दूर-सुदूर स्वर।

चौकीदार की झोंपड़ी के पास पहुँचकर उसने पूरे बल से दरवाज़ा भड़भड़ा दिया। वेलू आँखें मलता आया, पहली नींद के खुमार में डूबा।

"कोई डॉक्टर मिलेगा यहाँ?"

"क्या हुआ?" वेलू की आँखें आशंका से उघड़ गयीं।

शाम के खाने के बाद बेसँभाल डायरिया और उलटियाँ होने लग गयी थीं। देह में अरोक-सी अस्वस्थता की टूटन। ऐंठी जाती रस्सी की तरह नाभि के नीचे से उठते दर्द के मरोड़ पीठ की दीवार तक को चीरते-से लगते हैं घड़ी-घड़ी।...फिर वमन...फिर दस्त...भूतैला मटमैला आँतों को धो-धोकर बाहर आता पानी पता नहीं भीतर कौन-से कुएँ में संचित रखा था। अब तो पिंडलियों में पता नहीं किस तरह का तनाव और आँखों के सामने के फैलाव में तिरते असंख्य छोटे-छोटे काले बिन्दु।

अपने बैग में पड़ी अमृतधारा को कई बार लेने और दो-तीन घंटे प्रतीक्षा करने के बाद उसने चौकीदार को जगाया था।

"ठहरो मेम साब! उसे अभी भेजता हूँ।" वेलू घबराया-सा लौट गया।

वेलू की पत्नी दनदनाती भीतर घुसी। कन्धों के पीछे से अपनी पुष्ट बाँह का सहारा देकर उसे उठाना चाहा। "यह लो, इसे पी लो।" प्याज़ की तीखी गन्ध से उसके हाथ बुरी तरह महक रहे थे।

मुँह के पास आयी हरे प्लास्टिक की कटोरी की कोर पर मैल की चीकट पर्त उसे अपनी आँखों के सामने दीख गयी, फिर कठिन हो गया उसे निगल पाना। पता नहीं क्या खाकर यह नौबत आयी है। वह खाना भी तो वहीं से बनकर आया था। दिन का खाना भी बस स्टॉप पर इसी तरह खाया गया था। पता नहीं क्या कुछ अखाद्य बना है पेट में जाकर।

"क्यों?" उसकी बाँहें वैसी-की-वैसी टिकी थीं।

बाथरूम की ओर इशारा करके उठ खड़ी हुई । प्याज़ का रस टेबल पर पड़ा महकता रहा।

आयी तो और अधिक बेचैन। चेहरा तर-बतर। इस बार के वमन ने आँतों को खखोल दिया पूरी तरह। जबान जैसे सूखे चमड़े का कोई टुकड़ा।

वेलू उन्हीं दो आगन्तुकों के साथ दरवाज़ा भड़भड़ाता भीतर घुसा जो कल दोपहर स्वागत कक्ष में, और बाद में जीप में उसके साथ गये थे। सिगरेट और शराब की गन्ध का मिला-जुला भभका उनके घुसने के साथ ही हवा में लहरा गया। उसने चादर अपने पसीजते शरीर पर घसीट ली।

"वटस रांग?"...क्या खाया था शाम को?

"यही...जो चौकीदार ने बनाया...। आपने भी तो वही खाया होगा।"

"नहीं, अभी खाना बाकी है...जो खाना था वह भी साथ लाये थे...। क्या कुछ भी नहीं है आपके पास?...मेरा मतलब है सम प्रिवेन्शन...जब तक हम डॉक्टर को लेकर आयें...क्यों भई, पता है कुछ?...किस तरफ़ बस्ती नज़दीक है, ऊटी की तरफ़ या मैसूर की तरफ़?" यह प्रश्न वेलू से था।

"पुलिया के पार एक डॉक्टर सुना है।"

"कम ऑन श्रीवास्तव!" बोक्रेड के गाऊनवाले हाथ ने लपककर साथवाले का हाथ खींच लिया...।

डॉक्टर जो आया, वह तीमारदारों से ज़्यादा हड़बड़ाया हुआ। निवृत्ति पाया दाँतों का डॉक्टर जो इन दिनों अपने बन्द पुश्तैनी मकान की मरम्मत के लिए यहाँ आया हुआ है...किसी भी तरह की पेशेवर सूझ से पूरी तरह रिक्त...।

"मैं कुछ कर भी सकता तो भी यही कहता, इन्हें अस्पताल ले जाइये जल्दी-से-जल्दी। डिहाइड्रेशन का खतरा पूरा है।" चुटकी में भरकर उसने बाँह की त्वचा उठायी और छोड़ दी।—मेरे पास जो कुछ है भी कारगर नहीं होगा। सेलाइन चढ़ाना पड़ेगा। फूड पॉयजनिंग का केस लगता है।...

फिर उबकाई। फिर वमन। फिर पेट में घूमते दर्द के मरोड़ और रोमों में सरसराती सिहरन।...

"नहीं, वह कोई झंझट नहीं। अपनी गाड़ी है। यूँ तो एक कैम्पर भी बाहर खड़ा है।" डॉक्टर को एम्बुलेंस की चिन्ता करते देख एक ने कहा।

फिर पता नहीं किन सड़कों पर, किन रास्तों पर सरपट दौड़ती रही गाड़ी। गति के हिचकोलों के साथ ताजातर हो जाते रहे दर्दीले टोहके। वेलू की पत्नी की अनिच्छा को दरगुज़र करके उसे भी गाड़ी में बिठा लिया गया। जैसे-तैसे हो सका, वह जल्दी से उसका सामान बटोरकर बैठ गयी है।

"तेज़ तो नहीं चला रहा।" एक चिन्तित प्रश्न पीछे घूमकर पूछा जाता है, बार-बार जिसका एक ही उत्तर देना पड़ता है—"नहीं, ठीक है।"

वैसे ही कई बार रास्ते में गाड़ी रुकवाने का लज्जा से गाड़ देनेवाला संकोच। बेसँभाल बेचैनी। साँसों में चलते गरम हवा के उच्छ्वास और देह पर पसीजती सिहरन। अच्छा हुआ वेलू की पत्नी साथ आयी है।

उबकाई आने पर उतरने की कोशिश को बीच में ही टोक दिया जाता है। "नहीं, नहीं, ऐसा मत कीजिए। थोड़ा सिर आगे बढ़ाकर ईजी हो लीजिए। बस, अभी मैसूर पहुँचे जाते हैं। वहाँ देर नहीं लगेगी। सब मेरा जाना हुआ है।"

एकदम निढाल। परदेस और अस्पताल। अजनबी आँखें और सहायता के हाथ। गफ़लत के गुबार में घिरी चेतना को जाने किन-किन बातों के धक्के-से लगते हैं, कुछ पहिचान में नहीं आता।

आते ही अस्पताल में दाखिला मिल गया है। बेसँभाल शैथिल्य के हवाले होता जा रहा है सबकुछ—देह और मन और प्राण।

रजिस्टर में भरने के लिए सूचनाओं की जानकारी देते सकुचाई जा रही है। नाम—वसुधा चौधरी। दर्जा—विवाहित। पति—स्वर्गीय श्री निखिलचन्द्र चौधरी। आयु—तीस वर्ष। स्थायी पता—केयर ऑफ श्री शरतचन्द्र आनन्द...। निदान—गेस्ट्रोएंट्राइटिस एक्यूट।

ऐसे लग रहा है जैसे किसी ने रात के कपड़ों में सोते व्यक्ति के ऊपर से एकाएक चादर उतार दी हो।

अस्वस्थता की उस ढलान पर पहुँचकर बड़े आश्वस्त पैरों से चलकर आता महसूस हो रहा है स्वास्थ्य लाभ। संजीवनी सिद्ध हुआ ग्लूकोज़। आज दूसरा दिन है, ठहराव आ गया है। घबराहट-बेचैनी नहीं। वमन-दस्त नहीं, पर जानलेवा शैथिल्य। लगता है किसी ने देह की थैली को हिला-हिलाकर भीतर का सबकुछ चूर-चूर कर दिया हो।

सिर अभी अस्थिर। उठने की कोशिश में ठहरा हुआ कमरा किसी धुरी पर टिके हुए बच्चों के चक्करदार झूले की तरह घूम जाता है।

अब?...कहाँ?...पांडिचेरी? अच्छा ही हुआ घर खबर नहीं की। ''तार दे देते हैं आपके घर।'' प्रश्न पूछा गया था तो टटोलती रह गयी। दायित्व मुक्ति की चिन्ता है या स्थिति का दबाव।

''क्या कहते हैं डॉक्टर...कितने दिन में डिस्चार्ज करेंगे?''

''दो-तीन दिन लगेंगे।''

''मैं सोचती थी सम्भव हो सका तो पांडिचेरी...। न हो सका तो खुद ही वापिस चली जाऊँगी। उनको क्या चिन्ता में डालना। आप भी...मेरा मतलब है, यह तो अस्पताल है, यहाँ कोई तकलीफ नहीं। पता नहीं आपका क्या शेड्यूल था...बिगड़ा होगा।''

''मेरा शेड्यूल ठीक-ठाक है। यहाँ भी अपने ऑफिस के काम में खासा व्यस्त रहूँगा।''

अस्पताल में बेगानी सुबह उगती है और ठहरी रहती है। उठना-खाना-सोना। खाना-सोना-उठना। अल्लसुबह हड़बड़ाते हुए मरीजों के मुँह में थर्मामीटर और यों ही-सी नब्ज की जाँच-पड़ताल। चार्ट की रिक्त पूर्ति। रात की ड्यूटी पर की नर्सें निवृत्त होने की सम्भावना से एक घंटा पहले ही उचाट हो जाती हैं। फिर झाड़ू की खिश-खिश, वार्ड के कोने पर खुले दरवाज़े के पार टपकते नल के पानी की टपटप। डॉक्टरों के राउंड। फिर जैसे थम जाता है सबकुछ एकाएक। पढ़ी हुई मैगजीन्स के पन्ने कोई बार-बार कहाँ तक उलटे-पलटे। अच्छा होता है बहुत बीमार होना या अस्पताल से बाहर होना।

शाम एकाएक सक्रिय हो जाती है...दुगुनी। तिगुनी। खाटों के आसपास मँडराते लोग। पैतानों पर झूलते काले गदबदे बच्चे। टिफिन के डिब्बों के खुलने की खनखनाहट। मरीज़ के प्रति प्यार का उलार। उमस। भीड़। बेगानी भाषा की भन् भन्-भन्—अर्थहीन। उचाट खालीपन आवाज़ की दुर्बोध भनभनाहट से अलग खींचकर जबरदस्ती का दृष्टा बना देता है। पड़े-पड़े देखते रहना, इधर या उधर अचानक राहत-सी देती लगती है अपनी बेनामी। अनजाने-अपरिचित नगर में आगे की चिन्ता के बिना की निवृत्ति।

समय समाप्त होने की घंटी खनखनाती है कि लोग एकाएक उद्विग्न हो जाते हैं। झोले समेटते। गिलास थैलों में। केले के पत्ते मुट्ठी में। चेहरे रोगी को धीरज और ठहराव का अभय दे देने की करुणा में कोमल। भाषा की पकड़ के बिना भी समझ

में आने लग जाती हैं वह सारी बातें।

शायद कोई आता। रोज़ कोई क्यों आयेगा सिर पड़ी जहमत से जूझने। सहायता। सहृदयता। आभार। पटाक्षेप।

"बन्दीपुर चला गया था कल शाम।" जल्दी-जल्दी में चार जीने चढ़कर आने में तनिक उखड़ी हुई आवाज़। क्षमायाचक।—"कल इसीलिए नहीं आ सका।"

"आना ज़रूरी तो नहीं था।"

"ऐसा आप ही सोचती हैं। सामान ले आया हूँ अपना। आपका भी एक बैग छूट गया था। वह भी आ गया है। मेरे पास रखा है।"

उस दिन की बदहवासी एक बार फिर आँखों के सामने घूम गयी।

"कैसी हैं?" आपको बैठे देखकर अच्छा लग रहा है।"

"थोड़ी कमजोरी महसूस होती है, बस।"

"आगे की क्या प्लानिंग है?"

"फिलहाल तो पांडिचेरी..."

"पांडिचेरी क्यों?"

"यूँ ही। उसी प्रोग्राम से आयी थी।"

"घर क्यों नहीं चली जातीं। ख़ासी बीमार हो चुकी हैं। हाज़मा बहुत नाजुक हो जाता है इसके बाद।"

"नहीं! इसलिए क्या घर जाना...फल, दूध, भात तो सब जगह मिल जाता है। आगे जा सकी तो जाना ही चाहूँगी।"

"वहाँ कितने दिन?"

"जितने दिन मन रम जाये।" अपने को ही अखरा हँसने की कोशिश में रुआँसेपन का बेआवाज़ दख़ल।

"किसी से लड़कर आयी हो?" सजग सीधा सामना। 'आप' से 'तुम'!

"किससे?"

"मुझे क्या पता? किसी से भी..."

"लड़ना क्या है?"

"हाँ! ऐसे हालात में माँ-बाप, भाई-बहिन में से तो कोई नहीं लड़ता। सब एकोमोडेट करते हैं...नहीं?" हलकी-फुलकी आमोद-भरी खनक आवाज़ में है।

"इसकी तकलीफ भी कुछ कम नहीं होती। कुछ भी तो नार्मल नहीं रह जाता आसपास।"

"अलग रहती होतीं, आई मीन अपने पर...तो कुछ तकलीफ़ें ज़रूर कम हो

जातीं—पेरीफ़री की तकलीफ़ें।''

''क्या मतलब?''

''अपने सेटल होने पर ज़्यादा ध्यान जाता जो ज़्यादा ज़रूरी बात है। हमारी मैनेजमेंट एथिक्स में ज़्यादा अहम मसलों को पेरीफ़री से काटकर अलग कर दिया जाता है।''

''यहाँ अहम क्या है?''

''जो कुछ तय नहीं हो जाता वही अहम है।...तय हो गया होता तो यूँ भागती न फिरतीं।''

ठहाका। उसकी दृष्टि में एक फूहड़ ठहाका। अपनी छत की ऊँचाई पर खड़े होकर दूसरों के आँगन में झाँकने की अभद्र कोशिश।

फूलों का गुच्छा।

इस समय खुल गयी है बीच की कली। कल शाम बन्द थी। पीली पंखुरी पर सिन्दूरी कोर। देखते हुए भी देखना नहीं चाहती। फूल ही नहीं, फूल लानेवाले हाथ भी गुच्छे को मुट्ठी में थामे दीख जाते हैं। वहीं बन्द हो जाता है फिर सबकुछ। फूल, सौरभ, सुन्दरता, पंखुरियों की अप्रतिम सिन्दूरी पीताभा।

''अपने उधर नहीं मिलेंगे यह वाले फूल। गर्मी पड़ती है न यहाँ।'' कहनेवाले की आवाज़ समतल है। सूचनात्मक। निरुद्वेग।

जताया जा रहा है दुष्प्राप्य होते हैं इस तरह के फूल। इन्हें जुटाकर लाये होने का एहसान। पहले ही कतारें लगी हैं एहसानों की, तिस पर अपनी मजबूरी। हर चीज़ की कीमत होती है। निराकार कुछ भी होता हो निःस्वार्थ कुछ भी नहीं होता।

एकाएक याद आया—जतीन सहगल। छोटे भाई की आकस्मिक मौत से हिला हुआ—अस्थिर। मौत अगर तीन दिन पहले हो गयी होती तो हाथ में न भी लेता यूनिवर्सिटी का वह काम। कह दिया था वह कर देगी। जाँच देगी प्रश्नपत्रों के दोनों बंडल। दुख और चिन्ता में एक साथ इस बेहूदी तरह पिसने की क्या ज़रूरत है।

प्रश्नचिह्न टँग गया था जतीन की आँखों में। पूछा होता तो समझाने की जल्दी करती। नहीं, पैसे के लिए नहीं। उसे पैसे नहीं चाहिए। वह जिसके हैं उसी के रहेंगे। यह मदद है—मात्र मदद। सहृदयता। सान्त्वना देने की सक्रिय कोशिश। क्या कहने बैठती कि ऐसे में खुल जाते हैं उसके अपने दर्दों के टाँके।

ग़लत समझी थी। वह प्रश्नचिह्न पैसों को लेकर नहीं था। टटोलने के लिए था। इस प्रस्ताव का उत्प्रेरक क्या है। इस अपने से बाहर बहती करुणा का। सहकर्मी और भी तो हैं पुराने पुख़्ता सम्बन्धोंवाले फिर वह ही क्यों हाथ बढ़ा रही है।

साधारणतः अच्छा लगा करता था उसे जतीन। सभ्य। उसका साँवला चेहरा मासूम नरमी में पिघला हुआ, गोलाई लिये हुए। गोल चेहरे अच्छे लगते हैं उसे। तीखे नैन-नक्श, चेहरे की बहुल कोमलता को काट-छाँटकर एक मूर्ति-सी गढ़ देते हैं। भला लगा करता था उसका अकुंठ सख्य भाव। निरापद।

उसके बाद से अधिक रास्ता काटने लगी थी उसकी ताबेदारी। जहाँ कहीं। जब कहीं। दोस्ती का सतत प्रस्तुत हाथ।

"चलती हो 'अंकुर' देख आते हैं। अग्रवाल भी चल रहा है।" पहले दिन नोट की थी उसकी ज़रूरत से ज़्यादा बेतकल्लुफ़ी। चेतावनी या सहमति के बिना।

लानत दी भी तो औपचारिकता से पगी अपनी शब्द-शैली के आडम्बर को ही दी। हर जगह पीछा करती रहती है। सहज नहीं होने देती।

मेफेयर पहुँची तो जतीन को टहलते देखा। होंठ पान चबाये लाल।

"चाय पियोगी?"

"समय कहाँ है। सवा छह तो बजे हैं।"

"समय बहुत है। असली पिक्चर तो पौने सात तक आयेगी।"

"यहीं स्टॉल से ले लेते हैं। मि. अग्रवाल को मिस कर देंगे हम लोग।"

"वह शायद न भी आये।"

"तुम्हें कैसे पता?"

"आया जो नहीं।"

"आता होगा।" पर वह चुप रही। स्टॉल पर खड़े चाय सुड़कते उसके ध्यान को चारों तरफ़ से घेरे हुए।

"चलो अन्दर चलते हैं।"

"अग्रवाल?"

"आना होगा तो आ जायेगा।"

अन्दर जाकर जतीन और तरह का हो जाता है। आत्मरत। संवाद सम्बोधन से परे।

"इस माध्यम का यह इस्तेमाल मुझे सबसे अच्छा लगता है।" वह भिलाई स्टील प्लांट का वृत्तचित्र देखते समय धीरे से कहती है। उत्तर नहीं मिलता।

जतीन गुम है। पता नहीं कहाँ गुम। चुप रह जाती है। आदत होती है अपनी-अपनी। कोई सामने देखता है तो फिर नहीं बोलता।

पर अँधेरे में ज़तीन की जबान नहीं देह बोलने लगती है। चंचलता से भरी बेचैनी। कभी दायीं तो कभी बायीं करवट। खिऽऽश! कभी पैरों का फ़र्श पर बेमतलब घिसटना। कभी जेब से रूमाल निकालना और वापिस रखना।

यह कलाबाजियाँ बगल में बैठे खिझा देनेवाली लगती हैं। फिर दायें कन्धे का

उसके बायें कन्धे पर अचानक झुकता हुआ दबाव। वह थोड़ा सीधा होकर बैठ जाती है। संकेत के न समझे जाने से क्षुब्ध हो जाता है जतीन। उँगलियाँ अधिक प्राणवान हो उठती हैं उसकी, टटोलती हुई। क्षण-भर में ही दायीं बाँह एक घेरा बनकर उसके दायें कन्धे की भीतर-ही-भीतर तनती जाती मांसपेशियों का विकट कसाव बन जाती हैं।

हिली। एक क्षण के लिए अचानक उठ खड़ी हुई, फिर बैठ गयी। इस क्रिया से जतीन का हाथ एकाएक फालतू-सा हो गया और अपनी जगह वापिस पहुँच गया। सन्देश भी। चेतावनी भी। अचूक।

इंटरवल। अटपटे तनाव से भरा था वह आमना-सामना। "मैं अभी आता हूँ। सिगरेट..." वह उठते-उठते फुसफुसाया था जताते हुए कि भाग नहीं रहा, ज़रूरत से बाहर जा रहा हूँ। आया तो प्रकृतिस्थ हो गया था। सँभला हुआ। आपे में। पर अपना ही ध्यान छितर गया। हुलसी हुई लालसा के उत्पात से सशंकित।

उस समय फिर कुछ भी नहीं हुआ पर जतीन की मंशा प्रकट हो गयी। प्रकट हो जाने से उसे और भी छूट मिल गयी। गुपचुप समझौते को ताश के पत्तों की तरह फेंटने और सामने बिछाने की छूट।

"यह नहीं मानता तुम्हारी कोई ज़रूरत नहीं है। सबकी होती है फिर चाहे जैसे भी पूरी हो। यह सीधा-सादा यूनिवर्सल सच है।"

यूनिवर्सल सच के अचूक तर्क का सहारा लेती है उसकी बदनीयती। टोहने की कोशिश में बेचैन उसकी निष्ठाविहीन उँगलियाँ।–"कोई-न-कोई कोमल स्थान तो होता ही है।" कोमल नहीं तो वंचित। अभावयुक्त। कराहता हुआ। प्रत्याशी। पानी गड्ढों में ही ढरकता है...रिक्त स्थानों पर। उसके तर्कों का सारांश है।

बचा नहीं जा सकता। एक ही विभाग। एक ही विषय। रोज़ की भिड़न्त। रहा नहीं गया तो एक दिन उठाकर झाड़ दिया। अपनी समरनीति पर अपने को ही महँगी पड़ी। भड़ास उसने निकाली विभागाध्यक्ष के साथ पीने-पिलाने की अहम दोस्ती के रस को पूरे-का-पूरा अपने जाम में निचोड़कर। पीरियड्स की योजना फिर कुछ ऐसे हुई...।

एक घंटा सुबह। दूसरा दोपहर। तीसरा शाम। बीच में मक्खियाँ मारता भिनभिनाता टुकड़े-टुकड़े समय। न घर जा सकने की सम्भावना न यहाँ काम करने की सुविधा।

"हैंऽऽऽ। सैंडविच्ड?...आई फील बैड...तुम कहो तो मैं मि. पाठक से बात करूँ–तुम्हें कुछ एकोमोडेट करें।"

बुलाओ। पुचकारो। फिर पटकियाँ दो। घायल करो, फिर मरहम लेकर दौड़े आओ। ऐसा हुए बिना नरम मुलायम उँगलियों का इस्तेमाल कैसे हो पायेगा।

"नो थैंक्यू...आयम पीसफुल...।"

सुनवाई नहीं है। राजा का अपना रवैया तो और भी चौपट। झरनों के उद्‌गम भी उतने ही दूषित। विष घाटियों में बहता है निर्बाध। विद्या मन्दिरों में धूर्तों की प्रतिष्ठा। कल वह सुपात्र थी आज जतीन सुपात्र है।

यह पात्रता कभी उसकी कही जाती थी। प्रगल्भ शब्दों में। डंका बजाकर। पॉपुलेशन कौंसिल की फैलोशिप, कैम्पस का मकान, होस्टल की वार्डनशिप के लिए सिफारिश। गोष्ठियों, सेमिनारों का संयोजन। "कल्चरल एक्सपोज़र कितना ज़रूरी है आपके लिए।" जाने कितनी नालियाँ हैं जिनमें से बह-बहकर आ सकती हैं अनुकम्पाएँ। कितने संयोग हैं जो उसके आँगन में फेंककर कचरियों की तरह सुखाये जाते हैं। प्रतिभा और महत्त्वाकांक्षा। प्रतिभा और सुन्दरता। प्रतिभा और ऐस्थेटिक सेंस। प्रतिभा और डिज़ा...डिजायर...माइंड एंड हार्ट...ए रेयर कॉम्बीनेशन...माइंड आइ कैन सी...हार्ट इफ़ यू विश। प्रलोभक टुकड़े...बासी रोटी की तरह सुखकर असभ्य हो गयी उन टुकड़ों की चुभती कोरें।

कोई हाथ अब उसे निरापद नहीं लगते। फूलों को, सौरभ को, कोमलता को थामनेवाले हाथ भी नहीं। सहायता सहृदयता देनेवाले हाथ भी नहीं। कोई आवाज़ चाहे वह कितनी समतल क्यों न हो, किसी साजिश की गन्ध से मुक्त नहीं लगती। कुछ भी निरापद निरायास नहीं। हर समय परदा खुलने का इन्तजार। कब। किस दिन। किस घड़ी। हर जगह। हर घड़ी। अकेली हुए होने की जानकारी कितनी जल्दी निर्वस्त्र कर देती है सामनेवाले को। ठिठुरकर बिन्दु रह जाता है अपना अस्तित्व।

यही होगा। उसका बिन्दु भर अस्तित्व जमा खड़ा रहेगा जहाँ-का-तहाँ। बिन्दु से बिन्दु तक। शून्य से शून्य तक। स्तब्ध, विकास-रोधक।

विकास और सफलता...इनकी गत्वरता समझौते माँगती है। लुब्ध लालसा के सामने घुटने टेक देने के बाद सीना तानकर खड़े हो गये प्रतिष्ठा-सम्पन्न समझौते। लगाव नहीं, लगाव के मुखौटे। निष्ठा नहीं निष्ठा के विज्ञापन। आधे-अधूरे चोरी-चतुराई से झपटे गये ऊपर चढ़ते सोपनों के आरक्षण।

सबकुछ उपलब्ध है संसार में । चुनाव की चतुराई चाहिए। ध्यान साध्य पर नहीं साधनों पर होना चाहिए। दीक्षा धीरज की हो तो मिलेगा। सबकुछ मिलेगा। हर जगह पर मिलेगा। पर मात्र उनकी शर्तों पर मिलेगा। कमाने और अपनी पात्रता सिद्ध करने की कोई चर्चा नहीं। शर्तें दूसरी हैं। मेज़ के ऊपर नहीं, मेज़ के नीचे। स्वीकार हो तो चाँदी है, नहीं तो आपके सामाजिक हक की बारी भुगत चुके होने की मुनादी। अब वही है आपका स्थान। फुटपाथ पर। चलती सड़क से हटकर। परे की दीवार के सहारे। चलती धारा में आपकी सहभागिता का मूल अधिकार अब कैसा? त्यागी-वैरागी होना आपके अस्तित्व की असली नियति है।

यह मुखौटा भी फिर अपने मुख पर अपने को ही धरना होगा। अपने हाथों से। ईसा के कन्धे को जख्मी करते काठ के क्रॉस की तरह। अपनी ही देह मन का दूसरा नामकरण भी कर देना होगा—देह को विदेह, मन को अ-मन, सारा संसार-असार अर्थहीन।

आश्चर्य हुआ है सुबह आया देखकर। विजिटिंग ऑवर्स तो शाम को होते हैं। अन्दर किस तरह आने दिया गया होगा। आने का क्या पता था। पलँग से पैर लटकाये बैठी है बेध्यान। नाइट गाउन की बाँहें चढ़ाये। चादर ऊपर तक खींच ली।

हाथ में एक बहुत बड़ा कमल का फूल । "इतना बड़ा कमल देखा है कभी पहले?"

फिर दिमाग़ में टकराने लगती हैं सन्दिग्ध इरादों की साजिशाना गूँजें।

"थैंक्स! यहाँ रख दीजिये!" हाथ में न लेकर साथवाली छोटी मेज़ पर रख देने का संकेत किया है। अभद्रता है, वह जानती है तो दूसरा भी जानता ही होगा। ऐसी शिष्टता-शालीनता के अधिष्ठाता तो और भी अधिक।

कैसे समझाये कि और कोई तरीका नहीं बचता कहने का—'बस यहाँ तक इससे आगे नहीं।' दीवारें बहुत पतली हैं। यहाँ तो और भी पतली। एहसान हैं लबालब, कृतज्ञता और कृतज्ञता जो भाषा बोल सकती है वह दाढ़ी बनानेवाले उस्तरे की तरह दोनों ओर से इस्तेमाल हो सकती है। उन शब्दों से बचे हुए नींबू की तरह कोई रस निचोड़ना ही चाहेगा तो वह कुछ नहीं कर पायेगी। कुछ भी नहीं। एक शत्रु और। रक्तबीज।

उदासीनता अच्छी है। अभद्रता भी। अभद्रता के मुखौटे आत्मरक्षा के लिए लगाये जाते हैं पर वही सच बन बैठते हैं। नियामक भी। फिर उन्हें ढोना पड़ता है। लड़ाई में पहने होनेवाले झमझमाते जकड़ीले कवच की तरह। लड़ाई में ही नहीं, लड़ाई की आशंकाओं के बीच भी। सतत। हर समय। हर जगह।

"मुझे लगा पता कर लें। शायद आज डिस्चार्ज कर रहे हों। राउंड हो गया डॉक्टर का?"

"डॉक्टर अय्यर आज सुबह से नहीं आये। हाउस सर्जन आये थे। आशा तो है कि जाने देंगे शाम को। डॉ. अय्यर शायद दोपहर बाद आयेंगे।"

"मुझसे तो कल यही कहा था कि आज सुबह भेज देंगे।"

"कोई बस या ट्रेन मिलेगी रात को?" दुविधा मुँह फाड़े सामने खड़ी है। अभी के आगे की दुविधा।

ठहाका ऐसे उठा है जैसे किसी ने उच्छल झरने को बाँध में बाँध लेने के फैसले को बरतरफ़ कर दिया हो और वह एकाएक खलबलाकर बह निकला हो—"अभी तो

डिस्चार्ज भी नहीं हुई हैं और आगे जाने का फितूर! एक बात बताइए। पांडिचेरी को आप अपनी ओवरव्हेलमिंग उपस्थिति से घायल कर देने पर क्यों आमादा हैं। ऐसी जिद्दें छोटे बच्चों में देखी हैं। किससे भाग रही हैं इस तरह...?"

"कोई किसी के लिए नहीं भागता। हर कोई अपने मन की शान्ति के लिए भटकता है। वही गायब होती है तो..." जाने क्या है जो कलेजे के पास से सरकता हुआ गले में आ अटका है।

हँसता हुआ चेहरा सिमट गया है एकदम। एकाएक क्षणार्ध की विचारमग्न चुप्पी।

—नाउ चियर अप। अप्रसन्न होने से अच्छे होने में देर लगती है। लगती है न...मैं फिर शाम को आऊँगा। दस बजे कोई मीटिंग अटेंड करना है...।

चाहती है न देखे, न सुने उस आवाज़ में सहलाहट का स्पर्श। महँगी पड़ती है जिज्ञासा। परिधि पर शान्त ठहरे रहते हैं अनुत्सुक पैर।

एक और दुश्चिन्ता। अस्पताल का बिल दे देने के बाद पैसे चाहिए होंगे। पांडिचेरी जाना हो तब तो ज़रूर। न जाना हो तब भी...चाहे कम। होटल। खाना। दवाइयाँ। पथ्य। वापिसी। दीपू-चिन्तू के लिए कुछ। पहुँचते ही दोनों उसकी उपस्थिति से ज़्यादा भानुमती का पिटारानुमा उसकी अटैची पर आँख गड़ाये रहेंगे। दीपू तो विशेष।

वह तो अभी वह बात भी नहीं भूला। वसु बुआ के बिनाबात बेईमान हो गये प्रॉमिस को। "...इतना अच्छा...इतना अच्छा हुआ था न बुआ...और मालूम है गौरव का लंगड़ खुल गया बीच ही में—बनिया बना था बुआ।"

उसके गाल ताजे रक्त की त्वचातपी ललाई से दीप्त हो उठते हैं। आँखें मासूम भोली..."और बिन्दु को तो अपना पार्ट भी भूल गया। मिस उधर से इतने इशारे करती रही...बुद्धू! मेरा है न बुआ...मिस ने पहले ही कह दिया था दीपक के सिवा कोई राजा बन ही नहीं सकता।" बिना मूँछों के वह मूँछों पर ताव देता है। मिस बोली—यह जितने सामने बैठे हैं न, जितने...जितनेऽऽ भी। तुम समझो, सब तुम्हारी प्रजा हैं...सबके सब। तब...बन सकता है कोई राजा। तुम बुआ...तुम...

रूठा हुआ रुआँसापन फिर उसकी आवाज़ में रेंगता चला आया है। ऐसी प्रजा क्या जिसमें वसु बुआ न हों। एक-एक मुद्रा का कोई खोल-खोलकर बखान करनेवाला न हो। सारा मज़ा परदा गिरने के साथ ही फुस्स हो जाये। खाना मिले पर चटनी रखी रह जाये। अनिश्चित सुख के लिए निश्चित सुख की पूँजी को ही दाँव पर लगा देते हैं कुछ उसके जैसे मूर्ख लोग।

मन कसैला-सा हो आया। लोहे की दीवारें...लकड़ी की नहीं। ईंट-गारे की भी

नहीं...ठोस लोहे की दीवारें चुनी हैं अपने लिए। जिनसे पानी भी दो भागों में बँट जाता है—आधा इधर आधा उधर। काला पर्दा। वही तो था जो चुना था अपने लिए। अपने और बीत गये के बीच। अपने और उस अनिर्दिष्ट के बीच जो न तो उसका वर्तमान है न ही अतीत, बल्कि इन दो काल-स्तम्भों के बीच यातना का एक अबूझ अलाँघ अलाव। ज़रा-सा भी झोंका उस झपती-जगती राख को उड़ा ले जाता है तो सबकुछ खुल जाता है—दपादप। जला डालने को प्रस्तुत। राख कर देने को तत्पर। पुकार-पुकारकर पुचकार-पुचकारकर अपनी लपटीली बाँहों में जकड़ लेने को आतुर। वह दाह जब जागती है तो कुछ भी नहीं बचता। स्वाहा हो जाता है—आत्मसंचय। सँजो-सँजोकर रखी गयी शान्ति। छोर पकड़-पकड़कर ताना गया तोष। सब भस्मीभूत हो जाता है।...उस भुतैली राख के स्लेटी फैलाव की अस्पष्टता में बचती है तब एक कामना, एक उत्तेजना। एक उन्माद। एक विक्षिप्त पुकार...चलो और दूर चलो...और परे...और भी परे। लोहे के गड़गड़ करते अजगर की हिलती-खड़खड़ाती धमनियों पर सवार। शून्य का सीना फाड़ते हुए। आसपास की स्थिरता को धमकाते हुए। क्षितिज की अलभ्यता को चुनौती देते हुए! और आगे! अनन्त आगे। अपरिचय के उस बीहड़ के बीचोबीच। चिकने चीकट ठहराव की कल्मष के विरुद्ध।

उसने तय किया वह पांडिचेरी ज़रूर जायेगी। वहाँ मन न लगा तो और कहीं। आगे कहीं। जहाँ कहीं भी...।

निश्चय विश्राम दे गया। अब तो और भी ज़रूरी है पत्र लिखना। और ज़रूरी है अस्पताल छोड़ने से पहले लिखना। और ज़रूरी है मैसूर छोड़ने से पहले पैसों का पा जाना।

नर्स से काग़ज़ और पेन माँगकर लायी। पिछला पत्र भाभी को बन्दीपुर से लिखा था। तब एकदम अच्छी-भली थी। पूरी तरह अभिभूत। सुखानुभूति से लबालब। पूर्णिमा की रात के आने में एकाध दिन का अन्तर रहा होगा। तभी न ग्यारह बजे तक खासा उजला हो गया था कॉटेज के सामने का मैदान। दबे पाँव खिड़की की जाली से लगी खड़ी रही थी एकटक—अँधेरे में।

"बत्ती नहीं जलाना मेम साहिब...डरकर भाग जाते हैं चीतल," चौकीदार ने चेतावनी दी थी। चेतावनी के बावजूद भी उसे विश्वास नहीं था कि ऐसा कुछ होगा। हर दिशा से सूँघते-टहलते उस मैदान में जमा हो जायेंगे चीतल...बुन्दकीदार त्वचा और लम्बी-काली नुकीली आँखोंवाले मनुज-भीरू चीतल। एक-दो नहीं, दस-बीस नहीं, सौ-दो सौ, एक-दूसरे को अपनी थूथन से धकियाते, मुँह मारते, भेड़ों की तरह जुटाव के भीतर और भीतर घुसते जाते असंख्य चीतल। अद्‌भुत लगी थी चाँदनी से भीगी उनकी मौन सभा।

खिड़की से हटी तो एक बजा था। लेटना विश्रान्ति से भरा। उस समय का

निर्भय-निरावेग सन्नाटा...। लगा था, निजी आशा-अपेक्षा से खाली हो इनसान तो कितनी आसानी से मन के रिक्त पात्र में ढरक लेती है कोई भी सुखानुभूति...।

यह सारा विवरण उसने लिखा था भाभी को—अलभ्य अनुभव की उछाह में हो पाने का विवरण। साथ ही यह भी कि "आप लोग मेरी चिन्ता न करें। यह बात बाहर आकर पूरे मन से कह पाना सम्भव हो पा रहा है, जबकि आप लोगों के पास रहते अपनी ओर से चिन्तामुक्त कर पाना सम्भव ही नहीं हो पाता।"

यह लिखना बचा गयी थी कि ऊटी में क्यों नहीं हो पाया ठहरना। ऐसे कथनों में भागीदारी नहीं हो सकती थी, चिन्तामुक्ति के दावों को लेकर। यह ज़रूर लिखा था कि "मैसूर जा तो रही हूँ परन्तु वहाँ टिकने का विचार नहीं। एकाध दिन से ज़्यादा तो बिलकुल नहीं। दो दिन बैंगलोर रुकते हुए पांडिचेरी निकल जाना होगा।"

तब क्या पता था शाम तक ऐसा कुछ हो जायेगा। ऐसा आसन्न संकट सिर पर आन पड़ेगा...

"ऐसी बेसँभाल बीमारी के समय तो मुझे लगा था, आप लोगों को देखे बिना ही कूच कर देना होगा। जीवन का मोह उस समय निश्चय ही मन में नहीं था पर इस तरह इस बेहाली में घर से दूर होने का कष्ट तो बहुत रहा। दीपू की तो खूब याद आयी।

"...एक सज्जन जो बन्दीपुर के उसी गेस्ट-हाउस में ठहरे हुए थे, उनकी कृपा से रातोरात मैसूर सिविल अस्पताल में आ सकना हुआ। वह अपनी कार से आये न होते तो बहुत दिक्कत पड़ती। कई बोतलें ग्लूकोज़ और सेलाइन चढ़ानी पड़ी और सारी दौड़-धूप भी वही सज्जन करते रहे। पता नहीं, इच्छा से या अनिच्छा से। मैं अब एकदम ठीक हूँ। चिन्ता की ज़रा भी कोई बात नहीं है। आज अस्पताल से छुट्टी मिल जाने की भी पूरी आशा है।"

इस बीच खासा खर्च हो गया है। अस्पताल का बिल भी देना होगा, अतः टी.एम.ओ. द्वारा आप मुझे नीचे लिखे पते पर पाँच सौ रुपये जल्दी-से-जल्दी भिजवा दें।

दीपू की कोई फरमाइश हो तो ज़रूर लिखें। उसे व चिन्टू को शुभाशीष। कौशल इस बीच आया होगा। अम्माँ और भैया को सादर प्रणाम दें।

आपकी
वसुधा

अब उसे एक लिफाफे और पते की दरकार है।

शाम!

"यस यू कैन गो। आज चौथा दिन है न। खाने-पीने का थोड़ा ध्यान रखना होगा। दवाई अभी चलेगी कम-से-कम छह दिन और। मेरा मतलब है पूरे दस दिन।...

डॉ. राव! डिस्चार्ज कार्ड बना दीजिये। फूड एंड मेडीसिन प्रिस्क्राइब बोथ—ओके... गुडलक!''

डॉ. अय्यर ने धीरे-से पीठ थपथपा दी।—''अभी जाता हूँ।'' डॉ. राव ने भागते से डॉ. अय्यर का पीछा करते हुए कहा।

''तैयार हो जाइये। मैं आता हूँ।'' उससे कहा गया है। संकोच से गड़ी जा रही है। जानती है यह जाना अस्पताल का बिल चुकाने जाना है। रुपये जितने साथ थे वह भी बैग में ही पड़े थे। अस्पताल पहुँचाकर अटैची भेज दी गयी थी। बैग छूट गया था। बिस्तर पता नहीं कहाँ। दाखिले के दूसरे दिन दो सफेद चादरें थमाते हुए कहा था—''लीजिए! अस्पताल की चादरें इस्तेमाल न करना चाहें तो...।''

उसने धोबी के निशान देखे। वह चादरें उसकी नहीं थीं।

''पैसे?...असल में वह उसी के बैग में है...,'' कहने की कोशिश की।

''रिलेक्स!''

उज्र व्यर्थ था। देखती रही। वार्डब्वाय को बख़्शीश दी गयी। मेहतर को भी और पोटली की तरह उसे भी बाँध-बूँधकर चल दिया गया—कहाँ?

''कहाँ जा रहे हैं हम?'' आखिरी सीढ़ी पर पैर के पहुँचते-न-पहुँचते उसने पूछ ही लिया। यह प्रश्न अब और संयत रहने को तैयार नहीं था।

''मुझे ताज्जुब हो रहा था आपने अब तक यह सवाल क्यों नहीं पूछा। कितनी मेहनत कर रही हैं इसे सप्परेस करने की।''

''नहीं...नऽऽहीं!'' हर छेद पर एक आँख है जागती हुई।

''होटल में एक कमरा आपके लिए बुक करवाया है।''

''आप कहाँ ठहरे हैं?'' चाहा नहीं था पर आशंका आवाज़ में चटक हो गयी।

''में अपनी कम्पनी के गेस्ट-हाउस में। बुरा न मानें तो एक बात पूछूँ—इतना डर क्यों लगता है आपको?''

''किससे?''

''हर किसी से। हर समय इतने चौकन्ने हुए रहना डरना नहीं हुआ क्या? दबाव पड़ता होगा इस बात का।''

''दबाव से क्या हमेशा बचा जा सकता है?''

''काफी कुछ।''

''दबाव पैदा करनेवाली परिस्थितियाँ हाथ में नहीं तो कैसे? परिस्थितियाँ हमेशा उतनी उदार तो नहीं होतीं कि आदमी संचित हुआ रहे।''

''आपकी परिस्थितियों के बारे में बहुत ज़्यादा तो नहीं जानता, पर जहाँ परिस्थितियाँ हाथ में नहीं रहतीं, वहाँ अपने को हिलाना पड़ता है। इनसान में हरकत है, हालात में नहीं। शिफ्ट...मूव। ज़रा-सी हरकत से सामने का दृश्य बदल जाता है।

एक कदम पर एक दृश्य होता है, दूसरे पर दूसरा हो जाता है।''

''वह सबकुछ भी क्या अपने नियन्त्रण में है? मेरा मतलब है मूवमेंट या बदलाव...।''

एक खूब ज़ोर का ठहाका हवा में छना।—''नियन्त्रण में है तभी तो आप भ्रमण कर रही हैं। ट्राइंग टू प्लेस युअरसेल्फ़ इन ए स्टेट ऑफ कॉन्स्टेंट मूवमेंट...सामने के दृश्य की इतनी तेज़ अदला-बदली। कल आप कह रही थीं न कि कभी-कभी यह भी ध्यान नहीं रहता कि मदुरै में हैं या मद्रास में। कन्याकुमारी को छोड़कर कोई गहरी छाप नहीं बनी। कन्याकुमारी से कुछ ज़्यादा अपेक्षा रही होगी आपकी—चाहे शान्ति की। अपने को मोबाइल कर लेना अक्सर दबाव कम करने के लिए ही होता है, चाहे उसका एहसास खुद को न भी हो।''

''आपके कहने से तो लगता है जैसे गतिशीलता ही सबकुछ है—एक तरह से अन्तिम। पर गतिशील हुए रहने से किसी भी ख़ास चीज़ के प्रति आग्रह की फिर क्या कीमत रह जाती है, जबकि इच्छित चीज़ों के लिए वैसे चुनाव का आग्रह हर किसी में अपनी-अपनी तरह से होता ही है। उन्हीं की वजह से कोई एक जगह पर टिका भी रहता है। एक चीज़ के ऊपर दूसरी की प्रेफरेंस...''

''थोड़ा ग़लत समझा गया हूँ। कहना चाहता था कुछ परिस्थितियाँ अपनी स्थिति में जड़ हो जाती हैं—किसी भी तरह के नतीजे के नाकाबिल। इनसान अपना स्टैंड बदल सकता है परिस्थिति नहीं। संकल्पवान या विवेकवान तो वही हो सकता है।''

दौड़ती-सी चली आयी वह स्मृति। ऐसा ही कुछ कहे-सुने होने की स्मृति। किसी दूसरे प्रसंग में किसी दूसरे समय। मनुष्य विवेकवान है; संकल्पवान है, आत्मसत्ता-सम्पन्न।...कितनी जल्दी भरभराकर ढह जाते हैं इन दावों के महल। ताश के पत्तों से बने स्तूपों की तरह। यह सारा आत्मज्ञान कितनी जल्दी झूठा सिद्ध कर दिया जा सकता है। सिद्धान्त और विवेक...संकल्प और उत्साह...राग और त्याग की बातें सबकुछ हाथ में थमा रह जाता है, अन्धा विवेकहीन बहाव आगे निकल जाता है। बच जाता है खोखला दर्शन—मुँह बिराता। और तो और...किसी आन्तरिक, अति वास्तविक पारदर्शी क्षण की अनुभूति तक भी ग़लत सिद्ध कर दी जा सकती है यदि कोई चाहे...

''आप एकाएक चुप कैसे हो गयीं?''

''हर किसी के विचार उसके हालात से बनते हैं। और ज़रूरी नहीं कि हालात हर किसी के एक-से हों, या रास्ते की समझ भी।''

गाड़ी किसी बड़ी-सी चौहद्दी के भीतर घुसी। एक बड़े प्रांगण के मध्य भाग में चारों ओर दीखते कमरों के दरवाज़े। ढाँचा धर्मशालाओं जैसा पर साफ़-सुथरा विशाल। नाम—दासप्रकाश।

''एल.टी.सी. वालों ने नाक में दम कर रखी है। हर जगह भरी मिल रही है। यह कमरा भी मुश्किल से मिल पाया। बुरा नहीं लगेगा वैसे तो...मशहूर होटल माना जाता है।''

कमरा खूब बड़ा। साफ़-शफ़्फ़ाफ़ चादरें और तौलिये। नंगे लाल फर्श। नंगी काठ की मेज़-कुर्सियाँ। कुछ झुकी हुई खिड़कियाँ। प्रकाश का प्रवेश कुछ कम। उजाले को दालान पार करके आना पड़ता है जबकि बाहर के शोर पर यह बात लागू नहीं हो रही।

''यों तो हमारे गेस्ट-हाउस में भी एक सुइट खाली था—बल्कि दो, पर सोचा आप ग़लत समझेंगी। समहाउ...उतनी...मेरा मतलब है उतना विश्वास शायद आप किसी को नहीं बख्शतीं। वैसे ठीक भी है...देखा जाये तो हम लोग एक-दूसरे को जानते ही कितना हैं। दो जमा दो जमा दो जमा दो। कुल आठ घंटे...विजिटिंग ऑवर्स...। दो-तीन और जोड़ लीजिए। कुल जमा खाता इतना। आप बैठिए नहीं, लेटिए...'' कहकर बाहर सरक लेना हुआ। उस निर्वैयक्तिक एकान्त में लेट जाना अटपटा नहीं लगा।

बैरानुमा लड़का दो कप कॉफी लिए घुसा। ''यह नहीं।'' जो कप उठाया था, वापिस ले लिया गया।—''आपके लिए थोड़ी 'वीक' बनवायी है। यह तेज़ पड़ेगी। थोड़े दिन ध्यान रखना पड़ेगा।''

परदेस ही सही, होटल ही सही पर अस्पताल से घर आ जाने की-सी अनुभूति हुई है, राहत-भरी अनुभूति।

कॉफ़ी पीते एक गड़ी-सी निगाह पकड़ी गयी है। मुँह फेर लिया। साइडबोर्ड पर एक अदद ताज़ा 'इलस्ट्रेटेड वीकली' और 'रीडर्स डाइजेस्ट' की प्रति रखी दीखी।

''थैंक्यू!'' आदतन मुँह से निकल गया।

''अच्छा बताइये। कौन-कौन है घर में?...फिल्म होती तो हर बात के बिना काम चल जाता।''

''सब हैं। माँ—भैया, भाभी, बच्चे। छोटा भाई बनारस में इंजीनियरिंग पढ़ता है।''

''पिताजी?''

''गुज़रे अरसा हो गया।''

''और हस्बैंड को?''

''एबाउट सिक्स इयर्स...एक्सीडेंट।''

''तभी से नौकरी करती हैं?''

''हूँऽऽ...।''

''फिर से सैटल हो जायें यह क्या कभी नहीं सोचा?''

एकाएक उत्तर देते न बना हालाँकि उतने बेबाक़ प्रश्न से बच पाना भी नहीं हुआ।

"किसी-न-किसी तरह चलती तो रही है बात चाहे घरवालों की जिद्द के कारण पर...कहा था न हालात अपने हाथ में नहीं होते। हालात की अनुकूलता पर आपका कुछ ज़्यादा विश्वास है। उतना सीधा कहाँ होता है सबकुछ?"

"बाधा किधर से है?"

उसके एक कदम चलने से सामनेवाला कई कदम चलता है, वह भी एक तरफ़ नहीं, सब तरफ़। प्यादे की तरह नहीं राजा की तरह।

"अपने भीतर से।" कहते समय जान रही थी कि इस कथन को उसके साथ जोड़ा जायेगा। उसके स्त्रीत्व से। पारम्परिक संस्कारी गुंजलों से।

"ऐसी ही किसी बात को थोड़ी देर पहले हठ कह रहा था मैं। एक तरह की जड़ता। मेरी समझ से इसे एग्जामिन करने की ज़रूरत है। दोनों तरह से...पर्सनली एंड सोशली—बोथ।"

"मैं अपनी बात नहीं कर रही थी।"

"ओह! किसी और की? पर उसे भी कुछ तो दिक्कत होगी?"

"अपनी तरह की दिक्कतें हैं, अपनी तरह की जिद्दें। उनके बारे में कोई क्या कर सकता है।"

"तय नहीं कर पाया होगा।"

"कर भी नहीं पायेगा?"

"यह कैसे कह सकती हैं?"

"कह सकती हूँ...क्योंकि सज़ा भुगत रही हूँ।"

"सज़ा उम्मीद करनेवाले को मिलती ही है। वह न रहे तो आदमी तकलीफ़ों से बचा रहे।"

"हो सकता है।"

"उतना हो जाने पर फिर तो कहीं भी रहा जा सकता है...उसी गाँव। उसी देश...। फिर भटकने...।"

"अब रहा जा सकेगा।"

इतनी तेज़ी से सीढ़ियाँ लाँघता कथोपकथन। द्रुतगामी। आराम-विराम-रहित। लगा ठग ली गयी हो। मुट्ठी भिंची-की-भींची रह गयी और मुट्ठी के भीतर की जिन्स पता नहीं किस रास्ते निकल गयी। वह सारी गठरियाँ, पोटलियाँ जो अन्तरों-कोनों में सँभालकर रखी थीं, जादू-टोने की किस साजिश से ग़ायब हो गयीं। भीतर के उस साम्राज्य के छिन जाने की घबराहट ही अधिक हुई।

"हर बात को इतना सिम्पलीफ़ाई किया जा सकता है क्या...मेरा मतलब है उस हद तक?"

"बुरा मान गयी हैं शायद!...मतलब दिल दुखाना नहीं था, न ही मज़ाक

उड़ाना।" चेहरा संजीदा हो गया है। "यह अजीब नहीं लगता कि इतने दिनों से साथ हों और एक-दूसरे के बारे में कुछ भी न जानते हों। इससे ज़्यादा जानकारी तो एक दिन के सफ़र में अनजान मुसाफिरों को एक-दूसरे के बारे में भी हो जाती है...नहीं?"

"आयम सॉरी।" थोड़ी देर सन्नाटा बना रहा। "पता चाहिए होगा आपका—और एक लिफाफा भी। पत्र भेजना है।"

"लिख लिया?"

"अस्पताल में ही लिख लिया था।"

"पैसे लौटाने की जल्दी है—हैंऽऽ! मैंने कहा था न आप डरी हुई हैं। कहीं श्रीमान दिनेशचन्द्र पाठक तो तंग नहीं कर रहे?"

"कर रहे हों तो?"

"कहूँगा, इनसान की प्रवृत्ति आसानी से नहीं बदलती। वह हमेशा से ऐसा ही था। चापलूस। सूटेड-बूटेड भेड़िया। जो हथकंडे खुद इस्तेमाल करता है, वही दूसरे लोगों से चाहता है।"

"सुना था उसकी नियुक्ति सीधे वाइसचांसलर द्वारा हुई थी।"

"ज़रूर हुई होगी। फ्रॉड!"

बैरा खाना लेकर आ गया। पतली खिचड़ी। किसी सब्जी का बदरंग सूप और आधा गिलास फ्रूट जूस।

"यू आर ऑन प्रिस्क्राइब्ड डायट।" उसके अचम्भे से देखते होने का उत्तर दे दिया गया।

"आप?"

"मैं अपने गेस्ट-हाउस में खाऊँगा। फिर मैं यह गंगाजल क्यों पिऊँ। आपके सामने बैठकर कुछ और खाऊँ तो कहेंगी, मेज़बान चतुर है...एकदम बदतमीज़।...आप न भी चाहें तो भी थोड़ी देर बैठूँगा, फिर जाऊँगा।...आज सोलह है न...अभी तो काफ़ी काम बाकी है।"

"आप मैसूर में...मेरा मतलब है आपको मैसूर में रहना था या..."

"हाँ! हाँ, रहना था। लेकिन घर पर पता लिखें तो बैंगलोर का लिखियेगा। उतना टिकना नहीं हो पायेगा। लिफाफा तो शायद काउंटर से ही मिल जायेगा। देखता हूँ। पता लिख देता हूँ—

आनन्द प्रकाश कपूर,
डिवीजनल मैनेजर,
माइको बॉश कम्पनी,
महात्मा गांधी रोड,
बैंगलोर।"

अनझिप जागरण। मन्द बल्ब का मुँहझौंसा प्रकाश मसहरी के जालीदार चौखानों में टूट गया—चिन्दी-चिन्दी। एक झीनी धुआँसी-सी उजलाहट मसहरी के बाहर भी टिकी। पैरों के हिलने से ऐसे हिलती है जैसे धूप में शान्त पड़े पानी का दीवार पर पड़ता प्रतिबिम्ब। घुमर-घुमर पंखा उमस भरी हवा फेंक रहा है।

आजकल रजाई ओढ़ी जाती होगी लखनऊ में। ठंडे अँधेरे में सुरक्षित कर देनेवाली रजाई। कितनी बदली हुई है यहाँ की आबोहवा। भीतर-बाहर से। अनुमान-गुमान से परे। तीर्थ के लिए निकले तो संसार सामने आ गया और संसार में रहने के लिए कृतसंकल्प हुए तो हाथ के हीरे भी काँच हो गये।

आनन्द प्रकाश कपूर...आऽऽनन्द प्रकाश। आनन्द। डिवीजनल मैनेजर माइको बॉश। हेड-ऑफिस बैंगलोर। सूटेड-बूटेड। शिष्टता-भद्रता के स्तूप। बन्दीपुर में मुलाकात। बीमारी। भाग-दौड़। एहसान। सिन्दूरी कोरोंवाले पीले फूल। और...और... "तुम्हें देखते ही पहचान गया था।" फिल्मी। मेड-अप। मौकापरस्ती।

देखते ही पहिचान जाना क्या होता है...वह भी किसी ऐसे स्थल और स्थान में जहाँ होना ही एक संयोग हो। वह यहाँ है पर नहीं भी हो सकती थी।

क्या होती है 'पहिचान'। पहिचान नाम की स्थिति को कोई कैसे तय कर पाता है। पहिचान यानी दोहराव। किसी देखे जाने सुने को फिर से जानना। उसी रंग-रूप या मन-प्राण की आवृत्ति। किसी विचार का, स्वप्न का, चेहरे का अनुकरण। प्रतिलिपि या प्रतिकृति...इनसान की अपनी हैसियत क्या कुछ भी नहीं होती...न अपनी कहीं कोई शुरुआत...?

पूछने से डरी थी—"किसकी किससे पहिचान।" डरने से भी डरी थी—"आप इतना डरती क्यों हैं?" इस डरने को क्या उसने बनाया है...उसने सिरजा है?

सबकुछ सुनकर भी सबकुछ ठिठका रहा। अनुगूँजें वहीं-की-वहीं। कमरे में फँस गये पक्षी की तरह वर्तुल में घूमती।

"तुम सोच लो।" तुम...तुम...तुम।—"मुझे कुछ सोचना नहीं है। मेरे फैसले की घड़ी कोई दूसरी थी। कोई दिक्कत हो तो साफ़ जानना चाहूँगा...बहुत साफ़ शब्दों में। मेरे जैसे आदमी के लिए मुमकिन नहीं है बीच में झूलते रहना। सोचने और करने की घड़ी के बीच बहुत लम्बा फ़ासला मेरे लिए नहीं रहता। मैंने उसी समय सोच लिया था...एकदम कौंध गया था मुझे अस्पतालवाली रात...उस रात के हुए का हवाला नहीं दूँगा इस वक्त। वह अपील होगी या घुमा-फिराकर इम्प्रेस करने की कोशिश। वह बातें हुईं, तो कभी फिर होंगी नहीं तो कभी नहीं होंगी। दो अनजान आदमियों के बीच उस तरह की बातों को शेयर करने का कोई रिश्ता नहीं बनता...।"

"यह एहसान और मदद...यह सब बातें जो तुम्हारे मन में आती हैं, वह सब झोल हैं—एकदम झोल। एहसान दिन में हजारों होते हैं। किसी को सीट, किसी को

वोट, किसी को एजेंसी...कुछ इससे स्सटल भी...जिगरी दोस्तों के लिए...अपने को अच्छे लगते इनसानों के लिए। पर इन बातों के लिए कोई अपने एहसासों को गिरवी नहीं रख देता।''

''चांस की बात है, तुम्हारी जगह उतना बीमार श्रीवास्तव भी हो सकता था, चौकीदार भी या गेस्ट-हाउस का मैनेजर भी। उसे लेकर बैठना...नो आई कांट स्वालो। मुझे तो वैसे भी सुबह मैसूर आना ही था अपने काम से।''

वह आरामकुर्सी पर ठिठकी बैठी चुपचाप सुनती रही थी। उचाट-सी लग रही थी शाम। सोचा था हलका-फुलका टहल लिया जाये। होटल के प्रांगण में गहमागहमी और गेट के बाहर बाज़ार। निश्चय को निरस्त करके बैठी ही थी कि आनन्द...पहले मिजाज़पुर्सी, फिर आराम दवा का हिसाब, फिर अपनी ताबड़तोड़ व्यस्तता की चर्चा। ''जी. एम. यहाँ होते हैं तो बड़ा बिज़ी रहना पड़ता है। इस व्यस्तता में और भी कितनी ज़रूरी बातों को स्थगित रखना पड़ रहा है।''

''जैसे?'' उसने निर्दोष भाव से पूछा था।

''जैसे पर्सनल बातें...पांडिचेरी की तुम्हारी जिद्द को देखते उन्हें कह देना ज़रूरी लग रहा था। तुम उधर गयीं तो बस गयीं। सीधी निकल जाओगी लखनऊ। बीमार न होती तो इतना भी क्यों रुकतीं। बीमार न होतीं तो इतना भी...।''

उसके अप्रस्तुत अचम्भे को पहले तो अविश्वास, फिर संकोच, फिर जड़ता..

''तुम डरती हो...बेहद। मेरे अस्पताल का बिल देने पर अपना चेहरा देखा था?...मेहतर को बख़्शीश देने पर, ईवन फूलों को लेते समय...उस दिन बन्दीपुर में तुम पीले परागवाले जंगली काशनी फूल बीन रही थीं। चाहे बाद में तुमने उन्हें सीढ़ी से लगी सीमेंट की मेढ़ से नीचे गिर जाने दिया। उठाया तक नहीं।''

''मुझे लगा था, शायद फूल अच्छें लगते हैं तुम्हें। यह अचानक की बीमारी, परदेस, ऊपर से अकेलापन और घर से दूरी। सोचता रहा था क्या करूँ जो तुम्हें अच्छा लगे। तुम्हारे घर खबर करने की सोचता रहा। डॉक्टर ने कहा था—व्यर्थ है। ग्लूकोज़ चढ़ते ही फ़र्क पड़ जायेगा। दो-तीन दिन में डिस्चार्ज भी हो जाओगी। उतने ही दिन में कोई इतनी दूर कैसे पहुँच पायेगा...बार-बार आता रहा क्योंकि तुम्हारी दिमाग़ी हालत के बारे में बहुत श्योर नहीं था। उखड़ी-उखड़ी लगती थीं तुम, हालाँकि...खैर। कहना चाहता हूँ, पैसे आयेंगे, एकदम ले लूँगा। सोकॉल्ड एहसानों को पुल की तरह इस्तेमाल करना नहीं चाहता।''

जम गयी हो जैसे। बिलकुल बर्फ़। बर्फ़ की झरती हुई, नरम कोमल फुहार नहीं, बल्कि सिल्ली—ठोस और कठोर। जैसी बैठी थी वैसी-की-वैसी बैठी रही। न उत्तर, न उत्तर की तत्परता। जैसे यह सबकुछ किसी और को सम्बोधित हो।

''स्वाभाविक है, मेरे बारे में जानना चाहोगी। आयम विदआउट पार्टनर...यों

कहूँगा, पुरुषों को सिमटने की आदत नहीं होती। वह स्वभाव से लालची होते हैं, जहाँ-तहाँ टटोलते रहते हैं। पर ज़्यादातर चीज़ों को हाथ लगाकर छोड़ देते हैं क्योंकि उन्हें पास रख लेने की इच्छा नहीं होती। एक सुपर कॉन्शेंस होती है जो बताती रहती है कि यह वह नहीं जिसकी चाह या तलाश थी। तुम्हें देखकर...हालाँकि तुम्हें मैंने जब देखा था यू वर इन हॉरिबल शेप। हेल्प, केयर, अटेंडेंस सब चाहिए थी तुम्हें। पहिचान की उस एक्सटेसी की भागीदार तुम नहीं हो सकती थीं...

"तुम्हारे बारे में अपने अनुमान से ज़्यादा कुछ नहीं जानता पर जानना ज़रूर चाहता हूँ। अस्पताल में तुम्हारे पति की मृत्यु के बारे में पता लगा था। कुछ दिमाग़ साफ़ हुआ था पर पूरी तरह नहीं...क्योंकि तुम अभी भी ख़ासी अस्थिर लगती हो...हिली हुई। पुराने दुखों के लक्षण ऐसे नहीं होते...शायद कुछ और...मुमकिन है, मैं ग़लत सोच रहा होऊँ...पांडिचेरी की ज़िद्द। बीमारी में भी घर जाने की अनिच्छा... कुछ और तरह का ख़ाका दिमाग़ में उभरता है। यह नहीं कि मैं तुम्हारी प्राइवेसी में घुसना चाहता हूँ, पर एक ऐसे व्यक्ति के बारे में सबकुछ जानने की इच्छा करने लगा हूँ, जिसे पास रख लेने की कामना मन में उठती हो।" आदि-आदि...

कुछ भी कहने-सुनने को नहीं उमड़ा था भीतर। न अच्छा लगा था न बुरा। न चौंकी न अस्थिर हुई।...

"बाहर चलोगी?" ज़रा देर प्रतीक्षा करके पूछा गया था। आवाज़ में एक आर्द्र ठहराव, उसकी चुप्पी के एहसास से अछूता। साथ ही बत्ती जलाकर कमरे को उजला दिया। पिछले कमरे की रोशनी देनेवाली खिड़की के पीछे का ऊँचा मकान इस झुटपुटे में एक काली दीवार जैसा लगने लग जाता था। शाम कमरे में एक घंटा पहले हो जाती थी।

"यह शंख और घंटियाँ...कभी गौर किया है यहाँ कैसी होती है शाम?"

"चलो उठो। बाजार तक चलते हैं। तुम गाड़ी में बैठी रहना। सारा दिन यहाँ बैठे-बैठे थक गयी होंगी। कितना सोचा साढ़े चार तक पहुँच पाऊँ पर आजकल जी.एम. यहाँ दौरे पर आये हुए हैं।"

चली गयी थी आदेश की खिंची। अपनी इच्छा के दबाव से खाली। खुशी को आत्मसात् करने की भी एक उम्र होती है। बेफ़िक्र, बेसब्र। सामने कुछ न भी हो तो भी आश्वस्त। किसी भी एहसास को अपने पक्ष में गरमा लेने के समर्थ—इतना बड़ा आसमान, इतनी बड़ी जमीन, सतत दीखता क्षितिज, फूल, सुगन्ध, तारे, संगीत, नेकनीयती यह सबकुछ सबका है और किसी का भी नहीं।...और बाद में तो सुगन्ध और फूल सिन्दूरी कोरोंवाले पीले फूल बगल में महकते रहते हैं और आँखें त्वचा को फाड़कर किसी बदनीयत मंशा का पर्दाफ़ाश करने को हलकान हुई रहती हैं। अपने ही रक्त में से शंका ही सड़ाँध। अभय, अनुपम फिर कुछ भी नहीं रह जाता...।

बाजार के बीचोबीच। "कुछ लेना है?...फ्रूट जूस?...नारियल का पानी?... नहीं?"...एक चक्कर लगाकर निकल जाते हैं..."इतना काफी हो गया तुम्हारे लिए... सोने में तो दिक्कत नहीं पड़ती?...मैं कल आऊँगा सुबह।...दस नहीं तो साढ़े दस।... परसों सुबह बैंगलोर के लिए चल देना होगा। तुम्हें ठीक लगेगा न?"

"ठीक है।" सबकुछ आत्मविश्वास से भरा। अपनी उठान अपने पैरों पर सीधी सधी हुई। बातें ऐसी जैसे कोई पत्तों को भूलकर जड़ों को पानी पिलाता दीखे। न किसी बात का दबाव, न याचना। न करुणा का उद्रेक, न माँग का तनाव। निर्लोभ निरावलम्ब स्थिरता। हर बात जैसे अपने को खोलने की एक अगली कड़ी।

किसलिए किसी निर्णय के दो ही सिरे हैं--'हाँ' या 'ना,' जबकि इन दोनों के बीच भी कितना कुछ होता है...उबड़-खाबड़ पठार...काली-पथरीली चट्टानें जहाँ पानी का अस्तित्व होता भी है, नहीं भी होता। पत्थरों पर बेरिस पानी झर-झर बहता है।

तुला की भुजाएँ इधर या उधर, झुकने तक कम्पन के कितने महीन अटकावों की कैद में बेचैन थरथराती रहती हैं।

कितनी ही आवाज़ें हैं जो गूँजती हैं पर कहीं नहीं पहुँचतीं।

इन सब होने का क्या नाम होता है। न निर्णय न अनिर्णय। दबाव के न रहे होने का दबाव...उस होने को न छू पाने की बेचैनी।

जो हाथ ही नहीं लगता उसे कोई कैसे किसी 'एकदम साफ़ जानना चाहने' वाले के हाथ में सौंप दे सकता है।

उठते ही लग रहा है, रात के जागरण से सिर भारी है। कनपटियों पर असह्य धप-धप का तड़कता हुआ खिंचाव। आँखें बोझिल।

घड़ी देखी—आठ। दो घंटे। दस बजने में केवल दो घंटे। निर्णय के दो पलड़ों के बीच के अंगड़-धंगड़ को साफ़ करने के लिए दो,...मात्र दो घंटे।

बचपन में गणित की किसी उलझन से जूझते सो जाना होता था और सपने में दीख जाता था सबकुछ। नहीं तो तड़के की अधजगी कुनमुन में अंकित हो जाता था समाधान—ठीक सामने। वैसा बचपन पीछे छूट गया। कुहासे के बिना का दर्पण भी...। तनाव में जागना होता है या थक-टूटकर सोना।

झटके से उठी। झटके से उठना सिर को एक तेज़ बेसँभाल वर्तुल के हवाले कर गया। उतनी निरोग नहीं है काया जितनी समझी थी।

टायलेट। ब्रश। स्नान। बैरा कॉफ़ी लेकर आ गया।

"कंडक्टेड टूर कितने बजे जाता है?"

"नौ!"

"कहाँ-कहाँ जाता है?"

"चौमुंडी हिल। जगमोहन पैलेस। म्यूजियम। टीपू सुलतान का मकबरा। श्रीरंगापट्ट...।"

आगे जैसे उसने नहीं सुना। इस सारे जाने को सह सकेगी क्या उसकी काया। कैन आई? अन्ततः जाना ही तय किया।

"कंडक्टेड टूर पर बिना रिज़र्वेशन के नहीं जा सकेंगी? एक-दो दिन पहले बुकिंग होता है।"

"और क्या है यहाँ?"

वह थोड़ा हतप्रभ हुआ। "इतना सब तो बताया?"

"मेरा मतलब है आसपास...।"

"बिलकुल पास तो 'कावेरी' है...कावेरी इम्पोरियम। सारा टूरिस्ट वहाँ जाता है। बहुत बड़ा..."

साड़ी पहनी। पैर तब भी ख़ासे अस्थिर से लगे। देखा जायेगा। पर्स में से पेन निकाला। पैड में से काग़ज़ की एक साफ़-शफ़्फ़ाफ़ शीट।

"प्रि...। नहीं,

आनन्दजी!

नहीं जानती मुझे क्या तय करना है। जहाँ तक मैं समझ पा रही हूँ, तय कर पाने की आखिरी सीमा मेरे लिए किसी निर्णय को छू पाना नहीं परन्तु उस भरोसे को पा सकना है जो किसी को किसी निर्णय तक ले जाता है। उस भरोसे को गँवा चुके होना ही मेरा सीमान्त है, मेरे अपने भी आगे का सीमान्त—अवाक्। आह्वान या पुकार की अपेक्षा से परे। संसार कितने भी हों, अर्थ और मोद से भरे, रास वही आता है जिन्हें छू सकने के लिए कोई अपने को अपने भीतर से प्रस्तुत पाता है।

यह सबकुछ उस कृतज्ञता को दरकिनार रखकर ही कह रही हूँ जिससे आपको खास परहेज है। वह ध्यान में रही होती तो इतना कहना भी कैसे हो पाता। रिगार्ड्स—

—वसुधा"

इबारत को टेबल पर रखा रहने दिया और तैयार होने की अनबिंधी व्यस्तता में आते-जाते उसे पढ़ती-सुनती रही—बार-बार। कभी मेज़ के इस पार, कभी उस पार। कभी कहने में, कभी सुनने में। कभी पहल में, कभी प्रभाव में। कभी देने में, कभी लेने में।

पता नहीं फिर क्या हुआ। काग़ज़ उठाया और चिन्दी-चिन्दी। चिन्दियाँ भी फिर

मुट्ठी में लपेटीं और एक खड़खड़ाता गोला बनाकर डस्टबिन को निशाना बना दिया। निशाना डस्टबिन की कग़ार से आहत होकर टुकड़-टुकड़ा बिखर गया लाल रंग के फर्श पर...।

भीतर के भरोसे को खो दिये होने या पा लेने में दूसरों का दखल...किसलिए? यह चेष्टा व्यर्थ होगी। एकदम बेमतलब। क्यों कोई किसी से कहे कि तुम प्रतीक्षा करो मैं आती हूँ। या नहीं भी आती। क्यों कोई उस बहाव में खड़ा होकर सोचे जो पैरों में बन्धन के भँवर रच रहा है।

इस मनःस्थिति में होटल से बाहर निकलते तड़ित वेग से जो कौंधा—वह आनन्द नहीं, विवेक था।

विवेक और उसके लोप हो गये होने की स्मृति। पता नहीं किस कारण से आ पहुँचा होगा वह नुकीला क्षण। किस तरह के तनाव की अनुबोधक वह बच पाने की कोशिश...सहज स्वाभाविक मानवीय कोशिश।...

ललकारती-पुचकारती लहरों की वक्र सर्पिल बाँहों का बुभुक्षित आक्रमण और पैरों के नीचे की पंजा-पकड़ लगती धरती की एकाएक डगमगा देनेवाली रेतीली बेईमानी। और...और चल भाग...! संकटातीत...निर्णयातीत...वरणान्त...।

उस एक ही बिन्दु में फिर उसे सारा दृश्य दीख गया। दीख गया समूचा सागर। सागर के रेतीले सिरहाने पर खड़े पैरों की आवेग-भीत कातरता और दहाड़ते, रौंदते-गजरते आते आवाहन के उद्दाम उच्छृंखल चरण।

वह अधीर करुणा फिर सबकुछ धो गयी। विलुप्त हो गयी उलाहने की कल्मष। आहत अपमानित किये गये होने की मैल-सनी पीड़ा। साथ ही पीड़ा की भँवर में ठहर गयी सड़ाँध की काली स्मृति। क्षमा। अपनों को भी क्षमा। बेगानों को भी क्षमा।

कितना, किऽऽतना बड़ा एक संसार भीतर भी होता है। कर्म के अपने अधिकार का अपना नियामक।

लौट आना डेढ़ बजे हुआ। मन्थर गति से। टहलते-टहलते वह 'कावेरी' इम्पोरियम पहुँची थी। किसी ने कहा था दूर नहीं है, चलकर आ सकेंगी। पर कहनेवाले को क्या पता। चल पाने की उसकी क्षमता के लिए तो वह दूर ही था।

पहुँचने तक तो पसीना चू आया था। कृश शरीर में धूप में चलने के श्रम का पसीना। इम्पोरियम ठंडा था। जगमग। चन्दन, आबनूस, हाथीदाँत, रेशम, चमचम पीतल...। एक भीनी चन्दन-चरण सुवास नथुनों में भरती रही और वह एक स्टूल पर टिककर एक कोने में बैठी रही चुपचाप। निर्विकार। सामने दीखते हुए को भी न देखती। स्तब्ध। भीतर भी शून्य, बाहर भी शून्य। सामने बिछे रंग-रूप-आकार को

पूरी तरह निर्वस्तु कर देनेवाला अगम्य अबोध शून्य।

लंच के लिए इम्पोरियम बन्द होने को हुआ तो उठ आयी। होटल पहुँचने पर खेद हुआ। परिशून्य के फैलाव में से विद्युत त्वरा की तरह कौंध उठनेवाला खेद। कोई आया होगा। ठहरा रहा होगा। विस्मित आहत हुआ होगा। शायद अपमानित भी।

काउंटर पर से चाबी लेते एक छोटी चिट मिल गयी। 'आनन्द : दस-पन्द्रह।'

...आगे?...आगे क्यों कुछ नहीं? कैसा लगा? अच्छा या बुरा। क्षम्य या अक्षम्य?...खैर! सुबह कोई अपने ठिये-ठिकाने न मिल सके तो शाम को तो होता ही है।

पर शाम खाली गयी—भिनभिनाती।

''सामान नहीं रखा? क्यों, क्या ध्यान नहीं रहा कि आज बैंगलोर के लिए निकलना है।''

कोई बादल नहीं। समय देकर चले गये होने की अभद्रता के विरुद्ध कोई शिकवा नहीं।

''शायद थक गयी होंगी। इतनी कमज़ोरी की हालत में बाहर नहीं जाना चाहिए था। खासकर जब मालूम था अगले दिन सफ़र करना है।''

क्या यह उलाहना है, प्रच्छन्न उलाहना। रोष को सायास परे रखने का नाटक। चेहरा टटोलने की कोशिश की।

''छाछ रखी?...नहीं न!'' साइडबोर्ड के दराज़ की बगल में लगी घंटी पूरे वेग से टीपी। ''रास्ते में क्या वही खाया जायेगा जो खाकर...। कल कुछ गड़बड़ तो नहीं खाया था वहाँ। कुछ ले गयी थीं यहाँ से बनवाकर?''

सिर हिला दिया। झूठ ही। एक झेंपी-सी हड़बड़ाहट ने फिर घेर लिया। अच्छा है, सामान इधर-उधर करने को हो गया है। गर्दन उठाने का झमेला ही नहीं।

बैरा हाज़िर। ''इस थर्मस में छाछ भरकर लाओ। मीठी नहीं नमकीन!...और हाँ सुनो, चार सैंडविचेज़ भी बनवा लेना। सादी। काली मिर्च भी नहीं।...काफ़ी होगी?...हैंऽऽ?''

सिर हिला दिया।

''मन भर का सिर हिलाने से तो अच्छा है छोटी-सी जुबान हिलायी जाये। मरीज़ों को मेहनत कम पड़ती है इस तरह।''

हँसी फूट पड़ी। झरझर हँसी। जैसे सालों बाद वह हँस रही हो। हँसते-हँसते आँसू छलक आये। फिर एकाएक सिकुड़कर हिम हो जाना हुआ। कोई सामने खड़ा देख रहा है एकटक। प्रगट ममत्व से।

होटल का बिल देने की न उत्सुकता दिखायी न बेचैनी। टाल गयी। एक साथ सब हो जायेगा। क्यों उन्हीं पुलों से धड़धड़ाते हुए निकला जाये।

सामान लदा। पेट्रोल भरा गया। स्टेपनी की मिज़ाजपुर्सी हुई। छाछ। सैंडविचेज़—जैसे किसी बड़े लम्बे सफ़र पर निकलना हो। हाव-भाव में ऐसी बेफिक्री जैसे कुछ हुआ ही नहीं। पानी में लकीर खींची गयी थी और पानी उस होने को झुठला गया है एकदम। इसे कहते हैं उदारता से लहूलुहान करना। किलिंग बाई काइंडनेस।

''कल किधर की घुमाई हुई?''

''कहीं खास नहीं। इम्पोरियम तक गयी थी। आयम...आयम सॉरी फॉर यस्टरडे।''

''व्हाट फॉर?''

''इस तरह चल देने पर...''

''इसमें क्या हरज़ था। कोई कुछ भी करे। जहाँ चाहे जाये। इतना हक तो हर इनसान को अपने पर होता है।''

''पर...असल में...''

''कुछ-कुछ वह भी समझता हूँ। जो कुछ मैंने परसों कहा था, उसका बोझ पड़ रहा था। ठीक कह रहा हूँ न...? तुम्हारा जवाब सुने बिना कह रहा हूँ मुझे कोई जल्दी नहीं है...इन्तज़ार कर सकता हूँ।''

''यानी इस बीच जो कुछ हो गुज़रता है उसे जानना ज़रूरी नहीं है?''

''ऐसा मैं नहीं, तुम खुद सोचती हो। नहीं तो आमने-सामने बैठकर खुलकर बातें न करतीं। यूँ अपने को एकाएक अकेला कर लेने की ज़रूरत तुम्हें क्यों महसूस होती!...ख़ैर कुछ कहने से तुम्हारा मन हलका होता हो तो ज़रूर कहो। मैं इसे अच्छा ही लक्षण मानता हूँ कि इनसान इतनी जल्दी दूसरे पर भरोसा न कर ले। मात खा जाता है। मैं किसी को जानने लगता हूँ तो जीरो से शुरू करता हूँ, बजाय दस के। नम्बर बढ़ाते जाना अच्छा लगता है, जबकि घटाना तकलीफ़देह।''

''मेरे बारे में तो आपकी यह बात एकदम सच नहीं बैठती।''

''तुम्हें कैसे पता। तुम्हें क्या पता कि मैं तुम्हें बन्दीपुर से ही वाच नहीं कर रहा था। अकेली औरत जहाँ कहीं भी हो बहुत से सवाल पैदा करती है।''

''क्योंकि औरत की दूसरी कोई हैसियत मानी ही नहीं जाती। पुरुष के साथ या पुरुष के बिना। दोनों स्थितियों की अपनी तयशुदा अलामतें हैं। एक सिरे को तानकर छोड़ दो तो दूसरा अपने आप सामने आ गिरेगा। असली हैसियत के सवाल को साफ़ कर देगा अपने आप।''

''बहुत ग़लत नहीं कह रही हो, पर अपनी स्वतन्त्र हैसियत को न पा सकने के पीछे भी तो बहुत-सी बातें हैं। उसे भी दुनिया की और बहुत-सी चीज़ों की तरह

कमाना पड़ता है। योग्य को वह अधिकार खुद ही मिल जाता है। उस पात्रता के होने से पहले यह सवाल एकदम बेमानी है, किसी के भी लिए--स्त्री हो या पुरुष। तुम्हें देखकर इस बात का मुझे ख़ास ख़याल आया था।''

''क्या बात?''

''यही कि अधिकार का सम्बन्ध पात्रता से है, जातीयता से नहीं। मुझे तो स्त्री स्वतन्त्रता का सारा शोर-शराबा ही बेमतलब लगता है--स्त्रियों को अपनी मौलिक जमीन से बेदखल कर देनेवाला। अधिकार व्यक्ति नहीं उसकी पात्रता अर्जित करती है। ज़रूरी है अपने हक के बारे में जानते होना। उसे समझ सकने और हासिल करने की भी एक ज़हनी तैयार होती है।''

''आप तो ऐसे कह रहे हैं जैसे वर्षों की घुटन और दासता के सामाजिक इतिहास का कोई आधार ही नहीं। वह ज़हनी तैयारी अगर नहीं हो पायी तो क्यों नहीं हो पायी?''

''स्टैंपीड की कल्पना करो वसुधा। जो ढह गया, ढह गया। उसे कोई उठाने नहीं आयेगा बल्कि कुचलकर आगे निकल जायेगा, जबकि जो उठ गया वह सबके साथ चलने लग गया। बात कहीं से भी शुरू करो घूम-फिरकर वहीं आयेगी अपने को खड़ा कर सकने और सबके साथ चल सकने की ताकत और कुव्वत पर।...कुछ सुविधाएँ नहीं मिलीं, यह ठीक है, पर चाही जाती, माँगी जाती, उनके लिए तैयारी की जाती तो देर-सवेर मिल भी जाती पर दासता में रहने को ही उस हद तक ग्लोरीफाई किया जायेगा तो भुगतान तो करना ही पड़ेगा...नहींऽऽ?''

''यह दासता भी तो इसी सामाजिक माहौल का परिणाम है। वह कोई अपने लिए चुनी तो नहीं गयी।''

''हाँ, ठीक है, चुनी नहीं गयी, वह इस सारी व्यवस्था का हिस्सा थी पर तोड़ी तो जा सकती थी--अपने-अपने स्तर पर अपनी पात्रता को हासिल करके। एक आदमी निश्चय ही उतना तो देख-सँभाल ही सकता है जितना उसकी नज़र के घेरे में है। उसकी अपनी हैसियत तो कभी भी इतनी सामाजिक या ऐतिहासिक नहीं होती। यह बात अलग है कोई ऐतिहासिक दृष्टि से स्टडी करने बैठता है तो बात सामूहिक स्त्री या सामूहिक पुरुष की ही होती है। इतिहास का नज़रिया दूसरा है, वहाँ स्त्री की यातना का विचार उसी तरह से होता है जैसे समाज के दूसरे टेंडर प्वाइंट्स का। इसका यह मतलब नहीं कि वह यातना ही एक अकेला सच है, अपने नियन्त्रण में रही होनेवाली दूसरी चीज़ें नहीं। सोचकर देखो, सामूहिक और व्यक्तिगत चेतना के हिसाब-किताब में ख़ासा फ़र्क है। सामूहिक रूप से स्त्री परतन्त्र कही जा सकती है, व्यक्तिगत रूप से चाहे न भी हो या एक राष्ट्र की तरह हम समृद्ध न भी हों, एक व्यक्ति की तरह हो सकते हैं...नहीं?''

"सोच रही हूँ।"

"क्या सोच रही हो?" एक मुक्त वत्सल-सी हँसी। "जो कुछ तुम करती हो, उसके बारे में खुद नहीं जानतीं...पहले भी बताया था न। एक अर्थ में तुम टिपिकल इंडियन स्त्री नहीं हो जिसकी वंचनाओं का सामाजिक इतिहास में जिक्र है। एक बात पर कभी गौर किया है तुमने..."

"क्या?"

"अपनी पात्रता को पाने की लड़ाई अपने से बाहर शुरू नहीं हो सकती। कोई चाहे तो अपने आसपास की जमीन से अपना वजन कम कर सकता है। अक्सर देखा होगा जो समाज से शुरू करता है वह अपना घर भी लें डूबता है, जबकि अपने से समाज तक जानेवाले आदमी के अन्दर से कितने ही उपयोगी प्राणी निकल आते हैं। उपयोगी नागरिक, उपयोगी पिता, पुत्र या बॉस...हालाँकि तुम कहोगी, मैं तुम्हारे विषय में घुसपैठ कर रहा हूँ..."

"नहीं, बल्कि यह सब सुनकर मैं सोच रही हूँ कि किसी भी विषय की असली जानकारी उस विषय के बाहर से ही आती है। उसके परे के सन्दर्भों में से। शायद वही कहीं विषय का व्यावहारिक पक्ष निहित होता है। दैट मेक्स मी थिंक..."

"क्या?"

"एक पत्रिका निकालते हैं हम लोग। उसकी परिकल्पना असल में व्यावहारिक पक्ष को रेखांकित करने के लिए ही की थी पर जो क़लम लेकर बैठता है, वह सिद्धान्तों में जा उलझता है। आपकी बातें सुनकर यह बात कुछ और साफ़ हो गयी कि किसी विषय के बाहर से आनेवाले सुझाव ज़रूरी तौर पर अनुभव-बेस्ड होते हैं, प्रिंसिपल-बेस्ड नहीं। विषयेतर होने के कारण उनमें सिद्धान्तों के दबाव से एक स्वाभाविक मुक्ति निहित है...हालाँकि मुझे थोड़ा ताज्जुब ज़रूर हो रहा है कि स्त्रियों के लिबरेशन के बारे में आप..."

"एक्सपीरियंस-बेस की प्रभुता को मान नहीं चुकीं अभी-अभी तुम?...वह क्या मेरी नियति नहीं हो सकती मैडम...। नाउ लिस्सन। मेरी एक मित्र है अमरीका में—जेनी। विमेन लिब की बेहद जोशीली समर्थक...लगभग क्रेज़ी। जिन दिनों उससे मिलना होता था। इन्हीं सब बातों को ओढ़ना-बिछाना पड़ता था। वहाँ ऐसा नहीं चल सकता। हर चीज़ में हिस्सा लेना पड़ता है। उनकी क्रेज़ में भी। अदर-वाइज़ यू आर सो ईज़ीली एक्यूज़्ड ऑफ लैक ऑफ पार्टिस्पेशन। अपने यहाँ स्त्रियों के साथ सम्बन्ध की इक्वेशन का यह आधार नहीं।"

"मतलब?"

"यही कि यहाँ स्त्रियाँ पुरुष के कामकाजी पक्ष की उतनी एक्टिव भागीदार नहीं होतीं। पुरुष जब घर आता है तो अपने व्यावसायिक सरोकारों को ज़्यादातर घर से

बाहर छोड़कर आता है। स्त्री से सम्बन्ध की उसकी इक्वेशन भावनात्मक और पारिवारिक अधिक होती है हालाँकि इस बात की एक प्रशाखा यह भी है कि स्त्रियाँ पहले से इतनी इक्विपड होतीं तो यह रिश्ता पहले से बन चुका होता—बराबरी का रिश्ता। इससे फिर से मेरी ही बात सिद्ध होगी कि राइट्स रन पैरेलेल टू इक्विपमेंट!... यूँ देखा जाये तो—नॉट टू कन्वेस एक्सप्लॉयटेशन—उस तरह की बराबरी की ज़रूरत क्या है। स्त्रियों की अपनी हैसियत और जमीन बहुतेरी है—इस दुनिया की आधी। वह अपने आधार पर सीधी खड़ी रहे—आय मीन वर्टीकली—तो यह नहीं कि पुरुष से उसका आदान-प्रदान न हो सके, आखिर उन दोनों के बीच के नैसर्गिक रिश्ते को कैसे नकारा जा सकता है—ऑन वट् ग्राउंड्स।''

''आपने तो लगता है इस विषय पर थीसिस लिखी है।''

''थीसिस नहीं...इस विरोधाभास का चरम देखा है मैंने। वह भी अपने जीवन में। जेनी को ही देखो एक तरफ़ अपने को पुरुष से लिबरेट करने का जोश दूसरी तरफ़ पुरुष से ख़ास तरह की औरताना माँगें। मुझे तो अकसर समझ में ही नहीं आता कि एक ही बेस से नकार और स्वीकार दोनों कैसे चल सकते हैं। कहीं-न-कहीं, कुछ-न-कुछ तो ग़लत है...अननेचुरल। मेरे जीवन में तो वह किस्सा...क्या बताऊँ तुम्हें...इट वेंट टू फॉर...आलमोस्ट ए पर्सनल क्राइसिस...।''

''कैसे!''

''उससे दोस्ती ख़ासी महँगी पड़ी। जब अमेरिका गया था, निम्मी से सबकुछ तय था। यूनिवर्सिटी में एक साल जूनियर थी मुझसे, पर ए वेरी स्टेडी रिलेशनशिप। मैं जब एम.बी.ए के लिए अमेरिका जाने को हुआ तो उसके पिता को तो लहर आयी थी कि शादी करके भेजा जाये। मैं ही हिचक रहा था। समझ नहीं पा रहा था कि कैसे क्या होगा—पढ़ाई का बोझ, कर्ज़ा, डॉलर्स की कमी पर उसके दादा ने तो वैसे ही फैसला कर दिया। उनके हिसाब से विदेश से अछूते पलटकर आना प्रेम-विवाह की सबसे बड़ी परीक्षा है। अड़ंगा लगा दिया। जब तक लौटकर आया उसकी शादी हो चुकी थी। मुझे भी लौटकर आने में दो की बजाय तीन साल लग गये। वहाँ टिके बिना इतना कर्ज़ा चुकाना नहीं हो सकता था। पता नहीं उन सबने मिलकर क्यों मुझे सन्देह की सूली पर टाँग दिया...''

''निम्मी भी...।''

''हाँ। निम्मी भी। उसका दूर का चचेरा भाई वहाँ से वापिस भारत गया तो सिखा-पढ़ा दिया कि मैंने जेनी से शादी कर ली है। उसके बाद निम्मी का ख़त आया था। सच जानना चाहते हुए। लगभग बदहवास सा। मैंने लिख दिया था—कितना सच है कितना झूठ। जेनी से ख़ासी दोस्ती है...थोड़े-बहुत डेवियेशंस की भी कसम नहीं खाता पर वह सब बेमानी है...बाहरी...ओन्ली स्किनडीप।...पर वह इसे भी बरदाश्त

नहीं कर सकी। मैं नहीं समझता था उससे भी सम्बन्ध उतने ही स्किनडीप हैं, किसी बड़े विश्वास के नाकाबिल। जो चिट्ठी उसने लिखी थी, कभी हाथ लगी तो दिखाऊँगा। इट् वाज़ वाइल्ड एंड इंडीसेंट...।''

''फिर कभी मिलना हुआ?''

''कोशिश ही नहीं की। पता तो है कि वह कहाँ है। बनारस यूनिवर्सिटी के किसी रीडर से उसकी शादी हुई है पर इन सब बातों का फायदा। स्त्रियाँ वैसे भी अपनी वास्तविकता से जल्दी समझौता कर लेती हैं, जबकि किसी चीज़ के ग़लत हो जाने पर पुरुषों को उनका कर्ता होने का अभिमान उतना पीसफुल नहीं रहने देता। शायद आश्रित रहे होने के कारण स्त्रियों में यह मादा ज़्यादा विकसित होता है।''

''इन सब बातों का ख़ासा दुख होता रहा होगा?''

''इनसान बड़ा सख़्तजान होता है—द ग्रेटेस्ट शॉक एब्ज़ार्बर। जो दुख सहने से परे होते हैं, ठहर जाते हैं एक वॉयड में। तेज़ बहाव में तल में पड़ी सुई की तरह। ज़िन्दगी पानी की तरह आगे-पीछे स्वतन्त्र हो जाती है, क्योंकि वह हमारे दर्दों से ज़्यादा सम्भावनापूर्ण और ज़्यादा डायनामिक है। दर्द ठहर जाता है क्योंकि ज़िद्दी दुराग्रही है। बाद में फिर उस ज़िद्द की भी आदत पड़ जाती है। क्या तुम्हें नहीं लगता कि हमारी ज़िन्दगी की सारी कशमकश अपने दर्दों से आगे चल निकलने की है। दर्द के साथ क्षण-प्रतिक्षण इम्पर्सनल होते जाने की या कहो कि अपने को दर्द के साथ अकेला अनअटेंडेंड छूटते जाने की ट्रेजेडी से बचा पाने की है।''

एक दर्दीला भारीपन आवाज़ को छूता हुआ; जैसे किसी अन्तरंग खंड के दरवाज़े खोल गया। थोड़ी देर फिर चुप्पी रही।

''बहुत से लोग ऐसे भी हैं जो दर्द के साथ इम्पर्सनल होते जाने की ट्रेजेडी से बचना ही नहीं चाहते।''

''अपनी बात कर रही हो?''

''नहीं! किसी ऐसे से पाला पड़ा था जो मुक्ति नहीं चाहता और इस न चाहने को भी श्रद्धांजलि मानता है अतीत के प्रति।''

''तभी तो कह रहा था, हर हठ की जाँच-पड़ताल की जानी चाहिए और सारे विचारों और संकल्पों की तरह। पानी जहाँ ठहरेगा, सड़ाँध पैदा करेगा। मुझे इस तरह की हठधर्मी में खास तरह की जड़ता दिखायी देती है—रिफ्यूज़ल टू ग्रो। हालात जिस तेज़ी से बदल रहे हों उनका नोटिस लेने से इनकार...''

''एक दृष्टिकोण से आपकी बात ठीक हो सकती है पर आपके कहने से तो लगता है कि बदलाव ही सबकुछ है—ऑलमोस्ट ए वैल्यू। इसमें इनसान के चूज़ी होने या एक चीज़ को छोड़कर दूसरी चीज़ को चुनना चाहने की कोई महत्ता ही नहीं। चीज़ों की अच्छी-बुरी श्रेणियाँ भी होती हैं और अपनी समझ से अच्छी लगनेवाली

चीज़ों के हक में लड़ने को क्यों महत्त्व नहीं दिया जाना चाहिए?"

"पर यह महत्त्व देना इतना निरपेक्ष होता है क्या? इसका अपने आसपास की चीज़ों से क्या कोई सम्बन्ध नहीं होता? किसी भी चीज़ को पाना किन्हीं हालात के बीच में होता है हालात के बाहर नहीं। जिसे भी कोई उपलब्धि कहता है वह कोई डुगडुगी नहीं है कि कोई हाथ में ले और बजाने लगे।...तुम क्या समझती हो कि अपनी ट्रेजेडी का क्या मैं ही एक अकेला कारण था?...उसमें पूरा आसपास था। निम्मी के दादा भी, मेरे पिताजी भी, जेनी भी, मेरी पढ़ाई का ऋण भी...किस-किसको निकालोगी? ऐबसोल्यूट में तो मैं भी अपने चुनाव पर दृढ़ ही था पर सारा चुनाव रखा रह गया और साथ ही चूज़ी होने की हेकड़ी भी। जो चुनना चाहता है उसे सबकुछ मिल जाता है क्या?...फिर बदलाव को ही निश्चित क्यों न मानें—बदलाव के साथ अपने बदलने की ज़रूरत को। यह बात अलग है कि इस सारी हड़बड़ी...इस सारी भागमभाग में इनसान की पूरी कोशिश किसी टिकाव की तलाश कर सकने की ही होती है। चाहो तो उसे ही निजी सार्थकता का भाव कह सकती हो या बहाव में अपने पैर जमाने की कोशिश। उसके रहते कम-से-कम इनसान अपने को आलतू-फालतू महसूस तो नहीं करता। टिका रहता है।...टिका न रहे तो अपने में विश्वास कैसे कायम रहे जो इनसान के वजूद का सबसे ज़रूरी बेस है। सोचकर देखो उसके अहं को इतना कुचल दिया जायेगा या उसे इतना तुच्छ करार कर दिया जायेगा तो इस सारी सृष्टि में कर्त्ता नाम के जानवर को कौन सस्टेन करेगा! धार्मिक लोग चाहे इनसान के अहं को मुट्ठी में दबाये पापड़ की तरह चूरमचूर करना ज़रूरी ही समझते हों।"

सिर चकरा गया। उसने अब तक विवेक को जाना था। उसकी ज़िद्द को, उसके चारों ओर दहकती दाह को। आगे बढ़ते और पीछे लौटकर जाते दुविधाये कदमों की बेचैनी को।

निखिल को जाना था। एक बने-बनाये ढाँचे में सुख-सम्पदा की रचना के उसके उत्साह और अपने को घर का उदार आकाश बना देने की तत्परता को जाना था।

अपने ही केन्द्र में, अपने को ही चीथकर घायल करते अपने दुख को जाना था जिसमें पंख अपने होते हैं आकाश अपना नहीं होता।

शरत भैया को जाना था। चिन्ता में दिन-प्रतिदिन संकुचित होते जाते उनके विवेक को जाना। जतीन सहगल को। दिनेशचन्द्र पाठक को। बत्रा...सब कोई।...इस संसार के बाहर भी एक बड़ा संसार है। इस प्रश्न के आगे भी बहुत से प्रश्न जिसके तहत इनसान की हैसियत इतनी तुच्छ भी नहीं कि अपने को निःसत्व समझे। उतनी आत्मसम्पन्न भी नहीं कि अपने और अपने दुखों को ही अन्तिम समझने लगे।

"किस सोच में पड़ गयीं?"

"कौन, मैं?"

"और नहीं तो मैं...। मैं तो तब से बकवास ही कर रहा हूँ। सोच में क्या पड़ता...सालों बाद ऐसा बढ़िया श्रोता मिला है...। वैसे भी बताऊँ..."

"हूँऽऽ।"

"लांग ड्राइव्ज़ पर बातें करने का अपना ही मज़ा होता है...मैं तो हमेशा ऐसे मौकों की तलाश में रहता हूँ।"

"महँगा शौक है, पेट्रोल पीनेवाला।"

"दिमाग़ चाटनेवाला नहीं?"

"वह भी।" दोनों हँस पड़े।

हर्षा होटल। बैंगलोर!

गाड़ी एक खूब लम्बी इमारत के नीचे आकर रुकी। ब्रेक लगाया और शरीर को ढीला छोड़कर वहीं-का-वहीं स्थित रहने दिया।

सामान समेटने की हड़बड़ी में होने को हुई।

"मालूम है, इस बिल्डिंग में चढ़कर जाना होगा...एक-एक कदम।"

"क्यों लिफ्ट...?"

"लिफ्ट नहीं है।"

"तो फिर...?"

वह खूब ज़ोर से हँस पड़ा। "डर गयीं?...तुम्हें डराना कितना आसान है।"

पाँचवीं मंजिल पर बाहर की तरफ़ खुलता हुआ एक आरामदेह कमरा। कमरे के साथ छोटी-सी छत जुड़ी देखकर मन आनन्दित-सा हो आया। कमरे की, छत की, बाथरूम की जाँच-पड़ताल हुई। पसर जाने की इच्छा थी। टाल गयी। अभद्र लगता।

"बहुत थक गयीं?"

"नहीं।"

"यहाँ आओ...एक चीज़ दिखाऊँ।" दिखाने को हुईं दो फोटो। "यह जेनी है, यह निम्मी।"

"यह...!"

"क्यों रख छोड़ी हैं...यही न? कभी-कभी किसी चीज़ का स्वाद मुँह से नहीं जाता और दोबारा फिर कभी उपलब्ध भी वह नहीं होता। इधर तो शक होने लग गया था, कहीं वह उस स्वाद का वहम तो नहीं है। वहम न होता तो कहीं-न-कहीं तो मिलता।"

"किसकी बात कर रहे हैं?"

"ऑफ कोर्स निम्मी की।...तुम्हें देखकर ज़रूर लगा था उस खुशबू के आसपास

मँडरा रहा हूँ कहीं।"

"विद ड्यू अपॉलोजी किसी का किसी की तरह होना या जताया जाना खास संतोष तो नहीं देता"

"समझता हूँ पर वहाँ तक ही क्यों ठहर जाओ। और भी तो बहुत कुछ कहा था मैंने। तुम्हें जब मैंने असल में देखा था..."

"यह असल में देखना क्या बला है?"

"पर्सन विदाउट फ्रिल्स। शालीनता के मुखौटों के बिना। तुम्हें मालूम है जब तुम्हें देखा था तब तुम अपने रॉ रूप में थीं। दर्द से खुली हुई। डरी हुईं, घबराई, कातर–यानी जो कुछ भी जितना कुछ भी इनसान में हीरोइक या बाहरी होता है उसके बिना। संकट में पूरे-का-पूरा दीख जाता है इनसान–शिष्टता के झाड़-फानूस के बिना। साधारणतया वहाँ पहुँचने में सालों लग जाते हैं। मैंने तुम्हें तभी देख लिया था पूरा...ऐंड रेस्ट आय टोल्ड यू दैट डे।..."

भीतर से कुछ तप गया-सा लगा। खड़ी थी, पलँग पर बैठ गयी, अपने मौलिक संयम की अधीनता में संचित।

"कोई अपने पर पड़े दुख को कैसे–किस मुद्रा में–सहता है यह भी क्या मैटर नहीं करता? यह भी तो किसी इनसान की पहचान का बहुत अहम हिस्सा है। कम-से-कम मेरी समझ में।"

कौन-सी थी वह मुद्रा, जिज्ञासा सर उठाकर बैठ गयी परन्तु बाहर नहीं भीतर। उतना अपने से जुड़ा प्रश्न किसी के सामने बैठकर दर्पण देखने जैसा अधिक लगा...

"एक बात पूछूँ?"

"हूँऽऽ।"

"आपको क्या पता था इतनी लावारिस है मेरी ज़िन्दगी?"

"जानता था, यही पूछोगी। शायद मैं भी यही पूछता पर कुछ एहसास इन बातों के मोहताज नहीं होते। बहुत-बहुत अन्दरूनी से होते हैं। मिल सकने या पाना चाहने का सवाल तो बाद में उठता है, वह भी किसी दूसरी वजह से। तब, जब अच्छी लगनेवाली चीज़ें ज़्यादा जगह घेरने की ज़िद्द करने लगें। चाहने और मिलने का सफ़र ज़रूरी नहीं एक ही दिशा में चलता हो–दीज़ लिट्ल ट्रेजेडीज़...लाइफ़ इज़ फुल ऑफ दैम।"

संजीदगी के प्रसंग के बिना ही संजीदा हो गयी हवा। हाथ में पकड़े फोटो फिर पर्स में चले गये। चेहरा सिमट गया। चेहरे पीड़ा में उघड़ते हैं अभी सुना था, अभी देख भी लिया।

"अच्छा सुनो! अब तुम आराम..."

"चाय?"

''नहीं, इस वक़्त कुछ नहीं। बल्कि मुझे तो यहीं से सीधे ऑफिस जाना होगा। बताया था न आजकल जी.एम. डिवीजन के राउंड पर हैं। शाम को आऊँगा...डिनर हुआ तो देर हो सकती है...। बहुत देर हो गयी तो शायद न भी आऊँ बट डैट इज़ वन परसेंट...।''

धूप की पिछली परछाईं टेरेस के इस टुकड़े पर देर तक टिकी रहती है। गर्मी होती है धूल नहीं उड़ती।

यहाँ बैठे प्रतीक्षा करना बुरा नहीं लगता। एक साथ दीखता रहता है सबकुछ। बहुत नीचे सड़क पर चलते लोग। सड़कों के तल से उठते मकान। मकान के पीछे की पेड़ों की कतारें। और कतारों के पीछे का नीला काँच आकाश। एक सीध में। एक परिदृश्य।

निरावेग है मन। प्रतीक्षा है भी तो पास पड़ी एक और खाली कुर्सी पर उसी तरह निरावेग बैठी। कोई आया भी तो आकर बैठ जायेगा चुपचाप। जैसे वह सालों से यहीं बैठा हो। इसी आसन पर। इतनी पास की दूरी पर।

किन्हीं चीज़ों को छूना कितना सादगी से भरा होता है—अगुंजल। उतना निष्प्रयास, जितना धूप और छाँह को बाँटती हुई परछाईं की किसी लकीर के उधर से चुपचाप इधर हो जाना। हौले से। बिना दिखावे आडम्बर के।

पता नहीं कितने, कितने ही दिनों बाद ऐसा दिन बीता था। जी-भर नहायी। नहाते समय याददाश्त के किसी अपरूप उजाले में से उस गुनगुनाहट को ढूँढ़ते जो पानी के स्पर्श के कायम रहने पर भी पता नहीं कहाँ और कैसे खो गयी थी। वह तो समझी थी कि पानी के झरझराते स्पर्श के बीच में ही कहीं होता है गुनगुनाहट का पहला सिरा।

चपरासी—आनन्द का चपरासी, साढ़े ग्यारह बजे के लगभग आया था। घर से आया एक पत्र दे गया था, साथ में एक छोटी स्लिप।

'वसुधा!

ऑफिस में तुम्हारे लिए पत्र आया पड़ा था। भेज रहा हूँ। टी.एम.ओ. कल आ चुका था। पैसे शाम को लेकर आऊँगा (हालाँकि उसमें से काफ़ी तो तुम मुझे ही दे देनेवाली हो)। घर चिट्ठी लिख रही हो तो पैसों की पहुँच दे देना। इसीलिए पहले पत्र भेज दिया।

—आनन्द'

खाकर एक लम्बी नींद। उठी तो पौने चार बजने को थे। पत्र लिख देना होगा।

पैसों की पहुँच। आगे का प्रोग्राम। लौटने का सम्भावित समय। स्वास्थ्य।

पत्र लिखने बैठी तो पैसों की पहुँच और स्वास्थ्य के सूरते-अहवाल के आगे थम-थम जाती रही चिट्ठी। क्या लिखे। पारे की बेपकड़, बुन्दकियों की तरह हैं शब्द और शब्दों की पीठ पर सवार हुए अर्थ। कैसे कोई पकड़े शान्त अथाह के नीचे का द्रवित उजाला—नीला और नम। छूते ही हिल जाता है हाथ नहीं लगता। क्या कहे, जिस कहने को वह स्वयं नहीं पकड़ पाती।

पांडिचेरी। पांऽऽ...खुद ही नहीं मालूम कब, किस समय इस इरादे की फूँक निकल गयी थी।...कल सुबह?...कल रात?...आज सुबह? टटोलने बैठी तो वहाँ कुछ है ही नहीं। किसी अड़ियल इरादे की मृतक देह मात्र। और आगे और आगे के तकाज़ों से विच्छिन्न हो चुके पाँव। श्रान्त और चुप!

पत्र लिखने की इच्छा रही हो या ज़रूरत। दोनों के ध्यान को उठाकर ताक पर रख दिया। देखा जायेगा। आनन्द के आने पर देखा जायेगा। अब?...वापिसी?...यहाँ आ जाने के लिए वापिसी।

इस सिरे को छूते डर-सा हुआ। पता नहीं...पता नहीं कहाँ से उग आते हैं उसकी इच्छा और प्राप्ति के बीच ऐसे बीहड़ रेगिस्तान। धूल-झक्खड़ से भरे। रेतीली चुनचुनाहट से त्वचा का रोम-रोम घायल करते हुए। अपनी अपेक्षाओं के प्रतिबिम्ब ही मुँह बिराने को तैयार मिलते हैं। सबकुछ रहने दिया जाये। ज्यों-का-त्यों। जैसे-का-तैसा। निलम्बित।

शंख और घंटियाँ। पता नहीं किस दिशा से टनटनाहट से भरी वह ध्वनियाँ तैरती हुई आयी थीं आसपास की दीवारों से टकराती। द्वार आयी साँझ की अगुवानी के लिए चारों पट खोलती। उठी और भीतर जाकर कमरे की बत्ती जला दी। बाहर के दरवाज़े की लैच खोलकर उसे उढ़का दिया। कमरे में रोशनी हो जाने से टैरेस और अँधेरा हो गया। वहीं, खुले में, उतरते अँधियारे में बैठ गयी। उससे नहीं हो सकेगा जाकर दरवाज़ा खोलना। उस चकमक उजाले में किसी का सामना करना। यहीं, इसी धुँधआये हुए अँधेरे में वह बैठी रहेगी, जब तक...

अम्माँ क्या कहेंगी? आनन्द को देख लेगी तो अन्ततः शान्त हो जायेंगी। चाहने और न चाहने के बीच अड़ी खड़ी रहती है उनकी बौखलायी हुई सांसारिक संस्कारिक अस्मिता। जिस अढाँप दुख की अर्थी को उनकी काया इतने वर्षों ढो ले गयी, शिक्षा-दीक्षा के बिना, उसे ही लेकर कोई इतना कजियाव करे? ममता और स्वानुभव। ममता और संस्कार...इन दो आमने-सामने खड़ी चौखटों के बीच जैसे फिर कहीं कोई वितान नहीं तनता। उन्हें लगता है जिन्हें जो कुछ करना है, कर लें। कारवाँ रवाना

हो जाये तो वह भी साथ हो लेगी सबके पीछे।

शरत भैया...? अविश्वास। पहली प्रतिक्रिया अविश्वास। पागल होगा वह कोई। पहले उनके मन में यही आयेगा। यह ऊँची शिक्षा-दीक्षा, यह पद, यह स्वभाव, यह उठान। ज़रूर कोई घोटाला है। पूरी जाँच-पड़ताल ज़रूरी है। लोग विदेश पढ़ने जाते हैं तो एकाध लफड़ा वहाँ भी पाल कर आते हैं। यूँ ही नहीं कर लेता कोई ऐसा फैसला जब तक अपने में भी कोई खोट न हो। पर भीतर की बात को दबा जायेंगे। "इस बात को भी भूल न जाओ," वह उसे सुनाते हुए भाभी को सम्बोधित करेंगे "कि वसुधा भी चोटीली हो गयी है। परदेस, बीमारी, देखभाल...बस, हो गया फुसलाने को।"

सोचते यह सब रहेंगे पर बात का अन्त करेंगे इस कहने से। 'प्रोग्रेसिव होना इसको कहते हैं। मेरी खूब पटेगी उससे। कह दो वसुधा से उसे लिख दे आने को। आखिर हमें भी उठने-बैठने का कुछ वक्त चाहिए कि नहीं।' अपने हाथ के रूईले फ़ाहे वह अपनी ही देह पर धरते नजर आयेंगे।

भाभी फुलफुलायेंगी। चिकोटियाँ काटेंगी। अपने बोलों से अम्माँ को लहूलुहान करेंगी। और उनके आँख बचाकर भोगे हुए तुष्टभाव को वह बार-बार छेदेंगी। "अब देख लिया अम्माँ..."

जाने क्यों हुआ कि जो कुछ भी हुआ है, चाहे वही होता पर उन सबके देखते-समझते होता। उस कहने से वह बच जाती। लपककर इतनी सीढ़ियाँ चढ़ने के अविश्वास में फैली, चतुर्दिक चुप्पी के आतंक से स्वतः बचाव हो जाता। अब यह पैरवी भी उसे खुद ही करनी होगी। इस सारे वृत्त के बीच अपने निरीह और निष्क्रिय रहे होने की पैरवी। कैसे समझा पायेगी दीवार से लगे उपेक्षित खड़े, डरते-सिहरते छोटे पौधों को भी फुहार भिगो जाती है सहसा...।

घर का स्मरण भीतर को कच्चा-सा कर गया। स्निग्ध तरलता की कच्चाई। दीपू की खूब याद आयी। घर लौटते हुए पक्षी का मन उसके पैरों से पहले ही घर के बनेरों पर जा लगता है।

किसी ने दरवाज़ा खोला है। सिहर गयी है। यह सिहरन डर की है। अपने भीतर के डर की।

ऐसा डर अभी तक नहीं था। एक निडर, सामना करती हुई, चुनौती देती हुई बेपरवाही थी। आओ! आओ। आक्रमण करो। धावा बोलो। मुझे घायल करने की कोशिश करो। कुछ नहीं हो सकता। कुछ नहीं है खोने को मेरे पास। कुछ भी नहीं। पर अब?...अब कुछ है। मैं नहीं हूँ रक्षित। न निर्भय। न बेपरवाह। धँसी बैठी हूँ इस काले अँधेरे में। कातर। रुद्ध। भयार्त।

"वसुऽऽ!" पुकारने वाले ने देख लिया है उजाले के पार उस झुटपुटे में उसे बैठे।

"तुम वहाँ हो?" हाथ का पैकेट वहीं टेबल पर रख दिया है।

"वहाँ क्यों बैठी हो...अँधेरे में...?"

"ऐसे ही...अच्छा लग रहा है।"

"क्या किया सारा दिन?" कुर्सी पर बैठते हुए।

"सोयी...खूब सोयी।"

"चिट्ठी मिल गयी न...जवाब दे दिया?"

"नहीं, समझ में नहीं आया क्या लिखना है।"

"क्यों?"

"वापिस जाने की सोच रही हूँ...चिट्ठी क्या लिखना...।"

"और...और तुम्हारी ब्लैसेड पांडिचेरी?"

"मैं नहीं जा रही वहाँ।"

"नहीं जा रही?...तुम नहीं जा रहीं पांडिचेरी?...यानी बुद्धं शरणं ड्राप्ड...रियली?"...रोशनी रही होती तो भी वह यही देखती—आश्चर्य और पुलक की गड्डमड्ड में नाचती पुतलियाँ।..."पर...पर मैं क्या समझूँ तुम क्यों नहीं जा रही वहाँ?"

"जाने की इच्छा नहीं है।" भरसक अपने को संयत किया उसने।

"ओऽह! तो तुम यहीं से लौट रही हो...?"

"हाँ!..."

"देखो वसुधा।"...आनन्द अब अपने पैरों पर था बेचैन, "इस समय पहेलियाँ न बुझाओ। बी फ्रैंक। बी प्लेन। बी कैंडिड। ग़लत अन्दाजा लगा लूँगा तो तुम आहत हो जाओगी...और मुझे अच्छा नहीं लगेगा। बोलो...अच्छा उठो...यहाँ से उठो। अन्दर चलो। रोशनी में मेरे सामने बैठकर बात करो।"

"नहीं, यहीं ठीक है।"

"क्यों ठीक है? कुछ सोचा है, किसी बात पर विचार किया है तो उसका सामना करो। वसुधा...प्लीज़ उठो...।"

आनन्द का बायीं कलाई पर उठाने के लिए आया हुआ हाथ उसने अपनी दायीं हथेली से जकड़ लिया—सामर्थ्य भर जकड़।

आनन्द का उमड़ता हुआ जिरह करता हुआ स्वर फिर गुम हो गया। सन्नाटे को समर्पित। महसूसता। तौलता। आत्मसात करता।

दूसरे ही क्षण कलाई कसाव की पीड़ा बनने लगी। "ओऽह...वसुऽऽ...नऽ नहीं...इतनी दूर नहीं..."

सच में। सच में कौन-सा क्षणांश अपने को अपनी कुर्सी से उठाकर आबद्ध पीड़न की मूर्छा के निलम्बन को सौंप गया उसे नहीं पता। एक बेसुध कम्पन म्यान में बन्द तलवार की चकमक की तरह भीतर-ही-भीतर थरथराता। शिराओं को कँपाती

पिघली हुई टपकन।

"रोओगी?...आज भी?..." आनन्द के हाथ अपनी छाती पर एक गीली छुअन को महसूस करते हुए उसकी पीठ के घेरे से लौटते, उसके गालों पर आ लगे। थपकते पुचकारते हुए।

"तो कब...तोऽऽ कब?" अस्फुट आवाज़ फिर टूट चली। कैसे कहती लड़ने के लिए मैदान मिल जाते हैं, रोने के लिए कन्धे कब।

और आनन्द के होंठ मुँह उठाकर उसके गीले गालों, पपोटों और नाक की थरथराती हुई नोक को चूमते रहे बेतहाशा।

बाद की शामें।

सारे आसपास को साड़ी की चुन्नटों की तरह अपने घुटनों में समेटकर पैरों के बल बैठ जाया करती है उत्सुक उत्कंठित शाम। आनन्द का कुछ साँझ ढले आना और दिन का नये सिरे से शुरू हो जाना। एक अपूर्व समागम। समय के एहसास को कमरे के बाहर किसी आज्ञाबद्ध चाकर की तरह खड़ा किये होने की एकाग्रचित बेध्यानी।

इन शामों में आनन्द के रेलवे की सर्विस से अभी-अभी निवृत्ति पाये पिता हैं, और गर्वीली सौतेली माँ का जवानी और बुढ़ापे के टंटे के बीच सज्जित-लज्जित अधेड़ापा।

"अब तुम समझीं। क्यों पिताजी कुछ नहीं कर सकते थे खासतौर पर मेरी पढ़ाई के ऋण के बारे में। सबकुछ मुझे खुद ही करना था। बेटे पालने के लिए पूजी गयी जवानी ने पिताजी से आजन्म शहादत का पट्टा लिखवा लिया था, पर बेटे भी फिर क्या पले...तुम आ जाओगी तो पिताजी को यहाँ लाकर रखेंगे कुछ दिन..."

आनन्द का चेहरा पीछे की सीढ़ियाँ उतरता घायल-सा हो गया।

"माँ की याद है?"

"क्यों नहीं। भुवाली के सेनिटोरियम में ले जायी गयी थीं तो एक-दूसरे की पीठ पर चढ़कर कुंडी खोल लेने में लगे रहे थे हम दोनों, जैसे कुंडी खोल लेने से माँ मिल जाती है। इसी चक्कर में गुड्डू का दाँत भी टूट गया था।"

"गुड्डू कौन?"

"छोटा भाई, अब तो मांट्रियल में बस गया है। वहीं किसी से शादी भी कर ली है। लिखता तो है कि ठीक है...ठीक ही होगा। वैसे भी..."

बड़ा नया-सा लगा बिखराव के आभास के निकट ठहरा हुआ सामनेवाले का चेहरा।

"जिस साल माँ गुजरी थीं उधर लैंडस्लाइड्स हुए थे। पिताजी तो किसी तरह पहुँच गये थे। हम दोनों के लिए माँ के घर से जाने का दिन ही आखिरी दिन था...कह लो उस घर में अपनी हैसियत का आखिरी पड़ाव, बट इन्नफ़ टू चेंज आवर डेस्टीनीज़..."

"क्यों, क्या उन्हें घर नहीं लाया गया था?"

"हाँऽऽ! नहीं, शी हैड किल्ड हरसेल्फ...अपने को पहाड़ी से गिराकर। पोस्टमार्टम का केस बन गया था, वैसे भी...। थिंक ऑफ द मेंटल स्टेट शी वुड हैव बीन इन..."

क्षण-भर को आनन्द की अपनी ही छवि अपने चेहरे से अलग हो गयी पर अलगाव ऐसा जैसे सफ़ेद पत्थर पर से ढरककर निकल जाता पानी—तरल, पारदर्शी पर क्षणिक। तुरन्त ही वह अपनी गन्ध में लौट आया—ठेठ पुख़्ता से ठहराव की उसके चेहरे पर सतत बनी रहनेवाली गन्ध।

"एक तरह से अच्छा ही हुआ...मेरा मतलब है इन द लांग रन। एक तरफ़ से विरक्त हो जाये इनसान तो बचाव भी हो जाता है, फ्राम वेस्टफुल एंडस...। कभी सोचा है तुमने नथिंग किल्स मोर क्रुअली दैन एक्सपेक्टिंग एंड नॉट गेटिंग समथिंग। इससे बेहतर है इस लाचारी से परे होने की कोशिश। मैं तो किसी तरफ़ से भी चलने की कोशिश करूँ इसी नतीजे पर पहुँचता हूँ..."

"शायद यही ठीक हो।...और भी तो भाई-बहिन होंगे, मेरा मतलब है..."

"हाँ, एक बहन और भी है...मम्मी की बेटी। उनके रीझने-सीझने के लिए काफी है उसकी हस्ती।"

उन शामों में आनन्द द्वारा आमन्त्रित, कितनी ही और शामों के प्रसंग हैं। अमेरिका प्रवास की शामें। क्लबों, डाक बँगलों, होटलों में गुज़ारी शामें।...एक वफ़ादार नौकर। 'कंफर्म्ड बेचुलर' कहकर खिल्ली उड़ानेवाले दोस्त। कुछ भाभीनुमा मित्र पत्नियाँ। कभी-कभार नशे का शौक...

"और गर्ल फ्रेंड्स? उनका कोई जिकर नहीं?"

"उनका क्या ज़िकर करना। कोई निशान बनाती तो जीवट जानते। आऽऽ फुस्स। कुछ फूहड़ तो कुछ स्नॉब। मैं तो समझा था कोई तीसरी श्रेणी होती ही नहीं स्त्रियों की। खैर, और तो और, पिछवाड़े बसी पत्नी को तो तुम बिलकुल भूली जा रही हो।"

"पत्नी?"

"सारे रास्ते मैडम से दोस्ती करती, बतियाती आयी हो। बेचारी तुम्हें यहाँ तक अपने कन्धों पर लादकर लायी है और तुम...।"

"ओऽह।" अरोक खिलखिलाहट पर कमेंटरी यह कि—"अपने दाँतों की जोड़ी को कॉलगेट के विज्ञापन के लिए भेज दो। असली तो है न?"

परिचय की सामनेवाली कतार में अम्माँ है और अप्पू—'इनसान का वजूद क्या नहीं कर सकता' वाले मन को डगमग कर देनेवाले अप्पू। चिन्ता में पगे शरत भैया, फुलफुलाती भाभी, बेपरवाह कौशल और वसु बुआ के परमप्रिय चिन्तू-दीपू।

उन शामों में कल्पना भी है, सुधीर भी, निखिल भी है और विवेक भी...

कोई रोक-टोक नहीं। कोई वर्जना नहीं। दर्दीली छुअन का छुई-मुई आहत भाव नहीं, न वैसी चौकन्नी सावधानी...अतीत आओ! अतीत के पीछे के अतीत तुम भी। वर्तमान तुम भी। एक सहज सामान्य भविष्य की कल्पना में आमन्त्रित तुम सब।

जाने, घर वापस जाने का प्रश्न सामने खड़ा है और आनन्द अधीर। उसके रवैये में एक जकड़ीला उलार है; अब तक के आनन्दप्रकाश कपूर, डिवीजनल मैनेजर के शिष्ट-विशिष्ट व्यक्तित्व से अनजाना।

यह कोई दूसरा आनन्द है—निर्बन्ध पर आसक्त। अखरोट के सख़्त खोल के भीतर की नरम सफेद गिरी की तरह कोमल।

"अभी तक भागी-भागी फिर रही थी। अब ठहरने का समय आया है तो जाने की रट।" उसके तर्कों में एक ज़िद्द है। अड़ियल। अलोच।

"आने के लिए भी जाना ज़रूरी नहीं है क्या? फिर मेरा यहाँ रुके रहना भी क्या ज़रूरी है?"

"तुम क्या समझती हो, मैं दूल्हा बनकर तुम्हारे घर जाऊँगा। तुम्हें उस तरह ब्याहने। सवाल नहीं उठता। यह संसार आज तक हर किसी के जीने-मरने, खरचने-खाने से निर्लिप्त रहा है, अब भी रहेगा। चलो, कन्याकुमारी चलते हैं। जमीन के आखिरी छोर पर। वहीं शिला स्मारक पर खड़ी होकर तुम मेरा हाथ थाम लेना...हो गया बस। सारा देश ही साक्षी हो गया। खैर, मैं तो किसी साक्षी में विश्वास ही नहीं करता...यानी अपने ईमानदार बने होने के लिए किसी और की साक्षी...किसलिए? अरे आप बेईमान होना ही चाहते हैं तो आपको कौन रोक लेगा। ऐसा करने से तुम्हें ज़रूर तसल्ली हो जायेगी, मुझे फ़रक नहीं पड़ता। मेरे कायाकल्प की घड़ी तो दूसरी थी। बता चुका हूँ न...

"शिला स्मारक हो सकता है तो घर क्यों नहीं। घर अच्छे लगते हैं मुझे। सागर का उतना विस्तार डराता है मुझे। पहले से छोटी चीज़ों को और छोटा कर देता है।

"घर सड़ियल लगते हैं मुझे। मेरे लिए शिला-स्मारक जैसी जगह की हर तरह से ज़्यादा कीमत है। तीन तरफ़ उमड़ते सागर को एक ही नज़र में देख पाना अजीब तरह से लिबरेट करता है मुझे। 'एबंडन' और 'एक्सटेंशन' दोनों दीख जाते हैं एक साथ। अपना छोटापन चाहे महसूस होता हो पर उसे स्वीकारना अच्छा लगता है।

यह बात कितनी तसल्ली देनेवाली है कि हमसे बहुत बड़ा कुछ इस संसार में है और बना रहेगा। हमेशा तक...हमारे बाद भी। ईश्वर नाम की चीज़ के प्रति विश्वास से भी बड़ा, जो चूँकि हमारे मन में रहता है इसीलिए हमारे मरने के साथ मर भी जाता है।''

उसका चेहरा एक अतीन्द्रिय दूरी में स्थिर हो गया। सामने के परिदृश्य से परे। उस हड़बड़ाये हुए उलार से भी परे। घड़ी-भर पहले की आसक्त मुग्धता से भी पूरी तरह अलिप्त।

''मालूम है मैं तो भगवान को भी अपने दिमाग़ के घेरे से बाहर रख चुका हूँ, असल में इसी बात पर मेरा मम्मी से झगड़ा हुआ था...फ़ाइनल झगड़ा। वह मन्दिर वाले कमरे से परशाद की थाली लेकर आ रही थीं, अनजाने में मुझसे धक्का लग गया। थाली गिर गयी। उस दिन उन्होंने मुझे पिताजी से पिटवाया था बुरी तरह। वह मार पता नहीं पिताजी के अन्दर की कितनी खिसियाहटों का उबाल थी। लड़कों के प्रति पक्षपात के आरोप को ग़लत सिद्ध कर सकने की चरम हिंसा। बाद में सोचने पर चाहे वह सब उनकी सज़ायाफ्ता बेबसी ही लगी हो पर उस समय...?

''मालूम है वह आँगन में तनकर खड़े हो गये थे, जल्लादों की तरह। मेरे छोटे से स्वाभिमान से मुझे वंचित कर देने की प्रचंडता में पूरी तरह पागल। वह वायलेंस मैं कभी नहीं भूलूँगा। उनके हाथ में पकड़ी वह चमड़े की बेल्ट और उसके सिरे पर लगा चोट को दहका देनेवाला धातू का क्लिप। सच कहता हूँ, शरीर उतना घायल नहीं हुआ था जितना मन। वह मुझे मार रहे थे, और मैं गुड्डू की घिग्घी बँधी दहशत से बेचैन था। उन्होंने उसके सामने मेरे बड़ेपन की धज्जियाँ उड़ा दी थीं जिसे मैं भुवाली बैठी माँ की कमी पूरी करने के लिए अकसर उसके हक में इस्तेमाल कर लिया करता था। उसके बाद तो मैं उसे अभाव के उस अँधेरे से बचा सकने की कभी हिम्मत नहीं कर सका, शायद इसीलिए वह...पता नहीं क्यों बेवजह वह बाहर जाकर बस गया।''

गला भर्रा आया था पूरी तरह। आँखें झील की किसी कगार पर। पानी का एक गिलास उसने धीरे-से पास सरका दिया। एक घूँट। यह घूँट जाने कितनी बार विष को उतार दे सकनेवाला शिव बना है।

''उसके बाद फिर भगवान से कभी मेरा कोई रिश्ता नहीं जुड़ पाया। पूजा के परशाद की आड़ में सामने सबकुछ देखती मम्मी की अडोल, अमानवीय आकृति—और पिता की विक्षिप्त धधकती हिंसा। इन दोनों को पार किये बिना भगवान के पास जाना नहीं हो सकता।...एक तरह से अच्छा ही हुआ। मुझे अपने हाथों-पैरों को आजमाने की आदत पड़ गयी। नालायकी और उद्दंडता के लिए पिटनेवाले प्रसंगों को मैंने मेरिट-लिस्ट के शिखर पर खड़ा होकर विफल कर दिया। हाँ, कॉलेज तक उनसे

पैसे लेने का रिश्ता ज़रूर रहा, जिसका देनदार मैं अभी भी हूँ। पिता को माफ़ कर पाता हूँ, मम्मी को अभी भी नहीं। सच पूछो तो उनके लिए माफ़ी, गैर-माफ़ी का सवाल ही नहीं उठता। वह मेरे मन में कहीं हैं ही नहीं। आई हैव कैंसल्ड हर...कैंसल्ड हर आउट ऑफ माई कंसिडरेशन। फालतू रिश्तों को बालू के ढेर में पानी की तरह ढुलका देने में मुझे कोई तकलीफ नहीं होती। रिश्तों-गैर-रिश्तों का हिसाब मैं बिलकुल दूसरी तरह से लगाता हूँ...समझती हो या नहीं?...कुछ नहीं समझतीं?"

छीलने के साथ छिलती यातना के चंगुल से साबुत सुरक्षित लौट आया चेहरा उसे अच्छा लगा। राहत देनेवाला। पर आनन्द उस प्रसंग पर नहीं लौटा उसे शायद याद ही नहीं कि बात कहाँ से शुरू हुई थी। कितने प्रफुल्ल प्रसंग से। कितनी गहरी आश्वस्ति के केन्द्र से। उतनी आश्वस्ति उसे हुई होगी तभी तो बन्द तहखानों के दरवाज़े खुल सके।

"यह कितना अच्छा है।" आनन्द उसी रौ में है।...कि इनसानी याददाश्त के इतिहास में भी लोहे की दीवारें होती हैं। नहीं दीखतीं न दीखे पर हर इनसान उनके वजूद को जानता तो है ही। कुछ चीज़ें अपने आप उधर हो जाती हैं कुछ इधर। इटस द, डिस्टेंस विट्वीन स्प्रिचुअलिटी एंड रियाल्टी। गुड्डू की आवाज़ मुझे इसीलिए उस पार से भी आती है...ही इज़ ए पार्ट ऑफ माई बीइंग, और कभी-कभार पिताजी...वह भी तब, जब मुझे याद ही नहीं रहता कि वह मेरे पिता हैं। किसी कमजोर घड़ी में जब वह मुझे किसी दम-घोंट दासता के चंगुल में छटपटाते दीख जाते हैं तो मैं खुद बेचैन हो जाता हूँ। घर जाने का मन करता है...उन्हें देखने का।"

"कब देखा था इधर उन्हें?"

"अभी! जब वह रिटायर हुए थे। एक बार तो लगा कि मैं उनकी इस कैद की शुरुआत देखने क्यों जा रहा हूँ पर जानता हूँ उन्हें अच्छा लगता है मेरा आना। अब वह पूरी तरह माँ के कब्जे में रहेंगे। पास बुला-बुलाकर, पुचकारकर पहलवानों की तरह पटकियाँ देना और आधिपत्य के सुख को चंचल चौधरापे में मगन होकर सामने बैठे चबुलाना। काफी बीमार भी रहने लगे हैं अब तो।...चलो छोड़ो, क्या बातें ले बैठा हूँ। हालाँकि यह सब कभी तो जानोगी। अभी जान जाओ तो क्या बुरा है। कल कह रही थीं न तुम कि मुझे एक ही एक बात सूझती है हर समय..."

सम्भव नहीं लगा उसे काले सायों की दहशत से इस तेज़ी से मुक्त हो पाना। अपना भीतर भी घायल रुआँसा-सा लगा।

"और बहिन?"

"वह अच्छी है पर उससे उतना नजदीकी रिश्ता नहीं बन पाता। मम्मी की बनायी सड़कों पर पता नहीं कहाँ कैसे सबकुछ गड़बड़ा जाता है। उसका पति समझदार है। कभी-कभी यहाँ आ जाते हैं वे लोग तो इक्वेशन कोई ऐसी बुरी नहीं

बैठती। इस बार पता है किसलिए आयी थी वह...मेरे लिए अपनी ननद का सम्बन्ध लेकर। चौराहे पर पड़े मेरे कुँआरेपन की सुध-बुध लेने और मालूम है मैंने क्या किया।" एक नटखट चंचल चमक आँखों में । "उनकी तरस खाती गिलगिली चिन्ता को, अपने नौकर की जर-खरीद होशियारी से पूरी तरह खारिज़ करके उन्हें वापिस भेज दिया ऐंड आय एंज्वायड इट...आय मस्ट कन्फेस। कुछ रिश्तों को अपना कोई हिस्सा नहीं देना पड़ता...दैट वे यू टेक द लारजेस्ट चंक...।"

"लारजेस्ट क्यों, पूरा क्यों नहीं?"

"पूरा दे दिया जायेगा तो तुम्हें प्यार करनेवाला फिर कौन बचेगा। किसी को कुछ देने-पाने के लिए अपना आप तो कायम होना चाहिए। तुम भी कहीं उसी चक्कर में न पड़ जाना...मैं कुछ नहीं तुम हूँ, और तुम कुछ नहीं मैं...बड़ा डिसेप्टिव मामला है। प्यार में पीर गयी सो तो ठीक पर रीढ़ भी गयी...रब्बिश।"

जाना होगा। किस तरह समझाया जाये कि जाना ही नहीं जल्दी जाना भी ज़रूरी है। उसका परिवार उतना विशृंखल परिवार नहीं है। वहाँ किसी एक की चिन्ता हर किसी को उसी एक कुएँ की मुँडेर से भीतर झाँकते रहने के लिए व्याकुल खड़ा रख सकती है। वहाँ इतना जुदा-जुदा अपना-अपना कुछ नहीं है।

"तुम समझते क्यों नहीं। ज़रूरी है उन्हें सिलसिलेवार सबकुछ बताना, विश्वास में लेना...फिर मेरे हालात के साथ जुड़ा यह सोशल स्टिग्मा...लोग कहेंगे पता नहीं कहाँ गयी और कैसे क्या गड़बड़ करके चली आयी। जब माँ ही इस बात से पूरा समझौता नहीं कर पातीं तो...।"

"व्हाट रब्बिश! अपने प्रति अवेयरनेस और जिम्मेवारी से तुम इस तरह बचना भी क्यों चाहती हो। कम-से-कम तुम्हें तो अपने को लेकर इस तरह की बातों की आड़ नहीं लेना चाहिए।"

"आड़ न सही, आज्ञा...।"

"आज्ञा बच्चों के मामले में होती है और तुम बच्ची नहीं हो, एक्सेप्ट फॉर मी समटाइम्स...।" कहकर आनन्द अपनी तर्जनी की अगली पोर से उसकी नाक की नोक को छेड़ देता है और लपककर उसकी आँखों के पपोटों को छू लेता है अपने होंठों से—हौले से।

यों ही से इस स्पर्श का हलका हाथ किसी आबद्ध जकड़ीली निविड़ता से ज़्यादा उत्तेजक लगता है। ज़्यादा टेरता हुआ। नसों में चुप बैठे किसी स्निग्ध सुखद भाव की एकाग्रता को झनझनाता।

ऐसा ही होता है बारम्बार। खौलने के निकट होते पानी से उठ आनेवाली

रोम-रची भाप पर पहले से ही वह हथेलियाँ रखने को विवश हो आती हैं। हथेलियाँ झुलस जाती हैं और यह झुलसन पड़पड़ाया करती है देर तक। असहज कर देती है। खंडित हो जाता है फिर सबकुछ। पास रहे, बैठे-बतियाते होने, की नेहल प्रफुल्लता। उन सब क्षणों की चटकीली विह्वलता को आच्छन्न कर देती है इस तरह की सावधानी।

कैसे समझाये कि वह डरती है। डरती है इस सारे उछाल-उबाल की उस गन्ध से, जो आनन्द के पास होने से एक प्रलोभक पुकार की तरह आसपास मँडराने लगती है। कितने छोटे-से-छोटे प्रसंग पर भी शिराओं में घंटियाँ टनकने लगती हैं।

वह डरती है। बेतरह डरती है। जतीन सहगल। श्रीमान इंटिलेक्चुअल। दिनेश पाठक या किसी और के अतिचार से भी ज़्यादा। कम-से-कम वहाँ अपना अप्रस्तुत आत्मनिरोधक अपना आप सावधान मिलता है और यहाँ?...यहाँ तो कगार पानी के प्रवाह में टूट पड़ने को उतने ही आकुल-व्याकुल। क्या करे वह इस देह का?...इस मन का?...नेह में होने और देह में न होने के संकट के बीच के सन्तुलन का।

"अच्छा सुनो।" मनाते हुए ही उसने कहा है। "कोई तुम्हारी इतनी ममता करे तो तुम उसकी अवहेलना कैसे कर पाओगे? वह सब लोग ऐसे ही हैं...मिलोगे तो रिश्तों की एक और केटेगरी की व्याख्या करने लगोगे...कितनी श्रेणियाँ बना रखी हैं तुमने रिश्तों की..."

"वह लोग ऐसे हैं तो तुम यहाँ-वहाँ दौड़ती क्यों फिर रही हो। पता है इस तरह के घर कितनी मुश्किल से मिलते हैं।" एक तेज़ दौड़ती छाया उसके चेहरे को लाँघती दीखी।

"वह विवेक को लेकर उतना सब जानते कहाँ रहे। मैंने उन्हें अपनी..."

"और चौपट। दर्द को अन्दर-ही-अन्दर खूँटियों पर टाँगे रखने का लाभ? सुना नहीं, इनसान इनसान का सबसे बड़ा दारू है...। एक ही हस्ती दूसरे के लिए कुछ मतलब रखती है न।...एक बात बताऊँ, कोई ऐसा दुख नहीं जो एक-दूसरे का जाना हुआ नहीं होता। इसी ज़मीन से उठता है सबकुछ। सब एक-दूसरे को जानते हैं भीतर से। सुना नहीं एक हमाम में सब नंगे।"

"तुम कुछ-कुछ मेरे अप्पू की तरह बातें करते हो।"

"कुछ-कुछ वह भी सही। तुम्हारे जैसे बिगड़ैल बच्चों की वह भी एक ज़रूरत है...।"

सुरक्षा। सान्त्वना। निवृत्ति, निराच्छन्न आकाश के नीचे आश्वस्त हो गये होने की निवृत्ति। गुड़ गूँगे स्वाद को भोगने में लगी है, सामनेवाले को यह क्या पता।

"बेचारी सरकार इस कम्यूनिकेशन सिस्टम पर लाखों रुपया खर्च करती है, पर इनसानी दिमाग़ से पुख़्ता सिस्टम कभी देखा है तुमने? बिना पैसे-धेले के दूसरे के

एग्ज़िस्टेंस में दनादन भ्रमण।''

''इनसानी दिमाग़ के हिमायती एक और भी देखे थे...तुम्हारी तरह प्रोग्रेसिव और अनऑर्थोडोक्स।'' चिढ़ा देना अच्छा लगता है।

आज वापिस जाना है। होटल के बिल का भुगतान आनन्द के आने से पहले करना ही है। कमरे का, खाने का, टेलीफोन का और बैरों की बख़्शीश...। बैरा कमरे से बाहर निकला है कि आनन्द भीतर आया है।

''क्यों?...मेरे पैसे तो तुमने वापस नहीं किये।'' बिलों को समेटकर पर्स में डालती उतावली को भाँपते हुए उसने कहा।

सकुचाई। पैसे देने की मंशा पूरी थी पर ऐसा कुछ कहने का साहस बिलकुल नहीं। कह भी दिया तो विनोदी भाव से, कुछ ऊँचाई पर खड़े होकर हँसने-बहलानेवाली ऐसी चपल-चटक मुसकान से निहारा जायेगा कि अपने कहने को भी गाली दे देने का जी चाहने लगेगा।

''लो, सब ले लो'' उसने अपना पर्स बढ़ा दिया। आनन्द ने फिर पर्स नहीं, पर्स को थामनेवाली बाँह को थामा और खींचता चला गया पास...और पास...अपनी छाती के एकदम निकट। सिर को छाती से टिकाते उसे लगा, वह कितनी नाटी है कितनी छोटी। डैने सिमट से जाते हैं क्षण-भर में ही जैसे छतरी की फूली हुई काया का अभिमान।

''व्यर्थ जा रही हो। इतना ज़रूरी ही था तो किसी को बुलाया जा सकता था यहीं...''

चुप रही। कनपटी पर लगी आनन्द की हथेली के स्पर्श की स्निग्धता से भीगी। जानते हुए कि यह कहना नहीं अकुलाना है, जाते होने की सम्भावना से अकुलाना।

''अभी भी सोच लो। टिकट वापस कर देता हूँ। तार दे दो, फोन कर लो।''

''नहीं आनन्द...मैंने कहा था न...''

''हाँ, कहा तो था।''

उसके और आनन्द के खूँटों में यों भी फ़रक लम्बा है। वह तो सुख के किसी भी स्थल तक पहुँच पाने के पहले ही जाने कितने द्वन्द्वों, अनिश्चयों, शंकाओं और संकटों के चक्रव्यूहों में से हो गुजरती है। एक बार नहीं शत-शत बार। परोसी हुई थाली के ऊपर से अदबदाकर उठते देखे हैं उसने अपने भाग्य।

पर आनन्द?...आनन्द निश्चिन्त है। पूरी तरह निर्भय। उसकी अवरुद्ध आश्वस्त सहस्रधा उजाड़ पथरीले विस्तारों और काले कोहरीले अन्तरालों को लाँघ जाना चाहती है एकबारगी—एकाएक।

शंकाओं के पंखों का फड़फड़ाने लगना सुनाई दे जाता है उसे तुरन्त।

"इतना डर क्यों लगता है तुम्हें?" वह चेहरा उठा लेता है अपनी अँगुलियों के पोरों से...

डर लगता है बस इतना जानती है। क्यों लगता है यह कभी नहीं जान पाती। कुछ तो होता है कि तन्मयता की ढलान पर तत्पर खड़े पैर वापस दौड़ पड़ते हैं। अपना ही एक हिस्सा भौंचक्का खड़ा छूट जाता है वहीं। दूसरा भागने लगता है। खुली हथेली पर टिकी हीरककण-सी कोई घड़ी कब अपनी ही मुट्ठी में जा भिंचती है पता ही नहीं लगता।

"यह तुम्हें एकाएक क्या हो जाता है वसु?"

वह उसके अचानक थक गये बाहुबन्धों को थाम लेता है—थपकाता-सा। वत्सलता के उस उलार का सिर पर लहराता बरगदी एहसास...कितनी जल्दी और कहाँ छोड़कर आ गया है आनन्द। अपनी ही कामना की उतनी उत्तेजित दाह।

कितने रूपों में, कितनी मुद्राओं में उसके पास से चरण-चरण चलकर जाता है अभय और धीरज और आश्वस्ति। उसके सामने सहस्रों सलवटोंवाले घेरे के वस्त्र में भी बौखलाया बेसँभाल हो गया लगता है अपना उतना आवृत अस्तित्व।

"मेरा कायाकल्प तो हो चुका वसु...पर तुम पता नहीं कहाँ भटक रही हो... रिलेक्स।...अच्छा। अब चलो देर हो रही है...नाउ ए लास्ट किस..."

यह स्पर्श फिर उतना ही दहकता हुआ। उतना ही उदग्र। जानती है उसे बहुत अखर रहा है। बहुत अखरेगा।

सारे रास्ते वह फिर कुछ-न-कुछ बोलता ही रहा...पता नहीं कैसे। कैसे फिर, उस हलकी-फुलकी अभय बड़प्पन की मुद्रा में उसका पदार्पण। पर प्लेटफ़ार्म तक पहुँचते अपनी प्रगल्भता को फिर कहीं झटक आया।

"बहुत तकलीफ़ हो रही है?"

ट्रेन की खिड़की के सींखचों से सटी उसकी दृष्टि ने आनन्द की संजीदगी को ठकठोरते कहा। इस समय पता नहीं वह क्यों इतना घिर आया...उस हद तक कभी नहीं खुल पाता उसका अपनी चुनाव की परतोंवाला चेहरा।

वह चुप रहा उधर को देखता।

"बताओ न।...बहुत बुरा लग रहा है?"

"नहीं।...अच्छा लग रहा है सबकुछ। सऽऽब, कुऽऽछ।"

पल-भर को आँखें बन्द कर भीतर के तल्लीन तुर्श संसार में अपने को विसर्जित करते और फौरन ही लौटते आनन्द ने कहा।

"अब तक तो धूल ही फाँकता रहा हूँ न।" एक अवसादाच्छन्न धूमिल-सी स्मिति...एकदम अपरिचित।

पौरुषीय प्रभुता में तो वह आकर्षक लगता ही है इस डगमग उद्विग्नता में तो लगभग—अप्रतिम।

न छुए, न छेड़े, न उघाड़े, न बिखराये, बस रहने दे...इसी तरह। जोहती, टटोलती रहे आनन्द का चेहरा। सहस्रों परतोंवाली प्रभुता में सँभला-सा चेहरा। सान्द्रता के एक ही बिन्दु पर एक साथ सिमटा और पिघला हुआ चेहरा।

"पहुँच तार से दे देना। चिट्ठी चाहे बाद में लिखना।"

"पहुँच को क्या होनेवाला है। अभी तक अकेली रहती आयी थी सो..."

"अभी तक क्या था...भूल जाओ वसु। लर्न टू फारगेट...आराम मिलेगा..."

सींखचों के पार फिर आनन्द की हथेली का द्रवित स्पर्श उसकी बाँह के रोमों के रास्ते पता नहीं कैसे भीतर प्रवाहित होने लगा। फिर कोई बात करने को रह कहाँ गयी।

यह पहले तय हो चुका था कि वह जाकर पत्र लिखेगी इस वीकएंड पर तो बहुत जल्दी रहेगा। छत्तीस घंटे तो उसे पहुँचने में ही लगेंगे। अगले वीकएंड पर आनन्द को लखनऊ आने की तैयारी में रहना होगा। उसके बाद फिर सबकुछ...

घर पहुँचना एकदम अचानक हुआ। बिना सूचना के इसीलिए उत्साह से भरा। अपने से बाहर उछाह से भरा। दीपू और नन्हा निर्दोष चिन्तू...अच्छा हुआ उन दोनों के लिए कितनी ही चीज़ें बटोरती लायी नहीं तो एक ही बिन्दु पर टिक गया था समय और स्थान का एहसास।

यहाँ आकर लग रहा है कितना...कितना व्यस्त रही थी बैंगलोर में। न कहीं घूमने के चर्चे, न बगीचों, भवनों में कोई रुचि। न पांडिचेरी के आग्रह। न अस्पताल के पीड़न की याद।...हर सुबह शाम के कन्धे पर बेतरह झुकी हुई। हर साँझ रात की सीमाओं के लंघन को आतुर।...इस सबको भी नियति ही कहेंगे क्या?

गाड़ी देर साँझ लखनऊ पहुँची थी। भरे-भरे भाव से घर आना हुआ। अपने हिसाब के समय में ठहरा हुआ घर, जिन प्रश्नों और जिज्ञासाओं से आक्रान्त है वह कुछ दूसरे हैं, उसके अपने देह-दिमाग़ के समय से विच्छिन्न। प्रश्न पूछे जाते हैं तो पलटकर उन सबके ठहराव के बिन्दु पर ले जाना पड़ता है अपना अन्तरंग। वहाँ जहाँ अभी भी बीमारी और परदेस और अकेलेपन को लेकर वर्तुलाकार चिन्ताएँ उमड़ रही हैं।

"ऐसा भी क्या कि मैसूर के बाद कोई पत्र ही नहीं...पैसे मँगाये वह तो ठीक पर कोई पहुँच ही नहीं...। किसी जंगल से कोई खत लिख दिया फिर गुम।...या तो बीमारी का जिक्र ही न किया होता...। पहले कहा था कल्पना को लेकर जाओ...कहाँ हो...कहाँ जाओगी...कब वापस आओगी, कोई सूचना ही नहीं...जैसे जेल से छूटकर गयी हो..."

उनकी ओर से देखते, सच में बड़ा अक्षम्य लग रहा है अपना आप। यहाँ के

ध्यान से इतना विमुक्त हो गया अपनी लापरवाही का चरम। पत्र लिखने की बात चली तो थी आयी-गयी हो गयी। पांडिचेरी के प्रोग्राम के फुस्स हो जाने की राहत के राग में विलुप्त। हालाँकि वह क्या समझ पायेंगे कि उसे तो वहीं से दीखने लगा था—घर। घर का अन्तरंग...अन्तरंग के सारे प्रवासी...प्रवासियों की पूछताछ, फैसलों और फासलों के प्रश्नों को लेकर उनकी अचूक बेचैनी। सोचा था आज चली जायेगी या कल या परसों। इसी तरह पाँच-छह दिन और निकल गये आनन्द के आग्रहों के चलते।

"पांडिचेरी भी नहीं जा पायीं तुम...काम तो धरा ही रह गया होगा।"

'कौन-सा काम?' मुँह से निकलने को हुआ पर समय से सुध आ गयी।

इस तरह की उनकी चिन्ताओं का उलार और उस तरह की बेध्यानी की अपनी भूलें...। उन्हें क्या पता होगा कितने युग-योजन उन चिन्ताओं से आगे चल निकले।

अच्छा होता वहीं से पत्र लिख देना। जिज्ञासा की उत्तेजना को उनकी सीमाओं के भीतर सरका देना—एक भूमिका की तरह। वह कैसे जानेंगे कि बीच में समय कुछ विशेष नहीं बीता—मात्र तीन सप्ताह—पर एक बिन्दु ही बृहद से बृहदतर होता गया है, अपने गुमान से भी परे।

कुछ सोचकर ही अस्पताल की चर्चा चलायी। किस तरह बन्दीपुर में...किस तरह की बेचैनी-बेहाली...किस तरह की संकटासन्न स्थिति...यह तो कहिए मिस्टर कपूर उस दिन थे वहाँ...अपनी सवारी थी भाग-दौड़ हो गयी। दाखिला मिल गया अस्पताल में। उपचार हो गया...पता ही न लगता क्या से क्या...

यह सब कहने के दौरान अपने ही भीतर छिपे किसी चतुर सुजान की पहचान अपने को ही विस्मित-प्रताड़ित करती रही।

भाभी मुँह ही नहीं ताकतीं, आँकती भी हैं—अर्थों से अकुलायी जिज्ञासा का आँकना। अम्माँ वहाँ से हटीं नहीं कि—"कुछ ठीक-ठाक तो नहीं हो गया?"

कैसे इतना सपाट...इतने युग योजनवाली यात्रा के पड़ाव का वर्णन। न कहने में—कि जब गयी थी तो निर्मोह निर्भाव के चरम में था अपना मन, न समझाने में कि कैसे फिर ढरकी हिम के स्वभाववाली मानसिकता।

जितना लगा था उतना आसान नहीं था समझाना कि जो कुछ भी हुआ है होता चला गया है। किसी गहरे अनुभाव प्राग्भाव के बिना...अचिन्त्य...चिन्तन की तरह कम क्रिया की तरफ़ अधिक। गोड़ाई नहीं गयी थी मिट्टी फिर भी रंग-रूप ले गयी। प्रवाही होकर बह गया है वजूद पत्ते पर टिकी बूँद की तरह...वह भी दूसरे के हिलाने से।

वह बिन्दु अपने को भी जैसे पहली बार दीखा—अगुंजल सहजता का बिन्दु... सामान्यता के स्पर्श का अकुंठ स्वीकार। अपने से भी बाहर उपलब्ध अपनी निजता। एक अरूप कृतज्ञ भाव, अपने आसपास के प्रति। उन सब बातों को भाभी को

कहने-समझाने का सामने खड़ा प्रसंग इस सारे प्रकरण को और पारदर्शी कर गया। मन के काँच को और अधिक साफ़।

"मान लो न, हो गया है काफ़ी कुछ।" दबी जबान की स्वीकृति। "पर यह बात सुबह भी तो हो सकती है...भैया के जाने के बाद...।"

भाभी को छोड़कर अन्दर आ गयी—अपने कमरे में। अपने आवास की निजता की गन्ध के बीच, पर वह अन्दर आना जाने के दिन के क्षणों में लौटने जैसा हो गया।

पढ़ने की मेज़ पर काग़ज़ रखे हैं—जैसे-के-तैसे। 'नदी के द्वीप' की एक प्रति और उसके नीचे दबे पीले काग़ज़ के कोने पर तिरछे से लिखे दो शब्द—'मीनिंगलेस'... 'कलरलेस'। उसके नीचे कुछ आड़ी-तिरछी लकीरें और एक-दूसरे में उलझते नीली स्याही के झगड़ालू वर्तुल।

दायीं दराज़ के बाहर बाँस के भूरे काग़ज़ की थैली की कोर—निखिल के पत्र। गिने-चुने पत्र। कितनी छोटी-सी उपलब्धि...कोई डूबना भी चाहे तो अपना ही सिर बाहर झाँकता नजर आये।

बायीं ओर लायब्रेरी के दोनों उपन्यास जिन्हें लायी तो थी लेकर नहीं गयी।

वह सारे-का-सारा कुछ उसकी अनुपस्थिति में जैसे वहीं-का-वहीं टँगा रह गया... अलगनी पर छूट गये कपड़ों की तरह। दीवारों पर चित्रलिखा-सा विषाद...दूर-सुदूर चल निकलने की आकुल-व्याकुल बेचैनी।...

कन्याकुमारी जाना चाहती है, उसने यूनिवर्सिटी से लौटकर कहा था। शरत भैया आशंकित नहीं आतंकित अधिक हुए थे।

"क्यों अचानक?...अभी तो दिल्ली से आयी हो। कोई और भी जा रहा है साथ?"

"नहीं!"

ऐसा सुन पाना असम्भव था। उसकी भीरू-भुस्स हस्ती के मुख से तो लगभग असम्भव।

"तुम कहो तो हम लोग भी चले चलें।" उन्होंने तौलते हुए ही कहा था— "ऑडिट का काम खत्म हो चला है। अम्माँ को भी ले चलते हैं। हालाँकि उन्हें ऐसे तीरथ तो तीरथ ही नहीं लगते, न जाना चाहेंगी तो बिरजो मौसी के पास रह जायेंगी। तुम कैसे जाओगी इतनी दूर अकेले...।"

हाँ, इतनी ही दूर...उतने ही अकेले। ऐसे ही किसी बीहड़ की उसे तलाश है।— जहाँ कोई किसी को नहीं देखता, नहीं जानता...जहाँ अँधेरा होगा भी तो होगा तो निरापद, अपेक्षाओं की अभ्यस्त आहटों के आतंक से मुक्त।

शरत भैया उत्तर की प्रतीक्षा कर रहे हैं। वह यह बात भूल गयी थी—"असल में एक विचार आया है। आश्रमों में रहते लोगों की स्टडी करना चाहती हूँ, मेरा मतलब है—रिहायशी आश्रम। विवेकानन्दपुरम् पांडिचरी...बाद में किसी दूसरी दिशा

में भी जाया जा सकता है। पत्रिका के लिए सामग्री मिलेगी और घूमना भी...।''

शरत भैया तुष्ट। दुख की सलिला को रचनात्मक रुझानों में ढरकता देखकर सन्तुष्ट। फिर भी उनका सुझाव है, ''कल्पना को ले जाओ। उसका उत्तर था—वह नहीं जा पायेगी। उसकी भाभी की डिलीवरी होनेवाली है।''

भाभी कल्पना पर तरस खाती रहीं—''बेचारी को अम्माँ लोगों की तरह यह सारे काम भी करने पड़ते हैं।'' साथ ही बेज़ार। शरत भैया की तरह उन्हें जहाँ खड़ा करो, वहीं खड़ी नहीं रहती। खोलने-खँगालने में लगी रहती है उनकी दूरबीनी उत्कंठा।

''इस भटकन का कारण?'' वह इधर-उधर नहीं सीधे उसकी आँखों में देखना चाहती हैं।

''कुछ हो तो बताऊँ।''

''दिल्ली में विवेक से मिलना हुआ?''

''नहीं।'' वह धड़ाके से झूठ बोल गयी थी। कम-से-कम मुक्ति तो रहेगी। वह चुप ज़रूर हो गयी थी पर उनका चेहरा उसी सन्दिग्ध जिज्ञासा में ठिठका रहा था।

''लाओ, आज चीज़टोस्ट बना दूँ?'' उस सन्दिग्धता को उसने पूरे आवेग से तोड़ दिया था, जिज्ञासा की दोनाली का मुँह उधर घुमाकर।

चीज़टोस्ट का सन्दर्भ उसे उस समय बचा ले गया था। दीपू-चिन्टू को मिली थी अप्रतिम खुशी। अपने हिसाब से वह वसु बुआ को अच्छी तरह जानते हैं। ''अच्छा है बुआ प्रॉमिस पूरा नहीं कर पायी। बदले में रोज़ नयी-नयी चीज़ें बनाकर खिलाती हैं।'' दीपू पेट फुलाकर कहता है।

दीपू की उस दिन की पेट फुलाई गर्वोक्ति के स्मरण ने उसे अचानक इस अकेले में भी हँसा दिया और हँसी फिर विचरती रही पोर-पोर में।

''तुमने तो हँसने को भी खासा महँगा कर रखा है।'' आनन्द की उक्तियाँ खनकती हैं। ''तुम क्या समझती हो, ये जितने हँसते दीखते हैं दुनिया में वे सब सुखी हैं। किसी को ज़रा छीलकर तो देखो झट खून निकल आयेगा, पर यह हर समय की खुद-सतायी, खुद-डुबायी कोल्हापुरी सूरत? वैसे 'कोल्हापुरी' से एतराज हो तो तुम किसी और मनपसन्द शहर का नाम चुन लो।''

फिर वही ठहाका...फिर नसों के तनाव को और अधिक तान देनेवाली दहकती हुई छेड़छाड़। ज़िन्दगी के हर मसले को काट-छाँटकर कितना सूत्र-नुमा-सा बना रखा है आनन्द ने।

यहाँ तो जाड़ा है खासा। ऊपर से धूल से चीकट हो गये लम्बे बाल। गरम पानी चाहिए ढेर-सा।

''तुम्हारी इतनी डाक आयी पड़ी है। लगता है लेख-वेख आये हैं।'' भाभी भीतर घुसी है।

"कहाँ? कहाँ रखी है?" हाथ का तौलिया वहीं रख दिया है। डाक से निर्लिप्त रह पाना? उसी के लिए क्यों, किसी के लिए भी असम्भव...।

"वहीं रखी है...छोटे स्टूल पर।"

तीन लेख हैं। एक तो जोशी का ही है—संशोधित, लम्बी टिप्पणी के साथ, जिसे किसी उपयुक्त समय पर पढ़ने के लिए किनारे रख दिया है।

बत्रा की एक चिट्ठी—पत्रिका के अगले विशेषांक के सिलसिले में।

सोश्योलॉजी एसोसियेशन का एक आमन्त्रण-पत्र। आउट ऑफ डेट...फाड़कर फेंक दिया...।

अनूप की शिलाँग से आयी संक्षिप्त-सी चिट्ठी कि वह दिसम्बर की छुट्टी में आ सके तो आये...यह प्रदेश दर्शनीय है...।

और तीन लिफाफे एक साथ। एक भारी लम्बा-सा और दो छोटे।...वही हस्ताक्षर...वही काले लम्बे नुकीले अक्षर।...

सी-180, ग्रीन पार्क,
नयी दिल्ली।
30.11.19...

प्रिय वसुधा!

पत्र लिखने की मेरी इच्छा को तुम मेरा दुस्साहस ही कहोगी पर जिस लज्जा और अपराधभाव में लथपथ हूँ उसका तुम्हारे सामने खड़ा होकर सामना नहीं करूँगा तो आजीवन उबर नहीं पाऊँगा।

यह अपराधभाव उस अपराधभाव से ज़्यादा उत्पीड़क और उत्कट है जो मेरा जाना हुआ ही नहीं बल्कि मेरे अस्तित्व का हविष्य भी रहा है। जिसे मैंने अपने आत्मरत अँधेरे में जहाँ और जैसे चाहा रखा है और अपनी पूँजी की तरह खर्चा-खाया है और बदले में अभिमानी अहं के भक्षक दैत्य को अपने ही भीतर पालता रहा हूँ। यह सब हो सका है क्योंकि वह जड़, निरुत्तर और निरपेक्ष है। पलटकर अपनी अपील नहीं कर सकता। मुझसे जवाब नहीं माँगता जबकि तुम्हारी आहत, प्रश्नाहत आँखें हर जगह मेरा पीछा करती रही हैं, उत्तर माँगती रही हैं।

तुमने पहली बार दिल्ली से जाते समय पूछा था, "जीवन की पुकार चाहे कमजोर ही क्यों न हो मृत्यु के पूरे हाहाकार से अधिक समर्थ, अधिक आमन्त्रक नहीं होती?"

तब मैंने एकदम नकार दिया था, पता नहीं अनजाने या आदतन। या हो सकता है अभाव में रह पाये होने की स्थिरता के अहं में, बिना जाने कि जो कुछ भी जीवन की सड़कों से आता है—आकर्षण या अपराध, घृणा या प्यार, पुकार या

अस्वीकार वही अधिक प्रबल होता है...अधिक मारक या अधिक संरक्षक। अपनी पूँजी की तरह अकेले बैठकर उसे खर्चने-खाने की निरादायित्व प्रासंगिकता कुछ नहीं होती। उससे मुक्ति भी न उतनी अप्रयास है न उतनी ऐच्छिक। उसकी दाह न उतनी उदार है न उतनी रक्षक। यह सबकुछ कब्र के ठंडे अँधेरे अतलान्तों में ही पनप सकता है, जहाँ न कोई ध्वनि है, न पुकार, न प्रश्न, न प्रत्याघात, न ही किसी तरह का दायित्व।

जीवन तो हर स्थल पर जवाब माँगता है। कारण पूछता है। घायल प्रताड़ित करता है, और तुम यह सब करती रही हो इन सब दिनों। कारण पूछती रही हो—पुकार को तानकर प्रत्युत्तर के लौटने के क्षण की भी प्रतीक्षा न कर सकने का कारण। पूछती रही हो—रातों के घुप्प अँधेरे में मुझे जगाकर, झकझोरकर, प्रताड़ित करके कभी सहलाकर, क्षमता-उदारता का वास्ता देकर, कभी मेरी नीचता को अँगूठा दिखाकर।

अपनी इस अभियुक्त यातना के रहते अपने को तुम्हारे सम्मुख एक खुली प्रताड़ना और दंड के निर्भय नंगेपन में छोड़ देने के अतिरिक्त मेरी कोई चायस नहीं। इसीलिए मैं तुम्हारे समक्ष उन्मुख हूँ...तुम्हारा ही नहीं, जीवन की पुकार का अन्धा-बहरा अपराधी।

यह कितनी बड़ी विडम्बना है वसुधा कि तुम्हें लेकर मैंने जो कुछ भी करना चाहा, मौका आने पर ठीक उसके विपरीत ही किया। यूथ फेस्टीवल में तुम्हारा आना मेरे लिए कायाकल्प था—जीवन का अलभ्य-आवाहन। यद्यपि इस कहने को भी तुम एक छलावा ही मानोगी क्योंकि मैंने तुम्हारे जाते ही तुम्हें एक पत्र लिख दिया था—मैं मुक्त हूँ। अपने केन्द्र में बिंधा, अपनी निजी मूल्यवत्ता के आभास में मग्न। मेरी निरपेक्ष स्वतन्त्रता किसी दूसरे—परिधि पर खड़े किसी भी दूसरे के उद्‍गारों को घायल न करे—मेरा सरोकार इतना है—बस इतना।

सेमिनार में जब तुम आयीं तो मैंने तुमसे कहा भी था कि वह लिखना उस क्षण तक ही सच था, उन घड़ियों का असन्दिग्ध सच, पर जैसे किसी बहुत तल्लीन कर देनेवाली पुस्तक को समाप्त कर लेने के बाद उसके भीतर का संसार पूरे आवेश और इवाल्वमेंट के साथ हमारे भीतर खुला पड़ा मिलता है, वैसी ही थी तुम्हारी उक्तियाँ—प्रस्तुत, पुकारती हुई, माँगती-सहलाती हुई, बोलती-समझाती हुई।

उनके बारे में सोचता-सोचता मैं जैसे जी गया—सचमुच का जीवन। किसी चीज़ को देख सकने, छू सकने, महसूस कर सकने का वास्तविक अधिकार...उस कल्पना में, उन छह-सात महीनों में ही मैं जाने कितने जीवन जी गया। यही लगता रहा यह सबकुछ मेरे आत्मरत अँधेरे से अधिक आमन्त्रक है, अधिक उर्वर, अपने को ही बार-बार जन्म दे सकने की क्षमता रखनेवाला।

देख पाओ तो उस पत्र में मेरा अभिमान ज़रूर था, अपनी मुक्ति कामना भी, अपने

निर्मोह होने की सफाई भी पर परिधि पर तुम्हारी भावनाओं की पहिचान भी तो उतनी ही। यह बात अलग है कि अपनी मुक्ति की निरपेक्ष कामना ही किसी के मन में मुख्य हो तो अपने आसपासवालों को आहत किये बिना वह मिल ही न सकती हो।

मैं शायद समझ ही नहीं पाया कि यह सारा कुछ...उस तरह का श्रेष्ठता भाव, चलती धारा के बीचोबीच अपने को अडिग रखे होने का अभिमान कितना एकांगी है। वह एक निर्जीव उपलब्धि (?) है, जिसे कोई कहीं भी उठा-धर सकता है...अर्जित करने या खो देने का संकट उसमें है ही नहीं। पता नहीं क्यों नहीं समझ सका कि संगमरमर के धवल-स्वच्छ मन्दिरों के बीच बैठी प्रतिमाएँ कुछ भी नहीं कहतीं, कोई चुनौती नहीं देतीं। आरती करो या अनादर करो। चिकने स्तम्भों के पीछे खड़े होकर धुआँ उड़ाओ या घुटने टेको। चढ़ावे के पैसों को लेकर चलते बनो या आत्मदान के लिए आकुल होओ...वह कुछ नहीं कहेंगी...कुछ नहीं देंगी न लेंगी। तुम्हें इसी संसार को लौटा देंगी। उसी जीवन को जिसने देवत्व का आवाहन कर इन प्रतिमाओं में भी प्राण-प्रतिष्ठा की है।

जब तुम पहली बार आयी थीं मुझे तभी समझ जाना चाहिए था, तुम आ गयी हो, दबे पाँव मेरे साथ चलने लग गयी हो। अँधेरे में भी तुमने मुझे पहचान लिया है, शेयरिंग का अपूर्व विश्वास मेरे भीतर जगाया है। मुझे जान जाना चाहिए था कि तुम वह और वैसा उछाह नहीं हो जो अपने उद्दाम आवेग में तट पर खड़े आदमी के सिर के ऊपर से उछलता निकल जाता है पर तुम पैरों के नीचे की धरती को चुपचाप अपने में ले लेने की खामोश ताकत हो।

तुम्हारे चले जाने के बाद जाना कि जो शून्य तुम छोड़ गयी हो वह अब तक के जाने हुए महाशून्य से ज़्यादा सच, ज़्यादा सर्वग्रासी है। ज़्यादा ठकठोरता हुआ। उसमें एक चेष्टा है, एक अर्ज, एक माँग। किसी साक्षात सशरीर सच्चाई को छू सकने की अदम्य व्याकुलता। सारी दुविधा और दुराग्रह के बावजूद उसमें एक तनाव है...किसी अनजानी उत्कटता का तनाव।

शायद तुम सोच भी न पाओ मेरे जैसे व्यक्ति के लिए वह कितना दुविधा भरा समय था...कितना संकटासन्न। मैंने असत्य कह-कहकर इस एहसास को परे धकेलने का यत्न किया है।...अपने को अपनी ही भट्ठी में बार-बार झोंकना चाहा है पर हर बार तुम ही वहाँ मिली हो—बरजती, जताती हुई, मेरे अतीत और मेरे वहम के साथ ही मुझे सह जाने का आश्वासन देती हुई।

जानता हूँ बहुत भावुक हो रहा हूँ पर इस भावुकता से अपने को नहीं बचाऊँगा...तब फिर सबकुछ अनकहा रह जायेगा। उस भाषा को खो बैठूँगा जो मुझे ही नहीं शायद हर किसी को अपना छोर छोड़ देने पर ही मिलती है। मैं तो इस भाषा को पाने के लिए पता नहीं कबसे छटपटा रहा हूँ।

ऐसे ही किसी तनाव में बँधा मैं लखनऊ गया था। एक पूरा दिन राजीव के घर ठहरा भी और लौट आया। जो अनुभूति मुझे हुई थी उसे पता नहीं कैसे समझा पाऊँगा। उस अनुभूति का सम्बन्ध तुमसे उतना नहीं जितना उस स्मरण-समाधि से था जिसे मैं सबसे बड़ा सच समझकर जी रहा था।

कठिन हो गया था अपने को समझाना कि वह सब एकदम झूठ था। अब तक का सहा-गुना-जाना मात्र एक छलावा। उस तरह की दुविधा के रहते आत्म-प्रताड़ना ही उत्पन्न होती है कुछ कर पाने का विश्वास नहीं। आगे बढ़ते, पैर अचानक लड़खड़ाने लगते हैं। पता नहीं कैसे किसी ने कह दिया है कि सच के एहसास का क्षण द्रुतगामी होता है, पल-भर में कई योजन पार कर जाता है पर मैं तो...

मैं शायद साक्षात सच की भाषा ही भूल चुका था वसुधा। मृतकों, कब्रगाहों, सन्नाटों, आकाश के रागमुक्त फैलावों के तले चेतना की प्रवाहिणी को फ्रीज़ करके बैठा था, वह भी झूठे अभिमान के साथ। जीवन की ज़रूरत का स्पर्श जहाँ पहुँचता ही नहीं, वहाँ किसी एक चीज़ की किसी दूसरी चीज़ से तुलना कैसी। वहाँ न तो कोई तनाव है, न चुनाव, न चुनौती। बस, बीते हुए कल का एक ठंडा श्रीहीन स्वीकार।

तुम ही बताओ, इस सारे सत्य को मैं कैसे जान पाता यदि जीवन की पुकार इस एहसास से अधिक आमन्त्रक, अधिक समर्थ न रही होती।

यह सब सुनकर तो तुम और भी चौंकोगी। पूछोगी वही प्रश्न, जो प्रतिपल पूछती रही हो—वही असुविधाजनक प्रश्न। मेरे उस नीच कर्म का कारण। परिधि पर चुप पड़े तुम्हारे आत्माभिमान को उघाड़कर, पुकारकर, इस तरह प्रताड़ित किये होने का कारण।

पता नहीं इनसान के अन्तर्मन में 'होने' और 'होना चाहने' के बीच की अपाट दूरी को तुमने कभी जाना है या नहीं। 'वास्तविक' से 'इच्छित' जगहों पर चले जाने के बारे में हम लगातार सोचते रहते हैं और प्रत्याशा के उस मासूम दबाव में लटके रहते हैं बरसों, पर वह एकदम साक्षात, बिलकुल असली, ठीक अपने सामने खड़ा अपने अधिकार के खारिज हो जाने का अन्तिम क्षण...क्या तुमने कभी उसका साक्षात्कार किया है? कभी देखी है अब तक के सारे हुए होने को अवास्तविक करार कर देनेवाली वह धधकती हुई घड़ी।

नहीं, तुम उसे नहीं जानती होगी। नहीं जान सकतीं, क्योंकि तुमने जीवन की किताब को बिलकुल दूसरी तरह से पढ़ा है—अपने सामने के सच में अपने विश्वास को पूरी तरह अवस्थित करके। तुमने 'होने' और 'होना चाहने' के बीच के फासले को अपने विश्वास से पाटा है—वह भी जीवन का अनुगामी विश्वास। जबकि मेरा प्रतिगामी हठ एक दैत्य को मेरे भीतर पालता रहा है। वह भी मेरे ही मन-प्राण की आहुतियाँ देकर। उन लपटों की दाह को मैं एक सुरक्षित रोशनी समझे बैठा था क्योंकि वहाँ 'होने' और 'होना चाहने' को पाटने की बेचैनी पैदा ही नहीं होती। यह बेचैनी

जिस घड़ी उपजी उसकी परिणति तुम्हारे सामने है।

पहली शाम यूथ होस्टल से तुम्हें छोड़कर आने के बाद मैं—तुमसे ओतप्रोत मैं—पता नहीं कैसे किस दुर्बल क्षण में उसी दैत्य के शिकंजे में आ गया।

वही मुझे जकड़े था मेरी छाती पर सवार—'तू क्यों मैं क्यों नहीं'। 'तू और मैं कबसे अलग-अलग।' दानवी दारुणता से भर देनेवाली थी वह अनुभूति...घोंट देने, पगला देनेवाला यह तादात्म। रात के स्तब्ध अकेलेपन में जड़ीभूत हो गयी लगी थी उन प्रतिध्वनियों की कुटिल क्रूर छाप।

वहाँ से हटे बिना, अपने को विस्थापित किये बिना अपने उस दुर्बल सद्यः-प्राणित स्वत्व की रक्षा नहीं हो सकती थी। सोचने के लिए, बचने के लिए—चाहे एक इंच की ही—गति ज़रूरी थी। उस दहशत और आतंक के रहते कोई किसी का वरण नहीं कर सकता। कोई किसी के लिए कुछ भी नहीं कर सकता। किसी को कुछ भी नहीं दे सकता।

उठ गया था। दो बजे थे। शिरीन की फोटो को पलटकर रखा। वहीं कहीं से प्रकट हुई थी उस निर्धूम ज्वाला की दानवी दाह। बाहर निकल गया। चलता रहा तो बस चलता रहा। थक गया तो एक टैक्सीवाले को जगाया और स्टेशन पहुँच गया। बाकी की रात प्लेटफ़ार्म की चकाचौंध में रेलों की गड़गड़ाहट सुनते बीती।। कई बार मन में आया, किसी ट्रेन में चढ़ बैठूँ, फिर जहाँ कहीं भी वह मुझे ले जाये पर तुम्हारा ध्यान...? शाम को तुम्हें टेरने लिवा लाने के लिए कह आया था।

दिन निकलने पर घर लौटा। कॉलेज गया। मन से, तन से पूरी तरह अस्वस्थ। क्लास छोड़ दी पर मीटिंग में फँस जाना पड़ा। घर आया पूरी तरह शिथिल और श्रान्त। ताजगी नहीं, उत्साह नहीं, प्रेरणा, इच्छा कुछ भी नहीं। तनाव बढ़ता गया—साँझ तक अपने काबू में आ सकने का तनाव।

कैसे क्या होगा मेरी चिन्ता थी। इस चीथड़े-चीथड़े मन को तुम्हारे सामने ले जाकर क्या करूँगा। क्या कहूँगा—मैं वह नहीं जो कल था। मैं उसका भूत हूँ...मैं उसकी छाया—गूँगी और अवरुद्ध। सहस्रों किरचों के बीच खील-खील खंडित हो गया है वह स्वीकार जिसे मेरी दृष्टि में एक साबुत स्वीकार होना था। पूरी सहमति, पूरी प्रफुल्लता के साथ।

उतना हुए बिना तुम मेरे लिए एक मेहमान थीं--पिछली बार की तरह मेरे घर आमन्त्रित मात्र एक मेहमान। और मैं जब तुम्हें टेरने गया था तो एक मेहमान की तरह नहीं। आमन्त्रित करने गया था मैं।—तुम्हें...बस तुम्हें। तुम्हारे अतीत के बिना। मैं प्रस्तुत था...तुम्हारे लिए...तुम्हारे कारण, अपने अतीत के बिना...।

सोचकर देखो, कैसे सम्भव था आ सकना। उस क्षण तो मैं और भी आविष्ट था अतीत में। पूरी तरह उसकी चंगुल में। वह भी प्रीति से नहीं भीति से। इच्छा से

नहीं जकड़न से। स्मरण से दंशित नहीं आतंकित। वह तो और भी अनुपयुक्त घड़ी थी–अधूरी। तुमसे नहीं, तुम्हारे प्रति प्रीति से भी नहीं, अपनी मुक्ति की इच्छा से पूरी तरह आच्छादित।

प्राथमिक लगी थी मुझे तब, अपनी ही पात्रता की बात। जो बोया था उसे काटना ज़रूरी था। नये बीज डालने के लिए धरती को खाली कर लेना पड़ता है। लगा था–मैं अभी अस्थिर हूँ, अनमना...शायद अप्रस्तुत भी। अपने दायित्व के सम्मुख अप्रस्तुत रहे होने की अपौरुषयता को कब से भोग रहा हूँ, अब उसकी आवृत्ति क्यों?

सोचता रहा था क्यों न तुम्हें वह सब जाकर कह आऊँ। साढ़े नौ बजे थे। अभी उतनी देर नहीं हुई थी। तुम अभी सोयी नहीं होगी। चिन्तित होगी, उद्विग्न भी। पर प्रत्याशा की जिस स्पन्दित नोक पर मैंने तुम्हें एक दिन पहले छोड़ा था, वहाँ से इस प्रसंग को उठा सकने का साहस...उसके लिए मुझे कोई दूसरा ही मन चाहिए था वसुधा।

तुम्हें कहना तो चाहता था–'वसुधा प्रतीक्षा करो...मेरी प्रतीक्षा करो...बियर विद मी...स्टैंड बाइ माई साइड जब तक कि...' हालाँकि यह 'जब तक' कितनी लम्बी होगी...कितनी तावील इसका मुझे खुद भी एहसास नहीं। अखरी भी थी उस समय अपनी स्वार्थान्धता। कैसे मेरा हो गया तुम्हारे उदार प्रीतिभाव को बन्धक रख सकने का अधिकार...किस आधार पर? तुम्हारे इस उदात्तभाव का शोषण करके? जबकि मैं जानता था तुम स्वयं एक जमीन ढूँढ़ती काँपती हुई अस्मिता हो...।

अन्ततः मैंने तुम्हें लिखा था, एक छोटा-सा संक्षिप्त-सा वाक्य अपने को अधिक-से-अधिक तटस्थ रखने की सावधानी के साथ। जानता था ज़रा भी अधिक लिखूँगा, अपने को ज़रा-सी भी छूट दूँगा तो कुछ और लिखने लगूँगा। माँगने लगूँगा अपनी अनुकूलता। तुमसे चाहूँगा प्रतीक्षा...शायद सहृदयता भी। तुम मुक्ति चुनो या प्रतीक्षा अधिकार तुम्हारा है।

ठीक से नहीं बता सकता ऐसा सोच पाना क्यों अच्छा लगा था, चुभन हुई थी, यातना भी पर दुर्बलता नहीं। उस खतरे को–तुम्हें खो देने की सम्भावना के खतरे को–चुन लेने के बाद उतना कातर नहीं रह गया था मैं। अच्छा ही लगा था अपने को किसी-न-किसी दबाव की दासता से निकाल सके होना।

गाड़ी निकाली और घूमता-घामता यूथ होस्टल पहुँचा था। "क्या अभी भिजवाना है?" लिफाफा थामकर रिसेप्शन पर खड़े व्यक्ति ने पूछा था। "नहीं। अभी डिस्टर्ब न कीजिए...सुबह दे दीजियेगा...मुझे असल में अभी आउट स्टेशन जाना है सोचा...।" हालाँकि वह अपने काम में लग चुका था, मैं व्यर्थ सफाई दे रहा था।

उस समय साढ़े ग्यारह बजे थे। घर लौटने की इच्छा नहीं थी। अपने को उस

विध्वंसक विद्रूप भरी अनुभूति के शिकंजे में छोड़ देने की भी नहीं। वह माहौल मेरी कैद का अभ्यस्त था मेरी मुक्ति का नहीं। उस दहशत से मैं बचना चाहता था। आकाश अजनबी लगा था--वर्षों का जाना-बूझा आकाश। मैं स्टेशन चला गया और वेटिंग रूम में एक बेंच पर पसरा रहा।

सुबह साढ़े दस बजे के लगभग घर आया तो पता लगा तुम आयी थीं। मेरे लिए अप्रत्याशित था तुम्हारा आना। उस स्लिप के बावजूद आना। कुछ अपेक्षित था तो तुम्हारी निराशा और हताशा, शब्दों के स्पर्श से भी आहत होने की तुम्हारी मानसिकता। जिसे कुछ-कुछ जाना था पिछली बार।

जानती हो तुम्हारी वह अपार करुणा...लगा था यह एक दूसरा रसातल है, जो किन्हीं दो को आँखें खोलकर आमने-सामने खड़ा ही नहीं रहने दे सकता। उतनी ही अस्वस्तिकर थी वह अनुभूति। किसी की अप्रस्तुत अवरुद्धता पर क्षमाभाव का अनचाहा आच्छादन। ऐसा अपौरुषेय स्वीकार हरगिज नहीं हो सकता था मेरी नियति का नियामक...अब तो और भी अनिवार्य लगी थी मुझे प्रतीक्षा, किसी स्वस्थ समर्थ क्षण की प्रतीक्षा...

सुबह रविवार था। लगा तुम चली गयी होगी, शायद न भी गयी हो...शायद।... शायद।...मुमकिन है तुम्हारा इरादा बदल गया हो...।

गेस्ट-हाउस में फोन किया। मेरा अनुमान ठीक था। तुम गयी नहीं थीं। लगा तुम अभी आती होगी...अभी...एकदम अभी! मैं बेचैन था। उस सारे हो चुके वृत्त-वृत्तान्त की सफाई समझाई के प्रति उस समय अप्रस्तुत रहे होने के कारण बेचैन। मैं जानता था मैं कुछ भी नहीं कह सकूँगा। फूहड़ किस्म के संकोच से भरी होगी यह भेंट...एक भद्दी शुरुआत।

उस नसतोड़ तनाव के बीच मेरे पास एक ही नाम बचता था--दीदी। एक ही स्थान--दीदी। कारण-अकारण, विवेक-अविवेक की तलछट से बेध्यान, वत्सलता में विराट--मेरी दीदी। मेरी माँ।

मुझे देखकर वह चौंकी थी। एक दिन पहले ही मेरा पत्र उन्हें पहुँचा था। जिसमें मैं उन्हें आने के लिए लिख चुका था--पता नहीं किस आशा से। शायद सेमिनार में तुम्हारे आये होने की प्रत्याशा मन में बनी थी। सोचा था, इस बार शायद तुमसे मिलवा पाऊँगा।

हलकी-सी ही उनकी जिज्ञासा से मैं बिखर गया। पूरी तरह खुल गया। नंगा हो गया जैसे कोई अपनी जन्म के समय अपनी माँ के सामने होता है।

जानती हो फिर क्या हुआ?...दीदी ने तुम्हारा ही पक्ष लिया। तुम्हारी पैरवी की, तुम्हें देखे-जाने बिना। मुझसे अधिक पता नहीं वह तुम्हें कैसे जानती थीं। सजातीय अन्तरंगता उसे कहेंगे या कुछ और मुझे तो ठीक से यह भी नहीं पता।

तुम्हारी करुणा जो मुझे अवरुद्ध कर देनेवाली लगी थी उन्हें वह अप्रतिम। अमोल लगा था उन्हें तुम्हारे नारीत्व में निहित वैसा उदात्त भाव। जानती हो उन्होंने मुझे क्या कहा था–"तू उसे पहुँचेगा तो जानूँगी।"

मैं जो पहुँच गया हूँ जल्दी, इसका श्रेय दीदी को है। उन्होंने ही मेरे सफर को इतना छोटा कर दिया। चलता-चलता मैं आता तो ज़रूर पर पता नहीं कब...कितनी देर से। मैंने कहा तो था तुमसे–जो चल चुकता है वह पहुँचता तो ज़रूर है चाहे देर से ही पहुँचे।

मैं अब स्वस्थ हूँ–आश्वस्त। प्रतीक्षा की अधीरता से भरा। दुविधाओं से परे। तुम्हें सुखी रख सकूँगा, मुझे बहुत भीतर से कहने की इच्छा होती है, यद्यपि जिस ताप में यह सुख जन्म लेगा वह भी तुम्हारा ही दिया हुआ होगा...तुम्हारा सिरजा हुआ। उस कृतज्ञता से मैं बचना नहीं चाहता, कभी नहीं चाहूँगा।

मैंने जो कुछ भी किया है या मुझसे जो कुछ भी हुआ है अक्षरशः तुम्हारे सामने है...। उस तरह का अपराध किये होने का कल्मष मेरे मन में न भी हो तो भी मैं तुम्हारा अपराधी ज़रूर हूँ। हालाँकि सोचने बैठता हूँ तो लगता है इस सारी बेचैनी में तुम्हें दुख तो ज़रूर पहुँचा, पर तुम बच भी कैसे सकती थीं। परिधि जो हो–मेरी चतुर्दिक परिधि।

'तुम' के सम्बोधन के लिए दंडित कर सकती हो पर जानता हूँ, नहीं करोगी... नहीं न?

अब और जो कुछ लिखना है पत्रोत्तर आने के बाद लिखूँगा।

तुम्हारा अपना ही
विवेक

पुनश्च : इस पत्र को समाप्त करके दोबारा पढ़ते मैं पता नहीं क्यों तुम्हारे उस तल्लीन चेहरे की कल्पना में आविष्ट हुआ जा रहा हूँ जो इसे पढ़ते समय तुम्हारा होगा। वह मुझे दीख रहा है–यहीं बैठे।

सी-108, ग्रीन पार्क,
नयी दिल्ली,
9.12.19...

प्रिय वसुधा!

मैं तुम्हारे पत्र की प्रतीक्षा कर रहा हूँ। सतत प्रतीक्षा।

तुम्हारा ही
विवेक

पुनश्च : इस एक पंक्ति के साथ ही यह पत्र समाप्त कर देने की मंशा थी पर

ताप लग जाने पर पहाड़ी झरना बन गयी हिम को जैसे कोई रोक नहीं सकता वैसा ही मैं...बिलकुल वैसा ही मैं...।

इस बहाव से चलता आया पानी अब तो पैरों के नीचे महसूस होता है। तुम्हें नहीं?...तुम तो इतनी संवेदनशील हो।

मैंने पता नहीं क्यों मान लिया है कि मैं जो कुछ भी कर रहा हूँ, उसमें तुम्हारी असहमति नहीं होगी।...क्या मैं ठीक सोच रहा हूँ?

विवेक

सी-180, ग्रीन पार्क,
नयी दिल्ली
12.12.19...

प्रिय वसुधा!

30 नवम्बर को तुम्हें एक लम्बा और 9 दिसम्बर को एक संक्षिप्त-सा पत्र लिखा था। पता नहीं मैंने क्यों सोच लिया था कि तुम्हारा उत्तर तुरन्त आयेगा उलटे पाँव चलता...। यह नहीं कि निराश हो रहा हूँ पर अधीर ज़रूर हूँ।

इस समय रात के दो बजे हैं। पता नहीं क्यों और कैसे मैं उद्विग्न-सा एकाएक जागकर बैठ गया हूँ। बाहर आँधी आयी थी। दरवाजों पर दोहत्थड़ मारकर मुझे जगा गयी। मैं समझा था मैं उससे सोते में जूझ रहा हूँ। जाग जाना अच्छा लगा। जिस चिन्ता को लेकर सोया था, वही शायद इस बेचैनी का कारण रही होगी।

यह मानने में मुझे कठिनाई होती है कि तुमने मुझे अनात्मभाव से लिया होगा, फिर भी इस चिन्ता को मन में लेकर सोया ज़रूर था। ऐसा तो नहीं कि मैंने अपने को बलात तुम पर लाद दिया है इस बात की चिन्ता किये बिना कि उस वृत्त के बाद तुम मुझे कितना विश्वासपात्र मानती हो।

हो सकता है यह आधी रात को निद्रा-अनिद्रा की देहरी के बीच एकाएक जाग जाने की अस्थिरता हो। इसका तुम कुछ और अर्थ न लगाना।

तुम्हें वह सब कहे-सुने का संशय-सन्ताप मेरे मन में नहीं है बल्कि तुम्हारे माध्यम से अपने को पा सके होने के सुख को मैं विस्मित होकर देख रहा हूँ...अभ्यस्त हो रहा हूँ। एक शान्ति-सी मिल गई है। इतनी शान्ति...इतनी अधिक शान्ति मैंने कभी नहीं जानी...। कभी-कभी तो सन्नाटे और शान्ति के बीच मुझे कोई फरक ही समझ में नहीं आता, जैसे नींद और मौत के बीच नहीं। अक्सर इतना निरुद्वेग-सा हो जाता है मन कि लगता है सो गया तो फिर कभी नहीं उठूँगा और तुम्हें फिर कभी नहीं देख पाऊँगा।

बड़ा अजीब-सा एहसास है यह, शान्ति और सनसनाते अँधेरे के बीच इतना

थोड़ा-सा फर्क—आवाज़ की एक दीवार के जितना। गढ़ की मोटी दीवारों के अभ्यस्त व्यक्ति के मन में इतनी महीन आहटों से डर जाने और पसीना-पसीना हो जाने की घबराहट कहाँ से आती है—क्या बता सकती हो तुम?

मैं इतना डर क्यों रहा हूँ वसुधा। अपनी कैद का वह टुकड़ा भर निर्भीक उजाला मुझे कहीं दिखायी नहीं देता (तुम उसे अँधेरा कहोगी)।

कभी-कभी लगता है तुम्हारे विश्वास को पा सकने का प्रश्न भी अब उतना छोटा नहीं। चाहता यही हूँ कि मुझे सदय भाव से चाहे लेना, दया भाव से नहीं, न ही अपने उखड़े-पुखड़े जीवन का समझौता मुझे समझना।

तुम्हारे समूचे सत्व का प्रत्युत्तर मैं बन पाऊँ तो ही मुझे स्वीकारना। पात्रता का प्रश्न फिर वहीं तय हो जाता है।

तुम्हारा उत्तर आशा है जल्दी आयेगा।

तुम्हारा आत्मीय,
विवेक

3/143, बनारसी बाग,
लखनऊ।
25.12.19...

प्रिय आनन्द!

तार मिला होगा। मैं उद्विग्न हूँ बुरी तरह। एकदम विच्छिन्न, कुछ भी सोच-समझ पाने के असमर्थ।

आयी तो विवेक के तीन पत्र आये मिले—एकसाथ। उसे मेरा प्रवास में होना क्या पता होगा।

पत्र तुम्हें भेज रही हूँ क्योंकि इसके अतिरिक्त मैं कुछ और सोच ही नहीं पा रही। जो मेरी नियति है वह हर कदम पर मेरे सामने है और वह एक कदम भी अपने में पूरी यात्रा है। चुनौतियाँ देता खंडित करता। मैं आतंकित हूँ, पूरी तरह विस्थापित।

तुमसे...विशेष तुमसे मुझे क्या कहना है इस समय तो यह भी अविदित है।...जिस केन्द्र से आत्मीयता का निर्धूम ताप जन्म लेता है वह धुआँसे से धूमिल है।...पूरी-पूरी तरह। एक क्षमा ही है जो मैं तुमसे माँग सकती हूँ। तुम्हारी अपेक्षाओं से क्षमा...। उस बित्ते-भर ज़मीन से अधिक इस समय मुझे कुछ भी अपने पैरों के नीचे नहीं दीख रहा।

यात्रा आरामदेह रही, यह कहना भी अब कितनी पुरानी-सी बात हो चुकी है। कुछ और लिखने की न इच्छा है न सामर्थ्य।

सस्नेह—
वसुधा

पुनश्च : अभी कल्पना से बात हुई है। वह मेरे इस रवैये के विरुद्ध है। उसकी दृष्टि में मुझे निर्णय तक पहुँचने की यात्रा को लाँघ जाने के बाद ही तुमसे सम्पर्क करना चाहिए। उसके हिसाब से किन्हीं दो व्यक्तियों के बीच यह एक गलत किस्म की शुरुआत कही जायेगी—अनिष्ठा के सन्दिग्ध कुहासे से घिरी शुरुआत, पर मेरा मन शुरुआत या भविष्य की किसी आसन्न चिन्ता से पूरी तरह खाली है।

कल्पना तुम्हें नहीं जानती। यों तो मैं भी तुम्हें उतना कहाँ जानती हूँ फिर भी मन में कहीं-न-कहीं तुम्हारे उतने सन्तुलित और आब्जेक्टिव रहे होने का विश्वास ही शायद मेरे इस कर्म का मूल कारण रहा होगा। पता नहीं क्यों लग रहा है, इतना भरोसा मैं तुम पर कर सकती हूँ।

26.12.19...

45, वसन्त नगर,
बैंगलोर।
30.12.19...

प्रिय वसुधा!

तुम्हारे भेजे सभी पत्र मिले। मुझे खेद है कि वहाँ पहुँचते ही तुम ऐसी उद्विग्न कर देनेवाली मनःस्थिति में फँस गयी हो। मेरे लिए भी यह कोई सुखद स्थिति नहीं है पर इस सारे होने में कुछ-न-कुछ तो श्रेयस्कर होगा ही, और कुछ नहीं तो अपने को और अधिक खोलकर देख सकने का अवसर। जो रास्ता यहाँ—तुम्हारी बीमारी या संकटासन्न स्थिति में होने के कारण—एकाएक सिमटकर छोटा हो गया था, उसे अपनी पूरी मानसिक लम्बाई में माप सकने की स्थिति बिन बुलाये आ गयी है। ज़रूरी है कि तुम कुछ स्थिर होओ। इस बदहवासी में तुम क्या सोच सकोगी। अस्थिर पानी अपने चारों ओर उलझन भरे दायरे-ही-दायरे बनाता है। कोई भी साफ़ प्रतिबिम्ब उस सतह पर नहीं दीखता।

विवेक के पत्र पढ़े। वह सब तुम्हें सम्बोधित है, साधारणतः वह अधिकार मेरा नहीं। तुमने दिया है तो उन पर टिप्पणी करना कुछ ऐसा गलत भी नहीं। इन पत्रों की पर्सनल इंटेग्रिटी मन को छूनेवाली है। तुम्हें तो खासा हिलाया होगा।

जहाँ तक मैं समझता हूँ, मुझे यह सब पत्र भेजने का अर्थ है, तुम मुझसे चाहती हो कोई फैसला। यह चाहना ग़लत है वसुधा, इसे तुम सोचकर देखो। यद्यपि मैं ऐसा कोई आरोप नहीं लगा रहा, फिर भी मेरी दृष्टि से देखने पर इसका यह अर्थ भी तो निकल सकता है कि तुम चाहती हो कि यह सब जान-समझकर मैं तुम्हें स्वयं ही मुक्त कर दूँ या अपने को समेट लूँ। चाहे मुक्ति जैसी चीज़ कोई किसी को नहीं दे सकता (उसे स्वयं अर्जित करना पड़ता है, अपने ही भीतर से) वैसे ही, जैसे बन्धन भी कोई

किसी को नहीं दे सकता। वह भी बन्धन के प्रति अपने स्वीकार से ही पैदा होता है।

तुम सोचने का समय लो। अपने को टटोलो। ईमानदारी से। निष्पक्ष होकर। जिस स्थिति में तुम हो, उसमें किसी का हस्तक्षेप ठीक नहीं, मेरा तो और भी नहीं। यह बात मैं पूरे उत्तरदायित्व और शुभांक्षा से कह रहा हूँ। किसी दूसरे की लाभ-हानि सोचकर या किसी दूसरे के मुलाहज़े-मुरव्वत में किये गये फैसले का मुलम्मा जल्दी उतर जाता है, अपना आत्मविश्वास टूटता है वह अलग।

तुमने लिखा ज़रूर है कि मेरी राय मिल जाने से तुम्हें एक आब्जेक्टिव व्यक्ति के विचारों का लाभ मिल सकता है पर इस विषय में क्या तुम मुझे तटस्थ मानोगी?... तुम्हारे विश्वास की आड़ लेकर मैं फैसले को अपने पक्ष में हथिया लेने की ग़लती भी तो कर सकता हूँ और वह बहुत अस्वाभाविक भी नहीं होगी—रादर ह्यूमन। यदि मैं किसी से कुछ छीनता नहीं तो अपने को सजा देने का भी मुझे कोई शौक नहीं। दूसरों पर अत्याचार न करने की सदिच्छा में अपने को इस प्रकार के अत्याचार से बचाये रखने की इच्छा भी शामिल है।

इस कठिन समय में मैं तुम्हें ग़लत नहीं समझूँगा, आश्वासन देता हूँ। तुम अपने को किसी भी फैसले के लिए पूरी तरह स्वतन्त्र समझो। स्वतन्त्रता किसी की भी हो, मेरे लिए सम्मान की चीज़ है, तुम्हारी तो और भी अधिक। उसके तहत किया गया कोई भी फैसला मुझे मान्य होगा।

इस पूरे सन्दर्भ में मेरे लखनऊ आने का फिलहाल कोई औचित्य दिखाई नहीं देता। अपना टिकट कैंसल करवा रहा हूँ।

कल सुबह की डाक से एक साड़ी तुम्हें भेज चुका हूँ। पार्सल तुम्हारा पत्र आने से पहले जा चुका है। पत्र आ चुका होता तो ऐसा करना एक अपील के जैसा लगता। वैसा कम चटक-सा लाल रंग मुझे एकाएक भा गया था। लाल में जो चटकीलापन होता है, वह उसमें नहीं था। तुम्हारे स्वभाव और अपनी इच्छा का उसमें कुछ ऐसा तालमेल देखा कि झट खरीद ली और फौरन ही भेज दी। सोचा था, मेरे आते तक तुम उसका ब्लाउज़ आदि बनवा लोगी।

नये सन्दर्भ में पुरानी हो गयी बात की अवहेलना करना, प्रार्थना है।

मेरा यह पत्र तुम्हें नये वर्ष में पहुँचेगा। मेरी आन्तरिक शुभकामनाएँ तुम्हारे लिए हैं।

घर में सब अच्छे होंगे। उन्हें मेरा प्रणाम देना। बच्चों को अपनी चीज़ें पसन्द आयी होंगी। उन्हें प्यार।

शुभकामनाओं सहित,
तुम्हारा,
आनन्द

3/143, बनारसी बाग,
लखनऊ
5-1-19...

प्रिय आनन्द!

तुम्हारा पत्र मिला। विवेक के पत्र भेज दिये थे इसलिए नहीं कि उसमें अपनी मुक्ति की प्रच्छन्न कामना थी बल्कि इसलिए कि वह सब सह सकना मुझे एकदम कठिन लगा था। कोई नहीं था आसपास जो उस आकस्मिक आघात की अधीरता को बाँटता। एक कल्पना थी वह भी अपने मन की धारा के विरुद्ध। उसका जो भी तर्क था, दूर तक सोचने पर तो वह मुझे और भी अर्थहीन लगा। तुम्हारे साथ या तुमसे अलग, परिणति जो भी होती, उसे तुम्हें जानना ही था, अपने कारणों के साथ, क्योंकि तुम्हारे-मेरे बीच एकाएक अनिश्चित हो जाने का कोई और कारण था ही नहीं।

तुम्हारा पत्र आने के बाद सोच रही हूँ मैं अपना बोझ उस पर लाद रही हूँ जो हर तरह से स्वतन्त्रता का आकांक्षी है। यही नहीं, चुनाव और निर्णय के दौरान दूसरे के प्रति अपने को पूरी तरह तटस्थ कर लेने का उतना ही कायल भी। आने के प्रोग्राम को कैंसल कर देने के पीछे मैं ऐसे ही किसी दबाव को मुख्य कारण क्यों न मानूँ?...आने का प्रोग्राम कब से तय था। यदि तटस्थता ही अपने अन्तिम रूप में वांछित थी तो आने से भी वह निर्णय में बाधक क्यों हुई होती। आ जाने से मन खोलकर बातचीत कर पाने का लाभ मुझे चाहे मिल जाता।

अपनी स्वतन्त्रता का यत्न और दूसरों के लिए उसकी कामना है तो अच्छी... प्रशंसनीय भी, पर वह भी तो उतनी ही अनिजी है, दुविधा की यातना को जड़ीभूत कर देनेवाली ठंडी,...उससे क्या सधा?

ऐसा लगता है किसी भी तरफ़—इधर या उधर तुम्हारी अपनी इच्छा का दबाव तुम्हारे अपने लिए कोई अर्थ ही नहीं रखता। तटस्थ रहकर अपनी स्वतन्त्रता (चाहे दूसरे की भी) के एहसास को अन्तिम बिन्दु तक ला पाना ही तुम्हारे लिए अपनी उपलब्धि का चरम है—निजता के बिना का चरम। क्या तुम इसे मानवोचित कहोगे?

शिकायत करना ग़लत है, यह मैं भी जानती हूँ, पर शिकायत के दबाव से मन खाली हो तभी तो...बहरहाल, मुझे लगता है मैंने अपनी अभिशप्त ज़िन्दगी को अयाचित ही तुम पर डाल दिया है। कोई भी उससे बचना चाह सकता है। अपने भाग्य को कोसती हूँ जो हर स्थल पर मेरे सामने खड़ी किसी भी वास्तविकता को पल-भर में ही एक छाया में बदल देता है।

तुम्हारा भेजा पार्सल अभी नहीं मिला। उसे पाये बिना ही मैं तुम्हारे इस जेस्चर

का आभार प्रकट कर रही हूँ, साथ ही तुम्हारी भेजी शुभकामनाओं का भी। नया वर्ष तुम्हें भी शुभ हो, मेरी कामना है।

सद्भावना सहित—
वसुधा

45, वसन्त नगर,
बैंगलोर।
10-1-19...

प्रिय वसुधा!

तुम्हारा पत्र मिला। बहुत दुख गयी हो। इतने कष्ट में हो कि ज़रा-सा भी कुछ (तुम्हारी दृष्टि में आब्जेक्टिव) कहना तुम्हें व्यथित कर गया है गहरा। मेरी इच्छा तुम्हें आहत करने की नहीं थी। मेरी तटस्थता और सो-कॉल्ड उदासीनता को तुम चाहतीं तो समझ सकती थीं। तुमने भी तो मुझे एक खोल ही समझ लिया है। असल में, गोली दागनेवाले आदमी को सामनेवाले का कवच-ही-कवच दीखता है, बिना जाने कि लोहे का कवच सबसे पहले उसी देह-मन को ही घायल करता है, जो उसे धारण किये रहती है।

कैसे समझाऊँ कि किसी भी हालत में मैं तुम्हारे दायरे से बाहर नहीं हूँ, न रहना ही चाहता हूँ, फिर भी तुम्हारे लिए तुमसे आगे मैं नहीं हो सकता, इसे तो मानोगी। वह तुम्हारा अपना, अपने पर सर्वोच्च्य अधिकार तुम्हारा अपना ही रहेगा। उसे बीच में गड्डमड्ड कर देना मैं ठीक नहीं समझता।

यह क्यों नहीं सोच पाती हो कि तुम्हारे प्रति अपने उतने लगाव के कारण ही मैं इस तरह प्रतीक्षा में खड़े रहने के धीरज और संयम को पा सका हूँ। तुम जब दुविधा के काँटों में उलझी हो तो किसी भी तरह की खींचतान तुम्हें अधिक लहूलुहान ही करेगी, इसे भूल नहीं जाना चाहता रहा। इस उदासीनता को तुम एक तैयारी क्यों न समझो—चट्टान की नोक पर लटकी प्रतीक्षा के परिणाम की तैयारी।

तुम यह क्यों समझती हो कि मैं सर्वशक्तिमान हूँ, किसी तरह का दुख-दर्द मुझे नहीं व्यापता, हालाँकि यह सच है कि दुख में उतना नंगा हो जाने की स्थिति मुझे कभी भी गवारा नहीं होती। हो सकता है इनसान के वजूद में दुख को आत्मसात कर लेने की ताकत पर मेरा कुछ अधिक विश्वास रहा हो, पर इस कारण से ही क्या तुम मुझे ग़लत समझोगी?

यह सबकुछ कहने की इच्छा मेरे मन में नहीं थी, ज़रा भी नहीं। मेरे विचार से यह सब कहना भी निर्णय और निर्णय की सोच में हस्तक्षेप करना ही हुआ पर तुम्हारी

अपने को ही आहत करती यातना मुझे दोहरी होकर गड़ रही है। मैं नहीं चाहता कि आत्मदया और आत्म-भर्त्सना में तुम पल-पल छोटी होती जाओ। अपने प्रति विश्वास के ताप में तुम पूरी तरह पनपो, चाहे तुम कहीं भी, किसी के भी साथ रहो।

लखनऊ आना, चाहे जिस निहित कारण से कैंसल किया हो, तुम्हें अखरा है। तुम्हें कष्ट होता है तो आऊँगा, ज़रूर आऊँगा। अब इस वीक एंड पर तो नहीं पहुँच पाऊँगा क्योंकि जाने का विचार त्याग देने पर कुछ नये अपाएंटमेंट्स तय कर चुका हूँ, जिन्हें निपटाना अब ज़रूरी हो जायेगा। शायद दौरे पर भी जाना पड़े। निवृत्त होते ही आऊँगा। तुम अपनी अनुकूलता भी लिख सको तो अच्छा है। प्रोग्राम बनाने की सुविधा रहेगी।

एक बात और...कहने की कोशिश चाहे तुम्हें आहत ही करे। 'उस सब' होने को—बच्चों की तरह मेरी छाती से लगकर फूट पड़ने को—बीच में न लाना। उन सब आत्मीय क्षणों की कीमत नहीं माँगूँगा। मन में बाधा आती हो, तो तुम उन्हें नदी के बहाव के निकट खड़े पैरों के भीग जाने की अनिवार्यता समझ सकती हो और उसकी अवहेलना भी कर सकती हो।

तनाव और उद्वेग से परे तुम अपनी सहज-स्वाभाविक मनःस्थिति को पा सको, मेरी कामना है। फिलहाल तो तुम बड़ी उद्विग्न लग रही हो।

विवेक के पत्र वापिस भेज रहा हूँ। उत्तर देना होगा।

शेष शुभ है।

तुम्हारा,
आनन्द

3/143, बनारसी बाग,
लखनऊ।
14-1-19...

प्रिय आनन्द!

तुम्हारा पत्र मिल गया था (विवेक के पत्रों के साथ)। उसमें निहित आश्वासन बल देनेवाला लगा। हो सकता है वैसी किसी आश्वस्ति के अभाव ने ही मुझे तुम्हारे पिछले पत्र से इतना उत्तेजित कर दिया हो। पता नहीं तुम्हें क्या-क्या कह डाला। अपनी वह बदहवासी सकुचा देनेवाली लग रही है।

यह पत्र विशेष तो मैं साड़ी की पहुँच के लिए लिख रही हूँ। साड़ी बहुत-बहुत सुन्दर लगी। आभार कहना होगा क्या?

शेष जो कुछ भी लिखना है वह मन में जितनां भी साफ़ हो पकड़ से परे है।

एक धुँधआये हुए दर्पण का-सा कुहासा है जो चेतना को जकड़े है। दुविधा मेरे मन में नहीं है। मैंने अपने को बहुत टटोलकर देखा है पर चिन्ता और उद्वेग बहुत है, पता नहीं किस बात का उद्वेग।

बहुत-सी बातें हैं जो साल रही हैं। प्रश्न जितने हैं वह अपने ही सामने हैं। धरती के एक खंड पर खड़ा हो व्यक्ति तो कुछ और फैसला करे और किसी दूसरे पर कुछ और।...मन के भीतर कोई और समय खड़ा मिले, और मन के बाहर कोई और। कम समय में कहीं तो लम्बी तय हो गयी लगती हो यात्रा, कहीं लम्बे समय में मात्र दो कदम। इन सब बातों के क्या उत्तर हैं? इनकी जाँच-पड़ताल किन कसौटियों पर होगी। एक अन्तहीन शृंखला है, प्रश्नों की दिमाग़ को झकझोरती।

फिलहाल तो न दिमाग़ साफ़ है न मन को चैन। सबकुछ जैसे स्थगित-सा हुआ पड़ा है। निवृत्ति जब होगी तब होगी।

इच्छा हो तो पत्र देना।

तुम्हारी
वसुधा

45, वसन्त नगर,
बैंगलोर।
17-1-19...

प्रिय वसुधा!

तुम्हारा पत्र। साड़ी तुम्हें रुची, यह जानकर खूब प्रसन्नता हुई। यह तुम्हें रुचेगी यह मैं पहले से ही जानता था पर मेरी यह बात सुनकर तुम्हारी प्रसन्नता कम नहीं हो जानी चाहिए।

मेरे मन में इस बात का बड़ा सन्तोष है कि किसी भी व्यक्ति के बारे में—चाहे मेरे भी—कुछ भी कह सकने की स्वतन्त्रता और विश्वास तुम अपने भीतर पाती हो। यह स्थिति किसी के भी लिए उपलब्धि कही जायेगी।

मुझे लगता है चाहे तुम साफ़ देख पा रही हो पर तुम स्वयं अभी विवेक के प्रति जुड़ाव से मुक्त नहीं हो पायी हो। (भीतर और बाहर के समय की विसंगति की तरफ़ तुमने खुद इशारा किया है) शायद तुम्हें लगता होगा कि साधारणतया वही रास्ता तुम्हारा रास्ता होता यदि तुम मुझे न मिली होतीं।

और भी बहुत-सी बातें हैं जो तुम्हारे पत्र में निहित हैं, जिन पर विचार-विनिमय कितनी बातों को साफ़ कर सकता है पर वह मुझे उतना ज़रूरी नहीं भी लग रहा। मेरे विचार में इस सफ़र को अपनी सोच के पैरों चलकर तय करना तुम्हारे लिए बेहतर होगा।

आने को स्थगित करने की बात तुम्हें चाहे कितनी भी बुरी लगी हो, उचित ज़रूर है। मेरे विचार से अभी भी उसे थोड़ा स्थगित रखना ज़रूरी है। अपने पर अपने अधिकार की ज़रूरत का एहसास इस समय तुम्हारे लिए प्राथमिक है, जिसे कोई दूसरा अपनी पूरी भावना और आत्मीयता के बावजूद भी तुम्हें नहीं दे सकता। तुम्हारा निसंशय और निर्द्वन्द्व होना सबसे पहले तुम्हारे अपने लिए ज़रूरी है।

निकट भविष्य में विदेश जाने की बात है—ए शॉर्ट ट्रिप, अभी समय तय नहीं हो पाया है।

आशा है इन सारे उद्वेगों के बावजूद तुम अपने को स्थिर रखने का यत्न करोगी।

तुम्हारा,
आनन्द

3/143, बनारसी बाग,
लखनऊ।
20-1-10...

प्रिय आनन्द!

तुम्हारा पत्र मिला। रात सोचा था पत्रोत्तर कुछ ठहरकर दिया जा सकता है, पर दबाव महसूस हो रहा है। दबाव अनजाना न सही पर है तो सही।

तुमने लिखा है कि 'मैं शायद विवेक को लेकर अपने भीतर से ही मुक्त नहीं हो पायी, क्योंकि यदि तुम न होते तो साधारणतया वह रास्ता मेरा रास्ता होता।' वह क्षण तो कभी का खंडित हो गया था आनन्द। झनझनाकर चूर-चूर हो गया था सबकुछ भीतर। अपने को अपनी ही धुरी से विच्छिन्न कर मुझे पूरी तरह दूर फेंक दिया था। दक्षिण-यात्रा के लिए घर से निकलते अपने प्रति जैसी वितृष्णा मन में थी वह यदि भीतर न होकर बाहर रही होती तो देह पर सरसराते कीड़े की तरह उठाकर फेंक दी जाती।

तुम शायद सोच नहीं पाओगे कितना असह्य हो सकता है किसी के प्रति अपनी चाह (वह भी एकांगी) का चरम पर टूटा इस तरह क्षत-विक्षत क्षण। कुछ ऐसी आत्मग्लानि मन में थी कि जीवनेच्छा के नाम पर बटोरा गया चाह और चेष्टा का नाद अपने भूखे लोभी मन की वंचनाओं को ढाँपनेवाला मुखौटा लगने लग गया था। दर्पण में अपना वैसा चेहरा वैराग्य ही उपजाता है अनुराग नहीं। इस सारी बदहवासी में व्यक्ति अपने अतीत की पूँजी (चाहे छोटी) को भी खो चुकता है और भविष्य के प्रति किसी आश्वासन से भी खाली होता है। दशों दिशाओं में खाली गूँज की तरह अकुलाई फिरती लगती है अपनी नियति।

पता नहीं क्यों नहीं समझ पाती रही कि विवेक मेरे सामने है, एक चाह, एक चेष्टा, एक आकांक्षा की तरह जो अभिशप्त प्रदेशों के अँधेरों से निकाल तो लाता है पर फिर आवाज़ तक के सरोकार से भी परे हो जाता है। मूर्खता मेरी थी कि मैं उसे पुकार रही थी, आवाज़ें दे रही थी जबकि वह वहाँ था ही नहीं। वह तो था अपने अतीत का, अपने अपराधबोध का स्वैच्छिक कैदी जो सींखचे तोड़ देने से बाहर नहीं आ जाता, उसे अपनी आत्मा का, मन का, प्राणों का टुकड़ा-टुकड़ा काटकर दे देना पड़ता है। उस चेष्टा में चाहे कोई फिर रंक ही क्यों न हो जाये।

मैं जब घर से निकली थी तो पूरी तरह रंक होकर। सारी इच्छा-अपेक्षा डुबोकर। आशाओं-आकांक्षाओं के बन्धन काटकर। निकली थी क्योंकि कुछ और कर ही नहीं सकती थी। पता नहीं किसलिए स्थान-स्थान...ट्रेन-ट्रेन। शायद किसी ऐसी मनःस्थिति की तलाश थी जो मुझ जैसे इनसान को अपने अधिकार में सिमटे रहने की निवृत्ति तो दे। दूसरे के साथ या दूसरे के बिना, व्यक्ति उस परिणति से तो बचे जो अपने को अपना ही हविष्य बना डालती हैं। कहाँ होता है इन सब चीज़ों का वास...किस देश में? किस भूमि पर? धरती का आखिरी छोर शायद मेरी भटकन की आखिरी सीमा थी...उससे आगे तो धरती का अपना भी अधिकार नहीं।

वहाँ पहुँचना एक दूसरी तरह की यातना थी। मेरे सामने था अपने वश के बाहर का अनिजी फैलाव...अपनी पहुँच के आगे का असह्य अनन्त। अपने को छोटा और नगण्य सिद्ध कर देने की यातना में धाँस देनेवाला। क्या मिलेगा उसे जो पहले से ही अनिजता के ठंडेपन में, ज़िन्दगी द्वारा फालतू करार क़र दिया गया हो। कैसे उसको अपनी पुनर्प्राप्ति...? वह तो अपने प्रतिबिम्बों से भी आहत होकर लौटेगा।

तुमने एक दिन कहा था कि तुम्हें सागर अच्छा लगता है क्योंकि उसमें तुम्हें 'एबंडन' और 'एक्सटेंशन' दोनों एक साथ दीखते हैं। तुम देख पाते हो आनन्द क्योंकि तुम्हारे पैरों के नीचे जमीन का ठहराव है। तुम स्थिर खड़े हो इसलिए तुम्हारी दृष्टि आँक पाती है वह सारा विसर्जन और विस्तार, पर अपनी धुरी से विच्छिन्न हुए व्यक्ति को वहाँ क्या मिल सकता है। उसके हिस्से आते हैं लहरों के धक्के, खारा पानी और देह पर चुनचुनाती रेत की पीड़क प्रदाह।

वैसे भी सोचकर देखो सागर असीम सही, संसार को सिंचित-आप्लावित कर सकनेवाला पर उससे एक बूँद पीने योग्य पानी को पा जाने की अभिलाषा?...नहीं, आनन्द नहीं, उसे लेना चाहने पर मिलती है रोम-रोम पर चिपचिपाती खारी वितृष्णा जो मन में अपने मौलिक एहसास से विच्छिन्न हो जाने की दूरी ही पैदा करती है। यह ज़रूरी नहीं कि कोई चाहता हो कि सारे संसार का राज्य उसे मिल सके या अनन्त फैलाव का अधिकार उसका हो पर हर किसी को चाहिए होती है अपनी छोटी-सी उपलब्धि, छोटे-छोटे सुखों-सन्तोषों से भरी सामान्य साधारण-सी ज़िन्दगी।

क्या तुम्हें नहीं लगता आनन्द कि अपनी उपलब्धि--चाहे छोटी, चाहे रत्ती-भर, चाहे इंच-भर, हर इनसान के लिए अपना-सा कुछ अर्थ रखती है। चाहे वह चूल्हे के ताप को घेरकर परिवार के बीच भीतर बैठे रहने का चाव ही क्यों न हो। बैठा रहने देती है, भटकाती नहीं। और जो बैठा होता है वह कुछ संचित भी कर लेता है। संचित कर लेनेवाला खर्चने का विश्वास भी पा जाता है। रंक नहीं रहता जिसके न अपने पास कुछ होता है न दूसरों को कुछ दे पाने में समर्थ होता है। सोचकर देखो विवेक जैसे व्यक्ति को पैरों के नीचे कब्र का एक टुकड़ा-भर इतनी स्थिरता दे सका कि उसमें परिधि पर खड़े व्यक्तियों के उद्‌गारों को आहत करने का साहस भी आ गया। वह साहस चाहे जीवन का अनुगामी हो या प्रतिगामी, है तो अधिकार के साहस से भरा। जबकि मेरे रू-ब-रू रही है एक अन्तहीन भटकन। हर काल के सन्दर्भ से विलग हो गयी विमुखता।

तुम ज़रूर पूछोगे इस सारी विमुखता, इतने अराग से इतना सटकर चलती मनःस्थिति में तुम्हारा वरण (नहीं स्वीकार) किसलिए हो सका। बहुत ठीक से तो नहीं बता पाऊँगी पर कुछ चीज़ें अपने मूल स्वभाव में हमसे अलग तरह की होती हैं--अधिक बड़ी, अधिक व़जनदार या सधी हुई। जिनका होना हमारे थके हुए स्वत्व को ललकारता नहीं, थाम लेता है चुपचाप। जिनके पास खड़े रहकर संघर्ष के कोलाहल की खड़खड़ाती ध्वनियाँ पीछे छूट गयी लगती हैं। पता ही नहीं लग पाता ठहराव का सुख कब और कैसे छन जाता है भीतर।

पता नहीं क्यों तुम्हारे साथ मुझे किसी ठोस, यथार्थ-सी चीज़ को छू पाने की बड़ी सच-सी अनुभूति हुई थी। ऐसी कोई चीज़ जिसे पाना जितना सच है उतना ही निरायास। जितना स्थूल है उतना ही सूक्ष्म, जितना विशेष है उतना ही सामान्य। ऐसा नहीं लगा किसी ऐसे रथ पर सवार हूँ जिसके दो पहिये धरती पर हों, दो उठे हुए।

मैं पता नहीं क्यों, समझती थी ऐसी किसी स्थिति का होना बड़ी विलक्षणता से भरा होता होगा पर वैसी किसी बड़ी घटना का एहसास वहाँ था ही नहीं, न किसी पड़ाव पर आ पहुँचने की पहचान का कोई प्रखर आवेग। कहने की कोशिश करूँ तो कह सकती हूँ वह एक स्निग्ध-सी हलचल थी--छाँह की लकीर को लाँघकर धूप के फैलाव की तरफ़ पैरों का चुपचाप प्रस्थान। एक खामोश निरायास समावेश। जीवन का कोई बेहद चिर-परिचित मोड़।

तुम्हारे पास बैठ जाने पर पता लगा था मैं कितना थक चुकी थी। तुम्हारे सीने से सटकर आश्वस्त हो सकने की शुरुआत मेरे भीतर अपने ढह जाने और बह जाने से हुई थी। अपने वंचित रहे होने की उदग्र दाह उस समय मेरे मन में कहीं थी ही नहीं। वह सबकुछ बाद में--अधिकार और आश्वासन की सीढ़ियाँ चढ़ता--आया था। मुझे लगा था तुम्हारा नेह किसी थके-हारे की क्षमता के सम्मुख हाथ नहीं फैलाता--

थाम लेता है, वह भी अपने पर अपने अधिकार से अपदस्थ किये बिना।

तुम्हारी उस समय पता नहीं क्या अनुभूति थी। तुमने कहा था तुमने मुझे मेरी रॉ अवस्था में पूरा देख लिया हालाँकि मेरे लिए वह असहायता और संकोच से भरी अटपटी घड़ी थी। पहचान के प्रश्न ने मुझे सन्देहशील अधिक बनाया था चाहे यह बाद में समझ आया कि वह पहचान किसी हठ के प्रतिफलन का मोह नहीं, अपनी चाह को पहचानने का बल था।

अब लगता है मेरा विवेक से वही रिश्ता रहा जो पुल का पैरों से होता है–गतिमान रिश्ता। पुल न होता तो उधर ही बैठी रह जाती–ठंडे प्रदेशों में, पर पुल चुक गया तो रिश्ता चुक गया। उससे आगे का चलना एक बदहवास यात्रा थी जो किसी व्यक्ति या विकल्प की तलाश के लिए उतनी नहीं अपने पैरों के नीचे ज़मीन ढूँढ़ने की ज़रूरत के लिए ज़रूर थी (बुरा न मानना) चाहे जिसका नाम 'आनन्द' रहा हो या मन की शान्ति...।

काँटा कहाँ गड़ रहा है इसे समझ पाना अब उतना असम्भव नहीं। जानती हूँ विवेक के ऐसे आवेग के सम्मुख अपने अवाक् हो गये होने का वास्तविक कारण। आहत होने का दंश जानती हूँ इसलिए समझ नहीं पाती उसे कैसे आहत करना होगा। यह भी नहीं चाहती कि जीवन में भागीदारी का वर्षों के बाद लौटा उसका उत्साह किसी भी कारण से खंडित हो। वह लौटे, सामने पुकारती आती जिजीविषा की अवमानना न करे। ऐसा न हो यह निराशा उसे अपने गर्त में लौटा ले जाये। यह बात अलग है कि अपनी हताशा उसे डुबोये या किसी की करुणा उसे उबारे, यह अलग-अलग स्तर पर एक-सी स्थितियाँ हैं जिनसे जीवन का कोई अपना सार्थक प्रत्युत्तर किसी को भी नहीं मिलता।

अपनी यह चिन्ता किसी-किसी समय अर्थहीन-सी भी लाती है। शायद हर समय हर कुछ नहीं हो सकता। चलने और लौटने की अपनी-अपनी सरगम है, अपने-अपने परिदृश्य। जो कदम आगे गया सो गया। दो कदमों के बीच की धरती को माप गया। इस माप में जितना घटा या बढ़ा वह उस माप की अपनी अनिवार्यता है, फिर चाहे जो कुछ भी वह हो–सुख या सन्ताप, आह्लाद या विषाद। जो घट गया वह हमारे एहसास का हिस्सा हो गया, हमारे स्वत्व में घुलमिल गया; वह अनहुआ कैसे हो सकता है। जो पैर लौटेगा वह वही पैर कैसे हो सकता है–पहले जैसा। वह लौटा हुआ पैर होगा–अपने इतिहास से बोझल।

इस सन्दर्भ में पलट-पलटकर अपने पर ही ध्यान जाता है, अपनी जीवन-स्थितियों पर। अपनी ओर देखने ने ही मुझे सदा विवेक की ओर उन्मुख किया है। उसके मेरे बीच स्वानुभव की बड़ी मूर्त-सी कड़ी है। पता नहीं दुखों के चेहरे एक-से होते हैं या यह एक संयोग है कि लगभग एक-सी रही है उसकी और मेरी जीवन-यात्रा।

अपनी-अपनी जिजीविषा को पा सकने का रास्ता उसने और मैंने अलग-अलग समय पाटा है पर यह प्राप्ति दोनों ओर हुई है एक-दूसरे के माध्यम से।

सोचने बैठती हूँ तो लगता है मैं अपनी जिजीविषा के रास्ते जिस स्वीकारभाव को पा सकी हूँ तो वह भी क्यों आश्वस्त नहीं हो सकेगा। हो सकता है चल निकलने की अनुकूलता के बाद हठ जैसा (तुम उसे 'रिफ़्यूज़ल टू ग्रो' कहते हो) कुछ रह ही न जाता हो। जीवन के प्रति स्वीकारभाव सहज हो जाता हो। मुझे तो लगता है तब फिर चुनाव हो जाता है जहाँ कहीं भी, जिजीविषा अपने सजातीय भाव को स्पर्श कर पाती है।

इसी तरह की उधेड़बुन में आजकल सारी रात जागते निकल जाती है, पता नहीं इस उद्वेग के बीच कौन-सी घड़ी अपने राहत की घड़ी होगी।

इस बात से भी मुक्ति नहीं मिलती कि मैं यदि कन्याकुमारी न गयी होती, तुमसे मेरा साक्षात न हुआ होता तो विवेक की यही पुकार मुझे वरदान जैसी लगती पर अपने को मानसिक रूप से तनिक-सा भी उधर संलग्न करने लगने पर उलझाव बढ़ता ही है। सामने दीखने लग जाती है उतनी लम्बी राह जो मेरे अभी-अभी छोड़े भूमिखंड को भी मेरा अतीत बना देती है। कितने कम समय में मैं कितना लम्बा रास्ता तुम्हारे साथ चल आयी हूँ। सोचने बैठती हूँ तो लगता है विवेक के साथ मेरा रिश्ता एक जूझता हुआ रिश्ता था। सारी शक्ति उसे झकझोरने और उसके और अपने बीच एक धरातल को पा सकने में गयी। वह लय कभी नहीं सध पायी जो दो पैरों के बीच चलने का कारण बनती है, जबकि तुम्हारे साथ चलना एक पगडंडी को छोड़कर सड़क पर चलने की तरह सहज रहा, शायद इसीलिए द्रुतगामी हो गया। बीच धारा में आ सकने के पूरी तरह समर्थ।

फिलहाल तो यह भी ठीक से समझ नहीं पा रही कि विवेक को क्या लिखना समुचित होगा। अपने प्रति मेरी चाह के उस चरम और मेरे मन से हो गुज़रनेवाली इस ऊहापोह को तो वह ठीक से जानता तक नहीं। कभी भी उससे खुलकर नहीं हो सका संवाद। हमेशा संकेतों में—टटोलते हुए। जब कभी भी ऐसा कोई यत्न किया है लय खंडित हो जाती रही। उसे तो ठीक से यह भी पता नहीं होगा कि वह जिस इच्छाशक्ति को पा सकने का मुझे निमित्त मानता है वह मैंने उसी के माध्यम से पायी थी, चाहे अनिष्ठा के दंश के साथ। उसके सामने खड़े होकर अपने अतीत से अपनी मुक्ति को इसी तरह भोगना पड़ा था।

अच्छा ही है वह बहुत कुछ नहीं जानता। नहीं जानता कितना बेचैन करती रही है इतने सारे सिरों पर उसको छूती अपनी आनुभाविक यात्रा, किस तरह असह्य होता रहा इस सारे दोहन का एक-एक पल।

अब, इन नये सन्दर्भों के साथ उस सारे वृत्त को कहने बैठना अनुपलब्धि की

उसकी यातना को बढ़ायेगा ही। ढका रहे इतिहास...ढके रहे रास्तों पर चलते आये चरणों के चिह्न, वह उतना ही जाने जितना जानना उसके लिए ज़रूरी है—अपने सामने हिरनों की तरह कुलाँचें लेता जीवन में भागीदारी का उसका उत्साह और उस उत्साह के अतीव लम्बे हाथ।

पत्र खासा लम्बा हो गया है। जब लिखने बैठी थी तो लगा था कुछ शब्दों के आगे नहीं जा सकेगा संवाद। उलझे धागे पैरों में बन्धन डालते रहेंगे पर कुछ विकीर्ण-सा हो गया लगता है कुहासा।

जैसी उद्विग्नता में आजकल रहना हो रहा है वह दारुण है। भाभी को एक बार तुम्हारे बारे में संकेत कर चुकी थी तो अब कोई बचाव नहीं। मेरा गुमसुम होना उनके मन में जाने कितनी तरह के सन्देह उत्पन्न करता है, पर मेरे लिए इतनी सारी उलझनों को सँभाल सकना कतई सम्भव नहीं।

हो सकता है तुम्हारा कहना ठीक ही हो कि तुम्हारा आना सोच के संकट को निलम्बित करता पर उस भूकम्प में जब अपनी नींवें भी हिलती लग रही हों, मैं कुछ और चाह सकती थी क्या?

यह पत्र लिख देने से मन में कुछ निवृत्ति-सी महसूस हो रही है। अब विवेक को पत्र लिख देना भी ज़रूरी-सा लग रहा है, जिस घड़ी भी वह लिखा जा सके।

तुम्हारे विदेश जाने की बात बहुत शीघ्र तो नहीं होगी? यह सम्भावना फिलहाल कुछ ख़ास अच्छी नहीं लग रही।

कल्पना तुम्हें सबकुछ कह देने की मेरी अदूरदर्शिता से काफी आशंकित है पर कुछ तो है जो मुझे दीख रहा है और वह नहीं देख पा रही। उसके कहे-सुने का बुरा मानने की इच्छा नहीं होती।

और सब कुशल है। पत्र अब विवेक को लिखने के बाद ही लिखूँगी।

अभिन्न तुम्हारी,
वसु

सी-180, ग्रीन पार्क,
नई दिल्ली।
22-1-19...

प्रिय वसुधा!

तीन पत्र लिख चुका हूँ, तुम्हारा कोई उत्तर नहीं। थक गया हूँ प्रतीक्षा क़रते। मैं तो अपने पागलपन में यहाँ तक सोच गया था कि हो सकता है तुम किसी बहाने दिल्ली ही आ जाओ। मेरी तरह कायर और एस्केपिस्ट तुम नहीं हो। मुझसे बड़ा दुख तुमने पूरी गरिमा से सहा है।

कहीं ऐसा तो नहीं, मेरा कहा-सुना तुम्हें आश्वस्त ही न कर पाया हो पर वह मेरी कायरता जितनी भी हो एक सम्पूर्ण क्षण की तलाश तो थी ही। उसमें तुम्हारे प्रति आदर ही था तिरस्कार नहीं। तुम ही बताओ वसुधा, अपनी सामर्थ्य को तौलना किसी के लिए भी क्या घड़ी-भर में ही पूरा हो पाता है?

कहीं ऐसा तो नहीं, मेरे पत्रों की उग्रता ने तुम्हें आशंकित ही अधिक किया हो...दो ध्रुवों के बीच इस गति से डोलता आदमी सन्देह का भागीदार अधिक बनता है। ऐसा हुआ हो तो तुम उसे मेरी अवरुद्ध अनुभूति के आवेग का अपराध समझना जिसे मैं किसी बेहतर ढंग से तुम तक पहुँचा सकने में समर्थ नहीं हो सका हूँ।

यह मानने की कतई इच्छा नहीं होती कि तुम मेरे प्रति उदासीन हो। उदासीनता के अतिरिक्त सबकुछ देखा है मैंने तुम्हारे भीतर। वह शाप मेरी आत्मा पर था, तुम्हारी दृष्टि तो हमेशा रोशनी की तरफ़ रही है।

तुम्हारे कारण मैं कितने ही अतलान्तों को लाँघता चला आया; नहीं तो रेशम के कीड़े की तरह पता नहीं कब तक अपनी ही चिकास में लिथड़ा बैठा रहता। अब सोचता हूँ तो समझ ही नहीं पाता, वह सबकुछ किसके प्रति था। कौन था उस सारे आत्मपीड़न के श्रेय (?) का भागीदार। मैं किससे माँग रहा था...किससे रूठ रहा था, बल्कि एकमात्र अपनी चीज़—अपनी अस्मिता—से भी बेगाना होकर जी रहा था। मेरा स्वत्व और मेरी स्वतन्त्रता दोनों को लौटाया है तुमने! किस-किस बात के लिए कृतज्ञता प्रकट करूँ। मैं कृतज्ञ हूँ तुम्हारा, चाहे मात्र कृतज्ञ ही नहीं।

तुम स्त्री हो, कुछ अधिक बन्धन में भी। समाज की दृष्टि तुम्हारे प्रति कुछ अधिक कठोर रही होगी, तुम्हारी स्वतन्त्रता भी उतनी निर्बाधित नहीं, फिर भी तुम्हारे आत्मबल...दीदी कितना ठीक कहती थी। जब सोचता हूँ अपने प्रति शर्म गहरी और गहरी होती जाती है पर तुम्हारे सम्मुख छोटा महसूस करने की शर्म मेरे मन में नहीं है।

प्रिय या अप्रिय, मुझे लेकर या मुझे छोड़कर जो कुछ भी तुम सोच रही हो, मुझे उससे अवगत कराना। उत्तर न मिलना अजीब तरह से हतोत्साह करता है। मुझे तनिक-सा भी आभास नहीं कि तुम मानसिक रूप से कैसी हो। उस सारे अन्धड़ ने तुम्हें तो मेरे लिए अभिन्न जैसा बना दिया है, पर तुम शायद आश्वस्त तक भी नहीं हो पायी हो, उसका प्रतिकार जैसे भी हो सकता हो मुझे मान्य है। पर तुम्हारे कुछ कहे-सुने बिना मैं उसे जानूँगा भी कैसे?

आशा है शीघ्र लिखोगी...प्लीज।

प्रतीक्षा में!

तुम्हारा ही,
विवेक

पुनश्च : कल रात राजीव को फोन किया था पता लगा तुम इन सब दिनों

लखनऊ में थीं ही नहीं, कुछ राहत ज़रूर हुई पर साथ ही राजीव ने तुम्हारे बारे में कुछ और भी कहा है। हालाँकि उसने यह भी कहा कि वह निश्चित रूप से इस बारे में कुछ नहीं कह सकता। क्या यह सच है कि अपने बारे में कोई निर्णय तुम ले चुकी हो? जल्दी लिखना।

विवेक

3/143, बनारसी बाग,
लखनऊ।
26-1-19...

स्नेही विवेकजी!

आपके पहले के तीनों पत्र मिले थे—चौथा आज मिला। पहले प्रवास में रही, वह एक बात थी परन्तु वापस आने के बाद भी पत्रोत्तर में खासा विलम्ब हो गया है।

अधीरता में इस तरह आपको टाँगे रहने की कोई मंशा नहीं थी पर मेरे लिए उस क्षण तक पहुँच पाना सम्भव ही नहीं हो पाया; इस एहसास के साथ तो और भी कि आपकी बातों का कोई अनुकूल उत्तर मेरे पास नहीं था और जो कहना रहा उसे लपककर कह डालने का उतना तत्पर साहस व्यक्ति के भीतर नहीं भी होता। सच यह है कि राजीव ने जो कुछ कहा है वह सच है। बदहवासी के चरम पर भी किसी निर्णायक मोड़ पर पहुँच गया जीवन, मेरे अपने लिए भी उतने ही अचम्भे का कारण है जितना किसी दूसरे के लिए।

यह भी सोचती रही हूँ, वैसे साहस के अभाव में चुप्पी भी एक उत्तर हो सकती है। कोई उन बातों को न भी कहे जिन्हें कहना या सुनना सुखद नहीं होता। एक सीमा के बाद चुप्पी नकार का काम खुदबखुद कर लेती है पर वैसा सोच लेने पर भी भीतर सबकुछ चुप नहीं हो जाता रहा। न निवृत्ति हाथ लग पायी न विमुखता।

जानती तो हूँ कि ऐसा क्यों नहीं हो पाता रहा, क्योंकि जो सामने दीख रहा है वह मेरा अपना ही इतिहास है, मेरा ही स्वानुभव...मेरे ही अनुभवों के कुछ पीछे छूट चुके चरण।

इसीलिए कितना कुछ मन में कहने-सुनने के लिए उमड़ता-घुमड़ता तो रहा है, पर यह उन्मुखता मुझे भीतर-ही-भीतर बाधित और संकुचित अधिक करती रही है। अपने आपको ही अच्छी नहीं लगती रही अपनी बातों से उठती हुई मसीही मुद्रा के गुमानवाली गन्ध, चाहे वह सबकुछ मुझे किसी श्रेष्ठता या वरिष्ठता के कारण नहीं समय की दौड़ में कुछ आगे चल निकलने के कारण ही उपलब्ध हुआ।

सच कहती हूँ मेरे भीतर कोई बैठा है—जो मुझे भी मेरी तरह नहीं, आपके सहयात्री की तरह देखने की बाध्यता से आक्रान्त है। उसे कुछ और तरह से दीख

रहे हैं क्षति और उपलब्धि के सारे प्रसंग, उसने तो यही जाना है कि कोई यात्रा व्यक्ति से शुरू हो सकती है पर व्यक्ति में सीमित नहीं भी रहती। उपलब्धि या क्षति, सुख या दुख, गति या स्फूर्ति की पहचान किसी दूसरे व्यक्ति तक अपनी पहुँच के माध्यम से ही आ पाती है, व्यक्तिगत सन्दर्भों में से। उतनी निजी या व्यक्तिगत वह न हो तो उतनी उत्कट भी क्योंकर होगी, पर यह सारी चीज़ें कितनी जल्दी बहिर्मुख हो जाती हैं उस झरने की तरह जो अपने उद्‌गम से निकलता तो है पर वहाँ संचित कहाँ रहता है। अपनी निहित ऊर्जा के बल पर बहने लगता है अपने सामने के मैदानों में।

जड़ता या निष्क्रियता से उठ खड़ा होता है व्यक्ति, क्योंकि सामने कोई साक्षात खड़ा पुकार रहा है, पुचकार रहा है, खींच रहा है, पैरों में गति का आवेश पैदा कर रहा है और...

गति तो फिर गति है—अनिवार्य चेतनता। पैरों में चल सकने की क्षमता...अपने नियमों से चलती है। बँधी नहीं रहती। लाँघना-फलाँगना चाहती है। अनुकूलता मिल नहीं पाती तो अपने को अनुकूलता के स्थलों तक ले जाती है। वह स्थान हों, रुझान हों, व्यक्ति हों या दृश्य, तभी समझ में आ पाता है कि एक बार खड़ा हो जाता है व्यक्ति तो उसके लिए सभी दिशाएँ उजागर हो जाती हैं। सहज हो जाता है उसका आसपास की चीज़ों से रिश्ता। जिजीविषा क्रियामाण होती है भीतर, तो उतनी व्यक्तिपरक नहीं भी रहती। चुनती है चुगती है, जहाँ प्राणों का स्पर्श और पैरों के नीचे आधार मिल सकता है। चीज़ें स्थितिशील रहती हैं रहें, चलनेवाले पैर शाप-मुक्त हुए तो सब सध नहीं गया क्या?

आज सोचती हूँ दिल्ली से हताश होकर लौटना मेरे लिए भी इस बोध के इम्तहान का चरम था। हताशा हठ बन सकती थी। नहीं बनी। शायद जीवन के साथ सहज हो जाने की तत्परता हाथ लग चुकी थी—स्थिति की अनुकूलता में अपने को अनुकूल कर पाने का आवश्यक लोच। जो कुछ दे सकता है तो समेट भी सकता है। आसपास के प्रति आसक्ति दे सकता है तो विरक्ति की क्षमता और साहस भी।

...इन सब बातों का एक अकेला क्या नाम हो सकता है, मैं ठीक से नहीं जानती पर जानती हूँ कि यह सबकुछ उस चेतनता में शामिल है (वैसे ही जैसे जल में तरावट)—दुराग्रह से मुक्ति, जीवन को देखने-स्वीकारने का निर्बन्ध खुलापन। यह सबकुछ आ जाता है स्वतः, पीछे-पीछे चलता—निष्प्रयास। जिजीविषा का स्पर्श जिसे छू लेता है गिर जाने पर कपड़े झाड़कर फिर से खड़े हो जाने का संकल्प भी दे देता है। यह क्या कुछ कम उपलब्धि है कि व्यक्ति को ऐसा कुछ मिल जाये जो हर घड़ी सहज सामान्यता में स्थित हो पाने की दिशा की ओर उन्मुख करता रहे।

क्या पता इसीलिए इतने अनायास ही समाप्त हो गयी मेरे लिए किसी पड़ाव पर पहुँचने की यात्रा। सामान्यता में हो पाने की आन्तरिक बेचैनी ही कोई दिशा दे

गयी। 'आनन्द' एक अच्छा इनसान है यह दूसरी बात है पर हताशा में दुराग्रही होने की स्थिति मुझे अपने भीतर समाप्त ही मिली। इसी के बल पर उस अतीत का अतिक्रमण किया था, उसी के बल पर इस अतीत का भी तो। किसी व्यक्तिगत संस्पर्श से पाया चैतन्य कितनी दूर तक चलता चला आता है क्या पता लग पाता है?

इस कहने को दिलासे की दयनीयता या मन रखने की सहलाहट न समझें तो कहूँ कि व्यक्ति के प्रति मोह की रस्सी से जिजीविषा के जिस जज़्बे को खिंचकर आना था वह आ नहीं चुका क्या?...वापस मिल नहीं चुकी आपके निस्पन्द पड़े पैरों को अपनी क्षमता? वह तो तभी तक असमर्थ थे जब तक एक जगह पर जड़ थे। मिल नहीं चुकी आपको हर दिशा में सक्रिय हो पाने की सामर्थ्य? वैसी मुक्ति आप पा नहीं गये विवेक जो शर्तों और दुराग्रहों के बिना खुले चौराहे पर खड़ा कर देती है...कितने सारे रास्तों, कितनी सम्भावनाओं के उद्‌बोधन के बीच।

कितना कुछ है जो चलता चला आता है पीछे—खुदबखुद। चुनाव की स्वतन्त्रता, खुलेपन का सुख, हर दिशा में गति, अपनी सामर्थ्य का खुला इम्तहान। यह सब इस मुक्ति में ही निहित है, पूरी तरह एकरस।...चेष्टा को आप पा गये हैं तो उस ललक को भी आप पा जायेंगे जिनका नाम 'वसुधा' हो सकता था पर 'वसुधा' ही नहीं। उद्‌गम से झरता प्रवाह अरोक बहता है, किनारों पर बसते लोग अपनी धरती को छू सकनेवाली जलधारा का जो कोई भी नामकरण करें।

सोचकर देखिए यही 'वसुधा' आपके लिए कुछ समय पहले की 'अनिच्छा' ही तो थी, कुछ समय पहले का 'अस्वीकार', कुछ समय पहले की एक बेध्यान उपस्थिति। जो चीज़ इस 'अनिच्छा' को 'इच्छा' में परिणित करती है वह क्या 'वसुधा' है? उस वसुधा को तो आप पिछले दो वर्षों से जानते हैं। जो कुछ भी है वह सब आपके अपने ही भीतर से जागा नहीं है क्या?

यों यह अनुभूति ख़ासी यातनादायक हो सकती है कि कोई यात्रा साथ हो सकती थी, नहीं हो रही। और वह यात्रा भी कैसी...जिसके इतने पड़ाव एक जैसे रहे हों पर...यह यात्रा भी तभी हो पाती जब लय सध पाती। अपेक्षाएँ रही भी हैं तो अलग-अलग समय पर। एहसास थे भी तो उनकी आयु जुदा-जुदा। रास्ता वही पर अलग-अलग समय पर पाटा हुआ। परिदृश्य वही पर उस बित्ताभर समतल धरती का अभाव जो दो जोड़ी चरणों को जगह दे सके। कुछ तो था कि उपलब्ध नहीं हो सकी सहचरता...पर कितने ही पैर हैं जो चल चुकते हैं पर नहीं भी पहुँचते। यह क्यों न मानें कि जो हो सका वही बस हो सकने को था।

आपने तो इस यातना के चरम को भी जाना है, वह भी अपनी अवरुद्धता के काल में। उस चरम पर आप ठहरे भी रहे हैं जबकि किसी चरम पर ठहरे रहना

आसानी से नहीं हो पाता, और अन्ततः उससे परित्राण भी पाया है जो असाधारणता इस असम्भव को सम्भव करती रही; वह किसी दूसरे की नहीं आप ही की तो क्षमता थी। सात वर्षों की अँधेरी गुफा से परित्राण मिल सकता है तो दो कदम यात्रा से क्यों नहीं...

आपके प्रति अनात्मीयता मेरे मन में क्यों और कैसे होगी। यह सम्पर्क मेरे भीतर मेरे आत्मभाव का ही विस्तार करता रहा है। आपके सफ़र में से ही पहिचान पाती रही हूँ मैं अपने पैरों की आहट। आपके निस्तार के बिना मेरी अपनी मुक्ति भी, मुझे निर्बाध उपलब्ध न हो पाती कभी।

मेरे प्रति आपका अतिरिक्त कृतज्ञ भाव क्यों। जो कुछ भी मैंने (यदि) आपको दिया है वह आपसे पाया भी तो है। एक दिशावान यात्रा में आप मेरे सहयात्री रहे हैं। वह यात्रा कितनी भी छोटी रही हो पर थी तो महत्–अपने-अपने ऊर्जाकेन्द्रों में लौटा देने के समर्थ।

अपने प्रति आपके इतने सारे उद्‌गारों के लिए क्या कहूँ। कृतज्ञ हूँ। यह आत्मीयता मुझे बल देनेवाली है। इसका सुख मेरे अपने लिए हार्दिकता की उपलब्धि के कारण ही तो नहीं; आपके अपनी ऊर्जा के स्रोत की उपलब्धि के कारण भी तो उतना ही है। जीवन के प्रति यह सारा चैतन्यभाव आपको शुभ हो, सार्थक दिशाओं में ले जानेवाला। मेरी शुभकामनाएँ लें–आत्मीय, आन्तरिक और हार्दिक।

शादी आमन्त्रण के किसी अवसर की तरह तो नहीं होगी, फिर भी हमारे पास बैंगलोर में आकर रह सकने का आपको मेरा न्योता है। 'आनन्द' से मिलना आपको अच्छा लगेगा यह मैं निश्चय से कह सकती हूँ। वह जीवन के कितने सारे चेहरों की एक साथ पहिचान है–मुझसे अलग, मुझसे बाहरी, मेरे लिए एकदम नया। इस सारे घटनाक्रम का वह अन्तरंग साक्षी है। उद्वेगों-आवेगों से ओतप्रोत। मेरे स्वत्व को उसने सहा ही नहीं मुझे लौटाया भी है। सच कहूँ तो वह किसी को अपने में घुला लेने का दबाव नहीं अक्षुण्ण रहने देने की शाश्वत शिष्टता है।

दीदी को मेरा सादर प्रणाम कहें। अनदेखे को उनका दुलार...उससे वह शायद मुझे अभी भी वंचित नहीं करेंगी।

दिल्ली जब कभी भी आना होगा आपसे निश्चय ही मिलना होगा।

मेरी सद्‌भावनाएँ लें–अनन्त।

सस्नेह–

वसुधा

●●●